HERMANN DELAGO

DOLOMITEN-WANDERBUCH

HERMANN DELAGO

DOLOMITEN WANDERBUCH

Fünfzehnte Auflage
Durchgesehen und ergänzt
von Dr. Josef Rampold

TYROLIA-VERLAG INNSBRUCK-WIEN

Farbbild am Umschlag:
Die Drei Zinnen (Foto Adolf Sickert)

Fotonachweis der Reihenfolge nach:
Foto Löbl-Schreyer, Bad Tölz: 1, 5, 8, 9, 10, 11, 12
Foto A. Sickert, Innsbruck: 2, 3, 4, 6, 7, 13, 14, 15, 16

Kartenausschnitt aus der Autokarte „Italien 2“ (1:460.000). Mit freundlicher Genehmigung des Verlages Freytag-Berndt und Artaria KG, Wien

CIP-Kurztitelaufnahme der Deutschen Bibliothek
Delago, Hermann:
Dolomiten-Wanderbuch / Hermann Delago. – 15. Aufl.,
94.–100. Tsd. / durchges. u. erg. von Josef Rampold. –
Innsbruck ; Wien : Tyrolia-Verlag, 1989.
ISBN 3-7022-1491-7

NE: Rampold, Josef [Bearb.]

94.–100. Tsd.

1989

Satz, Druck und Buchbinderarbeit in der Verlagsanstalt Tyrolia Gesellschaft m. b. H., Innsbruck

INHALT

VORWORT ZUR ERSTEN AUFLAGE

Bei Abfassung der folgenden Blätter hat dem Verfasser die Absicht vorgeschwebt, dem deutschen Bergwanderer einen Führer und Begleiter in die Hand zu geben durch ein Gebiet, das zu den eigenartigsten und schönsten der gesamten Alpen gehört: die Dolomiten. Wenn es demnach die erste Aufgabe dieses Buches ist, die Wege zu weisen durch Tal und Gebirg bis hinauf zu den bekanntesten Hochgipfeln, so soll doch auch den Bedürfnissen jener Wanderer Rechnung getragen werden, die aus den Dolomiten eine dauernde Bereicherung ihres Geistes und Wissens mit nach Hause nehmen wollen. Daher finden in diesem Buch nicht nur die verschiedenen Gebiete der Naturkunde, sondern auch die geschichtlichen Ereignisse, insbesondere diejenigen, die sich im Weltkrieg im Dolomitengebiet abgespielt haben, eine ausgiebigere Berücksichtigung.

Von der Erfahrung ausgehend, daß die meisten Dolomitenwanderer sich an gebahnte Wege halten, wurde davon abgesehen, auch die Anstiege auf schwierige Berge näher zu beschreiben. Dafür sind die lohnendsten Jochübergänge und die wichtigeren Talorte mit ihrer Umgebung sowie einige bisher seltener besuchte, aber eines stärkeren Besuches besonders würdige Berggebiete eingehender behandelt.

Zum Schlusse obliegt dem Verfasser noch die angenehme Pflicht, allen jenen, die ihn bei seiner Arbeit unterstützten, insbesondere den Herren Univ.-Prof. Dr. R. v. Klebelsberg, Prof. Anton Müller (Br. Willram), Prof. Dr. Josef Murr, Prof. Walter Obrist, Kustos Kaspar Schwarz und Dr. Heinrich Todeschini, an dieser Stelle herzlich zu danken.

Innsbruck, im Juni 1930

Hermann Delago

VORWORT ZUR SIEBTEN BIS FÜNFZEHNTEN AUFLAGE

Noch während der greise Bergsteiger und Schriftsteller Hermann Delago an Revisionen für die siebte Auflage seines „Dolomiten-Wanderbuches" arbeitete, wand ihm der Tod die Feder aus der Hand. Am 9. Dezember 1962 ist er in Innsbruck im ehrwürdigen Alter von 88 Jahren ganz plötzlich verstorben.

Ihn überlebt der kühne Felsturm im Rosengarten, den Hermann Delago als 21jähriger in beispiellos wagemutigem Alleingang bezwang und der seither seinen Namen trägt. Ihn überlebt auch sein Lebenswerk, das nunmehr in fünfzehnter Auflage vorliegende „Dolomiten-Wanderbuch", das zum unbestrittenen Standardwerk aller Touristen geworden ist, die der Schönheit der „Bleichen Berge" verfallen sind.

Mit der Bearbeitung bereits der siebten bis fünfzehnten Auflage haben wir Herrn Dr. Josef Rampold, Bozen, betraut, der selbst als Bergsteiger und alpiner Autor tätig ist.

Für diese Neubearbeitungen gilt, daß die zahlreichen, vor allem für den Skilauf in den Dolomiten neu entstandenen Seilbahnanlagen und Lifte wohl nachgetragen wurden, doch ist mit einer Benützungsmöglichkeit im Sommer – vor allem an Werktagen – durchaus nicht mit Verläßlichkeit zu rechnen. Die Wegbeschreibungen im Bereich dieser Anlagen wurden daher belassen, schon auch deshalb, weil manche Wanderer diese Wege gerne nur bergab gehen.

Desgleichen wurden die wichtigsten Klettersteige angegeben, obwohl sie an sich den Rahmen eines Wanderbuches bereits sprengen. Die Spezialliteratur über diese „Eisenwege" ist im Literaturverzeichnis angegeben.

Innsbruck, im April 1989 — Der Verlag

Vàlles
Meransen
Terento
St. Sigmund
S. Sigismondo
Pfalzen
Fàlzes
Penser J.
Pso. di Pènnes
Mittewald
Mezzaselva
Niedervintl
Vandòies di Sotto
Kiens
Chiènes
Bruneck
Brunico
Asten
Laste
Spinges
Spinga
Mühlbach
Rio di Pusteria
Vill Villa
Ehrenburg
Casteldarne
St. Lorenzen
S. Lorenzo
Pens
Pènnes
Franzensfeste
Fortezza
Tagewaldhorn
Cno. di Tramin
Schabs Sciàves
Weißenbach
Riobianco
Neustift
Novacella
Lüsen
Lusòn
Saalen
Sares
Vahrn Varna
Schalders
Scalères
Durnholz
Valdurna
Petschied
Brixen
Bressanone
Plose
Cima d. Plose
Milland
Millan
Untermoi
Antermoia
taler Alpen
St. Andrä
S. Andrea i. Monte
Reinswald
S. Martino
Palmschoß
Plàncios
Albeins
Albes
Latzfons
Lazfons
Sarentini
Feldthurns
Velturno
Peitlerkofel
Sass de Pùtia
St. Georg
S. Giorgo
Gufidaun
Gudon
Klausen Chiusa
Campill
Longiarù
Villnöß
Fùnes
Rittner Horn
Cno. di Renòn
Geisler Sp.
Sass Rigais
Barbian
Barbiano
Waidbruck
Ponte Gardena
Gröden
Val Gardena
St. Ulrich i. Gr.
Ortisei Valg.
St. Christina in G.
S. Cristina
Valgardena
Stern
la Villa
Oberinn
Auna d. Sopra
Kastelruth
Castelrotto
Kolfuschg
Colfosco
Ritten
Renòn
Klobenstein
Collalbo
Wolkenstein i. G.
Selva d. V. Gard.
Seis
Siusi
Langkofel
Sasso Lungo
Oberbozen
Soprabolzano
Bad Ratzes
Bagni di Razzes
Seiser A.
Schön-blick
Bellavista
Sella
Schlern
Sciliar
Unterinn
Auna di Sotto
Völs a. S.
Fiè a. S.
Piz Boè
Sellajoch
Pso. di Sella
Pso. Pordoi
Arabba
Karneid
Cornedo all'I.
Weißlahnbad
Bagni di Lavina Bianca
Campitello
Canazei
Penia
BOZEN
BOLZANO
Tiers
Tires
Rosengarten
Catinàccio
Fassa
Gummer
S. Valentino in C.
Welschnofen
Nova Levante
Marmolada
Leifers
Làives
Deutschnofen
Nova Ponente
Obereggen
S. Floriano
Karer P.
Pso. di Costalunga
Soraga
Ciamp d. Pezz
Petersberg
Monte S. Pietro
Latemar
Moena
Falcade
M. Pradazzo
Aldein
Aldino
Pso. di Lavazè
Forno
Schwarzhorn
la Rocca
Val
Bellamonte
Gares
S. Lugano
Truden
Tròdena
Varena
Predazzo
Panevèggio
Tèsero
Ziano
Pso. di Rolle
C. d. Pala
Cavalese
Molina
C. di Cece
S. Martino di Castrozza
Pala
Lagorai
Lastè d. Sute
Caoria
Tonàdico
Cima d'Asta
Fiera

Gais
St. Georgen
S. Giorgio
Percha
Perca
Antholz - Niedertal
Anterselva di Sotto
S. Maddalena
St. Martin
S. Martino
Innervillgraten
Kalkstein
Außervillgraten
Ober-Rasen
Rasun di Sopra
Reischach
Riscone
Olang
Valdaora
Kronplatz
Plan de Corones
Welsberg
Monguelfo
Niederdorf
Villabassa
Wahlen
Valle S. Silvestro
2663
Toblacher Pfannhorn
Sillian
Tessenberg
Arnbach
Vierschach
Versciaco
Toblach
Dobbiaco
Innichen
S. Candido
Schmieden
Ferrara
St. Veit
S. Vito
Prags
Braies
Enneberg
Marebbe
St. Vigil
S. Vigilio
Bad Altprags
Bagni di Braies Vecchia
Wildbad Innichen
Bagni di S. Càndido
Helm
Sexten
Sesto
Moos
S. Giuseppe
Bad Moos
Bagni di S. Giuseppe
Seekofel
Croda d. Becco
2839
Dürrenstein
Pco. di Vallandro
Fischleinboden
Campo Fiscalino
Kreuzberg
Pso. di M. Croce
Pederuhütte
Rif. Pederu
Drei Zinnen
Tre Cime di Lavaredo
3094
Zwölferkofel
Cda. d. Toni
Schluderbach
Ospitale
Rif. Auronzo
Pàdola
M. Cristallo
3216
Giralba
Auronzo
St. Kassian
S. Cassiano
Pso. Tre Croci
Stabiziane
Tofana
3243
Cortina d'Ampezzo
Pso. di Falzarego
M. Froppa
2932
Col di Lana
2452
Pocol
Sorapis
3205
Marmarole
Palus
Pso. di Giau
Andraz
Lozzo di Cadore
Lorenzago
Chiappuzza
S. Vito di Cadore
3263
M. Antelao
Selva di Cad.
Calalzo
Pescul
Rocca Pietore
Caprile
Pieve di Cadore
M. Pelmo
3168
Vodo
Venas
Perarolo
Àlleghe
Zoppè di C.
Rif. Pordenone
3218
M. Civetta
Fusine
Dont
Forno di Zoldo
M. Rocchetta
2436
Cima dei Preti
2703
Cencenighe
Pso. Duran
1605
M. Tamer
2546
Ospitale
Castellavazzo
Cimolàis
Taibon
Agordo
la Valle
Longarone
Erto
M. Agner
2872
Voltago
Muda
Cellino
Rivamonte
Faè
M. Schiara
2563
Col Nudo
Tiser
Fortogna
Sovèrzene
Polpet
Ponte nelle Alpi
Cimon del Piz
Peron
Chies d'Alpago
27
32
37
30
13
34
53
51
48 bis
638
251
641
203
347
51 bis
52
532
49

„... Was in mir ist,
seit ich dort oben stand, will bergwärts steigen,
im Klaren überm Nebelmeere wandeln
und Werke wirken aus der Kraft der Höhen!"

Gerhart Hauptmann: Die versunkene Glocke

VORBEMERKUNGEN

DÖAV	=	ehemaliger Deutscher und Österreichischer Alpenverein
AVS	=	Alpenverein Südtirol 1945 wiedergegründet, mit den dolomitennahen Sektionen Bozen, Brixen, Bruneck, Drei Zinnen, Hochpustertal, Klausen, Schlern, Villnöß und Welschnofen
BRD	=	Bergrettungsdienst des AVS
CAI	=	Club Alpino Italiano, mit seinen Sektionen
Alb.		
Gh.	=	Gasthaus oder Gasthof mit Fremdenbetten
B	=	Betten
bew.	=	bewirtschaftet
M.	=	Monte
Rif.	=	Rifugio (Schutzhaus, -hütte)
S.	=	Sektion bzw. Seite
re	=	rechts
li	=	links
n	=	nördlich
s	=	südlich
w	=	westlich
ö	=	östlich
nö	=	nordöstlich
sö	=	südöstlich
sw	=	südwestlich
nw	=	nordwestlich
Hst.	=	Haltestelle
bez.	=	bezeichnet
St.	=	Stunden (Stunde)
Min.	=	Minuten

Zu den Zeit- und Richtungsangaben

Die Zeitangaben sind für mittlere Geher berechnet. Rechts und links bei Gewässern im hydrographischen Sinne, in allen übrigen Fällen rechts und links des Wanderers.

Bei Hinweisen im Text auf Orte und Wanderungen ist deren Seitenzahl im Namenverzeichnis leicht zu finden.

Winke für Dolomitenwanderer

Die *Einreise aus dem Norden* in das italienische Staatsgebiet ist nur mit einem gültigen Grenzdokument möglich. Sie kann über den Brennerpaß, Innichen oder Reschenscheideck geschehen. Andere Wege von Norden her sind das Timmelsjoch (Ötztal; Straße nur im Sommer offen), das Pfitscher Joch, das Klammljoch (Reintal) und der Stallersattel (Antholz). Von den drei letztgenannten Übergängen hat nur der Stallersattel eine durchgehende Straße, und alle diese Übergänge dürfen nur bei Tag überschritten werden. Wie der Einheimische die sogenannte Identitätskarte, trägt der Ausländer den Reisepaß oder das gültige Grenzdokument immer bei sich.

Der Monat *August* ist die Hauptreisezeit in den Dolomiten. Die Sommergäste aus dem Süden pflegen ihren Aufenthalt in die Zeit zwischen den 1. und 20. August zu verlegen, so daß während dieser drei Wochen, insbesondere aber in den Tagen des „Ferragosto", das sind die allgemeinen August-Ferien während der Woche, in die der 15. fällt, selten ein freies Bett zu finden ist. Im September ist es jedoch wieder ruhiger in den Dolomiten; der Autoverkehr ebbt nun ab, die Hotels werden verlassen. Dafür bringt der Herbst nicht selten länger andauerndes schönes Wetter mit klarer Luft, das bis in den Oktober andauern kann.

Unterkunft: Das Dolomitengebiet, das straßenreichste Bergland der Alpen, ist seit Jahrzehnten auf einen regen Verkehr eingerichtet und auch den stärksten Verkehrsansprüchen gewachsen. Für Unterkunft im Tal findet man fast in jedem Ort Gh. (Locanda, Albergo), in größeren Orten sind Hotels und Pensionen in allen Schattierungen zu treffen. Von einer Angabe der Preise wird hier abgesehen, da der Lirekurs beständig wechselt. Es gelten die landesüblichen Preise für Unterkunft und Verpflegung, wenn auch gesagt werden muß, daß sie in den weltberühmten Orten der Dolomiten teilweise ein gutes Stück über diesem Durchschnitt liegen. In den Schutzhütten sind die Preise vom CAI festgesetzt. Der CAI (Club Alpino Italiano) hat bezüglich der Tarife für Übernachtung und Konsumation Gegenseitigkeitsabkommen mit den wichtigsten europäischen alpinen Vereinen abgeschlossen, so u. a. auch mit dem Schweizer Alpenclub, mit dem DAV, mit dem ÖAV, mit dem ÖAC und auch mit dem AVS. Die Preise in den Schutzhütten sind — abgesehen von sehr schwer zugänglichen Hütten (Sondertarif) — im allgemeinen etwas niedriger gehalten und müssen, wie auch in den Hotels und Gh., öffentlich angeschlagen sein. — Von einer Aufzählung der Hotels und Gh. in den größeren Orten wurde bewußt abgesehen, da im ganzen Dolomitengebiet diesbezüglich ein reichhaltiges Angebot besteht. Dazu kommen die ungezählten Privatzimmervermieter, von deren Angebot der vielfach als Selbstversorger reisende Dolomitenwanderer mit Gewinn Gebrauch machen wird. Wer jedoch für längere Zeit fixen Aufenthalt sucht, bekommt auf Anfrage von den Fremdenverkehrsämtern (ital. Pro Loco) der größeren Orte umgehend Prospekte und im Augenblick gültige Preislisten zugesandt.

Wanderzeit: Die angenehmste Zeit für Dolomitenwanderungen ist der Frühsommer. Da blühen (Ende Juni bis Mitte Juli) die herrlichsten Alpenblumen, die berühmte Flora der Dolomiten ist voll entwickelt. Außerdem sind die Gh. in den Tälern, die Bergwirtshäuser und Schutzhütten bereits geöffnet und die wichtigsten Autolinien wieder in Betrieb.

Fahrpläne, Seilbahnen, Lifts: In den örtlichen Fremdenverkehrsämtern (ital. Pro Loco) liegen kostenlos die Sommerfahrpläne für alle Verkehrsmittel im Bereich der Dolomiten auf. Seilbahnen und Sessellifts, die vor allem dem Skilauf dienen, haben im Sommer oft einen stark reduzierten Fahrplan.

Markierungswesen: Die Wanderwege wurden im ganzen deutschsprachigen und ladinischen Gebiet von Südtirol in den letzten Jahren vom Alpenverein Südtirol und dem CAI in vorbildlicher Weise markiert und numeriert sowie mit Wegzeigern und Orientierungstafeln versehen. Wo Wanderwege durch den Bau von Güter- und Forststraßen zerstört wurden — was leider nicht selten der Fall ist —, fehlt die Markierung zuweilen; es kommt auch vor, daß Markierungszeichen aus Mutwillen oder Bosheit entfernt bzw. beschädigt werden, wofür die alpinen Vereine natürlich keine Haftung übernehmen können. Man beachte daher sorgsam die Wegbeschreibung und verlasse sich niemals blindlings auf die Markierung.

Bergführer: In den Dolomitentälern sind überall tüchtige, autorisierte Bergführer zu finden. Führertarife in den Gh., Schutzhütten und bei den Sektionen des AVS und des CAI.

Bergrettungsdienst durch den AVS mit seinen Sektionen und durch den CAI.

Tafeln mit den geschützten Alpenblumen sind auf Bahnhöfen, Schutzhütten usw. angeschlagen. Der Schutz der alpinen Flora sei dem Wanderer besonders ans Herz gelegt.

Autobahn: Die gesamte Brenner-Autobahn ist seit 1975 durchgehend befahrbar. Für den Dolomitenwanderer kommen die Ausfahrten Brixen (Pustertal und östl. Dolomiten), Klausen (Villnöß und Grödner Dolomiten), Bozen-Nord und -Süd (Große Dolomitenstraße – Eggental – Rosengarten) und Auer (Fleimstal – Palagruppe) in Frage.

DIE DOLOMITEN

sind ein Teil der südl. Ostalpen; sie erstrecken sich von den Südtiroler Flüssen Etsch und Eisack ostwärts bis zur Piave und südl. des Pustertales bis in die Gegend von Agordo. Der Sammelname Dolomiten für dieses vielverzweigte, die mannigfaltigsten Formen und Gesteine aufweisende Berggebiet ist insofern berechtigt, als der Hauptteil der damit bezeichneten Gebirgslandschaft aus Dolomit besteht, einem durch einen bestimmten Magnesiagehalt gekennzeichneten Kalkgestein, auf das zuerst 1791 der französische Naturforscher Dolomieu (1750—1801) aufmerksam gemacht hat. Die Namengebung des Dolomits und der Dolomiten behandelte Dr. G. Mutschlechner in der Zeitschrift „Der Schlern", Jahrgang 1946.

Die Felsmassen der eigentlichen Dolomiten sind Ablagerungen des Meeres, die sich über verschiedene Schichten aus dem geologischen Altertum aufbauen. Die unterste dieser Schichten wird vom Quarzphyllit gebildet, dann folgt eine mächtige Porphyrplatte, aus vulkanischen Spaltenergüssen entstanden, und darauf rote, mitunter auch weiße Sandsteine, die nach ihrer Verbreitung bei St. Ulrich in Gröden den Namen Grödner Sandstein erhalten haben. Diese Schichten wurden dann vom großen erdgeschichtlichen Mittelmeer überflutet. Es kamen Gips, Dolomite und dunkle Kalke (Bellerophonschichten) zum Absatz, an die nach oben hin die untersten Triasschichten (Werfner Schichten) schließen. Durch das langsame Wachstum vieler kalkabscheidender Pflanzen und Tiere und die Anhäufung ihrer Skelette entstanden im Triasmeer der Dolomiten zunächst geringmächtige Riffkalkbildungen (Sarldolomit), die an vielen Stellen von dünnen Schichten eines vulkanische Bestandteile (Aschen, Tuffe) enthaltenden Kalkes (Buchensteiner Schichten) bedeckt wurden. Während dann der Weiterbau der Riffkalkstöcke (Marmolatakalk, Schlerndolomit) an vielen Stellen des Meeres stetig weiterging, kam es an anderen zu gewaltigen vulkanischen Ergüssen. Mächtige Lavadecken (Augitporphyr, Melaphyr) breiteten sich über den Meeresgrund, aus Aschenwolken fielen Lapilli und Tuffe nieder, die sich mit dem Kalkschlamm des Meeres zu neuen Schichten verbanden (Wengener und Cassianer Schichten), in denen noch zahlreiche Fossilien gefunden werden können. Mit dem Nachlassen der vulkanischen Tätigkeit lagerte sich im Triasmeer über den gelbweißen Riffdolomit eine dünne, meist rote Schichtenreihe (Raibler Schichten), aus fossilreichen Sandsteinen, Mergeln und Dolomit bestehend. Sie zeigt eine vorübergehende Unterbrechung der Meeresbedeckung an. Dann setzte aber wieder die Riffbildung ein; es erfolgte der Absatz mächtiger geschichteter Dolomitmassen (Hauptdolomit).

Der bisher genannten Gesteinsfolge aus der Perm- und Triasformation folgten in einigen Gebieten noch Auflagerungen von Gesteinen aus der Juraformation (Jura-Riffkalke und rote Ammonitenkalke) und spärliche Lagen aus dem Neokom, der unteren Abteilung der Kreideformation. — Bei Predazzo durchdringen den ganzen Schichtenkomplex granitische Tiefengesteine; der Triaskalk wurde hier zu weißem Marmor (Predazzit) verändert. Besondere Ausbildungsarten dieser Tiefengesteine sind turmalinführender Granit und Monzonit, so benannt nach den Eruptivmassen des Monzonigebirges. Beide Gebiete, Predazzo und Monzoni, sind berühmt durch ihre zahlreichen Kontaktmineralien.

In der mittleren Kreide- und Tertiärzeit erfolgten Verbiegungen, Brüche und Überschiebungen, so daß nun an verschiedenen Stellen ältere Gesteine auf jüngeren liegen. Auf diese Verhältnisse einzugehen ist hier nicht möglich. Jene, die sich hierüber näher unterrichten wollen, seien auf das maßgebende Werk von Univ.-Prof. Dr. R. v. Klebelsberg, Geologischer Führer durch die Südtiroler Dolomiten, Berlin 1928, verwiesen.

Im *Landschaftsbild* der Dolomiten ist besonders auffallend der Gegensatz zwischen den schroff und unvermittelt bis hoch in die Schneeregion hinanragenden Riffstöcken (Marmolata, Langkofelgruppe, Schlern) einerseits und den weithin sich ausdehnenden welligen Wiesen und Wäldern (Seiser Alm) anderseits, die den Mergel- und Tuffboden des einstigen Triasmeeres bedecken. Aber auch die Felsberge selbst zeigen die mannigfachste Gestaltung und bringen den Unterschied zwischen den ungeschichteten, pfeilerartig zerklüfteten Massen des Schlerndolomits und den durch regelmäßige Bankung gegliederten Wänden des Hauptdolomits zum Ausdruck.

Der Reiz der Dolomiten nun besteht in den gewaltigen Felsbildungen. Einige nicht unbeträchtliche *Gletscher* tragen dazu bei, die Eigenart und malerische Schönheit der Landschaft zu erhöhen. Größere Ausdehnung von diesen Gletschern erreicht jedoch nur jener der Marmolata, sonst finden sich noch kleinere Gletscher am M. Cristallo, in der Langkofelgruppe, in der Palagruppe, am Antelao und Sorapis.

Die mannigfaltige geologische Gliederung und die südöstliche Lage der Dolomiten bedingen eine überaus reiche und charakteristische, durch mehrere Endemismen hervorragende *Flora.* Man kann in dieser so eigenartigen südlichen Kalkgebirgsflora drei biologische Gruppen unterscheiden: die Wiesenpflanzen, die durch den tieferen Humus am wenigsten von der Unterlage abhängig sind; die Geröllpflanzen, die ihre Nahrung mittels eines weitverzweigten Wurzelwerkes zwischen dem oft beweglichen Geröll zu suchen gezwungen sind, und die eigentlichen Felsenpflanzen, die ihren Standort in den Ritzen der Felsblöcke und der Felswände haben. Von dieser letzteren Gruppe sind einzelne Typen auch auf den untersten Felsstufen der Talsohle erhalten geblieben. Auch die Geröllpflanzen steigen mit den Bächen bis zu 1000 Meter und tiefer herunter. Die Waldflora der Dolomiten enthält viele prächtige, aber wegen des zu tief gehenden Humus begreiflicherweise nicht so eigenartige Typen.

Mehr oder weniger ausgebreitete Gebiete bewohnen in den Dolomiten (nach Prof. Dr. J. Murr, † 1935) folgende Arten: auf Wiesen: Cirsium spinossimum (L.) Scop., C. erisithales (L.) Scop. und C. flavescens (= C. spin. × erisithales); Lilium bulbiferum L. (oft zu Tausenden, wenn auch nicht blühend); Scorzonera aristata Ramond; Crepis incarnate (Wulf) Tausch; Hieracium Trefferianum (Naeg.) Murr, Hier. alpicola Schleich., Hier. aurantiacum L. und Hier. fuscum Vill ssp. tiroliense Kerner (= Hier. aurant. × auricula); Stachys Jacquinii (G. G.) Briqu.; Carex aterrima Hoppe; Paradisia liliastrum (L.) Bertol.; Festuca aurea Lam. (= F. spadicea Koehler.); Poa hybrida Gaud.; Achillea macrophylla L.; Dianthus Sternbergii Sieber; D. speciosus Rchb.; Horminum pyrenaicum L.; Pedicularis elongata Kern. — Im Geröll: Hutchinsia brevicaulis Hoppe; Achillea Clavennae; Trisetum argenteum (Willd.) R. et Sch.; Achillea oxyloba (DC.) Schulz Bip. (= Anthemis alpina L.); Heliosperma quadrifidum (L. Rchb. var. pudibundum (Hoffmannsegg) Griseb.; Galium margaritaceum Kerner; Laserpitium peucedanoides L.; Doronicum Culumnae Ten.; Hieracium porrifolium L.; H. villosum L., H. Morisianum Rchb. (= H. villosiceps NP.), H. dendatum Hoppe (besonders Unterart dendatifolium NP.); Stachys labiosa Bertol.; Cerastium carinthiacum Vest. (C. ovatum Hoppe); Aquilegia Einseleana F. Schultz; Ranunculus Seguierii Vill.; Saxifraga Hohenwartii Sternberg; Douglasia Vitaliana (L.) Hook, diese allerdings mehr auf feuchtem, tonigem Boden; Gentiana terglovienses, diese mehr auf erdigkiesigem Boden; Campanula caespitosa Scop.; Homogyne discolor (Jacq.), diese mehr auf humusreichem Boden. — An Felsen: Primula ciliata Moretti (statt der fast gleichen Pr. Auricula); Pedicularis verticillata, Ped. rosea Wulf.; Senecio cacaliaster Lam. (auch gern am Hochwaldrand); Carex ornithopodivides Hausmann, Carex rupestris Bell.; Colobresia caricine Willd.; Alsine octandra (Sieber) Kern (= A. aretioides Portenschlag); Mochringia glaucovirens Bertol.; Silene Saxifraga L.; Heliosperma glutinosum (Lois); Asplenium Seelosii Lbd.; Woodsia glabella RBr.; Sesleria sphaerocephala Ard.; Saxifraga squarrosa Sieber; Potentilla nitida L.; Soldanella minima Hoppe; Veronica Bonarota L. (Paederota Bonarota L.); Phyteuma Sieberi Spreng.; Ph. eomosum L.; Aster alpinus var. dolomiticus Beck; Artemisia nitida Bertol.;

Valeriana elongata Jacq. — Seltenheiten (Endemismen): Sempervivum dolomiticum Facchini; Primula tirolensis Schott (P. Allionii Koch); Campanula Morettiana Rchb.; Androsace Hausmanni Lbd.; Kernera alpina (Tausch) Prantl; Saxifraga Facchini Koch.

Von Pflanzen, die nicht nur in den Dolomiten, sondern auch in anderen Alpentälern vorkommen, hier aber besonders reichlich gedeihen, sind zu nennen: Artemisia mutellina Vill. (Edelraute); Leontopodium alpinum Cass. L. (Edelweiß), in keinem anderen Gebiet der Alpen so zahlreich zu finden wie in den Dolomiten, oft sogar neben Straßen und auf Wiesen; Arnica montana (Berg-Wohlverleih); Rhododendron hirsutum L. und Rh. chamaecistus L. und viele andere.

Die *Tierwelt* zeigt in den Dolomiten keine besondere Eigenart. Der früher nicht unbeträchtliche Gemsenstand einzelner Gebiete, der in den letzten Kriegen nahezu vernichtet worden ist, kommt jetzt durch fleißige Hege langsam in die Höhe. Im Rautal, auf Fanes, im Schlerngebiet und im Travenanzestal kann man wieder einige Gemsen sehen. Auch Murmeltiere machen sich auf Fanes, unter dem Sett Saß und an anderen Orten durch ihre gellen Pfiffe bemerkbar. An Raubwild ist der Fuchs zu nennen; Marder, Iltisse und Wiesel zählen zu den Seltenheiten. Zahlreicher finden sich Hasen in allen erdenklichen Schutzfärbungen, ebenso Auer-, Birk-, Schnee-, Stein- und Rebhühner. Alpendohlen bevölkern alle Höhen, auch der Steinadler kommt in der Palagruppe noch vor. Im Waldgebiet ist neben den gewöhnlichen Singvögeln die Zirmgratsche ein oft gesehener Vogel. An heißen, sonnigen Stellen tummeln sich allerorts Eidechsen: im Tal die grüne (Lacerta viridis), höher oben die Mauereidechse (L. Muralis), die auf der Seiser Alm z. B. bis 1700 m aufsteigt, und noch weiter aufwärts die Bergeidechse (L. vivipare). Neben dem gefleckten Erdsalamander (Salamandra maculosa) findet sich bis zur Waldgrenze hinauf der schwarze Bergsalamander (S. atra), der als Wetterprophet bei den Bergbewohnern in Ansehen steht. An Schlangenarten besitzt das Dolomitengebiet nach Prof. Dr. K. W. von Dalla Torre sechs, vier harmlose und zwei giftige. Von letzteren ist die allbekannte gewöhnliche Kreuzotter (Pelias berus) durchaus keine Seltenheit; auch ihre schwarze Abart, die Höllennatter (var. prester), findet sich gelegentlich. Die zweite Giftschlange der Dolomiten, die Schildviper (Vipera aspis), mit schwarzen Seitenflecken auf der rauhen Haut und scharf abgesetztem Kopf, bewohnt das Fassatal und die Gegend von Cortina. Aus der niederen Tierwelt besitzen die Dolomiten einige eigene Arten unter den Schmetterlingen und Käfern; von Schnecken sind mehrere Arten bekanntgeworden, die ausschließlich den Dolomiten eigen sind.

Bevölkerung: Die Seitentäler, die aus dem Eisack- und Pustertal in das Dolomitengebiet ziehen, sind mit Ausnahme des zentralen und inneren Grödner und des Gadertales seit alten Zeiten von Deutschen bewohnt. In diesen letzten Tälern jedoch, deren Zugänge den Verkehr hindernde Schluchten sperren, dann im abgeschlossenen Innengebiet der Dolomiten, in Fassa, Buchenstein und Ampezzo, lebt das kleine, jedoch beachtenswerte Bergvolk der *Ladiner,* die Nachkommen der Räter. Die Räter waren vermutlich ligurischer und etruskischer, vorwiegend aber illyrischer Abkunft und bewohnten schon zur Bronzezeit das Alpenland vom Bodensee bis gegen die obere Adria; in allerjüngster Zeit sind auf dem Grödner Joch, am Reiterjoch und auf Lavazè sogar mittelsteinzeitliche Funde getätigt worden. Nach Eroberung dieses Alpengebietes durch die Römer im Jahre 15 v. Chr. entwickelte sich in den rätischen Haupttälern römisches Kulturleben. In den Seitentälern jedoch behielten die Räter ihre eigenen Sitten und Gebräuche, ihre eigene Religion und Sprache. Die sprachliche Romanisierung erfolgte erst seit dem 4. Jh. durch den Verkehr mit den Haupttälern und infolge der Ausbreitung des Christentums, die für unser Gebiet vom Bischofssitz Säben ausging. Auch die den Römern im Besitz des rätischen Landes nachfolgenden Germanen hielten sich meist an die Haupttäler. In den rätoromanischen Tälern des abgelegenen Dolomitengebietes hat eine Besitzergreifung durch langobardische oder bajuwarische Eroberer nicht stattgefunden. Die ursprüngliche Bevölkerung scheint vielmehr um diese Zeit im Dolomitengebiet selbständige Gemeinden gebildet und sich von fremden Einflüssen freigehalten zu haben.

Diese Verhältnisse ermöglichten es, daß die Dolomitenbewohner, wie jene Graubündens, ihre Sprache selbständig weiterentwickeln konnten. In der Sprache sind noch heute viele vorrömische und altrömische Wörter enthalten. Auch germanischer Einfluß kam im Wortschatz zur Geltung, in der Lautgebung jedoch besonders der Einfluß des Italienischen. Das Ladinische wurde selbständige Schwestersprache der anderen romanischen Sprachen. Auffallend ist die nahe Verwandtschaft des Ladinischen mit der altfranzösischen und provenzalischen Sprache. Die meisten Dolomitenladiner sprechen nun neben ihrem altehrwürdigen, wohlklingenden Idiom, dem „Edelweiß unter den romanischen Sprachen“, auch Deutsch und Italienisch.

Tourenpläne

Wer nur kurze Zeit verwenden will, besuche vom Pustertal aus Ampezzo und den Misurinasee oder Sexten; von der Brennerbahn ist das Grödner Tal auf guter Straße von Waidbruck bzw. Klausen aus schnell zu erreichen. Lohnende Hauptrouten:

1. Toblach — Ampezzo, Übergang nach Colle S. Lucia — Fedajapaß — Campitello, von da über das Sellajoch oder den Schlern zur Eisenbahn und zur Straße zurück.

2. Bruneck — Kronplatz — St. Vigil, weiter durch das Rautal zum Limojoch und durch das Fanestal nach Ampezzo.

3. Innichen — Innerfeldtal — Dreizinnenhütte — Misurinasee — Ampezzo.

4. Innichen — Sexten — Altensteintal — Dreizinnenhütte — Schluderbach.

5. Niederdorf — Pragser Wildsee — Seekofelhütte — Ampezzo.

6. Brixen — Plose — Peitlerscharte — Schlüterhütte — Wasserscharte — Geislerhütte — Puezhütte — Grödner Joch.

7. Villnöß — Schlüterhütte — St. Leonhard — St. Cassian — Valparola — Falzaregopaß — Cortina — Tre Croci — Schluderbach — Toblach.

7. a Villnöß — Schlüterhütte — Peitlerkofel — Wasserscharte — Regensburger Hütte — Puezhütte — Grödner Joch — Val Setus — Pisciaduhütte — Bamberger Hütte — Boë — Pordoijoch — Bindelweg — Fedaja — Marmolata — Canazei — Campitello — Durontal — Schlern — Seis — Völs — Bozen oder Waidbruck.

8. Klausen — St. Ulrich i. Gröden — Langkofelhütte — Langkofeljoch — Sellajoch — Boëhütte — Boëspitze — Pordoijoch — Bindelweg — Fedaja — Canazei.

9. Klausen — St. Ulrich — Seiser Alm — Molignonpaß — Grasleitenhütte — Vajolethütte — Tschagerjoch — Rosengarten-(Kölner) Hütte — Karerpaß.

10. Waidbruck — Seis — Schlern — Molignonpaß — Grasleitenhütte — Antermojahütte — Seiser Alm — Sellajoch — Boëhütte — Boëspitze — Pordoijoch — Fedaja — Marmolata — Caprile — Alleghe — Coldaihütte — Rif. Vazzoler — Listolade — Cencenighe — Forno di Canale — Palaplateau — Rosettahütte — S. Martino di Castrozza.

11. Blumau — Tiers — Grasleitenhütte — Vajolettal — Pozza — Contrinpaß — Ombrettapaß — Caprile.

12. Bozen — Kohlern — Deutschnofen — Rauth — Ober-Eggental — Bewaller — Karersee — Rotwandhütte — Cigoladepaß — Vajolettal — Grasleitenhütte — Schlern — Seiser Alm — Waidbruck.

13. Bozen — Kohlern — Deutschnofen — Weißenstein — Jochgrimm — Reiterjoch — Satteljoch — Predazzo — Rollepaß — S. Martino di Castrozza.

14. Bozen — Karerpaß — Moëna — Lusiapaß — Paneveggio — Rollepaß — S. Martino di Castrozza — Rosettahütte — Forno di Canale — S.-Pellegrino-Paß — Cirellepaß — Contrinhaus — Canazei — Sellajoch — Langkofeljoch — St. Ulrich in Gröden usw.

Karten und Schrifttum

Alpenvereinskarten: Schlern und Rosengarten; Langkofel — Sella (neu); Marmolatagruppe; Palagruppe; alle im Maßstab 1 : 25.000

Kompaß-Wanderkarten, Bl. 54 (Bozen, Grödner Tal, Rosengarten), Bl. 55 (Cortina d'Ampezzo), Bl. 56 (Brixen), Bl. 57 (Bruneck, Pustertal), Bl. 58 (Sextner Dolomiten), Bl. 59 (Sellagruppe – Marmolata), Bl. 76 (Palagruppe), Maßstab 1 : 50.000

Im günstigen Maßstab 1 : 50.000 gibt es derzeit von *Freytag-Berndt* ein Blatt S 1 (Bozen und Umgebung, mit Rosengarten) sowie ein Blatt S 3 (Pustertal, Bruneck, Drei Zinnen); dazu gibt es noch die Blätter S 5 (Cortina d'Ampezzo, Marmolata, St. Ulrich = zentrale Dolomiten) und S 10 (Sextener Dolomiten, Ampezzo, Marmarole).

Touristik, Naturkunde, Geschichte, Sage

Hilde Frass, Klettersteige der Dolomiten, 4. Auflage, München 1977 (Rother)

R. v. Klebelsberg, Geologischer Führer durch die Südtiroler Dolomiten. Sammlung geologischer Führer. Bd. 33, Berlin 1928

– Geologie von Tirol, Berlin 1935

Kohlhaupt-Reisigl, Blumenwelt der Dolomiten, 4. Auflage, Bozen 1978 (Athesia)

Gunther Langes, Ladinien, Land der Dolomiten, 3. Auflage, Bozen 1977 (Athesia)

Hanspaul Menara, Südtiroler Schutzhütten (nur westliche Dolomiten), Bozen 1978 (Athesia)

Reinhold Messner, Klettersteige 1 (Dolomiten), 4. Auflage, Bozen 1978 (Athesia)

Peter Ortner, Tierwelt der Südalpen, Bozen 1978 (Athesia)

Peter Ortner und Christoph Mayr, Südtiroler Naturführer, Bozen 1977 (Athesia)

Josef Rampold, Südtiroler Wanderbuch, 6. Auflage, Innsbruck 1980 (Tyrolia)

Berta Richter-Santifaller, Die Ortsnamen von Ladinien, Schlern-Schriften, 36. Band, Innsbruck 1937 (Wagner)

Alois Vittur, Enneberg in Geschichte und Sage, Lana bei Meran, 1912 (vergriffenes Standardwerk)

Josef Weingartner, Die Kunstdenkmäler Südtirols, Bd. I: Eisacktal, Pustertal, Ladinien; 6. Auflage, Innsbruck 1977 (Tyrolia)

Karl Felix Wolff, Monographie der Dolomitenstraße, Bozen 1908 (vergriffenes Standardwerk)

– Dolomitensagen, 15. Auflage, Innsbruck 1981 (Tyrolia)

Zahlreiche Abhandlungen über die Dolomiten und ihre Bewohner enthalten die von R. v. Klebelsberg herausgegebenen Schlern-Schriften (Veröffentlichungen zur Landeskunde von Südtirol) und die in Bozen erscheinende Monatsschrift für Heimatkunde und Heimatpflege „Der Schlern". Für weitere Spezialliteratur steht Gästen aus dem In- und Ausland die Südtiroler Landesbibliothek (Tessmann-Bücherei) in der Armando-Diaz-Straße jenseits der Talferbrücke zur Verfügung.

BOZEN UND SEINE UMGEBUNG

BOZEN, auf Meereshöhe 265 m, Hauptstadt der gleichnamigen autonomen Provinz und Teil der autonomen Region Trentino - Südtirol in der Republik Italien, Sitz der Provinzbehörden, Handelsstadt und seit 1964 Bischofssitz der Diözese Bozen-Brixen, hat derzeit rund 105.000 Einwohner, davon zirka 23.500 Deutsche. 1939 betrug die Gesamteinwohnerzahl 53.134, davon 22.084 Deutsche, 1910 hatte Bozen 32.424 Einwohner mit 26.558 Deutschen.

Die Stadt liegt im nö Winkel jenes weiten Talkessels, in dem sich Eisack- und Etschtal, die beiden Haupttäler Südtirols, vereinen und die Talfer in den Eisack mündet. Die Lage von Bozen ist prächtig und besitzt Eigenheiten, die besonders den deutschen Wanderer überraschen. Aus Gärten mit den seltensten südlichen Gewächsen erheben sich rötliche Porphyrhänge mit Weingärten und niederem Buschwerk, darüber auf Terrassen weiße Kirchen, Burgen, Dörfer und Einzelhöfe, im Nordosten und Osten jedoch über dunklem Waldrahmen der hohe Felsstock des Schlerns, die Türme und Dolomitwände des Rosengartens, im Westen die langgestreckte Felswand der Mendel, an deren Fuß auf einer Hochfläche das fruchtbare, rebenbestandene und reichbesiedelte Gelände von Überetsch liegt.

Das warme Klima der Bozner Gegend wird sichtbar durch das herrliche Gedeihen von Trauben und Obst, von Edelkastanien, Feigen- und Quittenbäumen; in Gärten und auf den Hängen stehen Zedern mit gebogenem Wipfel, spitzwipflige Zypressen und Pinien mit runden Nadelkronen zwischen Lorbeerbüschen und Myrtenhecken. Nord und Süd vereinen sich hier zu einem wundervollen Landschaftsbild.

Bozen ist durch seine Lage am Westrande der Dolomiten der Mittelpunkt des Fremdenverkehrs und die bedeutendste Touristenstation von Südtirol. Ein Netz von Autolinien zieht von hier in die Dolomiten, und Rittner Bahn, Virglbahn, Kohlerer Bahn und Jenesienbahn führen zu herrlichem Wald- und Wiesenland hinauf, wo wieder die Dolomiten den Hintergrund bilden.

Bozen ist der Knotenpunkt des Südtiroler Eisenbahnverkehrs. Nach drei Richtungen laufen hier Schienenstränge aus: die Bahn zum Brenner und ins Pustertal, südwärts nach Trient und die Vinschgaubahn (die Überetschbahn seit 1963 eingestellt!). Diese Schienenwege und die Autobusverbindungen ermöglichen auch dem bequemen Reisenden innerhalb kurzer Zeit Ausflüge bis in die Alpenregionen. Bozen besitzt ein Schwimmbad (Lido, südl. des Zusammenflusses von Eisack und Talfer), Lichtspieltheater, Musikkonservatorium, Sportplatz, Messepalast, Museum, Krankenhaus usw. und ist wichtiger Knotenpunkt an der Brennerautobahn.

Wissenswertes für den Touristen

Auskunftsstellen: Fremdenverkehrsamt (Ente provinciale per il Turismo), Waltherplatz 22; Reisebüro CIT (Compagnia Italiana Turismo), Waltherplatz 11; Reisebüro „Dolomit-Expreß", Waltherplatz 8; Reisebüro Seidner (Ex-Mumelter), Laurinstraße 5 (gegenüber Bahnhof).

Auskünfte in Bergsteigerangelegenheiten: Alpenverein Südtirol, Geschäftsstelle der Sektion Bozen, Hotel Mondschein, Bindergasse 25; CAI (Club Alpino Italiano), Obstmarkt 46. Meldungen über alpine Unfälle an die jeweils angegebene AVS-Sektion im Talort. – Wichtig die alpine Auskunftsstelle Pfarrplatz 11, Tel. 04 71 / 99 38 09.

Ital. Automobilklub (Benzin-Gutscheine und Auskünfte), Corso Italia 19a, Tel. 04 71 / 28 00 03.

Campingplätze: „Camping Schwefelbad", Moritzing, an der Straße nach Meran (4 km).

Alle Autobuslinien (Stadtkern Meran, Überetsch usw.) und vor allem alle Verbindungen ins Dolomitengebiet haben Abfahrt am neuen Autobahnhof, Perathonerstraße 4, in unmittelbarer Nähe der Bahnstation. Dort auch Fahrkarten der SAD (Società

Automobilistica Dolomiti), die auf sämtlichen Dolomitenrouten verkehrt. Die wichtigsten Linien führen von Bozen nach: Blumau — Völs — Seis — Kastelruth; Blumau — Tiers — Weißlahnbad; Deutschnofen; Welschnofen — Canazei; Plan im Grödner Tal; große Fahrten mit dem Pullman-Wagen: Bozen — Grödner Tal — Sellajoch — Pordoijoch — Falzaregopaß — Cortina; Bozen — Karerpaß — Rollepaß — San Martino di Castrozza usw.

Geschichte: Die Bozner Gegend war, wie Funde aus der Stein- und Bronzezeit beweisen, schon in prähistorischer Zeit besiedelt. Am Anfang der Hallstattzeit kamen Illyrer in diesen Teil der Ostalpen, der später von römischen Schriftstellern Rätia genannt wurde. Im Jahr 15 v. Chr. unterwarfen die Römer unter Tiberius und Drusus die Räter. Im Bozner Becken entstand nun die Straßenstation Pons Drusi, in deren Nähe vielleicht der Römer Baudius ein Praedium Baudianum baute, aus dem der Name der späteren Stadt Bozen entstand. Nach dem Zusammenbruch des Römischen Reiches, in den Zeiten der Völkerwanderung, wurde dieses Gebiet ein Durchzugsland germanischer Heerhaufen. Zur Zeit des Einfalles der Langobarden nach Italien (568) oder nicht lange nachher rückten die Bajuwaren von Norden her in Rätien ein und besiedelten das Land bis in die Bozner Gegend. Nach geschichtlichen Nachrichten ist die Herrschaft der Bajuwaren in dieser Gegend schon vor dem Jahr 700 erwiesen. Um 680 war hier der befestigte Sitz eines bajuwarischen Grafen, Castellum Bauzanum genannt. Da die Bajuwaren unter der Oberhoheit der Franken standen, gehörte auch das Land um Bozen zum fränkischen und nach 900 zum Deutschen Reich und zu dessen Gau Nurichtal. Seit dieser Zeit entwickelte sich innerhalb der ländlichen Siedlung der Markt und dann die Stadt Bozen, deren Name aus dem älteren Bauzanum der deutschen Sprache angepaßt war. Seit dem Ende des 13. Jh.s war dann hier die wichtigste Messe dreimal im Jahr zwischen den Kaufleuten von Venedig und von Augsburg sowie anderen italienischen und deutschen Städten. Und diesen Rang behauptete Bozen bis zum Ende des 18. Jh.s. — Politisch wurde das Gebiet und endlich auch die Stadt Bozen seit 1260 den Grafen von Tirol unterstellt und so mit dem Land als dessen Herzstück vereinigt. Im Jahr 1363 trat die letzte Landesfürstin, Margarethe Maultasch, das Land an Österreich ab. Dazu gehörte Bozen mit Tirol bis zum Ende des ersten Weltkrieges 1918; in dieser Zeit wurde Bozen mit Südtirol dem Königreich Italien zugesprochen.

Eine schwere Leidenszeit brachte der zweite Weltkrieg auch über Bozen. Von 1943 bis Kriegsende erlitt die Stadt nicht weniger als 23 Luftangriffe, die fast ein Drittel der Stadt zerstörten und ein weiteres Drittel mehr oder minder schwer beschädigten.

Neue Handelswege und die modernen Verkehrsmittel schränkten die Bedeutung Bozens als Handelsstadt später ziemlich ein, jedoch der zunehmende Obst- und Weinhandel sowie in der neueren Zeit der Fremdenverkehr brachten eine neue Blütezeit.

Rundgang durch die Stadt und ihre Sehenswürdigkeiten

Vom Bahnhof führt die Bahnhofallee durch prächtige Parkanlagen die breite Laurinstraße mit dem ehemaligen Präfekturgebäude und dem Landhaus der Provinzialregierung rechts lassend, in 3 Min. zum *Waltherplatz*, dem größten und schönsten Platz der Stadt. Hier stand von 1889 bis 1935 das Denkmal Walthers von der Vogelweide, des größten deutschen Dichters im Mittelalter. Das Denkmal, ein Werk des Vinschgauer Bildhauers Heinrich Natter, wurde 1935 zur Faschistenzeit in einen Park versetzt, ist jedoch 1980 wieder auf seinen angestammten Platz zurückversetzt worden. Von hier fuhr die alte Zahnradbahn auf den Ritten ab. Die neue Seilbahn, die jene heute ersetzt, hat ihre Talstation im nördl. Bahnhofsgelände (Autobusdienst).

Der Südwesten dieses Platzes wird vom bischöflichen Dom (gleichzeitig *Stadtpfarrkirche*) beherrscht, dessen 62 m hoher Turm das Wahrzeichen der Stadt bildet. Die Pfarrkirche, das bedeutendste Architekturwerk, das die Gotik in Tirol geschaffen hat, wurde im 14. und 15. Jh., der Turm mit seiner erstaunlich kühnen baulichen Konstruktion 1501 bis 1519 nach dem Entwurf von Burkhard Engelberg in Augsburg unter Leitung seines Bauführers Hans Lutz aus Schussenried gebaut. Im zweiten Weltkrieg trafen dreimal Bomben die Pfarrkirche; Ruinen umgaben den eindrucksvollen Turm, der selbst allen Erschütterungen standhielt. Im dreischiffigen imposanten Kirchenraum, um 1360 vollendet, nach den Bombenschäden wiederhergestellt, steht eine reichornamentierte Sandsteinkanzel von 1514, ein hervorragendes Werk der südlichen Spätgotik. An dem zweiten

Pfeiler rechts ein Steinrelief aus der Zeit um 1360, das die thronende Madonna mit dem Christkind und davor kniend den Stifter Seyfrid Schalstein von Bozen in geistlichem Gewande zeigt. Beim Wiederaufbau wurden an den Wänden interessante Gemälde aus dem Ende des 14. Jh.s, an der Eingangswand solche aus dem Jahr 1424 freigelegt. Sie stellen die Legende der Siebenschläfer dar und sind mit dem Namen ihres Meisters Herlin bezeichnet.

Vor dem erhöhten Presbyterium an den Säulen vier schmale neugotische Altäre und im Presbyterium selbst ein prächtiger Marmorboden mit Rankenmuster. Den Hochaltar überragt ein mächtiger Säulenaufbau. Rechts davon in der südlichen Turmhalle vier frühgotische Deckenfresken mit der Margaretenlegende, um 1360 gemalt. Rechts vom Hochaltar am Pfeiler eine Grabplatte in rotem Marmor des Ritters Jakob von Trapp, 1475. Dahinter ist die Gruft des Erzherzogs Rainer von Österreich und des da nicht genannten Erzherzogs Heinrich mit Gemahlin (1858) zu sehen. Den Abschluß bildet die barocke Gnadenkapelle mit steinernem, im 12. Jh. entstandenen Madonnenbild und Deckenfresko von Henrici (1772).

Auf dem Platz südlich der Pfarrkirche das Denkmal zur Erinnerung an den Freiheitshelden Peter Mayr, Wirt an der Mahr, von den Franzosen 1810 erschossen und dort begraben.

Westlich der Pfarrkirche steht an der Ecke des Pfarrplatzes das *Hauptpostamt*, daneben die Telefonzentrale. Von da führt die Eisackstraße südwärts zur Eisackbrücke, über die man nach Oberau gelangt; dort liegt der 1930 eröffnete städtische Friedhof.

Hinter dem Hauptpostgebäude gegen W der durch Bomben ruinierte Bau der *Dominikanerkirche*, nun renoviert. In dieser und dem anschließenden Kreuzgang eine Unzahl von Fresken, die die Geschichte der gotischen Malerei in Südtirol widerspiegeln. Das einstige Klostergebäude ist nun zu einem Konservatorium umgebaut.

Vom Waltherplatz nordwärts hinter dem großen modernen Bau der Sparkasse der Provinz Bozen über den Kornplatz und re kurz durch die Lauben weiter zum Rathausplatz (Polizei, Fundamt), auf dessen Südseite das 1904 bis 1907 gebaute *Rathaus* steht. — Nordwärts weiter in die Bindergasse mit dem bekannten Hotel Mondschein (Geschäftsstelle der Sektion Bozen des Südtiroler Alpenvereins, Tel. 04 71 / 97 87 29, Bürostunden von Montag bis Freitag von 15.30 bis 19.30 Uhr; auch alpine Bibliothek) und mehreren einfachen Gasthöfen.

Vom Rathausplatz kommt man li in den interessantesten Teil Altbozens, in die traditionsreiche Laubengasse, die Geschäftsgasse der Stadt, mit breiten Bogengängen (Lauben) und zahlreichen eleganten Verkaufslokalen. Hier ist das *Merkantilgebäude* auffallend, ein von feinem Stilempfinden beherrschter Barockbau, 1708 bis 1726 von dem Veroneser Architekten Perotti ausgeführt, heute Sitz der Bozner Handelskammer.

Die Laubengasse mündet westl. auf den von altertümlichen Gebäuden umgebenen, schon von Goethe gerühmten *Obstmarkt* (mit Neptunbrunnen) mit einer langen Reihe von Verkaufsständen des berühmten Bozner Obstes und lockender Gemüse. Südlich anschließend die *Goethestraße*, mit dem altbekannten Gasthof Roter Adler („Vögele"); nach rechts Abzweigung der Leonardo-da-Vinci-Straße. In der Fortsetzung südwärts über Dominikanerplatz, Kapuzinergasse zur Romstraße, dieser rechts folgend zum *Roseggerpark*, wo von 1935 bis 1980 das Denkmal des Dichters Walther von der Vogelweide stand.

Vom Obstmarkt nordwärts durch die Franziskanergasse zur *Franziskanerkirche*, aus dem 13. und 14. Jh. stammend, ebenfalls durch Bomben beschädigt und wieder instand gesetzt. In dem Mitte des 14. Jh.s angebauten Kreuzgang des Klosters Reste gotischer Wandmalereien. In der Marienkapelle der prachtvolle Schnitzaltar (1500) von Meister Hans Klocker aus Brixen. Die Wand des linken Seitenschiffes der Kirche schmücken in langer Reihe die Einzelgestalten berühmter Franziskaner aus der Zeit um 1500, erst 1912/13 aufgedeckt und stark verblaßt.

Vom Obstmarkt kommt man durch die Museumstraße gegen Westen zum *Museum*, das nach schweren Bombenschäden nun wieder eingerichtet wurde. Im ersten Stock sehenswerte Sammlung mittelalterlicher Kunst, im zweiten und dritten Stock Sammlungen barocker Kunst und Werke der Volkskunst aus Südtirol. Reichhaltige Bibliothek von Tirolensien. Ebenerdig sind die prähistorischen Funde untergebracht, darunter bemerkenswerte Menhire.

Westwärts gelangt man über die Talferbrücke in den seit 1925 eingemeindeten Stadtteil Gries. Vor der Brücke biegt rechts die 1400 m lange *Bozner Wassermauer-Promenade* (am linken Ufer) gegen den Eingang ins Sarntal ab, ein hoher steinerner Schutzwall, der 1904 zu einer prächtigen Promenade mit Gartenanlagen ausgebaut wurde. Von hier schönste Aussicht auf die Rosengartengruppe, die bei Sonnenuntergang einen wundervollen Anblick bietet. In den Weingärten östlich der Wassermauer steht das *Schloß Maretsch*, ein massiver Bau aus der Zeit um 1200, in dem jetzt die Kurverwaltung untergebracht ist. Beim weiteren Gang auf der Wassermauer-Promenade fällt der „Gescheibte Turm" jenseits der Talfer auf, ein runder Turm, der Rest einer Burganlage aus dem 12. Jahrhundert, und auf der Höhe links ober dem Eingang ins Sarntal steht die weitschauende Ruine des Schlosses Rafenstein, das aus dem 12. Jahrhundert stammt. Die Fortsetzung der Wassermauer-Promenade führt nach (20 Minuten) *St. Anton.* Von da kommt man über die Talferbrücke zur Sarntaler Straße und zur nahen Jenesienbahn. Die 1973 begonnene Straße nach Jenesien im unteren Teil im Ausbau (jedoch fahrbar).

Eine neue Wohnsiedlung und den schloßähnlichen Ansitz Klebenstein mit der etwa um das Jahr 1650 errichteten Antoniuskapelle li lassend, erreicht man die *Oswald-Promenade* (durchschn. Höhe 350 m), die am sonnigen Rittner Berg erst sanft ansteigt, dann dessen steile Porphyrhänge quert. Steineichen, Zypressen, Pinien und andere südl. Gewächse reichen bis da herauf, und eine weite Aussicht auf den Bozner Talkessel, ins Etschland und auf die Mendel öffnet sich. Nach etwa 3/4 St. teilt sich die Promenade. Ein Weg führt in 10 Min. hinab zur Oswaldstraße, der andere bleibt bis zum weinberühmten Gelände von St. Magdalena auf der Höhe, von wo ein steingepflasterter Weg in das Stadtgebiet hinabführt. Dauer des ganzen Rundganges etwa 2 St.

Jenseits der Talfer liegt der größtenteils neue Stadtteil *Gries*, einst weitbekannt als Kurort. Vom Waltherplatz am besten mit Autobus (SASA), zu Fuß auf obengenannten Wegen (Waltherplatz, Kornplatz, Lauben, Obstmarkt, Museumstraße) dorthin. Von der Talferbrücke in der schnurgeraden Freiheitsstraße (Corso della Libertà) mit modernen Hausbauten und Arkaden, dann über den Mazziniplatz in 15 Min. zum Grieser Hauptplatz, den das Benediktinerstift Muri-Gries beherrscht. In der 1769 bis 1771 gebauten *Stiftskirche* herrliche Deckengemälde und Altarbilder von Martin Knoller (1725—1804). Beachtenswert die kleine gotische Muttergottes mit Christkind auf dem vordersten Seitenaltar li. Beim zweiten Seitenaltar zur Rechten ein morscher Gedenkstein der Stifterin des Klosters, das 1160 von Mathilde von Valay, Gräfin von Greifenstein, in der sog. Au, unweit des Zusammenflusses von Talfer und Eisack, erbaut und am Anfang des 15. Jh.s hierher, in eine ursprüngliche Burganlage, verlegt wurde. Das Stift erhielten 1841 die Benediktiner des aufgehobenen Stiftes Muri (Schweiz), unter deren Verwaltung es heute noch steht.

Vom Grieser Hauptplatz kommt man zur nahen *alten Pfarrkirche*, die hart am Fuß des Guntschnaberges steht. Den gotischen Bau umgibt ein stimmungsvoller Friedhof, der den mit der Geschichte Tirols Vertrauten manchen Namen in Erinnerung bringt. Die romanische Kirche wurde Anfang des 16. Jh.s erneuert und 1519 die spätgotische Erasmuskapelle angebaut. In dieser steht ein berühmter gotischer Flügelaltar, 1471 bis 1475 von dem Brunecker Michael Pacher geschaffen, die Krönung Mariens verherrlichend, der in der letzten Kriegszeit entfernt wurde und bis 1954 im Bozner Museum zur Restaurierung stand. Zur Besichtigung der gewöhnlich geschlossenen Kirche wendet man sich an das Pfarramt im Grieser Stiftsgebäude.

Hinter der Kirche beginnt die prächtige *Guntschna-Promenade* (Heinrichspromenade), die in bequemen Kehren durch Anlagen mit wundervoller Blütenpracht im Frühling und seltenen südländischen Gewächsen, mit herrlicher Aussicht auf die Rosengartengruppe und den Bozner Talkessel, in ¾ St. zum Hotel *Reichrieglerhof* (Gartenrestaurant) mit Aussichtsterrasse inmitten von Weingärten emporsteigt. Hierher auch auf eigener, neuerbauter Höhenstraße. Die alte Guntschna-Zahnradbahn, die ebenfalls zu dieser Höhe emporführte, hat 1964 ihren Betrieb eingestellt.

Vom Reichrieglerhof kann man, längs der bereits erwähnten Höhenstraße, in den Fagenbachgraben absteigen, wobei der Blick auf einen prächtigen Wasserfall frei wird; nun weiter, unterhalb des Gscheibten Turmes über die St.-Anton-Brücke oder durch das Grieser Villenviertel in die Stadt zurück (1 St.).

Spaziergänge und Ausflüge von Bozen aus

Zum Schloß Runkelstein, ital. Castel Roncolo; 1 St. Spaziergang zu einer der berühmtesten Burgen des Landes

Auf der Wassermauer-Promenade oder vom Waltherplatz durch die Bindergasse, Weggenstein- und St.-Heinrich-Straße nach *St. Anton* (s. oben) und von dort, eine neue Wohnsiedlung und den Ansitz Klebenstein li lassend, auf der St.-Anton-Straße weiter taleinwärts, an der Zentrale des Sarntaler Kraftwerkes vorbei längs der Talfer ins Sarntal, an dessen Beginn auf hohem Porphyrfels das stattliche Schloß steht. Bald von der Straße re ab auf kurzem, leicht steigendem Weg zur zinnenbewehrten Ringmauer und über eine ehemalige Zugbrücke in den (20 Min. von St. Anton) malerischen Schloßhof mit vielbesuchter Wirtschaft im westlichen Palas. Herrliche Aussicht von den Fenstern der offenen Halle des Sommerhauses. Eine genaue Beschreibung aller Sehenswürdigkeiten des Schlosses von Dr. Karl Theodor Hoeniger in Form einer kleinen Broschüre ist in der Schloßwirtschaft erhältlich.

Schloß Runkelstein wurde 1237 von den Brüdern Friedrich und Beral von Wangen erbaut. Meinhard II. zerstörte die Burg. 1385 erwarben die Ruine die Bozner Kaufleute Niklas und Franz Vintler. Die beiden ließen die Burg wiederaufbauen und mit den heute noch wohlerhaltenen Fresken schmücken. Um 1413 kam Schloß Runkelstein von den inzwischen verarmten Vintlern an die Herren von Schrofenstein und von diesen an den Landesfürsten Herzog Sigmund von Österreich. Von 1478 an saßen landesfürstliche Pfleger auf Runkelstein. Der letzte dieser Pfleger war der bekannte Landsknechtführer und Feldobrist Kaiser Maximilians I., Georg von Frundsberg. Zu seiner Zeit (1520) zerstörte eine Pulverexplosion den sö Teil der Burg. 1530 ließ Sigmund von Brandis, der Runkelstein nachher zu Lehen hatte, die Burg wiederherstellen; 1538 wurde sie an die Lichtensteiner verkauft, in deren Besitz sie bis zum Aussterben des Geschlechtes (1754) verblieb. Darauf kam Runkelstein als Mensalgut an die Fürstbischöfe von Trient; diese taten nichts zur Erhaltung der Burg, die immer mehr verfiel. 1880 kaufte Erzherzog Johann Salvator von Österreich die ruinenhafte Feste und übergab sie Kaiser Franz Joseph, der sie von 1884 bis 1888 durch den Wiener Dombaumeister Schmidt restaurieren ließ und 1893 der Stadt Bozen schenkte.

Den Burghof umgeben zwei Palasse, das sind Herrschaftshäuser, li der westliche, re der östliche Palas, hinter diesem die Burgkapelle. Gegen die Talfer, zu der die Burg mit hoher Felswand abbricht, ist der Hof vom Vintlertrakt abgeschlossen. Eine Holztreppe führt zu den Stockwerken des westlichen Palas, dessen Vorsaal farbenbunte Wappen schmücken. In den Zimmern des zweiten Stockes, im sog. Badezimmer, die am besten erhaltenen Wandgemälde der Burg, „die das ritterliche Leben um 1300 in seiner Tracht, seinen Unterhaltungen, Kämpfen und seiner Gedankenwelt wiedergeben“, daher von kulturhistorischer Bedeutung sind. Im Vintlertrakt mit dem Sommerhaus und einem Söller auf der Hofseite guterhaltene Fresken mit überlebensgroßen Gestalten, innen die berühmten Darstellungen aus Gottfried von Straßburgs „Tristan und Isolde“, fünfzehn Bilder, einfarbig, später mit roten Farbtönen übermalt, und in einem Nebengemach Bilder zur Gralssage. Die Burgkapelle im Osttrakt war ebenfalls mit Wandgemälden geschmückt, jedoch ist von diesen wenig erhalten. An Werktagen Führung durch die Burg.

Zum Kalvarienberg und auf den Virgl, ital. Virgolo (457 m)
Interessant und lohnend. 1 St.

Die Drahtseilbahn auf den Virgl wurde im Zweiten Weltkrieg zerstört; es handelte sich um eine kühn angelegte Standseilbahn, die 1956 durch eine Schwebebahn ersetzt wurde, die wegen Unrentabilität 1974 eingestellt wurde. – Der Virgl ist wahrscheinlich der Ort, auf dem sich das bei *Paulus Diaconus* erwähnte *Castellum Bauzanum* erhob. So gut wie sicher ist, daß die von Süden auf dieser Talseite her kommende Römerstraße über diesen markanten Felskopf geführt hat, worauf heute noch einige Spuren verweisen. Weiter nördlich, vom Virgl absteigend, führte die Straße in die Gegend von Kampill, wo wir *Pons Drusi* zu suchen haben.

Vom Pfarrplatz mit Autobus oder zu Fuß durch die Eisackstraße zur Eisackbrücke (Loretobrücke) und bald nach dieser von der Straße li ab unter der Eisenbahn durch zum Fuß der Felsen des Virgls. — In der Gesteinsbeschaffenheit des Virgls haben die Geologen eine Ausflußstelle des Quarzporphyrs erkannt. — Re auf dem breiten, mäßig steigenden Kalvarienbergweg mit mehreren restaurierten Kapellen in 20 Min. zur Heiliggrabkirche, einem schönen Barockbau vom Jahre 1684, im zweiten Weltkrieg schwer beschädigt. Kapellen und Kirche wurden erst in allerletzter Zeit vor weiterem Verfall gerettet. Von da kurz aufwärts zum Mesnerhaus und zu der schon 1275 erwähnten, 1685 entweihten *St.-Vigilius-Kapelle* mit interessanten Wandgemälden aus der Zeit um 1400. Der Schlüssel zur Kapelle liegt im Mesnerhaus. Auf dem mit 4 bezeichneten Virglweg weiter in Kehren ansteigend, an einigen Häuschen vorbei, sieht man zur Linken einen buschigen, schroff gegen die Stadt abstürzenden Felskopf, auf dem Spuren der von Meinhard II. zerstörten Burg Weinegg, des Stammschlosses des einst reichen Geschlechtes gleichen Namens, zu finden sind. Das neu erbaute Virgl-Restaurant li lassend weiter zur Höhe einer Wiesenterrasse (1/2 St.) mit dem *Wendlandhof* (517 m), gemütliche Wirtschaft, beliebter Ausflugsort. Prachtblick auf das Etschtal und Überetsch, auf die Höhen um Bozen. — Unterhalb des Wendlandhofes zweigt li der augenblicklich (1978) unterbrochene Schulsteig ab, auf dem man in 1 St. zum Weiler *Kampenn* kommt (s. S. 34). Vom Wendlandhof auch steiler Aufstieg auf markiertem Weg nach *Bauernkohlern*, 1½ St.

Zur Haselburg (415 m). Beliebte Wanderung. 1 1/2 St.

Wie oben über die Eisackbrücke (Loretobrücke) in die südliche Vorstadt, dort auf der Trienter Straße südwärts in etwa 10 Min. zur Bahnunterführung. Gleich hinter dieser von der Staatsstraße li ab und auf einer Seitenstraße, Gertraudweg benannt, am Fuße des Kalvarienberges in den neuen Stadtteil *Haslach*. Zwischen Neubauten, das nette Gertraudikirchlein von 1778 li lassend, zum Lehrlingsheim St. Josef hinauf. Dann auf leicht steigender Straße im Mischwald zu der (3/4 St. von der Bahnunterführung) malerisch auf einem Porphyrfelsen stehenden Halbruine der *Haselburg*. Tiefblick auf die Anlage des städtischen Friedhofs im Vorort Oberau und Aussicht auf Überetsch mit der Mendel.

Die Burg wurde um 1200 von den Herren von Haselberg erbaut; seit 1490 war sie im Besitz der Herren von Völs-Colonna; im Jahr 1600 kam sie an die Bozner Familie v. Khuepach und 1800 an die Grafen Sarnthein, heute ist die Haselburg Eigentum des Grafen Toggenburg. — In der von verfallenen Mauern umgebenen Burg Gastwirtschaft und in den Stockwerken sehenswerte Wandmalereien im Renaissancestil, die um 1540 die Herren von Völs-Colonna vom Maler Bartlmä Dill Riemenschneider ausführen ließen.

Ein mit 3 markierter Weg führt von der Haselburg s weiter und teilt sich nach 1/4 St. bei einem Bildstöckl. Li durch felsiges Gelände steiler Aufstieg zum Weiler *Seit* (868 m), 1 St., und nach *Bauernkohlern* (1135 m), 1 1/2 St. Gradaus eben s weiter (ein bez. Seitensteig führt zu einem vorgeschichtlichen Ringwall) in den Bereich des *Staller Hofes* (ital. Maso Stalla, 473 m) mit schönen, dem Etschtal vorgelagerten und aussichtsreichen Kuppen. Der Hof selbst, früher eine beliebte Gaststätte mit vom Bozner Albert Stolz geschmückten Stuben, ist heute leider Privatbesitz und wird nicht mehr als Gaststätte geführt. Demnach ist der früher beim Haus beginnende Fußsteig nach *St. Jakob* (3/4 St.) zur Autobushaltestelle an der Lokallinie Bozen — Leifers nicht mehr zu empfehlen.

Über Kampenn nach Kohlern, ital. Colle. 3 St. Lohnender Ausflug; oben Hochwald und prächtige Fernsicht

Auch die Seilschwebebahn nach Kohlern wurde im zweiten Weltkrieg durch Bombentreffer zerstört; sie hat jedoch 1966 den Betrieb wieder aufgenommen. Man geht von der Eisackbrücke (s. S. 33) im Vorort Loreto nach einigen Min. von der Straße li ab zum Felsfuß des Virgl, dann kurz flußaufwärts die Autobahn querend (Unterführung) zu einer Seitenstraße, die, re sanft ansteigend (li unten, neben der Straße, die Talstation der Seilbahn), umsäumt von Kastanienbäumen, Eichen und Buschwerk, zum (1 1/4 St. von Bozen) *Weiler Kampenn*, ital. *Campegno* (634 m), hinaufführt. Auf steilem Wiesenhang schönes Kirchlein, 1775 gestiftet. 10 Min. ö das idyllische *Schloß Kampenn* mit Zinnen und Türmen, die Mauern von Efeu überwuchert. Herrlicher Aussichtspunkt (Markierung 1, 2).

Das Schloß wurde vermutlich Ende des 12. Jh.s von den sagenhaften Kampennern erbaut und 1248 vom Trienter Bischof Enno den adeligen Benediktinerinnen zu Sonnenburg geschenkt, deren Eigentum das Schloß bis zur Auflösung ihres Stiftes im Jahr 1785 blieb. Als Lehen um 1400 im Besitz der Lichtensteiner, 1410 von Herzog Friedrich nach Belagerung eingenommen. Es folgten die Familie der Römer von Maretsch, die Herren von Khuepach, die das Schloß 200 Jahre besaßen, von 1801 ab Kaufleute aus Bozen und Meran, unter denen das Schloß für Sommergäste umgestaltet wurde. Bedeutende Umbauten erfolgten noch ab 1896 durch den Schloßherrn Hans Weithaas aus Nürnberg.

Oberhalb des Schlosses das Gh. Kofler. Von dort erst kurz auf bez. Pflasterweg bergauf, dann bei Wegtafel re ab auf provisorisch befahrbarer Straße südwärts im Walde zu einer großen Wiese, auf der das (1/2 St.) *Bad St. Isidor* (925 m) steht. Sommerfrische mit eisenhaltiger Quelle. — Oberhalb der Wiese weiter, durch Hochwald stärker steigend, nach (1 St.) *Bauernkohlern* (1135 m) mit Gh. und Bergstation der Seilbahn. Von dort auf fast ebenem Waldweg ö in 25 Min. nach *Herrenkohlern* (1181 m) mit Sommerfrischhäusern der Bozner.

Lohnender Ausflug von Bauernkohlern über die Schneiderwiesen und Waldanstieg auf den (1 1/2 St.) *Titschen*, dessen höchste Erhebung, Stadlegg (1615 m) genannt, eine herrliche Aussicht auf die Dolomiten, Ortler und Ötztaler Alpen bietet. Von der Bergstation der Seilbahn kann über Herrenkohlern in 40 Min. das beliebte Ausflugsgasthaus *Röllhof* (942 m) erreicht werden.

Auf den Ritten, ital. Renòn. Von dem zwischen Talfer und Eisack aufsteigenden Rittner Berg, einem reichbesiedelten Hochplateau mit Wäldern und Wiesen, hat man die schönste Aussicht auf die Dolomiten. Mit der Rittner Seilbahn von Bozen (265 m) in 12 Min. nach Oberbozen und von dort in 30 Min. mit elektrisch betriebener Kleinbahn nach Klobenstein (1156 m)

Die alte Zahnradbahn auf den Ritten, die ab Waltherplatz verkehrte, ist seit 1966 aufgelassen. Die Talstation der Seilbahn Bozen — Oberbozen liegt im Stadtteil Zwölfmalgreien, im n Bahnhofsgelände (Autobus vom Zentrum dorthin). Ebenso wird seit dem Herbst 1966 die Rittner Straße (Bozen — Oberbozen — Klobenstein — Maria Saalen bzw. Oberinn) mit Linienautobussen befahren (Abfahrt Autobahnhof). Nach dem weinberühmten Hügeldorf *Sankt Magdalena* zwischen Weinbergen und Kastanienbäumen emporsteigend, umfaßt die wechselvolle Aussicht bald das Talbecken von Bozen und die Dolomiten, die sich immer gewaltiger hinter dem Waldgebirge emporschwingen. Nach wenigen Minuten Seilbahnfahrt erscheinen die berühmten

Erdpyramiden, eine Eigenheit des Rittner Berges, und auf einer waldigen Höhe erhebt sich die alte *St.-Jakobs-Kirche,* bekannt wegen ihres Freskenschmuckes aus den Jahren 1330 und 1400. Es folgt die Siedlung *Maria Himmelfahrt,* italienisch *L'Assunta,* und bald darauf *Oberbozen,* italienisch *Soprabolzano* (1220 m), Höhenluftkurort mit herrlicher Aussicht. Die Fahrt geht nun durch Wald und Wiesen eben hin zum idyllisch gelegenen Weiler *Wolfsgruben,* ital. *Castalovara* (1206 m), mit dem vielbesuchten Hotel Maier, in dessen Nähe der kleine Wolfsgrubensee mit Freibad und Kahnfahrten liegt. Nach der Hst. *Lichtenstern,* ital. *Stella Renòn,* und *Rappersbichl,* ital. *Colle Renòn,* zur Endstation der Rittner Bahn: *Klobenstein,* ital. *Collalbo* (1156 m), die mit dem 5 Min. entfernten Weiler *Lengmoos,* ital. *Longomoso* (1164 m), eine große Sommerfrischsiedlung bildet. — Von der Fennpromenade bei Lengmoos der schönste Dolomitenblick: Geislerspitzen, Langkofel, Schlern, Rosengarten, Latemar, Palagruppe, Schwarz- und Weißhorn.

Von *Klobenstein* kann man in 4 St. den aus Quarzporphyr bestehenden Kulminationspunkt des Rittner Berges, das *Rittner Horn* (2261 m), auf bez. Weg besteigen. Hierher auch Sessellift ab Pemmern und dorthin Straße ab Klobenstein. – Vom Gipfel mit bewirtschaftetem Schutzhaus berühmte Aussicht auf Ortler, Ötztaler, Stubaier, Zillertaler Alpen, die westlichen Dolomiten, Brenta-, Adamello- und Presanella-Gruppe. – Empfehlenswerter Abstieg ö nach Bad Dreikirchen oder Klausen an der Brennerbahn.
Regelmäßiger Autobusverkehr, 24 km.

VON BOZEN IN DIE EGGENTALER BERGE

Nahe von Bozen erhebt sich, den Dolomiten vorgelagert, ein Hochland von besonderem Reiz: die *Eggentaler Berge*. Weißhorn, Schwarzhorn und Zanggenberg sind seine höchsten Erhebungen; diese bilden die Angelpfosten für ein Gebiet, das sich wie eine zweite Seiser Alm, die aber nicht abgeholzt, in meilenweitem Umkreis vom Eisack- und Etschtal bis zum Rosengarten- und Latemargebirge erstreckt. Weit ausgedehnte, urzuständliche Waldungen, schöne Wiesen, Einzelhöfe und kleine Ortschaften, die Felsenpracht der nahen Dolomiten, die weiten, freien Ausblicke auf die Gletscher der Ortler- und Ötztaler Hochalpen geben unvergeßliche Bilder weltentrückten idyllischen Friedens. Die Bewohner dieses Hochlandes sind, wie die Sage geht, die Nachkommen eingewanderter Hessen oder Schwaben.

Prächtige Wanderungen führen durch die Eggentaler Berge zur Dolomitenstraße und zu den Eingangspforten in die Rosengartengruppe, den Dörfern Welschnofen und Tiers, anderseits ins Fleimstal mit seinen Anschlüssen nach dem Fassatal und in die Palagruppe.

Fahrt von Bozen nach Deutschnofen, ital. Nova Ponente
Regelmäßiger Autobusverkehr, 24 km.

Von Bozen nach Kardaun und im Eggental weiter bis *Birchabruck*, ital. *Ponte Nova* (s. den Abschnitt „Die Große Dolomitenstraße Bozen — Cortina“, S. 48). Hier von der Großen Dolomitenstraße re ab auf der Eggentaler Straße zur Häusergruppe Stenk mit zwei Gasthäusern, wo Straßenteilung (li Straße nach Untereggen). Re in engem Waldtal neben dem Zanggenbach weiter zur *Wiesersäge*, bei der sich die Straße abermals teilt (li über Rauth nach Obereggen und nach Lavazè). Nun re in einem Tälchen durch Wald hinauf zum Gh. Schönwald, dann auf weiter Wiesenhochfläche zu den *Moserhöfen* (1421 m), höchster Straßenpunkt. Es folgt die Bedarfshaltestelle beim Pföslwirt, von wo der kürzeste Weg, markiert mit Ziffer 6, nach Weißenstein führt. Nun sanft und kurz abwärts nach Deutschnofen.

Von Bozen über Kampenn nach Deutschnofen. 5½ St. Reizvolle Wanderung, meistens durch Wald. Weg Nr. 2

Nach *Kampenn,* 1¼ St. (s. S. 33), dort vom Gh. Kofler auf Pflasterweg (Nr. 1, 2) Aufstieg anfangs neben Wiesen und Kastanienbäumen, dann, die Abzweigung des nach Kohlern führenden Kampenner Weges (Tafel) beiseite lassend, auf dem mit Ziffer 2 bez. Weg zur nächsten Wegteilung (gradauf zum Gh. Röllhof). Nun li längere Zeit hoch über dem Eggental eben fort, zwischen Ober- und Unteralplhof durch zum *Trefferhof* und das kleine, waldige *Wolftal* querend zu den Wiesen oberhalb des *Raniglerhofes,* 1¼ St. von Kampenn. Bei einem Wassertrog beginnt da der sog. Gemeindeweg, auf dem man im Gehänge des steil ins Eggental abfallenden Hirschkopfes durch dichten Wald ansteigt. Bei einer Wegteilung verläßt man den zum Holzschleifen vielbenützten Weg, der weiter stark steigt, und folgt dem nach li führenden, mit 2 bez. Waldweg. An einem originellen Marterl vom Jahre 1862 vorbei, bald wieder aufwärts und über die alte Grenze zwischen den Gerichten Bozen und Deutschnofen zur Höhe des *Premstalls* (1151 m), wo der Weg in die Waldlehne des Sau-„Bächles" einbiegt (1 St.). Fast eben südwärts weiter, vorbei an der Hütte einer Materialseilbahn, die vom Eggental heraufkommt, zur nächsten Wegteilung. Man bleibt auf Nr. 2, wobei der schöne, große Tschuflerhof (1210 m, 2½ St. von Kampenn) re bleibt. Nun auf leicht steigender Straße mit herrlichem Ausblick auf Rosengarten und Latemar südwärts bald wieder durch Wald zur Übergangshöhe (1263 m) in glazialem Gelände und kurz abwärts zum (¾ St.) *Wölflhof.* Von dort sö weiter wie bei der folgenden Wanderung nach *Deutschnofen,* ¾ St.

Von Bauernkohlern nach Deutschnofen. 3 St. Lohnender, bez. Höhenweg durch prächtige Wälder

Südlich aufwärts zum nahen Wald, wo Wegteilung (li mit 4 bez. Weg zum *Dolomitenblick* und weiter durch das *Wolftal* zum *Totenmoos;* bequemer, aber nicht so lohnend wie der nachstehend dorthin beschriebene Weg). Hier auf breitem, mit 1 bez. Karrenweg s, mitunter etwas steil durch Wald zur *Schneiderwiese* (Schutzhütte, 12 B), dann sö zum (1¼ St.) „Schatz“ empor, Porphyrblock mit Kreuz. Von hier kurz weiter in den Wald und zur Sattelhöhe zwischen li Stadlegg (1615 m) und re Rotenstein (1539 m). Nun vom Weg re ab, etwa 50 Schritte im Wald weiter bis vor den Südabsturz des *Rotensteins.* Prachtvolle Aussicht ins Etschtal, auf Überetsch, Mendel, Brentagruppe, Presanella- und Ortlergruppe. Dann im Wald stets dem bez. Weg abwärts folgend zum sumpfigen Boden des *Totenmoos* mit Bildstöckl vom Jahr 1780, einst Grenzzeichen des Bozner Stadt- und Landgerichtes. Hier mündet vom Dolomitenblick her der bequemere Weg Nr. 4. Nun auf dem mit 1 bez. Weg sö abwärts zum *Steinerhof,* dann in gleicher Richtung weiter zum (1¼ St.) *Wölflhof,* bereits in Urkunden des 14. Jh.s genannter Bauernhof auf weiter Waldlichtung. Sö dem Zaun entlang aufwärts in den Wald, am Sperlmoos vorbei zum (½ St.) *Mauneregg* (1431 m), dann abwärts und li hinaus (20 Min.) nach

DEUTSCHNOFEN, ital. Nova Ponente (1355 m), sehr schön gelegenes Dorf auf wald- und wiesenreicher Hochfläche. Aussicht auf Rosengarten, einen Teil der w Marmolatagruppe (über dem Karerpaß), im S Zanggenberg, Weißhorn, im W Brentagruppe, ein Teil der ö Ortlergruppe, Mendel, Nonstaler Berge, Texelgruppe.

Deutschnofen bildete einst mit Petersberg und Eggental ein eigenes Gericht. Der Landesfürst vergab dieses Gericht an verschiedene Geschlechter. 1290 hatten es die Herren von Thurn, ein Bozner Adelsgeschlecht, inne. Die Burg Thurn oberhalb der Pfarrkirche war der Sitz dieses Patrimonialgerichtes; durch deren Umbau ging dann das jetzige „Hohe Haus“ hervor. — Als Pfarre wird Deutschnofen schon 1265 erwähnt. 1455 wurde der Grundstein zur jetzigen Pfarrkirche gelegt, um 1498 war sie vollendet. In der schönen gotischen Kirche ein interessanter Hochaltar und eine beachtenswerte gotische Sandsteinkanzel. Die vier großen Reliefs des Hochaltars, charakteristische Gruppen des 15. Jh.s in neuer Fassung, stammen noch von der Innenseite der Flügel des ehemaligen Bozner Hochaltars von Hans von Judenburg. Im Nebenschiff ein Rosenkranzaltar, umgeben von Reliefs aus Resten des alten Altars.

Wanderungen von Deutschnofen aus

Zum Kirchlein St. Helena. 3/4 St. Reizvoll und lohnend

Auf der sö ziehenden Straße etwa eine Viertelstunde bis kurz hinter die Postautohaltestelle beim Pfösl. Von dort ö bez. Weg an einigen Bauernhöfen vorbei in 20 Min. zu dem auf weitschauender Höhe stehenden Kirchlein (1437 m) neben dem Kreuzhof. Unterhalb des Kirchleins stand einst ein Silber- und Bleibergwerk in Betrieb. Ein bez. Weg führt vom Helenenkirchl südwärts in 20 Min. zur Autobushaltestelle Moserhof an der Straße.

In dem kleinen Gotteshaus, einem romanischen Bau aus dem 12. oder 13. Jh. mit gotischem Glockenturm, außerordentlich frische und schöne Wandfresken, 1885 freigelegt, ein Hauptwerk der Bozner Malerschule um 1410; die kniende Stifterfigur älter, aus dem 14. Jh. Das Kirchlein wurde 1938 renoviert.

Zum Jochgrimmhaus (1989 m). 3 1/2 St. Gemütliche Höhenwanderung

Erst auf der Straße etwa 10 Min. ostwärts hinaus, dann beim Café „Luise" re auf die mit Nr. 1 bez. Straße in den Wald, bald einige Wiesen querend. Nun am Gh. Daum vorbei zu dem am Hang des Daumberges stehenden (3/4 St.) *Pichlhof,* einst adeliger Ansitz. Südlich auf breitem Weg im Wald ziemlich steil zur Hütte der bewirtschafteten *Laabalm,* von wo der spärlich markierte Weg re eines Zaunes in lichten Lärchenwald leitet, feuchte Wiesen überquert und am Westhang des altbekannten Laabberges (1681 m), in einem Urbar vom Jahre 1288 Lebberg genannt, leicht steigend zur (1 1/2 St.) *Neuhüttalm* (1790 m) führt. Wirtschaft. Hier kreuzen mehrere Wege. Auf dem mit 1 markierten Weg gradauf in den Wald, bald li über eine Wiese empor zu breitem Weg und da durch lichten Zirbenwald sö auf die Wiesen von Jochgrimm hinaus, durch die man, kurz abwärts gehend, das (1 St.) *Jochgrimmhaus,* ital. *Rif. Passo degli Occlini,* erreicht (Näheres s. S. 44).

Nach Weißenstein. $1^3/_4$ St. Kürzester und bester Zugang. Seit 1970 neue, breite Autostraße, doch bleibt die Fußwanderung lohnend

Der in letzter Zeit mit den Ziffern 2 und 6 markierte Weißensteiner Weg führt vom Ostteil des Dorfes kurz vor dem Versorgungshaus und der Pension Erika südwärts an Einzelhöfen vorbei, durch Wiesen und Waldteile zu den Häusern im sog. Hennenwinkel. Nach 20 Min. trifft dieser Weg den mit Ziffer 6 markierten Weg, der von der Autobushaltestelle und dem Gh. Pfösl in 15 Min. hierher führt. Auf diesem Weg nach re zum kleinen Gh. „Zur Kehr" (1365 m). Nun auf dem breiten Stationenweg, bez. mit 2, 6 und 8, im Wald fast eben weiter, schließlich kurz abwärts in den tiefen Forst im Hintergrund des Brantentales und da gleich li hinauf, an einem alten Sägewerk vorbei. Der Weg führt zu Wiesen empor, auf deren Höhe die Gebäude von *Weißenstein* stehen (1 St.).

WEISSENSTEIN, ital. Pietralba (1521 m), mit berühmter, auch von der deutschsprachigen Bevölkerung Südtirols vielbesuchter Wallfahrtskirche und Kloster italienischer Serviten, daneben ein großer Gasthof. — An Marienfeiertagen herrscht hier festliches Getriebe. — Prachtvolle Lage am Rande weiter Wälder. Aussicht auf Weißhorn, Schwarzhorn, Latemar, Rosengarten, Schlern, Ortlergruppe und Ötztaler Alpen. Von der 20 Min. entfernten *Leonhardskapelle* erweiterte Dolomitenaussicht. Auch von der sw oberhalb Weißenstein liegenden Pichlerwiese mit dem Gh. „Schönrast" (20 Min.) schöne Aussicht.

An der Stelle, wo jetzt die große Kirche steht, soll 1553 ein Bauer namens Leonhard, der seinen Hof am Abhang des Weißhorns hatte, zufolge eines Gelöbnisses den Bau einer kleinen Kapelle begonnen haben. Beim Grundausheben fand er eine aus weißem Marmor verfertigte kleine Statue der Gottesmutter Maria mit dem Leichnam Jesu auf dem Schoß, die er in die Kapelle stellte. Die Nachricht von dem Funde verbreitete sich bald weitum im Land. Viel Volk kam herbei, und bereits 1561 mußte die Kapelle vergrößert werden. 1638 bis 1673 wurde über der Kapelle die gegenwärtige Kirche gebaut und 1722 kam ein Kloster der Serviten dazu. 1787 wurden Kirche und Kloster aufgehoben und an Bauern versteigert, die die Baulichkeiten zum Unterbringen von Holz und Heu benützten. Die kleine Statue der Schmerzensmutter kam in die Pfarrkirche von Leifers, wo sie noch heute zu sehen ist. Im Jahr 1836 kaufte die tirolische Servitenprovinz ihr früheres Kloster und die Wallfahrtskirche zurück, worauf die Wallfahrt wieder aufblühte. 1885 fand die Krönung der dem ursprünglichen Gnadenbild genau nachgemachten Statue unter großen Feierlichkeiten statt. 1894 überdeckte Alfons Siber die wertvollen Originalfresken des J. A. Mölkh mit Szenen von der Entstehung der Wallfahrt, Gebetserhörungen usw. Im Jahre 1977 wurden diese wenig kunstvollen, beim Volk aber sehr beliebten Darstellungen Sibers entfernt, um den alten, künstlerisch weit wertvolleren Freskenschmuck wieder freizulegen. – In der Kirche selbst und in deren Seitengängen hängen eine große Zahl von Votivtafeln aus allen Teilen Südtirols; manche der Tafeln sind von kulturhistorischem Interesse.

Von Leifers im Etschtal nach Weißenstein oder Petersberg
3½ bis 4 St. Seit dem Bau der Straße vernachlässigter Weg

Das Dorf *Leifers*, ital. *Laives* (258 m), 7 km s von Bozen, Eisenbahnstation und Endpunkt einer von Bozen, Autobahnhof, ausgehenden Autobuslinie, ist der Ausgangsort des Wallfahrerweges, der im Quarzporphyr, anfangs ziemlich steil und großplattig gepflastert, nach Weißenstein (1521 m) hinaufführt. Von der Mündung des *Brantentales*, beim Gh. Moser, steigt der mit 1 markierte, von Kreuzwegstationen begleitete Weg am bebuschten s Berghang zunächst zum Peterköfele, wo auf vorspringender, jäh abfallender Höhe das Kirchlein *St. Peter am Kofel* steht, einst Kapelle der um 1278 von Meinhard II. zerstörten, vermutlich aus dem 12. Jh. stammenden Burg Lichtenstein. Im Innern des nur dreimal im Jahr geöffneten Kirchleins stand ein Flügelaltar aus der Zeit um 1500.

Der Wallfahrerweg steigt auf der Etschtalseite des Franzensberges bis zur 4. Station und wendet dann in den jäh ins öde Brantental abfallenden Berghang. Nun wenig steigend zum (2 St.) Gh. Halbweg und durch Wald weiter zur 11. Station. — Hier zweigt re jäh ein Plattenweg ab, der durch Wald die Hochfläche von (1 St.) *Petersberg* erreicht, auf der man li zur Kirche dieses kleinen Dorfes, zum

Gh. Oberweg und auch nach (1/2 St.) Weißenstein kommt. — Der Wallfahrerweg nach Weißenstein steigt im Wald weiter und erreicht dann, an einem Haufen von Buß- und Opfersteinen vorbei, welche die Wallfahrer heraufgetragen haben, eine weite grüne Hochfläche (1 1/2 St.), auf der die stattlichen Bauten des Wallfahrtsortes *Weißenstein* (1521 m) stehen.

Von Weißenstein über Aldein ins Etschtal oder nach Radein
3 1/2 St. Bez. Wege

Entweder w durch Wiesen und Wald auf mit Ziffer 6 bez. Wege über das Dörfchen *Petersberg* und den Hilberhof nach (1 1/2 St.) *Aldein,* ital. *Aldino* (1225 m), Gh. Krone, schön gelegenes Dorf mit 1400 Einw. Von der um 1600 gebauten, 1841 umgebauten Kirche Aussicht vom M. Baldo bis zu den Ötztaler und Stubaier Alpen. — Oder von Weißenstein sw auf mit 10 bez. Wege über lichte Lärchenwiesen und den Leghof in 1 1/4 St. dorthin. Die Wege 6 und 10 treffen sich kurz vor Aldein. — Von Aldein auf mit 6 bez. Weg nw hinab zum ehem. Gh. Bachkeßler und, dem Aldeiner Bach folgend, im Aldeiner Graben zur (2 St.) Eisenbahnstation *Branzoll,* ital. *Bronzolo* (238 m), hinaus — oder von Aldein s an Bauernhöfen vorbei, dann durch Wald und den mit Buschwerk bestandenen, steilen Hang hinab nach (1 1/2 St.) *Auer,* ital. *Ora* (224 m), Eisenbahnstation und Ausgangspunkt der Fleimstalstraße. — Die Strecke Weißenstein — Petersberg — Aldein — Auer ist heute eine weitgehend gut ausgebaute Straße mit Autobusdienst.

Schöne Wanderung von *Aldein* ö auf mit 9 bez. Weg durch Wiesen, Wälder und über den tiefen, wilden Graben (unten Quarzporphyr, oben Grödner Sandstein) des Bletterbaches nach (2 St.) *Oberradein* (1562 m), mit Gh. Zirmerhof, beliebte ruhige Sommerfrische in aussichtsreicher Lage.

Von Weißenstein zum Jochgrimm (1989 m). 2 1/2 St. Bequeme, schöne Waldwanderung. Vom Jochgrimm Besteigung des Weiß- und Schwarzhorns

Von der Wallfahrtskirche auf einem mit Nr. 9 bez. Karrenweg durch Wald zur nahen großen *Pichlerwiese* hinauf (re nach 10 Min. die Wirtschaft „Schönrast"). Über die Pichlerwiese li (sö) wieder in einen Wald und auf schönem Fahrweg, immer den roten Marken folgend, zur ($1^1/_2$ St.) *Neuhüttalm* (1790 m) mit Wirtschaft. Hierher führt auch in $1^1/_4$ St. von Weißenstein über den Petersberger Leger ein mit 2 markierter Steig. Von dort sö auf breitem Karrenweg, mit 1 bez., nochmals in den Wald hinauf, li über eine Wiese, vorbei an stattlichen Zirbenbäumen, mit wenig Steigung auf die Wiesen des weiten Jochsattels hinaus und kurz abwärts zum (1 St.) *Jochgrimmhaus,* ital. *Rif. Passo degli Occlini,* mit Kapelle. Mehrere, ständig bewirtschaftete Häuser (Skigelände).

Aussicht auf Schlern, einen Teil der Rosengartengruppe und Latemar; fern im SW Presanella- und Adamellogruppe. Südlich des Joches das Schwarzhorn, nw das Weißhorn. Namengebung nach der Gesteinsfarbe. Das Weißhorn besteht aus hellem Triasdolomit, das Schwarzhorn aus Quarzporphyr. Die Senke zwischen diesen beiden, eben das Jochgrimm, folgt dem Ausstrich einer steilen Störungsfläche des Gebirgsbaues. — Die Jochgrimmwiesen liefern ein weitum bekanntes, kräftiges Heu, das von Landleuten in den Heustädeln der Jochhöhe gern zu Heubädern benützt wird.

Auf Jochgrimm saßen, nach dem Eckenlied, das im 13. Jh. vermutlich in der Bozner Gegend entstanden ist, drei königliche Jungfrauen. Sie haben das Lob Dietrichs von Bern vernommen und wünschen sehnlich, ihn zu sehen. Der jugendliche Riese Ecke gelobt, den Berner gütlich oder mit Gewalt, lebend oder tot herzubringen. Zum Lohn wird ihm die Minne einer der Königinnen versprochen. Von dieser Königin heißt es im Eckenlied:

„Diu selbe sûberlîche maget
diu hiez vrô Sêburc, sô man saget,
diu hoehste der küniginnen,
diu zuo Jochgrimme krône truoc..."

Ecke unterliegt jedoch im Kampf mit Dietrich und findet den Tod; sein Haupt bringt nach schweren Kämpfen mit der Riesensippe des Erschlagenen der Berner den drei Königinnen auf Jochgrimm, die Ecke in den Tod sandten.

Ein anderer Riese vom Jochgrimm half den Pfattnern aus der Not, als sie von einem gefräßigen Drachen bedroht wurden, der in den Etschsümpfen hauste. Der Riese lockte den greulichen Wurm aus seinem Versteck und gab ihm einen Brei aus Pech und

Sägemehl zum Fraß. Davon ward das Tier so faul und ungeschickt, daß es der Riese ohne Mühe erschlagen konnte.

Ein ebener Karrenweg führt vom Jochgrimm in 1/4 St. zum Gh. Gurndin.

Vom *Jochgrimm* kann man auch, dem Weg Nr. 7 folgend, nach (1 St.) *Oberradein*, einer vielbesuchten ruhigen Sommerfrische (Zirmerhof, Berghaus Radein), absteigen. Von dort s nach (1 1/2 St.) *Kaltenbrunn*, ital. *Fontanefredde*, und von dort weiter über die Fleimstaler Straße nach *Auer*, ital. *Ora*, im Etschtal.

Vom Jochgrimm auf das Weißhorn (2316 m). 1 St. Überaus lohnend. Berühmte Aussicht. Bez. Steig

Der frei stehende Gipfel, „ein Naturdenkmal seltener Art, ein letzter Rest Dolomit, ganz abgetrennt, isoliert, blieb da erhalten; er bildet nur die Spitze des Berges, alsbald darunter kommen schon andere, tiefere Meeresschichten zum Vorschein". Die weiße Dolomitkuppe ragt über Muschelkalk und Werfner Schichten (schöne Aufschlüsse w im obersten Graben des Bletterbaches) aus der weiten Porphyrplatte, deren Grenzflanken vom Jochgrimm zu sehen sind.

Vom Wirtshaus nw über Wiesen weglos gegen einen mit Krummholz bewachsenen Geröllrücken hinauf. Li von diesem Rücken beginnt ein rot bez. Steiglein, das ziemlich steil zum felsigen Südhang des Weißhorns und da im Zickzack zum Gipfel emporführt.

Sehr schöne, ungemein malerische Aussicht: im SW Adamello-, Presanella- und Brentagruppe, im W Ortleralpen, im NW die Firngipfel der Ötztaler Berge, im N die Sarntaler und Stubaier Alpen, im NO und O Teile der Dolomiten. Prächtige Schau auf das Gebiet von Überetsch mit Kaltern, Eppan usw., auch ins Etschtal, das man bis in die Gegend von Meran überblickt, ins Sarntal und Eisacktal. Im NW waldumschlossen Kirche und Kloster Weißenstein, von Wiesen und Äckern umgeben das Dorf Deutschnofen. Herrlich das weite Waldgebiet, das Schlern, Rosengarten, Latemar und Zanggenberg umschließt.

Abstieg nach Radein (1 1/2 St.): Auf gutem, mit W bez. Steig auf der felsigen Südwestseite hinab in die Krummholzzone, dann hoch über dem wilden Graben des Bletterbaches in den Wald hinaus und auf sehr gutem Weg hinab zum Zirmerhof in Ober-Radein.

Direkter Abstieg nach Weißenstein (2 St., für Geübte): Über den steilen, jedoch kurzen Nordgrat (Steigspur) hinab, dann auf dem Grat oberhalb des wilden Grabens „In der Gorz“ (interessante geologische Aufschlüsse) nw weiter, bis Krummholz den Grat überwuchert. Hier re (n) über die Weidehänge der *Gampenalm* hinab, an einem Brunnentrog vorbei zu einem aufgelassenen Viehhag (Steinmauern). Nun li (s) einem Weg folgend in den Wald, in diesem bis zum Rande des Bletterbachgrabens, dann re abwärts zu einer Wiese. Von der verfallenen Hütte am Rande dieser Wiese folgt man re (nw) einem Waldweg. Nach einiger Zeit verläßt man diesen Weg und hält sich re hin, worauf man bald ins *Käfertal* (grüne Mulde) und re zu dem Weg kommt, der von der Neuhüttalm nach Weißenstein führt. Nun li auf diesem Weg fast eben durch Wald auf die große *Pichlerwiese* hinaus; bei der Wegteilung re abwärts zur nahen Kirche von Weißenstein.

Vom Jochgrimm auf das Schwarzhorn, ital. Cima di Rocca (2440 m). 1½ St. Sehr lohnend. Bez. Weg

Vom Wirtshaus etwa 100 m ö gegen Lavazè zweigt re ein schwer erkennbarer, aber rot bez. Steig in die Wiesen ab, der die sumpfigen Böden im Bogen nach re umgeht. Dem deutlicher werdenden Weg folgend auf einen Krummholzrücken hinüber, dann auf dem blockbedeckten Grat zum Gipfel. Seine Höhe ist flach und leicht gegen N geneigt. Sie wird fast ganz von den Resten einer urzeitlichen Siedlung eingenommen.

Die Aussicht reicht vom M. Pelmo im O bis zu den Engadiner Bergen im W, vom M. Baldo im S bis zum Tribulaun im N, daneben die Spitzen und Schneefelder der Ötztaler Alpen. Schöner Tiefblick auf das reichbesiedelte Fleimstal mit Cavalese als Mittelpunkt.

Vom Jochgrimm auf den Zanggenberg, ital. Pala di Santa (2492 m). 3½ St. Bez. Wege. Sehr lohnend

Zunächst auf schönem, ebenem, auch für kleine Kraftwagen benützbaren Fahrweg in Ostrichtung 3,5 km zum

Lavazèjoch (1808 m) mit Hospiz und Gh. Bucaneve. Aussicht auf Latemar, Rosengarten und Schlern. Beliebtes Skigebiet.

Von hier führt eine für alle Kraftwagen fahrbare Straße s nach (9 km) *Varena-Cavalese* hinab; nordwärts auf einer Straße mit Autoverkehr (13 km) nach *Birchabruck* an der Dolomitenstraße.

Vom Lavazèjoch auf rot bez. Karrenweg s durch Wald, in dem bald die schönen dunklen Zirbenbäume vorherrschen, zu einem (1 St.) Sattel an der Waldgrenze empor. Von hier, der Markierung 2 bergauf folgend, auf einem Steiglein über den steinigen, höher oben felsigen Südwestrücken zum (1½ St.) Gipfel des Zanggenberges, der sich am steil abfallenden Südwestrande einer ausgedehnten Hochfläche im Quarzporphyr erhebt.

Weitreichende, farbenprächtige Rundschau: Schlern und Teile der Rosengarten-, Latemar-, Marmolata- und Palagruppe; im S die vielgipfelige Lagoraikette, dahinter die schöne Pyramide der Cima d'Asta, im SW die Berge vom M. Baldo bis zum Ortler; Ötztaler, Sarntaler und Stubaier Alpen. In der Tiefe das Fleimstal mit den Ortschaften Tesero und Cavalese, auf der Nordseite weites Hochland mit einsamen Waldwiesen und verstreuten Höfen.

Abstieg zum Reiterjoch (1 St.): Über die steinigen Grashalden der Hochfläche ö weglos, aber rot bez., hinab. Die Markierung auf der im Abstieg linken Seite des Bergrückens. Dort, wo sich die Hochfläche steiler senkt, beginnt bei den obersten Zirbelkiefern ein Steig, der zum weiten Wiesensattel des Reiterjoches (1991 m) hinabführt, auf dem ein Pfahl mit mehreren Wegzeigern steht. Von Tesero im Fleimstal führt neuerdings eine Straße bis kurz unter den Paß, während von Obereggen hierher eine schmale Bergstraße bis zum Reiterjoch selbst geführt worden ist (empfehlenswert jedoch noch immer der alte Fußweg Nr. 9); beide Straßen dienen als Zubringer für das großartige Skigebiet von *Pampeago* s des Reiterjoches (Weiterwege vom Reiterjoch S. 54) und auf der Südtiroler Seite für die Eggentaler Almen, die nun leider auch durch Autoverkehr beunruhigt sind (mehrere Lifts und Einkehrmöglichkeiten, beliebtes Skigebiet).

DIE GROSSE DOLOMITENSTRASSE BOZEN — CORTINA

Die Große Dolomitenstraße, deren 50jähriger Bestand Ende Juni 1959 gefeiert wurde, gehört infolge ihrer Anlage und wegen der abwechslungsreichen, herrlichen Landschaften, durch die sie führt, zu den ersten Sehenswürdigkeiten der Alpen. Sie stellt eine direkte Verbindung Bozens mit Cortina d'Ampezzo her und bildet den bequemsten Zugang in die Hochwelt der Dolomiten. Die Große Dolomitenstraße führt 109 km lang am Fuß der schönsten Gebirgsstöcke über drei Pässe, deren höchster (Pordoijoch) 2239 m erreicht. Die Straße wurde in drei Etappen gebaut. 1896 kam die Straßenverbindung Bozens mit dem Fassatal zustande, 1904 wurde der Straßenzug über das Pordoijoch beendet und 1909 der Anschluß über den Falzaregopaß fertiggestellt. Die Fortsetzung der Großen Dolomitenstraße ins Pustertal bildet die bereits 1829 eröffnete Straße (Strada d'Alemagna) Cortina — Schluderbach — Toblach. In die Große Dolomitenstraße münden die Fleimstaler Straße, die Sellajochstraße, die Campolungostraße und zwei aus dem Cordevoletal.

Im ersten Weltkrieg lag die Große Dolomitenstraße in der Kampfzone; vom Pordoijoch bis Cortina wurde jede Siedlung zerstört. An Stelle der malerischen alten Ortschaften in Buchenstein stehen nun neuzeitliche Steinbauten; verfallene militärische Anlagen erinnern noch an die Kämpfe von 1915 bis 1917.

Wegen des starken Kraftwagenverkehrs in der Hauptreisezeit ist das Wandern auf dieser Dolomitenstraße nicht empfehlenswert. Sowohl auf der Hauptstraße wie auf deren Zufahrtsstraßen besteht im Sommer regelmäßiger Verkehr mit großen Gesellschaftswagen, so daß man die Dolomiten bequem nach allen Richtungen durchqueren kann.

Entfernungen: Bozen — Birchabruck 15 km; Birchabruck — Welschnofen 5 km; Welschnofen — Karerseehotel 7 km; Karerseehotel — Karerpaß 2 km; Karerpaß — Vigo di Fassa 9 km; Vigo di Fassa — Campitello 9 km; Campitello — Canazei 4 km; Canazei — Pordoijoch 12 km; Pordoijoch — Arabba 9 km; Arabba — Pieve di Livinallongo 7 km; Pieve — Andraz 3 km; Andraz — Falzaregopaß 11 km; Falzaregopaß — Pocol 10 km; Pocol — Cortina d'Ampezzo 6 km.

Autobus Bozen — Cortina: Über die Abfahrtszeiten der Autobusse der SAD (Società Automobilistica Dolomiti) und anderer Autobusunternehmungen s. die überall erhältlichen und auf den meisten Verkehrsplätzen angebrachten Fahrpläne.

FAHRT AUF DER GROSSEN DOLOMITENSTRASSE

Von Bozen führt die Straße ostwärts über Rentsch hinaus mitten durch eine Flur von Rebenpergeln und Obstgärten, hinter denen in duftiger Ferne der Rosengarten mit silberweißen Felsen thront. Bald hinter Rentsch überschreiten wir den Eisack und erreichen (5 km) *Kardaun*, ital. *Cardano* (298 m), mit einem großen Elektrizitätswerk.

Zwei stolze Burgen ragen oberhalb Kardaun: re Kampenn, li Karneid. Das *Schloß Kampenn* stammt aus dem 12. Jh. Näheres darüber s. S. 34.

Schloß Karneid, von den Nachkommen der Eppaner Grafen erbaut, besaßen von 1387 ab die Herren von Lichtenstein, die sich 1406 der anfangs „Elefantenbund", später „Bund an der Etsch" genannten Vereinigung des aufständischen Adels anschlossen. Herzog Friedrich IV., vom Adel und den reichen Bozner Kaufleuten „mit der leeren Tasche" zubenannt, eroberte Schloß Karneid und nahm Hans und Wilhelm von Lichtenstein gefangen. Nach dem Aussterben der Lichtenstein 1760 kam das Schloß als Pfandlehen an die Stadt Bozen und von dieser an Anton von Goldegg, der es 1849 wieder aufbaute. Aus seinem Besitz ging Karneid um das Jahr 1900 durch Kauf an Ferdinand v. Miller, Direktor der bayerischen Akademie der bildenden Künste in München, über, dessen Familie das Schloß auch heute noch besitzt.

Würde sich bei Kardaun nicht ein wilder Bachgraben zum Eisack öffnen, so bliebe die Mündung des *Eggentales* unbemerkt, denn bald hinter Kardaun bildet dieses Tal ein Knie; die Bergwände scheinen zusammenzuhängen. Die breite, asphaltierte Straße führt mit 13 Prozent Steigung etwa 400 m hinauf und dann an verschiedenen Porphyrbrüchen vorbei. Auf der kurzen geraden Strecke linksseitig sieht man im Rückblick eine große, schneckenförmige Gletschermühle aus der Eiszeit. Zwischen hohen Porphyrwänden, die nur Raum für die teilweise in Fels gesprengte Straße und das Wildbachbett lassen, gelangen wir zu einem Tunnel, und weiter geht es über Brücken und Galerien unter überhängenden Felsen fort. Man meint, keinen Ausweg aus dieser bedrückenden Enge zu finden, bis das Staubecken des Eggentaler Baches vor uns liegt. Hinter einer neuerlichen

Klamm weitet sich das Tal. Über Wiesen mit verstreuten Gehöften erscheint großartig der Latemar.

Wir kommen nach 16 km zum Weiler *Birchabruck* (863 m), der durch das Unwetter 1966 schwer gelitten hat. Straßengabelung: re zieht das Eggental gegen den Latemar. Die Große Dolomitenstraße führt durch ein waldiges Engtal nach (20 km) *Welschnofen,* ital. *Nova Levante* (1182 m). Latemar und Rosengarten stehen nun ganz nahe, und von W glänzt der Ortler herüber. Wieder in hochstämmigem Wald, leuchtet uns plötzlich ein bläulicher Spiegel zwischen den Bäumen auf: Da liegt der *Karersee* mit wundersamem Farbenspiel in blockumsäumter Mulde, überragt von den hellen Kalktürmen und Zacken des Latemars. Bald hinter dem See verlassen wir den Wald und stehen auf breiter Wiesenfläche vor dem (27 km) *Karerseehotel* (1609 m), dem größten Alpenhotel des Dolomitenlandes. — Die Straße zieht nahe dem Walde am Hotel „Latemar" vorbei mit schönem Rückblick auf die Ötztaler Firngipfel zur Höhe des (29 km) *Karerpasses,* ital. *Passo Costalunga* (1741 m), mit dem Karerpaßhotel und dem Albergo Savoy. Im SO erscheint der schlanke Dolomitturm des Cimone della Pala. Nach Überschreiten des Passes befinden wir uns in einer anderen Welt. Die Eisfelder und Firngipfel der Zentralalpen sind verschwunden, und die Menschen, die in dem vor uns ausgebreiteten Tal leben, sind Ladiner. Die Fahrstraße senkt sich, schöne Ausblicke in das sonnige Fassatal und auf die Dolomitstöcke der Marmolata und des Langkofels gewährend, mit vielen Windungen nach (38 km) *Vigo di Fassa* (1391 m). Nun folgt die Straße dem Zuge des Fassatales und berührt die Ortschaften Pozza, Perra, Mazzin, Campestrin, Fontanazzo, Campitello, Gries und Canazei. Bei Perra und vor Mazzin öffnen sich großartige Einblicke in die Dolomitenwildnis der Rosengartengruppe. — (47 km) *Campitello* (1421 m) mit den wuchtigen Türmen der Langkofelgruppe und *Gries* mit dem plattengepanzerten Vernel sind alpine Prachtbilder. Gleich hinter Gries liegt (51 km) *Canazei* (1463 m), Ausgangsort für die

Besteigung der Marmolata (3342 m), des höchsten Dolomitengipfels.

Bei Canazei beginnt der Aufstieg zum Pordoijoch und damit der großartigste Teil der Großen Dolomitenstraße. In mehreren Kehren windet sich die Straße auf dem steilen Gehänge empor. Bald hat man die Häuser von Canazei unter sich und blickt über Gries hinaus zu den weißen Zinnen des Rosengartens. Schütterer Wald umgibt die Straße und der tafelförmige Sellastock entwickelt sich mächtig; nahezu 1000 m hoch und 4 km breit sind seine Südwestwände. Sie bestehen aus Schlerndolomit, oben jedoch aus Hauptdolomit, getrennt durch ein schmales Band von Raibler Schichten. Dann erscheinen über sonnigen Matten im W wieder die Türme der Langkofelgruppe mit der berühmten Fünffingerspitze. Während der Weiterfahrt werden für kurze Zeit die Schneefelder der Marmolata und daneben noch einmal der Vernel sichtbar, dann erreicht die Straße, umgeben von blumenreichen Almwiesen, die Höhe des zwischen Sella und Col Beccie ausgebreiteten (63 km) *Pordoijoches* (2239 m, Seilbahn Pordoispitze) mit dem linker Hand auf vorgeschobener Kuppe stehenden großen deutschen Ehrenmal für die Gefallenen der Dolomitenfront vom ersten Weltkrieg. Im O stehen nun die Enneberger und Ampezzaner Dolomiten, der blutgetränkte Col di Lana zeigt seine grünen Hänge auf vulkanischem Tuffgestein. In vielen kühngewundenen, übersichtlichen Kehren leitet die Straße in das Tal des Cordevole, Buchenstein (Livinallongo) genannt, hinab nach (72 km) *Arabba* (1612 m), wo li die Straße aus dem Gadertal und vom Campolungosattel einmündet. Der Ort wurde im ersten Weltkrieg bis auf die Kirche gänzlich zerschossen. Die Straße zieht nun am li Talhang eben weiter zum Dorf (79 km) *Pieve di Livinallongo* (1475 m), am Abhang des berühmten, im ersten Weltkrieg hart umkämpften Col di Lana (2462 m). Auch dieser Ort wurde im ersten Weltkrieg gänzlich zerstört. — Die Große Dolomitenstraße führt weiter ins Buchensteintal hinein. Im Hintergrund steht die gestufte Sellagruppe, über dem dunklen vulkanischen Gestein der Padonkette leuchten die Firnflächen der Marmolata, weit unten aber, im waldumsäumten engen Cordevoletal, glänzt der blaue Spiegel des Alleghe-Sees und über diesem erhebt sich die Civetta (3218 m) mit riesigen Felswänden. Zwischen Pieve und Andraz zweigt eine Straße hinunter nach Salesei mit dem Ossarium der Gefallenen vom Col di Lana und weiter ins Cordevoletal, dessen Lauf sie folgt. — Hinter dem (82 km) Dörfchen *Andraz* beginnt die Große Dolomitenstraße wiederum zu steigen, sie passiert beim Weiler Cernadoi die zweite Straßengabelung ins Cordevoletal und führt dann durch das einsame Andraztal empor. Bald wird li die auf einem mächtigen Dolomitblock stehende Ruine des alten *Schlosses Buchenstein* (Castel Andráz) sichtbar, nach der Überlieferung von den Ostgoten erbaut, die sich im 6. Jh. aus der Gegend von Belluno hierher zurückzogen. Vom 12. Jh. bis 1803 war die Burg im Besitz der Bischöfe von Brixen, deren Schloßhauptleute von hier aus die bischöflichen Besitzungen und Bergwerke verwalteten. In vielen Kehren steigt nun die Straße durch den Wald empor; li droht das kühngeformte Felshorn des Sasso di Stria, Hexenstein (2477 m), im ersten Weltkrieg eine uneinnehmbare Festung der Österreicher, und aus nächster Nähe sieht man den vielgenannten Col di Lana, der von dieser Seite seinen durch Sprengung zerrissenen Gipfel zeigt. Die Straße kommt in einen mit großen Felstrümmern bedeckten Kessel, in dem ein Jugenderholungsheim steht, und erreicht dann nach einem kurzen Tunnel und nochmaligen Kehren die kühlumwehte Höhe des (93 km) *Falzaregopasses* (2107 m) mit einem Gedenkstein auf dem höchsten Punkt und einigen Gasthäusern ringsum (Seilbahn von hier zum Kleinen Lagazuoi). Die breite, von Steinblöcken bedeckte Senke des Passes ist im W abgeschlossen von dem düsteren Col di Lana und dem Felsbau des Sasso di Stria, dessen Gipfel ein Kreuz schmückt, im N die Felswände des Kleinen Lagazuoi und der Cima Falzarego, heiß umkämpft im ersten Weltkrieg. Die hellfarbigen Bruchwände der verschiedenen Sprengungen sind noch sichtbar. Im O erscheint die wilde Pracht der Ampezzaner Dolomiten mit M. Cristallo, Sorapis und Antelao, im S erheben sich die Zacken der Croda da Lago, der Turmbau des Nuvolau Alto, die seltsamen Gestalten der Cinque Torri; im SW aber schimmern am Horizont zwei große Schneefelder: die eisgekrönte Marmolata und der Fradustagletscher.

Vom Paß ostwärts unter den hohen Felswänden der Tofana di Rozes entlang und mit herrlichen Ausblicken auf die Ampezzaner Dolomiten zwischen Wiesen und Wäldern hinab nach (103 km) *Pocol* (1535 m), mit mehreren großen Hotels und dem italienischen Kriegerdenkmal mit Ossarium auf dem 10 Min. entfernten bewaldeten Felsen des Belvedere (hierher Seilbahn von Cortina aus). Aussichtspunkt für Cortina. Die Straße wendet jetzt ein kurzes Stück südwärts und führt dann durch einen kurzen Tunnel an die Ostwand der Crepa hinaus. Nun tut sich mit einem Schlag das überraschendste Bild auf, das die Große Dolomitenstraße bietet: Das Talbecken von Ampezzo liegt vor uns. In seinem Mittelpunkt erhebt sich aus einer Gruppe dichtgedrängter Häuser der schlanke Kirchturm von Cortina. Weite Matten und Wälder ringsum und als Rahmen des lieblichen Bildes in formenreicher Gestaltung mächtige Felsberge. — Die Große Dolomitenstraße wendet nordwärts und führt dann in großem Bogen hinab zum Boite, der auf einer Steinbrücke überquert wird. Weit ausgebreitet liegen die vielen Häuschen, Villen und Hotels auf den Halden und unten nahe dem Boite steht der grandiose Bau des Olympia-Eisstadions (1956 Olympische Winterspiele). In (109 km) *Cortina* (1224 m), dem jüngsten Städtchen in den Alpen, vereinigt sich die Straße, der wir bisher gefolgt, mit der Strada d'Alemagna, die von Toblach nach Belluno führt.

STANDORTE UND WANDERZIELE IM GEBIET DER GROSSEN DOLOMITENSTRASSE

BIRCHABRUCK, ital. Ponte Nova (863 m), Dörfchen an der Straßenteilung (Große Dolomitenstraße li, Eggentaler Straße re), hat eine sehr schöne Lage mit Aussicht auf re Latemar, li Rotwand und Rosengartenspitze. Eigenes Verkehrsbüro. — Birchabruck ist Ausgangsort für Übergänge ins Fleims- und Etschtal sowie für Touren in der Latemargruppe; schöne Wanderungen auch von hier aus in die Eggentaler Berge. (Siehe den Abschnitt: Von Bozen in die Eggentaler Berge, S. 37.)

Touren von Birchabruck aus

Über Reiterjoch (1991 m) und Satteljoch (2123 m) nach Predazzo im Fleimstal. 6 1/2 St. Bez. Wege. Aussichtsreich und lohnend

Von *Birchabruck* auf der Straße im Eggental aufwärts zur (20 Min.) Häusergruppe Stenk (934 m) in der Talgabelung mit den Gasthöfen Mondschein und Linde, wo auch die Straße auseinandergeht. Li weiter nach (3/4 St.) *Untereggen,* ital. *S. Nicolo d'Ega* (1117 m), abseits der Straße auf dem Berghang liegend. Mehrere einfache Gasthäuser. Von Untereggen im Tal weiter aufwärts zum (3/4 St.) *Dorfer* (einfaches Gh. „Wagger") mit kleiner Marienkapelle (1354 Meter). Hier Wegteilung: Li an der Kapelle vorbei führt die Straße zum aussichtsreichen Gasthof Bewaller, 1/2 St. und weiter in 1 1/2 St. zum Karersee an der Großen Dolomitenstraße, mit Ziffer 8 markiert. Auf dem Karrenweg beim Dorfer re hinauf kommt man zum Weiler *Obereggen,* ital. *S. Floriano superiore* (1599 m), mit einem Kirchlein und dem neuzeitlichen großen Gh. Ortner an einer bei Rauth abzweigenden Seitenstraße. Vom Ortner s auf breitem, mit 9 bez. Karrenweg durch Wiesen und Wald weiter zum (2 St.) *Reiterjoch* (1991 m), einem weiten Wiesensattel zwischen re Zanggenberg und li Latemargebirge, mit mehreren bewirtschafteten Almhütten. Der Sattel liegt an der Grenze des Quarzporphyrs und der ihn überlagernden Schichten. (Ab Obereggen hierher auch schmale Bergstraße.)

Vom Reiterjoch kann man in 1½ St. den aussichtsreichen *Zanggenberg* (2492 m) besteigen. Vom Pfahl mit den Wegzeigern auf dem Joch sw über Grasböden der roten Markierung nach zu dem von weitem sichtbaren Steig hinan, der zwischen einzelnen Zirbenbäumen emporführt, dann über das weite, im Quarzporphyr ansteigende Plateau auf seiner li Seite, aber re von der steilen Südflanke, zum Gipfel kommt. Von diesem führt ein bez. Steig über den Südwestrücken hinab, dann re hinüber zum (1½ St.) *Lavazèjoch* (S. 47).

Der Weg vom Reiterjoch zum (½ St.) *Satteljoch* senkt sich zuerst etwas *(Rif. Latemar)* und steigt dann li (sö) sanft über Wiesen zur Jochhöhe. Längs des Weges Werfner Schichten, durchbrochen von Porphyriten. Aussicht auf einen Teil der Palagruppe und den Fleimser Kamm; fern in SW Adamello-, Presanella- und Brentagruppe.

Vom Satteljoch, ital. Passo Feodo (2123 m), auf gut erkennbarem Weg (Nr. 504) durch die Bergwiesen einige Min. re hinab, dann ein kurzes Stück gerade abwärts zu einem ebenen Wiesenboden (Pian Toronch). Von hier dem Weg li folgend zu den obersten Lärchenbäumen und dann in ein Tälchen hinab (Quelle); in diesem abwärts bis vor die Malga Gardonè, die re bleibt. Ein bez. Karrenweg führt nun li durch schöne Lärchenwiesen abwärts zu einem Bildstöckl, wo sich der Weg re wendet und ziemlich steil durch Wald ins *Gardonètal* hinableitet. Neben dem Bach dann auf breitem Plattenweg zwischen vulkanischen Gesteinen talaus zur Fleimstalstraße und nach (2½ St.) *Predazzo.*

Über das Lavazèjoch (1808 m) ins Fleimstal. Autostraße. Bis Cavalese 22 km

Von Birchabruck im Eggental aufwärts zur Häusergruppe Stenk mit zwei Gh., hier re dem s Talast folgend zur Wiesersäge, wo eine Straße nach Deutschnofen abzweigt. Nun li zum kleinen Weiler *Rauth*, ital. *Novale* (1300 m), besuchte Sommerfrische mit einem Alpengasthof neben der Straße. Wanderer gehen von da re empor auf mit 7 bez. Waldweg (die Straße kürzend) in etwa 1½ St. zum (13 km) Almplateau von *Lavazè* mit dem der Gemeinde Varena gehörigen Gasthaus Lavazè und dem Gasthaus Bucaneve. Quarzporphyrlandschaft. Aussicht auf Schlern, Rosengarten und Latemar. Die Fahrstraße führt jenseits durch das Val Gambis hinab ins Fleimstal, zunächst zum Dorf *Varena* und s weiter zum nahen Hauptort des Tales, *Cavalese* (9 km vom Lavazèjoch).

Vom Lavazèjoch durch die Latemargruppe entweder zum Karerseehotel bzw. Karerpaß, 7½ bis 8 St., oder nach Forno im Fleimstal, 7 St. Teilweise bez. Wege. Für gute, bergtüchtige Geher bei sicherem Wetter zwei schöne, abwechslungsreiche Übergänge

Von den Gasthäusern am Lavazèjoch geht man ö an der *Malga Dajano* vorbei, dann auf mit 9 bez. Karrenweg unter den von Schutthalden durchzogenen Nordhängen des Zanggenberges im lichten Zirbenwald weiter, schließlich über Rasen aufwärts zum (1½ St.) *Reiterjoch* (1991 m). Hierher auch Autostraße ab Tesero oder auch von Birchabruck im Eggental zu Fuß (3½ Stunden). Von hier ö auf rot markiertem Steig (516) zur (¼ Stunde) *Meierlalm* (2018 m, Wirtschaft), dann der Markierung weiter folgend erst über steile Grashänge, dann über Schutt auf den (1½ St.) *Kleinen Valsordagipfel* (2680 m) mit umfangreicher, schöner Aussicht. Hier steht die Schutzhütte „Torre di Pisa", nach einem nahen Felsturm benannt. Jenseits hinab in den oberen Valsordakessel, den man von S nach NO auf kleinem, gut markiertem Steig quert (1¼ St.). Der Latemarkalk, durchsetzt von vielen Gängen vulkanischen Gesteins, tritt hier besonders in Erscheinung. Unterhalb eines gut sichtbaren Bildstöckls auf einer Höhe (2556 m) inmitten der Karböden führt der Steig weiter.

Die Quelle in der Nähe ist eine Seltenheit in diesem wasserarmen Gebiet. Unweit der Quelle bestand vor etwa 80 Jahren ein Bergbau auf Bol.

Der gut markierte Hauptsteig wendet nun scharf nach O und folgt breiten Bändern, von denen man ohne große Beschwerde den höchsten Gipfel der Latemargruppe, den *Diamantiditurm,* in 1 St. vom Steig aus erreichen kann. Dort oben Rundblick von der Adamellogruppe bis zum Ortler, Ötztaler und Sarntaler Alpen, die Dolomiten mit Rosengarten, Langkofel, Sella, Marmolata, Palagruppe. — Der markierte Steig quert die Große Latemarscharte (hier das Biwak „Rigatti" mit 6—8 Plätzen) und führt leicht auf die (1$^1/_2$ St.) *Östliche Latemarspitze* (2794 m) mit Gipfelkreuz. Die Markierung geht dann in felsigem Gelände ö unter dem Col Canon (2741 m) durch, zu dem eine andere Markierung steil emporsteigt, zum *Geplänkjoch* (kleine Latemarscharte), $^3/_4$ St. Von diesem Joch jenseits li abwärts zu einer Steiggabelung: re markierter Steig anfangs durch Wald, dann über die oberen Latemarwiesen zum *Karerpaß* (2 St.), gradaus auf Weg, mit 18 bez., über spärliche Weiden, später durch Wald hinab zum *Karerseehotel* (2 St.). — Nach *Forno* im Fleimstal geht man unterhalb des genannten Bildstöckls im oberen Valsordakessel bis zur Steig- und Markierungsteilung. Da s, re von einer tiefen Schlucht, auf schmalem Rasenrücken kurz abwärts bis zu einer roten Wegmarke. Hier scharf nach re in eine felsige Rinne hinüber, wo ein gut erkennbarer Steig beginnt. Dieser leitet über ein Schartel und dann steil in eine begrünte Mulde hinab. Unterhalb der Felswände führt dieser Steig li in den Wald. Der spärlichen roten Markierung folgend, durch den Wald li hinaus zur (2 St.) *Malga di Val Sorda* in großartiger Umgebung. Im Bereich der Alm eine Behelfsunterkunft mit Platz für zirka acht Personen. Von hier durch das waldreiche *Val Sorda,* einer gepflasterten Rinne, die zum Holzziehen dient, folgend, hinaus nach (1 St.) *Forno* (1226 m) im Fleimstal. — Der Name dieses Dörfchens erinnert an die Schmelzhütte, in der noch im ersten Weltkrieg die Kupfererze vom M. Mulat verhüttet wurden. Forno ist auch der Geburtsort des berühmten Botanikers Dr. Francesco Facchini († 1852). Von dort nach Moëna oder Predazzo je 1 St.

WELSCHNOFEN, ital. Nova Levante (1182 m), stattliches, langgestrecktes Pfarrdorf am sonnseitigen Hang, als Sommerfrische und Touristenstation viel besucht. Die Große Dolomitenstraße läßt den Hauptteil des Ortes mit der Pfarrkirche seitwärts liegen und zieht unten vorbei.

Der Ort hat rund 1500 Einwohner, schon seit 1860 regen Fremdenverkehr im Sommer und wurde neuerdings auch als Wintersportplatz beliebt. Gute Wanderkarte kostenlos bei Fremdenverkehrsamt Welschnofen. Ebendort BRD-Meldestelle.

Welschnofen gehörte in früherer Zeit zum Gericht und zur Pfarre Völs am Schlern, wo die mächtigen Herren von Völs als Richter saßen. 1142 wird erstmals eine Kirche zu Welschnofen genannt, die von Völs aus versehen wurde. 1257 erhielt Welschnofen einen eigenen Seelsorger, jedoch bestand da noch kein Friedhof, weshalb die Verstorbenen über das Wolfsgrubenjoch und über Tiers bis nach Völs zur Beerdigung getragen werden mußten. Zur Winterszeit wurden die Leichen auf dem Zischgl in Kisten gelegt, wo sie gefroren und bis zum Hinüberschaffen nach Völs im Frühjahr verblieben. Dieses Herumtragen der Leichen nahm erst 1604 ein Ende, als Welschnofen zur Pfarre erhoben wurde.

Nach einer Sage, über die K. F. Wolff, der bekannte Sagensammler der Dolomiten, berichtet hat, ist das Gebiet von Welschnofen zuerst von den sog. Dirlingern bewohnt gewesen, die oft mit den vom Latemar herabkommenden Wilden oder Riesen zu kämpfen hatten. Die Dirlinger wären an der Pest ausgestorben, in ihre Siedlungen seien dann Leute aus Fleims und Fassa eingewandert und hätten hier ein welsches Dorf gegründet. Geschichtlich beweisbar ist, daß die Bevölkerung von Welschnofen, zum Teil wenigstens, von Ladinern abstammt und bis ins 17. Jh. hier auch ladinisch gesprochen wurde.

In der Umgebung von Welschnofen und des Karerseehotels Standorte von: Aquilegia atrata; verschiedene Geranien; Gentina acaulis, verna, bavarica, prostrata, campestris, asclepiadea; Pirola uniflora; Saponaria ocymoides; verschiedene Arten von Saxifraga und Pedicularis; Orchis mascula; Nigritella angustifolia und suaveolens; Armeria alpina (Hoppe), Willd. (Schlernhexe), typische Wiesenpflanze; Anemona sulphurea, hepatica; Arnica montana; Gnaphalium dioicum, carpathicum; Crocus vernus; Atragene alpina; verschiedene Arten von Veronica. — An den Berghängen und in den Felsen: Leontopodium alpinum (Edelweiß); Hutchinsia brevicaulis; Draba Sauteri; Pinguicula alpina; Silene acaulus; Potentilla nitida; Cyprepedium calceolus; Daphne striata, cneorum; Anemone baldensis, vernalis; Primula longiflora farinosa, elatior, minima; Loiseleuria procumbens; Papaver alpinum; Linaria alpina; Androsace Hausmannii; Rhododendron ferrugineum, hirsutum; Saxifraga caesia, aizoon usw.

Bergwanderungen von Welschnofen aus

Über das Wolfsgrubenjoch (1511 m) nach Tiers. 2½ St. Bez. Weg S. 127 in umgekehrter Richtung

Zur Rosengarten- (Kölner) Hütte, ital. Rif. Coronelle (2331 Meter). 3½ St. Bez. Weg. — Die im Juni 1966 abgebrannte Hütte ist größer wieder aufgebaut und benützbar. Hierher auch neuer Lift ab Nigerstraße bzw. schon ab Welschnofen.

Vom Hotel Mondschein an der Dolomitenstraße ausgehend nö ins *Locherertal* und da auf mit 2 c bez. straßenbreitem Weg im Wald talauf zu einer (¾ St.) Säge. Wegteilung (re breiter Fahrweg dem Bach entlang zur nahen Frommersäge). Nun über den Bach und auf Fahrweg im Wald ziemlich steil, bald jedoch mäßig steigend talauf zu einem gemauerten Häuschen, bei dem der Nigerbach überschritten wird. Weiter neben diesem Bach empor und im Bogen nach re wieder zu einer Wegteilung. Von Welschnofen bis hierher 1¼ St. (talauf bez. Weg zum Gh. Niger). Von dieser Wegteilung re auf bez. Weg kurz aufwärts zu großen Wiesen, *Spißwiesen* benannt. Prachtblick auf die Rosengartengruppe von den Tschaminspitzen bis zur Rotwand. Der Weg führt durch die Wiesen hinauf, oben li haltend, zur sog. Rosengartenstraße, deren Bau im ersten Weltkrieg begonnen, jedoch erst jetzt vollendet wurde. Nach Querung der Straße der Markierung nach re folgend, fast eben in 15 Min. zu einer Wegkreuzung. Re zum Karerpaß, li kommt der mit 1 T bez. Weg von Tiers über den Niger herauf.

Auf der Wanderung bis hierher kam man aus dem Quarzporphyr Welschnofens und des Locherertales in den roten Grödner Sandstein. Nun folgen Werfner und Bellerophonschichten bis zur Kölner Hütte hinauf. Darüber eine Wandstufe aus Sarldolomit, dann Buchensteiner Schichten, darauf die Wand- und Gipfelbauten aus Schlerndolomit.

Von der Wegkreuzung auf mit 1 bez. steinigem Weg im Wald zu Wiesen hinauf und da re zu zwei Heuhütten, von denen der Weg über freie grüne Hänge zu der schon lange sichtbaren Kölner Hütte emporsteigt.

Die *Rosengarten- (Kölner) Hütte*, ital. *Rif. Coronelle* (2331 m), erbaut von der Sektion Rheinland des DÖAV, ist jetzt ganzjährig bewirtschaftet (Lift) und demnach auch sehr überlaufen und recht verschmutzt. Herrliche Aussicht: Brenta-, Adamello-, Presanella- und Ortlergruppe, weiter re die Ötztaler Alpen und Stubaier Berge. Im Vordergrund li die wildzerrissene Latemargruppe, re der Schlern; weit draußen hinter wiesen- und waldbedeckten Vorbergen die Häuser von Bozen.

Die Hütte ist Stützpunkt für eine Reihe sehr schöner Bergfahrten im s Teil der Rosengartengruppe. Über den schwierigen *Santnerpaß* zum (2 St.) *Gartl* und von dort auf die (1 St.) *Rosengartenspitze* (2981 m), den zweithöchsten Gipfel der Gruppe. Vom Gartl packender Anblick der berühmten *Südlichen Vajolettürme* (Delago-, Stabeler- und Winklerturm). Das Gartl ist jedoch leichter von der Vajolethütte aus zugänglich (S. 84). — Von der Rosengarten- (Kölner) Hütte ersteigt man auch die *Tscheinerspitze* (2791 m), die wie ein gotischer Dom, mit Türmchen und Zacken geziert, sich über den Felswall des Hauptkammes erhebt (sehr schwierig; nur für geübte Kletterer), ferner die *Rotwand* (2809 m), für Geübte nicht schwierig und sehr lohnend. Als Übergang zu den Schutzhütten im Vajolettal wird meistens das nahe und leichte *Tschagerjoch* (2644 m) benützt. (Näheres hierüber S. 63)

Abstieg zu den Hotels am *Karerpaß:* S. 61 und S. 62. Nach (3 St.) *Tiers:* Auf gleichem Weg zurück zur obengenannten Wegkreuzung und n zu dem reizend im tiefen Wald liegenden Gh. *Niger* (1689 m), dann auf einer Straße, die 1958 eröffnet wurde, oder nw auf breitem, gepflastertem Karrenweg, mit 1 T bez., im Wald hinab zu den Sägewerken am Breibach und hinauf zum Kirchlein *St. Zyprian.* Nun li nach (25 Min.) *Tiers,* re nach (20 Min.) *Weißlahnbad.*

KARERPASS

1¼ St. oberhalb Welschnofen liegt an der Großen Dolomitenstraße der vielgerühmte *Karersee,* das Wahrzeichen der Gegend. Der Zauber, den der See auf jeden Besucher ausübt, beruht neben der schönen Lage mitten im Hochwald in dem wunderbaren Farbenspiel seines Gewässers. Dazu ein großartiger Hintergrund: die erstaunlich kühnen Türme und wilden Zacken des Latemars. Im Sommer ist die Gegend leider sehr überlaufen (großer Parkplatz am See). Durch Wald gelangt man vom See auf der Straße ö in 25 Min. zum *Karerseehotel,* ital. *Albergo Carezza* (1600 m), und in weiteren 30 Min. zum *Karerpaß,* ital. *Passo di Costalungo* (1742 m), an der Grenze zwischen den Provinzen Bozen und Trient.

Der Bereich des Karerseehotels kann als Zentrum einer echten Dolomitenlandschaft gelten. Das Gebiet ist auch für den Wintersport hervorragend erschlossen, vor allem durch den Sessellift, der seine Talstation neben dem Hotel hat und zur Paolinahütte (2127 m; 15 B) führt. An der Straße zum Karerpaß stehen noch das Hotel *Latemar,* auf dem Paß selbst das *Hotel Knoll, Karerpaßhotel* und das *Albergo Savoy,* 10 Min. jenseits des Passes das *Touristenheim Edelweiß.*

Die Umgebung des Karerpasses bilden die buntgefärbten, vielgestaltigen Felsbauten der Rosengartengruppe und des Latemars. Spazierwege, die teils durch Hochwald, teils über Alpenmatten führen, leiten bis zum Fuß der Felswände. Für Wanderer und Hochtouristen bieten die Rosengartengruppe und die Berge des Latemars eine Reihe schönster Touren.

Die *Latemargruppe,* vom Karersee gesehen wie eine gerade Reihe hoher Felstürme, bildet einen gegen O offenen hufeisenförmigen Bogen, der das bei Forno in das Fleimstal mündende Val Sorda umschließt. Gegen diese Seite senken sich all die kühnen Türme mit Schutthängen zu einer karartigen Hochfläche, dem oberen Valsordakessel. Von dort setzen dann hohe Felswände zum Hintergrund des Val Sorda nieder, hier einen großartigen Felszirkus, den unteren Valsordakessel, bildend.

Daß der Latemar schon in alten Zeiten bekannt war, geht aus einem um 1050 geschriebenen Vermerk hervor, in dem dieses

Gebirge als einer der Grenzpunkte zwischen den Hochstiften Brixen und Trient genannt wird.

Das außerordentlich scharfe und brüchige Gestein der Latemargruppe, ein wenig dolomitisierter Riffkalk von annähernd demselben Alter wie der Schlerndolomit in der Rosengartengruppe, enthält an der Grenze gegen die dunklen porphyritischen Ganggesteine rote Zersetzungsprodukte (als „Bol“ und „Minium“ bezeichneter Hämatit), die früher im oberen Valsordakessel und in den Felsen neben der Rotlahn abgebaut wurden. Viele Sagen berichten auch von dem einst bestandenen reichen Bergbau im Latemargebirge; Welschnofen soll als Siedlung ladinischer Knappen entstanden sein, ebenso Forno am Ausgang des Val Sorda ins Fleimstal.

Die *Östliche Latemarspitze* (2794 m) ist vom Karerseehotel wie vom Karerpaß über das Geplänkjoch (Kleine Latemarscharte) für Geübte leicht zu erreichen (S. 68). Von diesem Gipfel können ausdauernde, tüchtige Hochtouristen in die Große Latemarscharte absteigen und von dort auf markiertem Steig durch den oberen Valsordakessel sw hinüber auf die Kleine Cima di Valsorda gehen. Abstieg von dort zum Reiterjoch (S. 54).

Der Diamantiditurm (2846 m), von N senkrecht aufsteigend, ist gleich den andern von S über Schutt und Schrofen leicht zugänglich. Von dieser Seite wurde er auch erstmals von dem Augsburger Gustav Euringer mit dem Fassaner Führer Giorgio Bernard 1885 erstiegen. Seinen Namen erhielt der Turm jedoch nach dem Wiener Demeter Diamantidi, der ihn im Jahr 1892 mit den Führern A. Dejori und P. Krotter von N her durch eine steile Eisschlucht erreichte. – Der Latemar ist in der letzten Zeit wieder mehr beachtet worden. Neu angelegt (1981) wurde ein Klettersteig „Latemartürme“, der in der Latemarscharte beginnt (Nr. 511, $1\frac{1}{2}$ St. – Stützpunkt Biwakschachtel „A. Sieff“).

Ausflüge und leichtere Bergtouren vom Karerseehotel und Karerpaß aus

Vom Karersee auf dem Temblweg zum Bewallerhof. $1\frac{3}{4}$ St. Prächtige Wanderung

Unterhalb des Karersees zweigt von der Großen Dolomitenstraße der durch den berühmten Karerforst führende Temblweg (Nr. 8) ab. Dieser führt mit wenig Höhenunterschied zum Gh. Bewallerhof in Obereggen. Von dort Wege talaus nach Birchabruck, aufwärts zum Reiterjoch oder über Rauth nach Deutschnofen.

Zur Rosengarten-(Kölner)Hütte, ital. Rif. Coronelle (2331 Meter). 1½ St. Sehr lohnend. Nun auch Kabinenlift ab Nigerstraße

Von den reizvollen Fußwegen (auch im Abstieg) seien genannt: Mit dem nahe ö des Karerseehotels ausgehenden Sessellift (15 Min.) bis zur *Paolinahütte* (2127 m) am Fuße der Rotwand, dann li auf dem Hirzelweg in prächtiger Wanderung (Aussicht auf die fernen Firngipfel der Adamello-, Presanella- und Ortlergruppe, auf einige Gipfel der Ötztaler und Stubaier Alpen) unter den Felswänden hin, schließlich mit kurzem Aufstieg zur bewirtschafteten Hütte (1½ St.). — Ein anderer oft begangener Weg geht von der Rosengartenstraße aus. Vom Hotel Latemar, ½ km unterhalb des Karerpasses, auf dieser Straße n etwa 3½ km bis zur *Tscheinerhütte* (1775 m, 16 B). Gleich hinter der Hütte den Rasenhang hinauf zu einem Heustadel, von wo ein zerfurchter Weg im grünen Hang an zwei weiteren Heustädeln vorbei aufwärts führt. Bei einem Lärchenbaum trifft man auf den von Tiers — Niger kommenden alten Hüttenweg, der mit ein paar Kehren zur schon lange sichtbaren *Rosengartenhütte* emporleitet (1½ St. von der Tscheinerhütte). Näheres über die Rosengartenhütte s. S. 60.

Von der Rosengarten-(Kölner)Hütte über das Tschagerjoch (2644 m) zur Gardeccia- oder Vajolethütte. 2¼ bzw. 2½ St. Bez. Wege. Prächtige Wanderung. Einblick in die Felswildnis der südlichen Rosengartengruppe

Von der Hütte auf vielbegangenem Weg sö über felsige Stufen zu einer breiten Terrasse empor. Auf dieser re (s) über Schutt und Gras in eine Schlucht und da hinauf zum (1¼ St.) *Tschagerjoch.* Gegen O Aussicht auf die wilde Larsecgruppe und die Marmolata. Der Weg führt jenseits ein kurzes Stück über Schutt abwärts und wendet dann n den höchsten Rasenhängen des Vajolettales zu. Dort, wo von S her der Weg vom Cigoladepaß einmündet, Wegteilung: Auf einem Steig über steile Grashalden hinab zu einem Bächlein und neben diesem zum Talboden (1 St.)

mit der *Gardecciahütte* (1963 m) (ständige Wirtschaft, 33 B, 5 Matr., sehr empfohlen, daneben Rif. Stella Alpina und R. Catinaccio), oder von der Wegteilung auf bez. Steig n auf der Höhe weiter, bald unter der gewaltigen Ostwand der Rosengartenspitze hin zum Talweg und auf diesem kurz empor zur ($1^1/_4$ St.) *Vajolethütte* (2245 m) der S. Trient des CAI (früher der S. Leipzig des DÖAV), bewirtschaftet vom 15. Juni bis 30. September, daneben die ebenfalls bewirtschaftete kleinere *Preußhütte* (über Touren von der Vajolethütte aus s. S 85).

Von der Rosengarten-(Kölner)Hütte über den Santnerpaß (2741 m) auf Gartl. 2 St. Versicherter Steig, markiert, nur für Geübte, vor allem bei Schnee gefährlich

Gleich hinter der Hütte auf einem Zickzacksteig in ziemlich steilem, schrofigem Gelände hinauf zu einer Terrasse (20 Min.), von der der Steig li etwas abwärts führt, dann in n Richtung mehrere Schuttreisen quert. Stärker steigend über Schrofen zu den Felsen der Rosengartenspitze und da schräg li aufwärts, bald jedoch in schrofiger Rinne mit Hilfe von Eisenstiften gerade empor in ein enges Schartel. Jenseits kurzer Abstieg in eine Schlucht und aus dieser durch eine Steilrinne hinauf zum nächsten Schartel neben einem markanten Felsturm. Von diesem Schartel etwa 30 m steil über eine Rippe in eine tiefe Schlucht, in der oft Eis liegt. Diese Schlucht nach li aufwärts querend zu einigen Drahtseilen, nach denen man die Schlucht nach li verläßt und gradauf in ein Schartel kommt. Von da waagrecht nach li an Hand von Drahtseilen und Stiften, nachher durch eine Runse empor zum *Santnerpaß* mit kleiner Schutzhütte (10 B). Prachtvoller Fernblick. 2 St. von der Kölner Hütte.

Abstieg zur Gartlhütte etwa 20 Min., guter Weg, markiert. Berühmte Schau auf die Vajolettürme. Weiter abwärts zur Vajolethütte $^1/_2$ St. — Besteigung der Rosengartenspitze, 1 St. vom Santnerpaß, nur für geübte, schwindelfreie Kletterer bzw. mit Führer

Làtemar mit dem noch im Dunkeln liegenden Karersee.

Zur Rotwandhütte, ehemals Ostertaghütte, ital. Rif. Roda di Vaèl (2282 m). 2 St. Bez. Weg. Besonders schön

Bequemster Zugang von der Bergstation des Sessellifts (Paolinahütte). Erst re auf Steig zum Hirzelweg empor, auf dem man dann nach re zur Hütte kommt. $^3/_4$ St. — Vom Hotel Savoy an der Großen Dolomitenstraße, nahe dem Karerpaß li (n) auf breitem Weg über Wiesen bergauf zu dem von li kommenden Oberen Tierser Weg, auch Fassaner Weg genannt. Der Markierung aufwärts folgend, vorbei an dem li abzweigenden Steig zum Christomannos-Denkmal, über Almwiesen mit einigen Steigkehren empor zum Hirzelweg und auf diesem re bequem zur *Rotwandhütte*, bewirtschaftet vom 1. Juli bis 15. September (zirka 20 Schlafstellen). 2 St.

Die Hütte wurde von der ehemaligen S. Welschnofen des DÖAV erbaut, wobei sie der Stuttgarter Fabrikant Karl Ostertag-Siegle unterstützte, daher der Name. — Sehr schöner Blick in den erhabenen, einsamen oberen Vajolonkessel, den die rotgelben Wände der Mugonispitzen, Tscheinerspitze, Rotwand und des Fensterleturms umschließen. Aussicht ostwärts auf Sellagruppe und Marmolata, im S die Palagruppe.

Von der *Rotwandhütte* kann man über den *Cigoladepaß* oder auf dem *Fassaner Höhenweg* über die *Ciampediehütte* zur *Gardeccia-* und *Vajolethütte* im Vajolettal gelangen. Von dort prächtige Wanderungen zur Seiser Alm, zum Schlern oder nach Tiers.

Von der Rotwandhütte zur Rosengarten- (Kölner) Hütte 2 St. Bez. Weg. Besonders aussichtsreiche und bequeme Höhenwanderung

Auf dem Hirzelweg (549) erst s, dann w (Aussicht auf die Langkofel-, Marmolata- und Palagruppe) zum *Denkmal für Dr. Theodor Christomannos* († 1911), einem wuchtigen Adler aus Bronze, fast 3 m hoch, modelliert von der Bozner Künstlerin Maria Delago, dem tatkräftigen Förderer des Fremdenverkehrs und erfolgreichen Bergsteiger gewidmet. Weiter auf der Westseite des Rosengartenkammes und hier fast eben mit wundervoller Sicht ins Land hinaus n zur *Rosengarten- (Kölner) Hütte.*

Blick auf die Rosengartengruppe.

Von der Rotwandhütte über den Cigoladepaß (2561 m) zur Vajolethütte. 3 St. Guter Steig durch großartige Dolomitenlandschaft

Auf bez. Steig n unter dem kühn aufstrebenden Fensterleturm und der Rotwand hin zu den Rasenböden im Hintergrunde des *Unteren Vajolonkessels,* der von dem Oberen Vajolonkessel durch begrünte Schrofenhänge getrennt ist. Unterhalb dieser Schrofen führt der Steig ö zum Fuß der Südkante der Mugonispitze und von hier re über Schutt zu einer gegen N ansteigenden Mulde. An deren rechtsseitiger, teilweise begrünter Lehne zum (1$^1/_2$ St.) *Cigoladepaß* (2561 m) empor. Überraschend schöner Blick in das sonnige, weite Vajolettal mit der Vajolethütte; auf der anderen Talseite die Türme der Dirupi di Larsec, im Hintergrund Rosengartenspitze und Kesselkogel. Vom Paß führt der Steig knapp unter den Felswänden über Schutt abwärts zum Fuß der Mugoni, dann li sanft ansteigend zur Wegkreuzung unter dem Tschagerjoch (re hinab zur Gardecciahütte inmitten von Moränengelände). Nun n unter der ungeheuren Ostwand der Rosengartenspitze hin zum (1$^1/_2$ St.) Weg im Vajolettal. Auf diesem empor zur nahen *Vajolethütte* (2245 m) und zur Preußhütte (über Wanderungen von diesen Hütten aus s. S. 84).

Von der Rotwandhütte (Rif. Roda di Vaèl) über den Vajolonpaß (2550 m) zur Rosengarten- (Kölner) Hütte. 2$^1/_2$ St. Schöner, abwechslungsreicher Übergang. Nur für geübte, bergerfahrene Geher

Wie oben beim Weg zum Cigoladepaß zu den Rasenböden im Hintergrund des *Unteren Vajolonkessels.* Von hier li (n) auf Steigspuren über eine steile Schutthalde zwischen Felsen in den *Oberen Vajolonkessel* hinauf. Bevor man dessen Boden erreicht, li (w) über Rasen und Schutt unter die Felsen der Tscheinerspitze hin, dann s abwärts, den Vajolonkopf li umgehend (von der Scharte zwischen Tscheinerspitze und Vajolonkopf kein Abstieg!), zum (1$^1/_4$ St.) *Vajolonpaß* (2550 m). Von hier über Schutt (oftmals Schnee) durch eine Schlucht hinab, bald aber re hinaus zu steilen, felsdurchsetzten Rasenhängen und auf diesen, gut erkennbaren Steigspuren folgend, re abwärts zum (1/2 St.) *Hirzelweg*, der n zur (3/4 St.) *Kölner Hütte* führt.

Auf die Rotwand (Roda di Vaèl, 2809 m). 3 bis 4 St. Für Geübte nicht schwierig. Sehr lohnender, oft besuchter Gipfel in der südlichen Rosengartengruppe

Auf vielbegangenem, leicht zu findendem Weglein vom Karerpaß hinauf zur *Paolinahütte* beim Sessellift, dann höher auf dem Hirzelweg n zu einem Felsblock mit Wegbezeichnungen und noch kurz weiter bis zu der Stelle, wo ein Steiglein zum *Vajolonpaß* auf der Nordseite der Rotwand abzweigt. — Hierher kürzer und bequemer von der *Rosengarten- (Kölner) Hütte.* — Von der *Tscheinerhütte* (s. S. 63) zum Vajolonpaß: zunächst etwa 10 Min. auf der Straße südwärts gegen den Karerpaß zu, dann li ab, einem Weglein folgend, zu zwei obereinander stehenden Heustädeln hinauf. Von dort weglos über Grashänge ziemlich steil in Richtung gegen die Nordseite der Rotwand empor. Man kommt da zum *Hirzelweg* hinauf (1 1/2 St.). Nun kurz nach re, dann vom Weg ab über grasige Schrofen einem ziemlich steilen Steiglein li von einer Schlucht folgend, schließlich aber in der Schlucht selbst zum *Vajolonpaß* (2550 Meter). 3/4 St., 2 St. von der Tscheinerhütte. Von hier über den etwas plattigen, steilen, jedoch ziemlich breiten Nordgrat auf Steigspuren mit leichtem Klettern zum (3/4 St.) Gipfel der Rotwand. Sehr weitreichende, farbenprächtige Rundsicht, die nur nach N durch die höhere Tscheinerspitze etwas verdeckt wird.

Auf die Poppekanzel (Cima Poppe, 2431 m). 2 St. Bez. Steig. Bis zum Signalkopf leicht; oft besucht, lohnend

Die Poppekanzel ist ein aus dem Latemargebirge gegen den Karerpaß vorspringender Felskopf. Vom Karerpaß führt der mit 17 P bez. Weg über die untere Latemarwiese, den Skiaufzug querend, dann kurz durch Wald zur oberen

Latemarwiese. Nun nach li hinauf zu einer großen Zirbe, über ein Gatter dem Steiglein folgend, später li durch Wald, dann über Weiden und Schrofen zum *Signalkopf* (2200 m) und etwas luftig (nur für Schwindelfreie!) auf das von hellem Kalk gebildete Felsenriff der *Poppekanzel.* Umfassender Rundblick auf die Rosengartengruppe, Marmolata, Fassaner Berge, Ortlergruppe, Ötztaler und Teile der Stubaier Alpen.

Auf die Östliche Latemarspitze (2794 m). 4 bis 5 St. Für geübte, erfahrene Berggeher leicht; Ungeübte nur mit Führung. Sehr lohnende Bergfahrt

Vom Karerseehotel auf bez. Weg Nr. 18 s durch Wald, anfangs etwas steil, dann bequemer zum sehenswerten Latemarbergsturz. Dem Weg Nr. 18 ständig folgend li bergan bis zur (1 St.) Wegteilung (li zur Latemarwiese und zum Karerpaß). Nun auf schmalem Steig s über Schutt hinauf in das (2 St.) *Geplänkjoch,* auch Kleine Latemarscharte genannt. Dann über den Hang zur Rechten bis unter die Gipfelfelsen des Col Canon (2741 m). Zu ihm führt eine Markierung empor und dann steil hinab zu unserem Steig. Man hält sich nun auf der Südseite des Berges entlang und steigt über leichte Schrofen zum (1½ St.) Gipfel. Re etwas unterhalb das Gipfelkreuz. Bedeutende, sehr schöne Rundschau. — Vom Gipfel führt eine Markierung hinab zur Großen Latemarscharte und durch den oberen Valsordakessel hinüber, von der Kammhöhe dann Abstieg zur Meierlalm am Reiterjoch (S. 54).

Vom Karerpaß direkt nach Moëna. 1½ St. Bez. Weg. Für Wanderer, die über den Lusiapaß nach Paneveggio und S. Martino di Castrozza oder zum S.-Pellegrino-Paß wollen, empfehlenswert

Vom Karerpaßhotel führt sö ein mit 519 markierter Saumweg durch Wiesen in den ausgedehnten Costalungawald hinab. Re Aussicht auf Cima Poppe und M. Ciamp, über das Fassatal hinweg Blick auf die rostbraunen Porphyrberge von der Cima Juribrutto und der Cima di Bocche bis zum Lusiapaß; im Rückblick die Punta del Masarè in der Rosengartengruppe. Der Saumweg geht im Wald sö abwärts zum Costalungabach, dann oberhalb desselben am s Hang des Costalungatales über Quarzporphyr weiter abwärts, nähert sich in der Nähe mehrerer Mühlen wieder dem Bach und erreicht gleich darauf die Sohle des Fleimstales und den stattlichen Ort Moëna, der sich als vor allem unter Italienern beliebte Sommerfrische und auch als Wintersportort in den letzten Jahren stark ausgedehnt hat.

MOËNA (1184 m), an der Mündung des San-Pellegrino-Tales in das Fleimstal gelegen, ist Ausgangsort für den San-Pellegrino- und Lusiapaß und für Touren in der Latemargruppe, in die man auf kürzestem Weg über die Weiler Sorte und Peniola gelangt (über die Latemargruppe s. S. 56 und S. 61).

Bei Moëna endet das Fassatal; die s Fortsetzung des Tales wird bereits mit dem Namen Fleimstal bezeichnet. Sessellift zum Aussichtspunkt Pianac (1379 m).

In der sehenswerten Kirche zum hl. Vigilius in Moëna, 1164 geweiht, 1334 zur Pfarrkirche erhoben, ein Altar vom Jahr 1378, ein anderer von 1532; der Hauptaltar stammt aus dem Jahr 1583. Das angebaute St.-Wolfgang-Kirchlein, das schon 1025 bestand, wurde nach der Überlieferung über einer heidnischen Kultstätte der Langobarden errichtet.

Übergänge von Moëna aus

Über den Lusiapaß (2056 m) nach Paneveggio im Travignolotal. 4 St. Bequemer Weg; aussichtsreiche, schöne Wanderung. In Paneveggio Hst. der Autobusse nach San Martino und Falcade

Östlich auf der Straße im S.-Pellegrino-Tal etwa 20 Min. empor. Auf der andern Talseite das kleine, aufgelassene österreichische Fort Someda. Bei einem Wegkreuz verläßt man die Straße und folgt dem re abzweigenden Fahrweg, der durch Wald sö zur (1½ St.) *Rezila-Alpe* (1780 m) führt. Wirtschaft mit Unterkunft (Lusia-Hospiz). Südlich zum (1 St.) breiten *Lusiapaß* mit dem Albergo Passo di

Lusia. Beherrschende Aussicht. — Seit 1968/69 Seilbahn (Talstation 1,5 km ab Moëna) in zwei Sektionen bis in die Nähe des *Pivac* (900 m Höhenunterschied); Skigebiet.

Den Paß umgeben blumenreiche Alpenweiden. Östlich der Quarzporphyr der Bocchemasse, w der geologisch berühmte Kalkstock der Soracrep. In 35 Min. gelangt man w auf die Rasenkuppe des *Piavac* (2274 m) mit schöner Aussicht und von dort über Felsköpfe weiter in 1 St. auf die *Viézzena* (2492 m). Prächtige Schau auf den Latemar sowie ins Fassa- und Fleimstal; im N die Rosengarten- und Langkofelgruppe, im NO die westl. Marmolatagruppe, im S der Fleimser Kamm und die Cima d'Asta, im SO die Palagruppe. — Von der *Viézzena* kann man sw an einem Marmorbruch vorbei, dem Weg neben dem Bach folgend, nach Bellamonte absteigen, wo man die große Straße betritt, die vom Rollepaß nach Predazzo führt. — Berggewohnte, tüchtige Geher gelangen vom Lusiapaß ö über die Lusiaseen in 3 St. auf die im ersten Weltkrieg heißumkämpfte *Cima di Bocche* (2745 m), die eine außerordentlich schöne und weitreichende Rundsicht bietet (Wege 625, 626, 633).

Vom *Lusiapaß* sö auf Fahrweg über Matten hinab zum Wald und ö hinüber zur *Malga di Bocche* (1947 m), von wo der Weg sich in vielen Kehren nach (1½ St.) *Paneveggio* (1541 m) senkt. Paneveggio, eine nach dem ersten Weltkrieg neu erstandene, nur aus einem Hotel mit Nebengebäuden bestehende Siedlung, ist Hst. der Autobuslinie Predazzo — Rollepaß — S. Martino di Castrozza und Predazzo — Vallespaß — Falcade.

Von Moëna zum S.-Pellegrino-Paß (1910 m). 3 St. Autostraße, 12 km. Vom S.-Pellegrino-Paß über den Passo dei Zinghen nach Paneveggio oder zum Rollepaß, über den Passo le Selle zur Taramellihütte, über den Cirellepaß zum Contrinhaus, über die Forcarossa ins Pettorinatal. Auch Abstieg nach Falcade

Von Moëna östl. auf Fahrstraße im S.-Pellegrino-Tal aufwärts nach (1½ St.) *Fangho* an der Mündung des kleinen Masonón-Tales im N.

Im ersten Weltkrieg war die Fanghostellung für die Österreicher eine wichtige Schlüsselstellung. Die Front verlief von der Cima di Bocche nach Fangho hinab und stieg jenseits zur Ricoletta in den Monzonibergen empor, über die sie zur Costabella weiterzog. Am Tag nach der Kriegserklärung besetzte ein Bataillon des Deutschen Alpenkorps diese Stellung; einige Stunden später kamen die Italiener; sie wurden abgewiesen. Später noch mehrere Durchbruchsversuche, die an dem Widerstand der Verteidiger scheiterten.

Von *Fangho* über langgestreckte Wiesen zu den Hütten von *Allochet* (1791 m), wo von S her das einsame, düstere Val d'Orso mündet.

Durch dieses Tal gelangt man, anfangs auf verfallenem Frontweg, dann (nur für gute Bergsteiger) weglos über Blockhänge zur *Forcella Juribrutto,* von wo man leicht zum Gipfel der *Cima di Bocche* (2745 m) emporsteigt, auf deren Südostkamm die Silene pumilio in den Dolomiten ihren einzigen Standplatz hat. Besonders schöne Aussicht. Abstieg auf alten Frontwegen nw nach Fangho oder s nach Paneveggio.

Von *Allochet* zieht die Straße im breiten Wiesental weiter und gewinnt, vorbei an den Hotels Costabella und Monzoni, den kleinen S.-Pellegrino-See re lassend, den (1½ St.) *S.-Pellegrino-Paß* (1910 m). Nach Falcade weiter 8 km. Auf der Paßhöhe das Ospizio S. Pellegrino und zwei weitere Hotels, auch im Winter von Skifahrern viel besucht (Lift).

In frühen Zeiten hieß der Paß Monte Alloch. Am 14. Juni 1358 wurde hier von dem Mönch Walter ein Hospiz eröffnet, „auf daß die Leute, die den Berg Alloch überschreiten, dort bewirtet werden können". Später wurde das Hospiz von der Gemeinde Moëna übernommen, da sich damals über den Pellegrinopaß ein Teil des Handelsverkehrs zwischen Venedig und Bozen bewegte. Zu Beginn des ersten Weltkrieges wurden das Hospiz und sein Kirchlein sowie alle Heustädel der Umgebung in Brand geschossen. — Das neue Paßkirchlein ist sehenswert; schöne Altarbilder aus italienischer Schule, Mitte 17. Jh.

Vom S.-Pellegrino-Paß über die Forcarossa (2486 m) ins Pettorinatal. 4 St. Unschwieriger Übergang, reich an großartigen Landschaftsbildern

Die Paßstraße re lassend, geht man auf breitem Fahrweg erst ostwärts, dann durch schüttere Wäldchen nö mit wenig Steigung zu den weiten Wiesen von Fucchiade (Weg Nr. 607).

Der Fahrweg endet bei den obersten Heuhütten, von denen eine im Sommer als einfache Schutzhütte geführt wird. Dort über den Bach (ab hier Nr. 693) und auf einem Karrenweg erst eben in den Wiesen s weiter, dann vom Weg ab und auf einem Steig zu dem breiten Rasenkamm zwischen den Wiesen von Fucchiade und Val Fredda hinauf. Weiter auf einem Steig an den Wiesenhängen mit reichem Blumenschmuck quer talauf zum obersten Boden des *Val Fredda* (1¾ St. vom Passo San Pellegrino; tiefer unten in der Talweitung das neue *Rifugio Valfredda).* Nun auf einem Weg aus der Zeit des ersten Weltkrieges in Blockfeldern re aufwärts zur Verbindung mit einem von li kommenden Weg. Auf diesem bequem unter Schutthalden entlang, dann in Kehren über einen kurzen Hang mit rotem Gestein zur Höhe des Passes *Forcarossa* (2½ St. vom Passo S. Pellegrino). Großartige Aussicht. — Jenseits verfallener Weg (Nr. 689) hinab zum grünen, obersten Boden des von hohen, kühngeformten Felszinnen überragten *Val Franzedas;* hier zweigt nach li ein bez. Weg ab, der zunächst zur *Malga Ombretta* und weiter zum *Rifugio Falier all'Ombretta* (2080 m), in großartiger Lage unter der Marmolatasüdwand, führt. Nun über eine hohe Talstufe hinunter in den Wald und zu den Wiesen des Talbodens, wo der Weg einen Bach überbrückt und neben diesem hinausführt auf den Boden des *Pettorinatales* mit der *Malga Ciapela* und dem Alb. Marmolada (15 B) an der Straße Fedaja — Caprile. Hier die Talstation der neuen *Marmolata-Seilbahn* zur Punta Serauta.

Vom S.-Pellegrino-Paß über den Passo dei Zinghen (2221 m) nach Paneveggio oder zum Rollepaß. 4 bzw. 4½ St. Sehr lohnend. Besonders schöner Zugang zur Palagruppe

Vom Hospiz geht man sö über die Wiese, dann li auf breitem Weg aufwärts zu Weideböden, wo von li ein Bach herabfließt. Ober den Weideböden auf gut erkennbarem Steig (Mark. 658) zum Bach hinauf und jenseits bald gerade empor in einen Kessel, auf dessen re Seite eine große Blockhalde liegt. Aus diesem Kessel am linksseitigen Hang auf gut erkennbarem Weg empor zu einem grünen Boden und auf Wegspuren li aufwärts zum nächsten Boden. Von dem kleinen Hügel ober diesem Boden kommt man, dem Lauf eines Bächleins folgend (re oben zwei Lärchenbäume), wieder zu einem kleinen, jedoch sumpfigen Boden, dann am linksseitigen Hang einer kurzen Mulde hinauf bis nahe unter eine Grube und li neben einer kleinen Felswand hinaus zu grasdurchsetzten Blockhängen, worauf man, stets li haltend, den *Passo dei Zinghen* (auch Forcella Pradazzo) erreicht. 1½ St. vom Hospiz. (Der kleine Lago di Cavia ist nunmehr zu einem Staubecken erweitert worden.) Vom Paß leicht in 10 Min. auf die grüne Kuppe des M. Pradazzo (2278 m), Aussichtspunkt in dieser blockigen Quarzporphyrgruppe. Hierher auch neuer Kabinenlift (1100 m Höhenunterschied) ab Falcade, mit Gh. an der Bergstation. — Abstieg vom Passo dei Zinghen auf einem Steig, der sw über grüne Hänge und Mulden zum *Malga Vallazza* (1904 Meter) hinabführt, dann auf der Vallespaßstraße talab zum (1½ St.) *Piano di Casoni* (1718 m), von dem man in 1 St. nach *Paneveggio* (1541 m), Hst. der Autobusse, kommt.

Von der Straßenteilung auf dem *Piano di Casoni* gehen Wanderer, die zum Rollepaß wollen, über die Vallesbachbrücke und noch etwa 60 Schritte ostwärts auf der in das Val Venegia führenden Straße weiter, dann re ab auf einem Karrenweg in ½ St. hinauf zu den Wiesen der *Malga Juribello* (1842 m). Fundort von Primula Allioni, Campanula Morettiana, Phyteuma Sieberi und Petrocallis Pyrenaica. Die jetzt zur Sennereischule ausgebaute Alm mit ihren stattlichen Bauten und einem Gh. re unten lassend über Wiesen weglos hinan gegen ein rotes Häuschen im S, das die Lage des Rollepasses bezeichnet. Prachtblick auf den Cimone della Pala. Unter dem felsigen Castellazzo diesem Häuschen zugehend, erreicht man in 1 St. den *Rollepaß* (1984 m). Hier kommt unter dem Grödner Sandstein wieder der

Quarzporphyr zum Vorschein. — Nach S. Martino di Castrozza auf der Straße 8 km.

Vom S.-Pellegrino-Paß nach Falcade. Straße, 8 km. Von Falcade über den Passo del Mulaz zum Rollepaß oder talaus nach Forno di Canale — Cencenighe.

Vom Hospiz der Straße folgend ö zum ebenen Wiesenboden von La Stua hinab und über den Bioisbach. Nach der Brücke, vor der Malga Zingheri, etwa 50 Schritte re der Straße, ein großer, flacher Grenzstein mit drei Kreuzen, eingemeißelten Linien und der Inschrift: 1474 / 1778 / 1845 Bressanone — Trento — Veneto. Weiter durch das Tal des Bioisbaches hinab zur Abzweigung der Straße, die über den Vallespaß führt, dann hinaus (2 St.) nach *Falcade* (1298 m). Die Straße läßt die ersten Häuser re unten und führt zu dem etwa 10 Min. weiter talaus liegenden stattlichen Dorf *Falcade Basso* (1297 m) mit mehreren guten Gasthäusern und Pensionen. Kabinenlift zum *M. Pradazzo.* — In der Kirche von Falcade eine schöne Christusstatue von dem Bildhauer Giovanni Marchiori (1696 bis 1778), geboren in dem benachbarten Ort Caviola. — Autobus nach (11 km) Cencenighe und Agordo; über den Vallespaß, Paneveggio und Rollepaß nach S. Martino. Nach Forno di Canale (Ausgangsort für die Wanderung über das Palaplateau nach S. Martino) zu Fuß 1 St.

Von Falcade über den Passo del Mulaz (2617 m) zum Rollepaß (1984 m). 7 St. Bez. Weg. Für bergtüchtige Wanderer sehr schöner Übergang. Am Passo del Mulaz bewirtschaftete Schutzhütte

Von *Falcade Basso* (1297 m) führt ein Fahrweg zu den Häusern von *Molino,* von wo man auf rot bez. Weg in das s hinanziehende *Val Focobon* geht. Der Focobonbach wird überschritten, dann auf steinigem Weg am ö Berghang empor gegen eine steile Talstufe. Vor dieser am Hang li in Kehren hinauf, dann re durch Wald in das schluchtartig verengte Tal. In diesem wird die Talstufe vollends erstiegen, dann re über den Bach und auf dem fast ebenen

Talboden weiter zur (2¼ St.) *Focobonalpe* (1894 m). Nun li über den Bach und sö am grünen Hang gegen den Fuß der Campanili dei Lastei empor. Glatt und senkrecht, wie aus einem Guß geformt, erheben sich drei hohe Türme. Der Steig quert nun w mehrere Schuttreisen und Schneeflecke gegen einen begrünten Kopf zu. Von diesem Kopf durch eine Mulde über Schutt und Schnee re hinüber, dann an der n Lehne des Tälchens, in dem der kleine Focobongletscher liegt, in vielen Kehren über felsdurchsetzte Grashänge zu der kleinen Karfläche unter dem Passo del Mulaz empor, wo das (2 St.) *Rif. del Mulaz* (2560 m) des CAI steht. Sommerwirtschaft, rund 50 Übernachtungsmöglichkeiten. — Prachtblick auf die mit glatten Wänden im Schlerndolomit aufstrebenden Felsgestalten der Campanili dei Lastei; großartig die Cima Zopèl, Torre und Cima di Campido sowie die Cima Focobon. Von dem in ¼ St. leicht zugänglichen Sasso Arduini (2585 m) ö der Hütte schöne Talblicke und bessere Rundschau. — Vom Rif. del Mulaz auf Steig bergauf zum nahen *Passo del Mulaz* (2617 Meter) in wilder Felsumgebung. Weitreichende Schau gegen W, besonders schön die Cima d'Asta und der Fleimser Porphyrkamm. (Ein markiertes, schlechtes Steiglein führt vom Paß n in Kehren über steile Schutthänge und ein schuttbedecktes Band auf den Gipfelgrat und da zur Nordspitze des *Mulaz* [2904 m]. ¾ St. Großartige Aussicht.) Vom Paß auf bez. Steig über Schutt li hinab und li hinüber bis unter eine gelbe Felswand, dann gerade abwärts in ein großes Schuttkar. Aus diesem li auf einen begrünten Rücken hinüber und neben einer Schutthalde abwärts zum ebenen grünen Talboden des *Valle Venegia.* An einem auffallend großen Felsblock vorbei, dann neben einer wieder ausgebauten Kriegsstraße der roten Markierung folgend, zu einem Rasenkamm empor und zur bewirtschafteten Baita Segantini (keine Übernachtungsmöglichkeit, hierher Sessellift vom Rollepaß), dann abwärts zur nahen Capanna Cervino und in sw Richtung weiter zum (2¾ St.) *Rollepaß* (1984 m) mit 3 Gh. — Nach *S. Martino di Castrozza*

Autobus, 8 km. Fußgänger kürzen tief unten die Straße und gelangen in 1½ St. dorthin.

DAS FASSATAL

Unter den Dolomitentälern ist das Fassatal eines der schönsten und interessantesten. Über Dörfchen, umgrünt von Wiesen und Wäldern, erheben sich Berge, die neben der Felsenpracht der Dolomiten die ernste Größe des gletscherbedeckten Hochgebirges zeigen. Der Talbach Avisio, in Fassa Wejs genannt, hat seine Quellen in dem Gletscher der Marmolata. Die Länge seines nach S gerichteten Laufes vom Fedajapaß bis zur Mündung in die Etsch bei Lavis beträgt etwa 88 km. Sein Tal zerfällt in drei Abschnitte: vom Fedajapaß bis nahe vor Moëna reicht das Fassatal, ital. Val di Fassa, von dort bis Grauno-Sover langt das Fleimstal, ital. Val di Fiemme, den weiteren Lauf bis Lavis bildet das Val di Cembra.

Die Geschichte der Fassaner geht, wie bei den anderen Ladinern, auf die Sage von wilden Leuten, den Bregostans, mit ihren Weibern, den Bregostenes, zurück. Nach fassanischer Überlieferung hausten in den Wäldern noch vor einigen Jahrhunderten die letzten Abkömmlinge dieser Ureinwohner. Sie lebten von der Jagd und stellten nicht selten einsamen Hirten und solchen Menschen nach, die sich zu weit von ihren Ansiedlungen entfernten. Wie K. F. Wolff berichtet, wurden in Fassa zum Schutz gegen ihre nächtlichen Angriffe ganz besonders geartete, mit scharfen Widerhaken versehene Eisenstäbe an den Fenstern angebracht und im Durontal eigens abgerichtete Hunde mit Stachelhalsbändern gehalten. Neben der Urbevölkerung ließen sich in den unruhigen Zeiten der Völkerwanderung wahrscheinlich Siedler aus den benachbarten Tälern nieder. So berichtet eine alte Sage von einer reichen Gräfin, die vor den Kriegswirren in das oberste Fassatal flüchtete und oberhalb Penia auf einem Felsen ein Schloß erbaute, das Doleda genannt wurde. Sie war bald Herrin über das ganze Tal. Jeden Sonntag begab sie sich zum Gottesdienst nach dem 4 St. entfernten Soraga, wo damals die einzige christliche Kirche des Tales stand. Dabei war die Gräfin Doleda gewöhnlich von einer Knechteschar begleitet, die mit Trompetengeschmetter vorauszog als Zeichen für die Fassaner, der Herrin ihre Aufwartung durch Begleitung bis nach Soraga zu machen, wo vor ihrer Ankunft nicht mit der Messe begonnen werden durfte.

Nach einer anderen Sage lernt Lidsanél, der Prinz aus dem untergegangenen Fanesreich, auf dem Col de Mee nahe Vigo bei einem Maienfest die Prinzessin Elyònda aus Contrin kennen. Er vergißt seine Sendung, die nie fehlenden Pfeile zu suchen, mit denen es möglich sein soll, die Feinde des Fanesreiches zu besiegen, und gewinnt dafür das Herz Elyòndas. Mit Elyònda und dem alten König Odòlghes aus Contrin geht er bald darauf im Kampf gegen die Trusaner zugrunde.

Das erste Dokument, in dem Fassa genannt wird, stammt aus dem Jahr 1050. In diesem erscheint das Fassatal (damals von den Deutschen Eves genannt) unter der Oberhoheit der Bischöfe von Brixen. Die Bevölkerung lebte zu jener Zeit in einer Gaugemeinde und regierte sich selbst. Sie hatten sich besonders gegen die räuberischen Einfälle der Trusaner und der benachbarten Adeligen zu wehren. Der Sage nach soll die Gaugemeinschaft damals auch eine kleine stehende Truppe, die Arimans oder Arimannen, unterhalten haben, die den Wachdienst auf den Bergen besorgte. — Wann und wie diese kleine Republik zum Bistum Brixen kam, ist nicht bekannt.

Nach Aufhebung der weltlichen Herrschaft der Fürstbischöfe von Brixen (1803) kam Fassa zum Kreisamt Bozen. 1818 von der Diözese Brixen getrennt und unter das Bistum Trient gestellt, wurde Fassa 1868 auch politisch vom Etschland geschieden und der Bezirkshauptmannschaft Cavalese zugeteilt. Nach dem ersten Weltkrieg kam Fassa zur Provinz Trient, wünscht aber heute mit überwiegender Mehrheit wiederum den Anschluß an Bozen.

VIGO DI FASSA (1391 m) und Pozza sind die bedeutendsten Orte des Fassatales. Vigo liegt am sonnigen Hang des hier ziemlich breiten Tales, das sö die hohen Felsgipfel des Mesdistockes, w und n die Zacken der Rosengartengruppe überragen. Oberhalb des Ortes die gotische Kirche S. Giuliana, unten im Dorf die Kirche S. Giovanni, in deren Nähe Dolomiten- und Fleimstalstraße zusammentreffen.

Die Pfarr- und Dekanatskirche S. Giovanni stammt aus der ersten Hälfte des 13. Jh.s. Schon 962 stand hier eine Kapelle, über der die Kirche gebaut wurde. Der erste Pfarrer, von dem die Urkunden berichten, wird 1228 genannt; er war ein Deutscher mit Namen Gottschalk. An dem Seitenportal der Kirche das Wappen der Sommariva von 1484, am Haupteingang das bischöflich brixnerische Wappen und jenes des Michele Somvigo von 1491. In der Taufkapelle eine Inschrift von 1538, die als deren Erbauer Silvestro Solda nennt. Nach der Überlieferung war dieser ein Anführer im Krieg Karls V. gegen die Türken, der mit reicher Beute nach Vigo zurückkehrte. An Solda erinnert auch die große Glocke von 1549, bei deren Guß durch ein Versehen seiner Frau ein Teil der Silberschätze Soldas miteingeschmolzen wurde. Die aus der linken Seitenwand des Presbyteriums vorragende, eine Kugel haltende Hand soll nach der Überlieferung den Zorn Soldas über dieses Begebnis verewigen. In der Kirche mit drei Schiffen, gestützt von Säulen aus Syenit des Monzonigebirges, große spätgotische Wandgemälde; am Hauptaltar Bild von Antonio Longo aus Varena. — Im Friedhof der nahen Ortschaft Pera ruht der berühmte Dolomitenführer Tita Piaz (1879—1948), der „Löwe im Fels", der nach einem tollkühnen Leben in den Bergen einem lächerlichen Fahrradunfall zum Opfer fiel.

Nördlich oberhalb Vigo, am Eingang in das Vajolontal, steht die sehr alte Kirche S. Giuliana, die nach der Überlieferung die älteste des Tales sein soll. Sicher ist das Presbyterium sehr alt, die übrigen Teile der Kirche wurden jedoch 1519 zu- oder umgebaut. Sie enthält einen schönen gotischen Holzaltar des Bozner Meisters Georg Arzt, errichtet 1511 unter dem Pfarrer Johann Geiger. Die Kirche S. Giuliana genießt großes Ansehen; die heilige Juliana gilt als Beschützerin des Tales, und darum kommt hier auch der Name Giuliana (fassanisch Ujana) als Frauenname oftmals vor. — Unterhalb des Kirchleins eine Abteilung für 663 im ersten Weltkrieg gefallene Österreicher.

Bergausflüge von Vigo di Fassa aus

Zur Ciampediehütte (1991 m). Der Sessellift seit Sommer 1963 durch eine Seilbahn ersetzt. Zu Fuß 2 St. Bez. Weg. Der dankbarste Ausflug von Vigo aus; steil, aber zur Not mit Autos befahrbar (Abzw. zwischen Vigo und Mazzin im Fassatal)

Die Seilbahn führt vom Alb. Cervo mitten aus Vigo in 13 Min. bis zur Kuppe Ciampedie. Kürzester Zugang zur Vajolethütte aus dem Fassatal. — Links von der Seilbahn geht ein breiter Fahrweg, mit 544 bez., durch Wiesen zu einem Bach hinauf, überquert diesen und steigt dann als Fußweg den Felsen zu, an deren Fuß er nach re unter den Seilen der Seilbahn in einen Graben führt. Aus dem Graben in rauhem Gelände aufwärts, oberhalb felsiger Abbrüche dann nach li und mit einer Kehre hinauf zur grünen Höhe von Ciampedie mit zwei Gh. und dem kleinen *Rif. Ciampedie,* erbaut von der ehemaligen S. Leipzig des DÖAV, in ganz besonders schöner Lage auf einem mit Buchensteiner Schichten bedeckten Dolomitfelsen und herrlicher Aussicht auf den wilden Stock der Dirupi di Larsec. Sehr schöne Wanderung von dort auf mit 545 bez. Weg westwärts bis zur Rotwandhütte, ital. Rif. Roda di Vaèl, 1 1/4 St., oder auf der Seite des Vajolettales fast eben durch prächtigen Zirbenwald zur Gardecciahütte, 3/4 St., weiter zur Vajolethütte 1 St.

Zur Rotwandhütte, ital. Rif. Roda di Vaèl (2282 m). 2 3/4 St. Lohnender Ausflug. Von dieser Hütte Übergang ins Vajolettal oder zur Rosengarten-(Kölner)Hütte

Von der vor Vigo an der Großen Dolomitenstraße liegenden Häusergruppe *Valle* steigt man, dem Rio di Valle folgend, auf bez. Weg (Nr. 547) zu der Verbindung Ciampedie — Rotwandhütte hinauf, auf der man li zur Schutzhütte kommt. Hier Buchensteiner Schichten über Sarldolomit (Näheres über die Hütte und den Weiterweg zur Rosengarten- (Kölner) Hütte oder ins Vajolettal s. S. 83).

POZZA (1312 m) und PERA (1314 m). Erstere Ortschaft, eine Viertelstunde talaufwärts von Vigo gelegen, ist die volkreichste im Fassatal, Sitz der Behörden, Arzt, Forstamt. Von Pozza 10 Min. entfernt liegt Pera an der Großen Dolomitenstraße mit einem Kirchlein, in dem ein schöner spätgotischer Flügelaltar besonders auffällt; im Friedhof das Grab des berühmten Dolomitenführers Tita Piaz.

Von Pozza über den Passo le Selle (2531 m) zum S.-Pellegrino-Paß. 5 1/2 St. Aussichtsreich. Einblick in ein geologisch berühmtes Gebiet

Zunächst ö in das *S.-Nicolò-Tal.* In 3/4 St. gelangt man auf der Fahrstraße zur *Capella del Crocifisso* (1522 m) an der Talgabelung. Nun re (sö) auf breitem Weg (Nr. 603) durch Wald in das bei Geologen und Mineralogen berühmte *Monzonital.* Auch für Botaniker interessant.

Standort von: Ranunculus parnassifolius L., Saxifraga adscendes L., Valeriana silunca All., Pedicularis recutita L., Primula minima, Carex rupestris und nigra All.; Geum reptans, Cerastium glaciale, Pyrethrum alpinum, Pedicularis asplenifolia, Eritrichium manum, Papaver pyrenaicum, Androsace optusifolia, Phyteuma pauciflorum, Anthemis alpina, Potentilla nitida usw.

Bald wird der in enger Kluft brausende Bach überschritten, dann geht es weiter zu einer Wegteilung. (Links steil hinauf (Mark. 604) zu den schönen Wiesenböden von *Piev*, wo die Österreicher im Ersten Weltkrieg ein großes Feldlager hatten. Dort liegt auch, in eine grüne Mulde gebettet, das sagenumwobene Seelein Lagusel [2103 m]. Da hauste einst allwinterlich ein Drache, der im Frühjahr mit feurigem Schweif zum Antermojasee hinüberflog.)

Wir gehen im Monzonital weiter zum übermurten großen Boden im Talschluß. In düsteren steilen Hängen und dunklen Wänden erhebt sich vor uns der Eruptivstock der *Monzoni* mit den Gipfeln: Punta d'Allochet (2582 m), Rizzoni (2625 m), Cima di Ricoletta (2512 m) und Cima di Malinverno (2636 m).

Alexander von Humboldt, der berühmte Naturforscher, bezeichnete diese Berge als „den Schauplatz der großartigsten geologischen Revolutionen". Granitische und porphyrische Gesteine durchsetzen sich gegenseitig; kalkbrockenführende grüngraue Tuffe liegen zwischen dunklem Melaphyr und hellem Triaskalk, daneben oft ein dioritähnliches Gestein, der Monzonit, in den verschiedensten Ausbildungsformen. Auch prächtige Mineralien, wie sie in ähnlicher Mannigfaltigkeit nirgends sonst im Land gefunden wurden, gibt es in den Monzonibergen.

Vom Talschluß führt li (sö) ein Karrenweg über die Steilstufe hinauf zum (2½ St.) *Rif. Taramelli* (2015 m), einem massiven Steinbau, nach dem berühmten italienischen Mineralogen benannt.

Die Hütte steht auf einem isolierten Kalkfelsen, den die letzten Zirbelkiefern schmücken. Im Sommer und zur Skisaison bew. (15 B). Daß man sich in einer an seltenen Gesteinen reichen Gegend befindet, zeigen die schönen Marmorstufen vor der Hütte, ferner ein kleiner Obelisk, aus den verschiedensten Steinen zusammengesetzt, und die Namen zweier Rinnen (Toal di Traversellit

Blick vom Pordoijoch auf die Sella.

und Toal di Chabasit), die von hier gegen die Rizzoni hinaufziehen.

Im ersten Weltkrieg war die Taramellihütte vorübergehend Feldlazarett. Der Kamm von den Monzoni bis zur Costabella wurde zuerst von deutschen, dann von österreichischen Truppen verteidigt. Mehrmals richteten die Italiener schwere Anstürme gegen diese Stellungen; zu heftigen Kämpfen kam es besonders auf der Cima di Costabella (2759 m).

Von der Taramellihütte folgt man einem verfallenen Karrenweg, der ö ziemlich steil in das *Val Selle* hinaufführt. An einem kleinen See vorüber (re oben in den schwarzen Felsen schneeweiße Marmoradern, die früher abgebaut wurden) erreicht man über steinige Rasenhänge den (2 St.) *Passo le Selle* (2531 m) in Werfner Schichten. Hier kleines neues Schutzhaus; gut geführt. – Aussicht auf die Berge von Agordo, Bochhestock und die Palagruppe.

Geübte Bergsteiger können auf Spuren von Frontwegen, die li nahe des Passes beginnen, über die Lasteigipfel (2691 m und 2713 m) und Cima di Campagnacia (2738 m) bis zur *Cima di Costabella* (2759 m) vordringen. Überall Spuren der Kämpfe; großartige Verteidigungsanlagen. Die Cima di Costabella war im Besitz der Österreicher, der Sasso di Costabella, ein Nebengipfel, in Händen der Italiener. Eine kühne Leiteranlage durch senkrechte Kamine führte auf letzteren Gipfel. — Von der Cima di Costabella gelangt man n in die Scharte vor dem Saß da Lastei hinab, von wo man über lange Schutthalden in das San-Nicolò-Tal absteigen kann. — Die Frontwege re vom Paß über die Punta Selle zur Punta Allochet sind gänzlich verfallen; der verwegene Bretterweg quer durch die Rizzoni-Nordwand, ein Kunstwerk österreichischer Pioniere, ist nicht mehr zu sehen.

Vom *Passo le Selle* ö abwärts, dann sö über Bergwiesen bis zum Detomasbach und re von diesem hinab zum (1 St.) *Hospiz S. Pellegrino* (1910 m) am gleichnamigen Paß oder zum nahen *Hotel Monzoni.* Über den Weiterweg nach Paneveggio — Rollepaß, Falcade oder Moëna s. S. 69/70 und S. 72.

Von Pozza über den Contrinpaß (2340 m) zum Contrinhaus, ital. Rif. Contrin. 4 St. Leichter, abwechslungsreicher Übergang

Blick von der Seiser Alm auf den Schlern mit Euringer- und Santner Spitze.

Östlich in das *S.-Nicolò-Tal;* eine Straße führt in diesem am Elektrizitätswerk vorbei zur *Capella del Crocifisso,* wo von SO her das Monzonital mündet. Hier auf der Straße li im Nicolò-Tal weiter und bald ziemlich steil hinauf zu den Wiesen von Mezzaselva und Ciampie. Auf gutem Karrenweg durch Wald zur Wiese Ciamp im Talhintergrund, den Punta del'Uomo, Punta di Cadino und der felsige Kamm bis zum Saß da Lastei großartig abschließen. Diese Erhebungen bestehen aus Marmolatakalk und darin aufgestiegenen dunklen Ganggesteinen. Von der Wegteilung auf der Wiese steigt der Jochweg li (nö) zu den obersten Bergwiesen und gewinnt in einer großen, li ausbiegenden Kehre schließlich in Werfner Schichten den (3 St.) *Contrinpaß* (2340 m). Hier steht seit 1979 ein neues Schutzhaus, und hier beginnt auch ein neu angelegter Klettersteig, der die formschöne Punta del Uomo erreicht. – Vom Paß führt der Weg ö zum Fuß einer langen Steilwand (Muschelkalk und Sarldolomit) und dieser entlang abwärts zum (1 St.) *Contrinhaus,* ital. *Rif. Alb. Contrin* (2007 m), Sommerwirtschaft (35 B und Matratzenlager) — (Näheres über Touren von dieser Hütte aus S. 98).

Von Pozza auf den Saß da Dam (2436 m). 3½ St. Nicht schwierig, lohnender Aussichtsberg

Von *Pozza* bzw. *Meida* führt ein Weg ostwärts quer durch bewaldete Steilhänge hinauf in das *Val Buffaure* (Sessellift) und empor zu den Hütten von Buffaure de sot und de sora und weiter zu den obersten Hütten von *Vanaces.* Von dort erreicht man, über ziemlich steile Rasenhänge gerade nordwärts emporsteigend, eine breite Kammhöhe und da re wendend die Kuppe des *Saß da Dam* am Rande eines von Tälchen, Mulden und Hochflächen durchzogenen Gebirgsstockes, der im Collac (2713 m) gipfelt (vgl. auch S. 91). – Aussicht auf Latemar und Marmolatagruppe; Rosengarten- und Langkofelgruppe besonders schön.

Die felsigen Ränder des Buffaurestockes sind als Fundstellen von Mineralien berühmt. Im Val Sumela, ital. Val Giumela, findet man schöne Augitkristalle, Apophyllit, Laumontit, Mesotyp, Prehnit usw. Weniger bekannt ist das Vorkommen der merkwürdigen und geschätzten Zeolithe am Nordrand des Stockes, auf der li Seite des Ciamolbaches (in einer Höhe von etwa 2160 m), etwas oberhalb der Ciamolhütten, an der Grenze zwischen Tuffen und Lava. Zugang von Fontanazzo.

Von Pera ins Vajolettal. Zur Gardecciahütte 2 St., von dort zur Vajolethütte 1 St. Bez. Weg. Bequem und überaus lohnend. Eine der beliebtesten Wanderungen in den Fassaner Bergen. Von der Gardecciahütte wie von der Vajolethütte schöne Übergänge zur Grasleiten- und Antermojahütte, zum Kölner Haus, Karersee und nach Welschnofen

Fahrweg für kleinere Autos, von der Straße Pera — Mazzin beim Kilometerstein 56 abzweigend, über *Monzon* bis zur *Gardecciahütte.* — Der Wanderer kommt an dem sehenswerten Kirchlein von Pera vorbei zunächst zu einer kleinen Kapelle mit reizvoller Wandmalerei, dann zu der Häusergruppe *Rualp* und zu dem aus dem Vajolettal fließenden Sojalbach, auf dessen li Seite der markierte Weg anfangs ziemlich steil zu dem von Monzon hereinführenden Fahrweg hinaufleitet. Auf diesem in sanfter Steigung talein zu den (1 St.) auf weiten, Ende Juni mit Tausenden von Feuerlilien bestandenen Wiesen liegenden *Sojalhütten* (1365 m). Bis 1873 stand hier der Weiler Sojal; er wurde durch einen Wolkenbruch vernichtet. Die Gegend ist heute eine bekannte Fundstelle für Fossilien der Werfner und unteren Muschelkalkschichten. Nach Querung der Wiesen überschreitet der Weg den Schutt eines Murganges und zieht dann am Bachufer aufwärts zur (1 St.) *Gardecciahütte* (1963 m). Ständige Wirtschaft (33 B, 5 Matr.). Bestes Standquartier für Wanderungen in der südl. Rosengartengruppe, auch zu längerem Aufenthalt geeignet. — Einige Min. entfernt, unterhalb der Wiesen das *Rif. Catinaccio* und das *Rif. Stella Alpina.* — Ringsum Moränengelände mit deutlichen Wallformen, bestanden von prächtigen Zirben.

„Gardeccia ist ein Idyll. Zwischen den weitgespannten Felsflügeln der mächtigen Rosengarten-Ostwand und den steinernen

Flammen der wilden Socordatürme vermählt sich noch einmal das Leben mit saftigen, blumenbesäten Alpenmatten und knorrigen Zirbeln mit der Öde des Kahlgebirges. Freundlicher, wärmer liegt die hübsche, weißleuchtende Hütte da als droben über Porte Neigre das felsgedrückte Rifugio Vajolet." (Dr. Hans Kiene)

Während des Weiterweges zur (1 St.) Vajolethütte entfaltet sich die großartige Talumrahmung; sie zeigt den Formenreichtum des Schlerndolomits. Im SW der schöne Felsstock der Mugonispitzen, im W die ungeheure, schwarzgestriemte Ostwand der Rosengartenspitze. Über ihrem prallen Vorbau, der Punta Emma, ragen zwei schlanke Felstürme, der berühmte Winklerturm und der Stabelerturm; zur Rechten die Zacken und Nadeln der Dirupi di Larsec. — Der Weg biegt unter der felsigen Talstufe der Porte Neigre, aus deren Klamm ein Bach hervorbricht, nach li und ersteigt dann in Kehren die Stufe aus Sarldolomit, auf der die *Vajolethütte*, ital. *Rif. Vaiolet* (2245 m), steht, von der ehemaligen S. Leipzig des DÖAV 1897 erbaut, jetzt S. Trento des CAI, hotelmäßig ausgebaut und bewirtschaftet von Ende Juni bis Mitte September (50 B, 50 Matr.). Nahebei am Felsrand die *Paul-Preuß-Hütte* (12 B), nach einem der kühnsten Bergsteiger seiner Zeit benannt, der 1913 in den Bergen verunglückte.

Die Umgebung der Vajolethütte ist von unbeschreiblich wilder Größe. Der Schlerndolomit zeigt hier die verwegensten Formen. Gerade über der Hütte die Vajolettürme, aus denen der Winklerturm unsagbar kühn zu grandioser Höhe steigt, im SW die Wände der Rosengartenspitze, im N die breiten Felskuppen der Vajoletspitze und des Kleinen Valbonkogels, auf der andern Talseite das dreigipfelige Massiv der Cime delle Poppe (Poppespitzen), weit im S hinter welligen Bergzügen das spitze Horn des Cimone della Pala.

Zum Gartl. Besonders reizvoller Abstecher, hin und zurück etwa 2½ St. Jedem bergtüchtigen Geher zu empfehlen

Mit dem Namen Gartl wird die karähnliche Mulde bezeichnet, die sich zwischen der Laurinswand, den südlichen Vajolettürmen und dem Massiv der Rosengartenspitze erstreckt. Von Bozen aus sieht man das Gartl meist als einen Schneefleck im Felsmassiv.

Von der Vajolethütte führt w ein Steig in die Schlucht zwischen Rosengartenspitze und Vajolettürmen. Über Schutt, Schrofen und felsigen Boden im Schlerndolomit neben tiefen Rinnen, einmal eine solche überschreitend, empor; re der sich förmlich überneigende Winklerturm, li die Wände des Grates der Rosengartenspitze. Nach 1 St. erreicht man die weite Mulde des *Gartls,* in der die Schutzhütte *Re Alberto* (Gartlhütte, 2610 m) steht. Schlank und senkrecht erheben sich zur Rechten die prachtvollen Dolomitgebilde der drei südlichen Vajolettürme: Winklerturm, Stabelerturm und Delagoturm. Bis in den Herbst erhalten sich auf dem Gartl einige Schneeflecke und ein Seelein. Auf einem Steiglein nach re empor zum schöngeschwungenen Sattel zwischen Vajolettürmen und Laurinswand, dem *Laurinspaß* (2627 m).

Durch eisgepolsterte Schluchten, durch die eine Kletterroute heraufführt, blickt man zu den saftiggrünen Weideböden und zu den weitausgebreiteten Wäldern des Purgametschtales hinab; zur Rechten die Vajolettürme aus Schlerndolomit, „eines der eigenartigsten und schönsten Schaustücke der ganzen Alpenwelt“. Die Türme sind nach den ersten Ersteigern benannt und werden jetzt oft erklettert und überschritten. Durch eine tiefe Schlucht getrennt, erheben sich hinter den Südtürmen die drei nördl. Türme, von denen man vom Laurinspaß aus jedoch nur den Westturm sieht.

Dem Steiglein folgend, das die Schutthalden unterhalb der Laurinswand quert, gelangt man in einer halben Stunde zum *Santnerpaß* (2741 m), nach dem kühnen Bozner Bergsteiger Johann Santner benannt, der 1878 über die Steilabstürze der Westseite einen Zugang zu diesem Paß fand. Hier steht auch die neue Santnerpaßhütte (10 B).

Neben uns erhebt sich mit hohen Wänden des Schlerndolomits die *Rosengartenspitze* (2986 m), und in der Tiefe breitet sich weites Waldland aus, das bis unter den Zanggenberg und westwärts bis in die Nähe von Bozen reicht. Darüber her leuchten aus weiter Ferne die Firngipfel der Adamello-, Presanella- und Ortlergruppe.

Die Rosengartenspitze, der bedeutendste und zweithöchste Gipfel der Gruppe, wird gewöhnlich vom Gartl aus erstiegen. Die Kletterei ist schwierig und ausgesetzt, wenn auch nicht lang (1 St.). Für tüchtige, klettergewandte Hochtouristen ist die Rosengartenspitze ein überaus lohnendes Ziel, denn kaum ein anderer Gipfel der westl. Dolomiten kann sich mit ihr, was Schönheit der Aussicht betrifft, messen.

Da der Abstieg vom Santnerpaß nach W zur Rosengarten-(Kölner)Hütte nicht ungefährlich ist (zwar gesichert, aber luftig und vor allem bei Schnee gefährlich), gehen Ungeübte in 1 St. wieder durch das Gartl abwärts zur *Vajolethütte.*

Übers Tschagerjoch zur Rosengarten-(Kölner)Hütte. 2¼ St. Bez. Weg. Prächtiger Übergang

Von der Vajolethütte auf dem Talweg einige Minuten abwärts, dann re auf bez. Weglein zu den begrünten Hängen unterhalb der gewaltigen Ostwand der Rosengartenspitze hinan. Auf dem Weglein s weiter zur (¾ St.) Wegteilung. Hier dem re aufwärts führenden Steig folgend, bald über Schutt empor zum (¾ St.) *Tschagerjoch* (2644 m) und jenseits durch eine felsige Schlucht hinab auf ein breites Band. (Das ist die Terrasse der Buchensteiner Schichten.) Nun kurz re weiter, dann über eine felsige Stufe (Sarldolomit und Muschelkalk) hinab zur (¾ St.) *Rosengarten-(Kölner)Hütte,* ital. *Rif. Coronelle* (2331 m), die auf den obersten Werfner Schichten steht. Über den Weiterweg zum (1¾ St.) Karerpaß, Karerseehotel (Sessellift) oder nach Welschnofen (2 St.) s. S. 58.

Über den Cigoladepaß zur Rotwandhütte, ital. Rif. Roda di Vaèl. 2¼ St. Gleichfalls leichter, schöner Übergang

Wie oben beim Weg zur Kölner Hütte bis zur (¾ St.) Wegteilung unterhalb des Tschagerjoches; von hier li weiter auf bez. Steig (541) bis unter die Wände der Mugonispitzen (Schlerndolomit) und diesen entlang bald rechts über Schutt empor zum (3/4 St.) *Cigoladepaß* (2561 m). Jenseits durch eine Mulde s abwärts, dann unter den Felsen der Mugonispitzen re hin in den prachtvollen Unteren Vajolonkessel. Der Steig führt von hier unterhalb der Felsen der Rotwand und des phantastischen Fensterleturmes entlang zur (3/4 St.) bewirtschafteten *Rotwandhütte* (2282 m) auf einer Stufe des Sarldolomits. Über den Weiterweg zum (1 St.) *Karerpaß* oder nach (1 3/4 St.) *Vigo di Fassa* s. S. 61 und 77 bei Touren von diesen Orten aus. — Zur *Paolinahütte* (Bergstation des Sesselliftes hinunter zum Karerseehotel) kommt man, indem man dem Hirzlweg in Richtung Kölner Hütte bis zum Christomannos-Denkmal folgt und dann li abwärts das Steiglein nimmt (gut 1/2 St.).

Über den Antermojapaß (2774 m) zur Antermojahütte. 2 1/2 Stunden. Großartige Ausblicke, leicht, markiert

Durch das Vajolettal hinauf zum Grasleitenpaß (1 1/4 St.) und von dort weiter wie S. 133.

Auf den Kesselkogel (3001 m), höchster Gipfel der Rosengartengruppe. Mäßig schwierig, überaus lohnend. Wie oben zum Grasleitenpaß, dann wie S. 133 zum Gipfel. 2 1/2 St.

Über den Grasleitenpaß zur Grasleitenhütte. 2 St. Viel begangen, markiert. Reich an großartigen Bildern. Siehe bei Grasleitenhütte S. 134 in umgekehrter Richtung

Über Grasleiten- und Molignonpaß zur Seiser Alm. 3 1/2 St. Lohnende, reizvolle Tour. Markierte Wege (siehe bei Grasleitenhütte S. 138)

Zum Schlern. 5 1/2 St. Markierte Steige. Prächtige Wanderung über Grasleiten-, Molignonpaß und Tierser Alpl. Siehe bei Grasleitenhütte S. 137

CAMPITELLO (1448 m), Touristenstation und Sommerfrische in schöner Lage an der Mündung des Durontales. Im N ist ein Teil der Langkofelgruppe mit Plattkofel, Zahnkofel, Innerkoflerturm (benannt nach dem berühmten Bergführer Michael Innerkofler aus Sexten) und Grohmannspitze (benannt nach dem Dolomitenerschließer Grohmann aus Wien) sichtbar.

Nach einer in der ersten Hälfte des 13. Jh.s bestandenen Kirche „S. Iacobi apostoli in Compadel", d. h. Campitello, folgte die jetzige, 1525 gebaute Kirche mit ihrem seltsamen, zinnengekrönten Turm. Innen einige beachtenswerte spätgotische Fresken. Auch ein Haus am Eingang ins Durontal ist mit solchen geschmückt. — Die Besiedlung der Gegend von Campitello erfolgte schon in früher Zeit. So wird in einer der ersten urkundlichen Nachrichten über Fassa von einer Schenkung berichtet, nach der das Chorherrenstift Neustift 1144 „locum Vundenates in Nevis", d. h. Fontanazzo in Fassa, 1 km vor Campitello, erhält. — Südtiroler Bauern haben hier heute noch uralte Weiderechte.

Touren von Campitello aus

Auf den Col Rodella (2486 m), berühmter Aussichtsberg, Sessellift, und weiter zum Sellajoch (2218 m). 3 St. Bez., ziemlich steiler Weg, landschaftlich sehr schön, vor allem wegen des instruktiven Blickes auf die Südwand und die vergletscherte Nordflanke der Marmolata.

Der Sessellift geht vom Nordende des Dorfes aus und endet unter der Gipfelkuppe. — Der Touristenweg (Nr. 529) führt von Campitello über die erste Brücke am Beginn des Durontales, dann ziemlich steil, die Häuser von Pian re lassend, zu einem li (nw) weiterführenden Karrenweg, auf dem man nach Überschreitung eines Baches auf die Wiese Pra dal Pecel gelangt. Am re Rand dieser Wiese führt der Weg in den Wald hinauf und immer gleichmäßig stark steigend weiter zu den Bergwiesen von Ciaslat. Der Weg leitet nun bequemer nö über Wiesen zur (2$^1/_2$ St.) *Forcella di Rodella* (2308 m), einem breiten Wiesensattel in Tuffgestein, und von hier s zur Höhe des ($^1/_2$ St.) *Col Rodella* mit bewirtschaftetem Schutzhaus. Die helle Gipfelkuppe wird von einem ganz isolierten Rest des Marmolatakalkes gebildet, der seitlich von vulkanischen Tuffen überlagert ist (über die Aussicht s. S. 187). Von der Forcella di Rodella auf breitem, bez. Wiesenweg über Tuffgestein nö zum ($^1/_2$ St.) *Sellajoch* (2218 m) mit Gh. Valentini, Alb. Maria Flora und jenseits zum Sellajochhaus des CAI. Fahrstraße ins Grödner Tal und zum Grödner Joch.

Durch das Durontal zum Seiser Almhaus oder Molignonhaus. 3 1/2 St. Bez. Weg. Bequeme, lohnende Wanderung, zum Teil mit Auto befahrbar. Von dort auf den Schlern oder nach Seis; über die Seiser Alm ins Grödner Tal.

Von Campitello auf Fahrweg (578) im anfangs schluchtartig engen *Durontal* zum (1 1/2 St.) *Rif. Duron* empor, wo re der Weg zum *Fassajoch* (2302 m) abzweigt, über das man nach St. Christina im Grödner Tal gehen kann. Der Weg zum Seiser Almhaus führt in dem nun offenen und breiten Durontal weiter.

Einen seltsamen Anblick bieten die schwarzen, rundlichen Felsgestalten auf den Hängen des Tales. Sie sind aus verwitternden vulkanischen Tuffen entstanden.

Nach Franz Ambrosi findet man im Durontal: Thalictrum alpinum L., Facchinia lanceolata Richb., Oxytropis uralensis D.C., Sedum villosum, Gentiana bavarica L., Juncus arcticus Willd., Tofieldia borealis Wahlenb., Cerinthe alpina Kit. usw.

An der *Soricia-Alpe* (ab hier 532) vorbei in den schönen Talhintergrund, den li Molignon und Fallwand, geradeaus die Roßzähne (alle Schlerndolomit) abschließen. Der Weg steigt nun re (nw) über Rasenhänge zum *Mahlknechtjoch* (2168 m) empor (Aussicht auf Marmolata und einige Ampezzaner Gipfel, im N die Geislerspitzen), von dem man nw in wenigen Minuten zum *Seiser Almhaus* (2144 m) gelangt. Meist von geschlossenen Gruppen belegt; 15 Min. weiter unten am Hauptweg der Seiser Alm das *Molignonhaus*. (Über den Weiterweg zum Schlern, zur Grasleitenhütte, nach Seis oder ins Grödner Tal s. S. 148, 149 und 158.)

CANAZEI (1463 m), der Hauptort des oberen Fassatales, liegt auf flachem Talboden mit großartigem Hochgebirgshintergrund. Zu Canazei gehören die Fraktionen Campitello, Gries, Alba und Penia. Canazei ist Ausgangsort für Wanderungen und Besteigungen in der Marmolata-, Langkofel- und Sellagruppe. Autobusstation für Pordoijoch, Sella- und Grödner Joch, für die Fahrt zum Pian Trevisan unter Fedaja. Die Straße von Pian Trevisan nach Fedaja ist Ende 1971 dem Verkehr übergeben worden. Damit ist die großartige Verbindung Canazei — Caprile, zu Füßen der Marmolata-Nordflanke, hergestellt. — Sessellift ab Canazei zum Rif. „Saß Beccie" am Bindelweg (vgl. S. 102), der von Pordoijoch nach Fedaja führt, und ebenso Lift von Canazei-Campitello zur Rodella am Sellajoch.

Bergtouren von Canazei aus

Über das Sellajoch (2218 m) ins Grödner Tal. Autostraße, bis zum Joch 12 km, nach Wolkenstein weitere 11 km. Auf bez. Almwegen schöner Übergang, 3½ bzw. 4 St.

Ein bez. Weg führt von Canazei (der Straße vorzuziehen) n in das *Val de Moritz.* Bei der Wegteilung wendet man li und steigt durch Wiesen und Wald zum Saleibach hinauf. Neben diesem einige Zeit empor und nach Überschreitung des Baches in einer Kehre auf dem steinigen Wiesenhang immer über Tuffe nw weiter zum (2 St.) Gh. Valentini am *Sellajoch.* Jenseits des Joches an der Straße das große Sellajochhaus. Von dort auf abkürzendem Karrenweg unweit der Straße zu den Hotels auf dem Kreuzboden (Plan de Gralba) und weiter nach (1½ St.) *Plan* im obersten Grödner Tal. — Oder vom Sellajoch durch die „Steinerne Stadt", einem vom Langkofel abgegangenen Bergsturz, dann neben dem Ampezzanbach abwärts nach (2 St.) *Sankt Christina* im Grödner Tal. — Vom Sellajoch auch lohnender Übergang über die Langkofelscharte (hier das neue Rif. Toni Demetz — Gondelbahn) zur (¾ St.) *Langkofelhütte* und von dort hinab nach (2 St.) *St. Ulrich* im Grödner Tal.

Nach Fedaja (2047 m). 3 St. Bequem und besonders schön. Von Fedaja Besteigung der Marmolata, auch Abstieg nach Rocca Piètore und Caprile. Autobus bis Fedaja auf der seit kurzem eröffneten Straße; damit wird die Straßenüberquerung *Canazei – Fedaja – Rocca Piètore* ermöglicht. – Man kann jedoch vielfach auf hübsche Fußwege ausweichen.

In *Canazei* die Große Dolomitenstraße verlassend, geht oder fährt man auf der Seitenstraße im Fassatal sö aufwärts, an *Alba* vorbei zur Häusergruppe *Pallua* (1/2 St.), wo sich das Tal gabelt. (Von S mündet das Contrintal.) Der ins Fedajatal führenden Straße folgend, über den Avisio, das Dörfchen *Penia* (1553 m), den letzten Ort des Tales, li oben lassend. Über dem gotischen Kirchlein und dem malerischen Gewinkel alter Bauernhütten in Penia ragt der waldige Kofel *Doleda* (1822 m), auf dem nach der Überlieferung einst das Schloß der mythischen Gräfin gleichen Namens, nach den neuesten Forschungen jedoch eine Wallburg stand. – In Penia Talstation einer Seilbahn in das Massiv des Collac (2713 m; vgl. auch Seite 82) mit guten Wandermöglichkeiten und einem reizvollen, neu angelegten Klettersteig. – Die Straße führt nun zum (1 St.) langgestreckten *Pian Trevisan* (1717 m) in großartigem Felszirkus. Hier steht, von Wald umgeben, das *Rif. Villetta Maria* (18 B). Rechts in großer Höhe die mächtige Felskuppe der Roda di Mulon, die plattigen Felswände des Vernel und der Punta di Cornate, sämtliche aus Marmolatakalk.

Fassaner Sage: Auf Pian Trevisan oder re oben in Ciamorcia fand Lidsanél, der jugendliche Prinz aus dem Fanesreich, den Tod. Im Schmerz über den Verlust seiner Geliebten, der Prinzessin Elyònda von Contrin, die von den Trusanern getötet wurde, irrte Lidsanél in den Bergen umher. Zum letztenmal bot sich ihm Gelegenheit, die nie fehlenden Pfeile zu gewinnen, mit denen das untergegangene Fanesreich wiederzuerobern wäre. Aber er denkt nicht mehr daran, sondern wünscht sich Rache an den Trusanern. Es gelang ihm, eine Trusanerschar auf den felsumstarrten Boden von Trevisan zu locken; hier wurde sie durch Steinlawinen seiner Freunde, der Arimannen, vernichtet. Lidsanél selbst fällt unter den Streichen der Trusaner.

Beim Rif. Villetta Maria verläßt man die im ersten Weltkrieg erbaute Straße und steigt auf steinigem Stationenweg an der Wand einer Klamm im Dolomit ziemlich steil zur (20 Min.) kleinen Wallfahrtskapelle *Cristo di Fedaia* (1780 m) empor. Nun neben Wald und Almweiden bequem talein, dann stärker steigend zum felsigen Westrand der Fedajahochfläche, auf dem neben Zirben- und Lärchenbäumen li das einem vornehmen Landhaus gleichende *Rif. Marmolada,* auch *Rif. Ettore Castiglioni* genannt (2045 m), re das private *Rif. Fedaja* steht.

An Stelle des Bamberger Hauses des DÖAV, das im ersten Weltkrieg zerstört wurde, steht nun das Schutzhütten-Hotel *Marmolada* des CAI, mit allen Bequemlichkeiten der Neuzeit eingerichtet (Kalt- und Warmwasser, Zentralheizung, elektr. Licht, Bäder usw.). Das Haus ist das ganze Jahr geöffnet (40 B, 30 Matr.) und dient vor allem auch als Stützpunkt für den Sommerskilauf. In dem dazugehörigen, etwas tiefer stehenden alten Rif. Venezia 30 B — gegenüber dem Rif. Marmolada das private *Rif. Fedaia* mit 23 B und 17 Matr.

Fedaja ist Ausgangspunkt für die Besteigung der Marmolata und von Rocca Piètore her ebenfalls auf teils neuer Straße mit Autos gut erreichbar. Im Winter großartiges Skigebiet; neuerdings auch Sommerskischule am Gletscherrand.

Fedaja (2047 m) ist eine eigenartige, etwa 4 km lange und durchschnittlich 200 m breite Hochfläche, ein Rumpftal, das im S von den plattigen Abstürzen der Marmolata, im N von den Rasenhängen des hauptsächlich aus dunklen vulkanischen Tuffen gebildeten Padonkammes begrenzt wird. Der *Fedajapaß* (2047 m), über den bis 1918 die österreichisch-italienische Grenze verlief, schließt diese Hochfläche im O. Der Fund einer römischen Waage läßt darauf schließen, daß diese Gegend schon damals begangen wurde. Der größere Teil dieser Fläche ist nun von der Società Adriatica di Elettricità Venezia zu einem Staubecken, dem Lago di Fedaia, umgestaltet, in das alle Bäche der Marmolata fließen. Die Kraftwerke stehen in Saviner und Alleghe.

Im ersten Weltkrieg widerhallte die Einöde weitum vom Donner der Geschütze. Die Österreicher hielten die Linie Fedaja — Col de Bous — Saß da Mez — Marmolatagipfel, während die Italiener den Grat des Saß da Mesdi, den ö Teil des Gletschers und den Pizzo Serauta innehatten. In den Spalten des Gletschers wurden von den Österreichern Unterstände und Stollen auf 30 bis 50 m Tiefe angelegt und dort Geschütze und Maschinengewehre postiert. Fürchterliche Schneestürme brausten im Winter über diese unterirdische Festung; in den Eishöhlen herrschte jedoch eine gleichmäßige Temperatur von + 1 Grad. Als größter Gegner erwiesen sich Eisbrüche und Lawinenabgänge; sie vernichteten mehr Menschen als das feindliche Feuer.

Näheres über die Marmolata und deren Besteigung sowie über den zum *Pordoijoch* führenden *Bindelweg* und den Übergang nach *Pieve di Livinallongo* (Padonpaß) s. S. 102 und 106.

Vom Fedajapaß nach Rocca Piètore und Caprile. Früher Kriegsstraße mit berühmt schöner Wandermöglichkeit zur Überschreitung des Fedajasattels von Canazei nach Rocca Piètore; heute schöne Fahrt auf guter Straße, 15 km.

Vom Fedajapaß am Ostende der Fedajahochfläche der Straße nach abwärts zu den Wiesen auf Pian de Lobbia, dann steiler über eine Talstufe in das *Val Ciamp d'Arei* hinab. An vielen Heuhütten vorbei, zur Rechten die großartigen Wände des Marmolatastockes, durch Wiesen bergab zur *Malga Ciapela* (1446 m), Alb. Marmolada, grüner Talboden mit M. Fop und Sasso Vernale im Hintergrund. Hier die Talstation der großen neuen Marmolata-Seilbahn, die auch ein prächtiges Skigebiet erschließt. Nun ö auf der Straße durch die prachtvolle *Sottogudaschlucht* (Marmolatakalk) eben hinaus zur kleinen Ortschaft *Sottoguda* (1252 m), dann im Pettorinatal an den Weilern *Palue* und *Col* vorbei nach *Rocca Piètore.* Von dort die Straße hinab nach *Saviner* mit großem Elektrizitätswerk, dann über den Cordevole nach *Caprile.* Knotenpunkt mehrerer Autolinien. Näheres über diesen Ort S. 108.

ROCCA PIÈTORE (1143 m), das kleine Dorf auf einer Stufe des Pettorinatales ist einer der interessantesten Orte des Bezirkes Agordo und der Provinz Belluno.

In früheren Zeiten wurde das Gebiet des Pettorinatales Roccabrun oder Rocca Bruna genannt, und ein Teil davon scheint zu Buchenstein gehört zu haben, denn in einer Urkunde vom Jahr 1260 wird als dessen S-Grenze der Bach von Sutegud (Pettorinatal) bezeichnet. Nach der Herrschaft verschiedener Adeliger, die auf Schloß Roccabrun saßen, verlieh Franz von Carrara 1395 der Gemeinde und Talschaft von Rocca Bruna, von 1400 ab Rocca Piètore genannt, zu der auch Laste mit mehreren Weilern n des Tales gehörte, ein eigenes Statut, nach dem die Gemeinde 400 Jahre lang ihre Angelegenheiten selbst regelte und ihre Unabhängigkeit unter dem Schutz von Belluno und Venedig bis 1806 behauptete.

Auf dem Hauptplatz von Rocca Piètore die gotische *Pfarrkirche,* 1442 zu Ehren der hl. Maria Magdalena geweiht, an die Kirche gebaut der romanische Glockenturm mit gotischem Aufsatz. In der Kirche sehr gut erhaltene Gewölbemalereien vom Jahre 1580, die Stefano Nicolo, einem Mitarbeiter Vecellios, zugeschrieben werden. Eine besondere Sehenswürdigkeit bildet der Flügelaltar von dem Brixner Meister Ruprecht Potsch aus der Zeit um 1516, ein Prachtwerk gotischer Bildschnitzerkunst, das sich eigenartig schön in die Gotik der Kirche fügt. Die Außenseite dieses Flügelaltars, bemalt mit einer Verkündigung Mariens, gleicht den schönen gotischen Altären, die heute noch in einigen Kirchen des Eisack- und Pustertales zu sehen sind. Vor dem Flügelaltar Mensa und Tabernakel, erlesene Holzschnitzwerke des venezianischen Barockstils aus der Zeit um 1600. Auf dem li Seitenaltar ein Bild von Francesco Frigimelica aus Belluno, 1640.

Von Rocca Piètore nach Laste und weiter zur Dolomitenstraße. Interessante Halbtagswanderung. Etwa 4 St.

Vom Kirchplatz geht man ö durch eine kurze Gasse abwärts zu einem breiten Weg, der unterhalb des Friedhofes auf Wiesen hinausleitet. Leicht steigend führt dieser Weg bald über eine nach Saviner abfallende Druckrohrleitung und geht dann an einigen Bauernhöfen vorbei in ein schattiges Bachtal. Nach kurzem Anstieg in diesem leitet der Weg nach re, quert fast eben mehrere Schuttstreifen und das kleine *Val di Roccia,* aus dem man quer aufwärts den von Saviner heraufkommenden Weg (3/4 St.) und das Wegkreuz Christo de Vallazza erreicht, das zur Erinnerung an einen elfjährigen Ziegenhirten, der vor etwa neunzig Jahren hier in den Abgrund stürzte, errichtet worden ist. Von der freien, jäh ins Cordevoletal abfallenden Ecke beim Kreuz herrliche Schau auf Civetta und in die Tiefe des Cordevoletales. — Von dem Kreuz weiter zur nahen Wegteilung unterhalb der gelben Felswand eines bewaldeten Kofels. Der bessere Weg führt auf der Ostseite durch Wald, die Häuser des Weilers Ronco li lassend, dann leicht fallend hinaus zum (1/2 St.) Dörfchen *Laste,* li zieht unter den Felsen des Kofels ein stellenweise abgebrochener Weg, zuletzt ein steiler Wiesensteig hinauf zu den wenigen Häusern des Weilers *Ronco* (20 Min.).

Neben Ronco erhebt sich über Wiesen und Wald in bizarren Formen der ruinenhafte Rest einer früheren Kalkbedeckung von der gleichen Beschaffenheit wie das Gestein der Marmolata, jedoch aufgelöst in Klippen und Türme, dazwischen waldige Klüfte. Auf der Seite gegen Laste zeigt diese Felswirrnis drei Türme: Saß della Gusella mit Kreuz auf der Spitze, Saß della Roccia mit bewaldetem Plateau und den Saß della Murada.

Auf dem Saß della Murada nun, dem westlichsten der Türme, da stand einst das starke *Schloß Roccabrun*, um das heute noch allerhand Sagen gehen. Darnach wurden die drei Wegstunden voneinander liegenden Schlösser Andraz und Roccabrun von zwei Frauen erbaut, die sich haßten. Beide konnten bis zu den jenseitigen Schloßfenstern schauen und sich — sonderbar — bei Feindgefahr durch Blinkzeichen Nachricht geben. — In Urkunden wird Schloß Roccabrun erstmals im Jahr 1213 genannt. 1322 kam mit Hilfe der Visconti Jakob Guadagnino von Avoscan in den Besitz von Schloß und Herrschaft Roccabrun, der 1331 auch Buchenstein mit Schloß Andraz erwarb, 1350 jedoch von dort flüchten mußte. Nach wechselvollen Schicksalen, die mit der Geschichte von Rocca Piètore und Belluno zusammenhängen, wurde Schloß Roccabrun, die drohende Zwingburg, 1417 von den Einheimischen zerstört. Einige Mauerreste, unter denen von giftigen Beißwürmern bewachte Schätze liegen sollen, sind auf dem schwierig zugänglichen Felsen noch sichtbar.

Vom Felsfuß des Saß della Murada führt ein Fahrweg n direkt hinab zum (1/4 St.) Dörfchen *Laste* (1486 m), das mit mehreren Fraktionen auf einer Hochebene oberhalb des Cordevoletales gerade gegenüber von Larzonei liegt. Auf einem Hügel steht die große, weitschauende Kirche, die im ersten Weltkrieg verschont wurde. Herrliche Aussicht auf die Berge des Fiorentina- und Cordevoletales mit Pelmo und Civetta im Hintergrund. — In Laste Locanda Davare, etwas unterhalb des Ortes an der Straße, das neue Hotel Miramonti.

Von Laste führt eine Straße n mit vielen Windungen hinab zum (3/4 St.) Weiler *Digonera* (1158 m) im Cordevoletal, an der Straße Caprile — Pieve di Livinallongo. Auf dieser Straße talauf weiter über den Cordevole zum nahen Weiler *Pian Salesei* mit großem Ossarium der Gefallenen vom Kampfgebiet des ersten Weltkrieges in Buchenstein. Auf der Straße weiter bergauf zur Großen Dolomitenstraße, die man zwischen Pieve und Andraz erreicht, 1/2 St.

Ein angenehmer Wanderweg führt vom Ossarium in Pian Salesei direkt nach *Andraz,* 1 St. Er beginnt unterhalb des Ossariums, geht dem Andrazer Bach entlang und steigt von einem Bauernhof quer durch steile Wiesen auf der Nordseite des Tales unmittelbar zur Kirche von Andraz empor.

DIE MARMOLATA, lad. MARMOLÈDA

O Marmolèda,
Ke kan ke 'l soregie
Te korona del so rai
Ti es regina
E onor te kojn de oni mont!

Wenn, Marmolata, dich mit Rosen kränzt der Sonne Strahl,
Dann preisen laut als Königin dich jauchzend Berg und Tal!
(altes fassanisches Lied, deutsch von Br. Willram)

Die Bezeichnung „Königin der Dolomiten" verdient die Marmolata mit Recht; sie überragt alle anderen Dolomitengipfel; ihr schimmerndes Firnkleid leuchtet weit hinaus in die Lande. Selbst von den fernen Zinnen der Stubaier und Ötztaler Alpen erregt der schemenhaft hervortretende weiße Berg im S unsere Bewunderung. Die Marmolata ist aber nicht nur ein vollendet schöner Berg, sondern ihr verhältnismäßig leicht zugänglicher Gipfel ist auch eine Aussichtswarte ersten Ranges.

Der Gebirgsstock der Marmolata, der mit einer Schar von Vorbergen im W und O und der s vorgelagerten Kette großartiger Felsberge die *Marmolatagruppe* bildet, trägt nicht nur die höchste Erhebung, sondern zugleich auch die größte Gletscherbedeckung der Dolomiten. Gegen S stürzt der Stock mit ungeheuren Wänden ab, nordwärts, Fedaja zu, ist die Abdachung weniger steil, und statt kahler Wände finden sich hier die Eis- und Firnlager des Marmolatagletschers, dessen w Teil in großartige Kare gebettet ist. Von der Fedajaseite her dringen zwei riffartige, isolierte Felspfeiler, Sasso delle Undici und Sasso delle Dodici, in den Gletscher; kleine Felssporne zeigen sich auch weiter w. Die schöngeschwungene Kammlinie über dem Gletscher trägt drei Erhebungen: die Punta di Penia (3342 m), gewöhnlich Marmolata genannt, das Ziel der Bergsteiger, die Punta di Rocca (3259 m), einen idealen Skigipfel, die schönste Skitour der Dolomiten mit drei Abfahrten, und den M. Serauta (3218 m). Nw der höchsten Erhebung ist die enge Marmolatascharte (2876 m) eingeschnitten, an die sich der imposante Felsbau des Großen Vernel (3198 m) mit seinen Nebengipfeln (Kleiner Vernel, 3095 m; Roda di Mulon, 2878 m, und Punta Cornate, 3036 m) schließt.

Das herrschende Gestein im Stock der Marmolata ist ein wenig dolomitisierter Riffkalk (Marmolatakalk), der in der Hauptsache aus Algenresten besteht, aber auch ganze Faunen, besonders Schnecken, umschließt.

Zur Besteigung der Marmolata wurden schon frühzeitig Versuche unternommen. Bei einem solchen kam 1804 der Fassaner Geistliche Terza durch Sturz in eine Gletscherspalte ums Leben. Aber erst 1860 wurde eine der Erhebungen im Gipfelgrat, die Punta di Rocca (3259 m), von den Engländern Ball und Birkbeck mit einem Schweizer Führer erreicht. Die erste Ersteigung des höchsten Gipfels, der Punta di Penia (3342 m), blieb dem Bahnbrecher des Bergsteigens in den Dolomiten, dem Österreicher Paul Grohmann, vorbehalten. Das Unternehmen gelang ihm nach mehreren Versuchen 1864 mit Hilfe der Ampezzaner Führer Angelo und Fulgentio Dimai. 1898 erstiegen die Nürnberger Seyffert und Dittmann mit dem Führer Luigi Rizzi den Gipfel zum ersten Mal über den schwierigen Westgrat und 1901 wurde die großartige, 600 m hohe Südwand der Marmolata von der Engländerin Beatrice Tomasson unter Führung von Michele Bettega und Bortolo Zagonel aus Primör trotz Schneesturms erstmals bezwungen. Diese Wand wird jetzt oft durchstiegen, sie wurde zu einer sogenannten Modetour. Aber selbst die tüchtigsten Kletterer bezeichnen die 4 bis 6 St. dauernde Kletterei als sehr schwierig. — Als neueste Errungenschaft der Klettertechnik werden jetzt Südwestwand, Südpfeiler und Südwand der Marmolata di Rocca genannt. Diese Routen wurden jedoch teils schon im Alleingang, teils im Winter begangen. — Der letzte Abschnitt der dreiteiligen *Marmolata-Bahn,* die von Osten her (Talstation Malga Ciapela im Pettorinatal) über die Punta Serauta die Punta Ombretta erreicht, ist im Herbst 1968 fertiggestellt worden.

Auf die Marmolata (Punta di Penia, 3342 m). 3 bis 4 St. Für Geübte mit Führer nicht schwierig. Prächtige Gletscherwanderung. Überaus lohnende Bergfahrt. Mit Benützung des Sessellifts um 1¹/₂ St. kürzer

Vom *Rif. Marmolada* oder *Rif. Fedaia* s hinauf zum „Bazar Cima Undici“ (2100 m), dem Ausgangspunkt des Sessellifts, mit dem man bis zum Gletscherrand in der Höhe von etwa 2600 m gelangt. Dort kleine Wirtschaft. Zu Fuß kommt man da hinauf auf einem Weg re vom Sessellift erst durch Zuntern, dann im Geschröf einer Mulde, aus der man zu dem schmalen Sattel s des Col de Bous steigt (1½ St.). Jenseits in der Tiefe das Kar Ciamorcia (deutsch Gamsboden). Vom Sattel über Schutt und felsigen Boden dem nahen Gletscher zu, dessen unterster Teil eine beträchtliche Neigung aufweist. In Stufen hinauf zum sanfteren Gletscherfeld (Pian dei Fiachoni), wo Firn an die Stelle des Eises tritt. Nun (meist ausgetretene Trasse) an Gletscherspalten und Eisbrüchen vorbei erst gradauf, dann etwas li gegen die Firnabstürze des Nordgrates der Punta di Rocca hin. Oberhalb der Klüfte nach re (w) gegen die Ostabdachung des Marmolata-Nordgrates, dessen Firnrücken über gutartige Felsen erstiegen wird, dann dem Firnkamm re ausweichend über den sanfteren Firn von NW her zu einer Unterstandshütte mit Wirtschaft nahe dem Gipfelkreuz der Marmolata.

Wundervolle Rundschau von den Karawanken und Julischen Alpen bis nach Graubünden, von den Tauern bis zum Adamello. Glanzpunkte sind die Langkofel-, Sella- und Palagruppe; in allen Einzelheiten aufgeschlossen zeigen sich die Rosengartengruppe sowie die Berge von Ampezzo und Belluno. Über die Dolomiten hinweg sind bei sehr klarer Luft Teile der lombardischen Ebene und die Adria sichtbar. In großer Tiefe die Einschnitte des Contrin- und Ombrettatales, darüber die Cime Ombretta und der Sasso Vernale.

Der Abstieg von der Marmolata über den Westgrat ins (3 St.) Contrintal sei nur vollständig schwindelfreien, tüchtigen Hochtouristen mit erfahrenen Führern angeraten. Der Grat ist zwar durch Drahtseile, eiserne Leitern und gemeißelte Felsstufen gangbar gemacht, die Kletterei jedoch ungewöhnlich ausgesetzt. Besondere Vorsicht bei Gewittergefahr! Von der Marmolatascharte, ital. Forcella di Marmolada, Abstieg s über eine Eisenleiter und durch gestufte Schlucht zu Schutthalden, dann guter Weg sw abwärts zum Rif. Contrin.

Von Canazei zum Contrinhaus, ital. Rif. Contrin (2007 m). 2½ St. Bez. Weg (Nr. 602). Schöne Wanderung. Vom Contrinhaus Übergänge nach Caprile oder zum S.-Pellegrino-Paß

Auf der Straße im Fassatal sö über Alba zu der Häusergruppe (1/2 St.) *Pallua* (1491 m). Hier von der Straße re ab und s auf bez. Karrenweg in vielen Kehren über eine bewaldete Steilstufe in das (3/4 St.) *Contrintal* hinauf. Von Pallua hierher ist eine Kabinenseilbahn geplant.

Auf der Stufe liegen mächtige Blockmoränen eines alten Contringletschers, die einst den Bach zu einem See gestaut hatten. Sein verlandetes Becken ist noch gut erkennbar.

Im Contrintal stehen schöne Baumgruppen; Grasböden breiten sich aus, über die der Weg fast eben taleinwärts zieht. Im Hintergrund großartig Col Ombert, Cime Cadina, Cima Ombrettola und Sasso Vernale; im Rückblick über dem Fassatal, umsäumt vom Grün der Alpenmatten, die Langkofelgruppe. Nach 1/2 St. führt der Weg über den Bach und steigt einen schwachbewaldeten Hang empor zu dem schon lange sichtbaren (1/2 St.) *Contrinhaus,* früher im Besitz der S. Nürnberg des DÖAV, nach dem ersten Weltkrieg von der Associazione Nazionale Alpina neu erbaut; Sommerwirtschaft, für 90 Personen Übernachtungsmöglichkeit. — In Hüttennähe Werfner Schichten.

Großartige Umgebung: Über begrünten Hängen im N mit gelben Steilwänden der Vernel und die Punta Cornate, im O droht durch die enge Val Rosalia die Südwand der Marmolata, im SO und S der Felsenzug von der Cima d'Ombretta bis zum Col Ombert. Den Abschluß der Runde bildet im NW der Collaz mit seinen breit ausladenden Felswänden.

Im ersten Weltkrieg lag das Contrinhaus an der vordersten Front der Österreicher. Die Front ging vom Col Ombert über die Lastei di Contrin hierher, dann n hinauf gegen die Punta Cornate. Die Italiener hielten die Linie Ombrettapaß und Gipfel, Sasso Vernale, Passo Ombrettola, Cirellepaß, Cima Cadina, Punta de l'Uomo. Das Contrinhaus wurde bald nach Kriegsbeginn in Trümmer geschossen.

Die schönste Tour im Contrintal ist die Überschreitung der Marmolata, Aufstieg über den Westgrat (4—5 St.), Abstieg über den Gletscher nach Fedaja (2 1/2—3 St.); jedoch nur für ganz schwindelfreie, tüchtige Hochtouristen mit Führer. — Der s Teil der Marmolatagruppe, für den das Contrinhaus ein gutes Standquartier bildet, hat prächtige Felsberge; Gipfeltouren werden in diesem Gebiet jedoch selten unternommen. Öfter begangen sind hingegen die Pässe, die leichte Übergänge ins Cordevole-, Pellegrino- oder S.-Nicolò-Tal vermitteln und mit Weganlagen versehen sind. Über den Contrinpaß, der ins S.-Nicolò-Tal führt, s. S. 81 in umgekehrter Richtung.

Vom Contrinhaus über den Ombrettapaß (2704 m) nach Rocca Piètore und Caprile. 5 bis 6 St. Bez. Weg. Lohnend. Eindrucksvolle Wanderung unter dem ungeheuren Südabsturz der Marmolata

Vom Schutzhaus ö auf bez. Steig zur (3/4 St.) Steigteilung empor (li zur Marmolatascharte). Dem re weiterführenden Steig folgend durch ein Schuttkar hinauf zum (1 St.) *Ombrettapaß* zwischen der gewaltigen Südwand der Marmolata und dem Plattenhang der Cima d'Ombretta. Auf der Paßhöhe Sarldolomit, n angrenzend Werfner Schichten. Unvergleichlicher Blick auf die Civetta im O. — Jenseits über Schutt und zwischen Blöcken auf bez. Steig hinab zum flachen Ombrettaboden mit dem *Rifugio Falier all'Ombretta* (2080 m), 30 B und Matr., und ö weiter zur (1 1/2 St.) *Malga Ombretta* (1902 m). Von hier re in einigen Min. zum Ursprung des Scalonbaches und neben diesem die Talstufe hinab oder mit weitausgreifender Kehre re auf besserem Weg zum Pettorinabach, der aus dem Val Franzedas kommt. Nun talaus zur (1 St.) *Malga Ciapela* mit dem Alb. Marmolada und der Talstation der Marmolata-Seilbahn; nun auf einer Straße weiter durch die großartige *Serrai di Sottoguda,* eine vom Pettorinabach in den Marmolatakalk tief eingesägte, 20 Min. lange Klamm, hinaus zum Dorf *Sottoguda* (1257 m). Im Pettorinatal weiter wie S. 93 nach (1 St.) *Rocca Piètore* und (1/2 St.) *Caprile.*

Vom Contrinhaus über den Cirellepaß (2682 m) zum S.-Pellegrino-Paß (1910 m). 4 St. Bez. Weg. Schöner Übergang, leicht mit der Besteigung der Östlichen Cima Cadina zu verbinden

Vom Schutzhaus auf bez. Weg (Nr. 607) sö über steinige Grasböden, eine niedrige Felswand (Sarldolomit und Muschelkalk), die sw bis zum Col Ombert ansteigt, re lassend, dann über Gras und Schutt bis nahe unter die Felsen hinan und nachher re (s) in eine große Schuttmulde. An der Abzweigung des Steiges zum Passo Ombrettola vorbei re in der Mulde weiter und schließlich über Schutt und Kalkfels auf den (2 St.) *Cirellepaß*. Vom Paß gelangt man leicht über einen schuttbedeckten Hang w ansteigend, auf die (3/4 St.) *Östliche Cima Cadina* (2886 m). Prachtvolle Aussicht auf die Berge der Marmolatagruppe, Bocchestock und Fleimser Kamm, Teile der Palagruppe, Langkofelgruppe; nahe im SW der düstere Turm der Punta de l'Uomo im Marmolatakalk. — Vom Paß auf verfallenem Frontweg s durch ein Schuttkar zu einem begrünten Vorsprung hinab, von hier re auf besser werdendem Weg in das von den wilden Felsbauten der Punta de l'Uomo und des Sasso di Tasca umrahmte Val de Tasca hinab und in diesem sö weiter abwärts zu einem Boden. Nun dem alten bez. Jochweg folgend, s zum Cigolèbach hinunter und neben diesem über Wiesen weiter zu den (1 1/4 St.) Heuhütten von *Fucchiade*. Der hier beginnende Fahrweg teilt sich bald. (Geradeaus, s führt ein Fahrweg im Tal des Cigolèbaches zu den Wiesen von La Stua hinab, wo er sich mit der vom S.-Pellegrino-Paß kommenden Straße vereinigt; kürzester Abstieg nach Falcade.) Zum S.-Pellegrino-Paß folgt man dem re (sw) weiterführenden breiten Fahrweg, der an mehreren Heuhütten vorbei beim (3/4 St.) *Hospiz S. Pellegrino* (1910 m) den gleichnamigen weiten Sattel erreicht. Im Hospiz Unterkunft, daneben noch zwei Hotels. Über den Weiterweg nach Falcade oder Moëna s. S. 74 und S. 69.

Vom Contrinhaus auf den Col Ombert (2671 m). 2 1/2 St. Bez. Weg. Lohnend

Südlich zum Contrinbach hinab, über die Brücke, dann kurz auf dem sw zum Contrinpaß, ital. Passo di San Nicolò, führenden Weg hinan zur Wegteilung. Hier li (s) auf einem schmalen Steig durch einen Einschnitt in der niedrigen Steilwand (Muschelkalk), die bis zum Col Ombert weiterzieht, zur Terrasse der *Lastei di Contrin* (Sarldolomit) hinauf. Auf dieser zieht der Steig, den Mulden eines alten Gletscherbodens folgend, sw empor und klimmt dann im Zickzack zu einem Moränenwall, von dem sich ein herrlicher Überblick auf das Marmolatagebirge eröffnet. Der Steig führt w in eine felsumschlossene Mulde hinauf und aus dieser in steilen Kehren zum Gipfel des *Col Ombert*, der gegen NW mit Steilwänden abbricht. — Aussicht auf die Sella-, Langkofel- und Rosengartengruppe.

Den Abstieg können bergerfahrene, tüchtige Geher in das *S.-Nicolò-Tal* nehmen, durch das man nach *Pozza* im Fassatal gelangt. Hierbei geht man vom Gipfel auf dem Steig etwa 150 m hinab, quert dann die felsumschlossene Mulde gegen S, wo ein Schartl Durchlaß gewährt. Man befindet sich nun bei den alten österreichischen Stellungen am Sattel zwischen Westlicher Cima Cadina und Col Ombert. Von hier führen verfallene Frontwege w in das großartige, trümmerbedeckte *Val Ombert* hinab und aus diesem n in das (1½ St.) *Val S. Nicolò*. Durch dieses wiesenreiche Tal hinab nach (2 St.) *Pozza* im Fassatal.

PORDOIJOCH (2239 m), der seit alten Zeiten begangene Paß zwischen Fassa und Buchenstein; Wasserscheide der Flüsse Avisio und Cordevole. Auf der Paßhöhe ein Obelisk zur Erinnerung an den Bau der Straße. Hst. aller Autobusse. Hier verläuft die Grenze zwischen den Provinzen Trient und Belluno. — Auf einem vorgeschobenen Punkt der Paßhöhe, zu dem ein schmaler Fahrweg führt, das Ehrenmal für fast 9000 österreichische und deutsche Gefallene des ersten und 842 Gefallene des zweiten Weltkrieges, eine doppelte Ringmauer aus dunklen Porphyrblöcken, darüber ein achteckiger Turm. — Vom Paß Seilbahn auf den Saß Pordoi (2952 m) und von der Bergstation Weiterweg (Nr. 627) zur *Boëhütte* (¾ St.).

Touren vom Pordoijoch aus

Auf dem Bindelweg (ladin. Vial del Pan) nach Fedaja. 3 St. Bez. Weg. Überaus lohnende Höhenwanderung mit herrlichem Ausblick auf die Marmolata. Bewirtschaftete Hütte am Weg

Dieser 13 km lange Weg wurde seinerzeit von der S. Bamberg des DÖAV angelegt und nach deren Vorstand Dr. Karl Bindel benannt. Dr. Bindel ist der Erschließer der Sellagruppe, deren prächtige Felsszenerien wir auf der Wanderung zum Pordoijoch sehen. Dr. Bindels Monographie der Sellagruppe in der Zeitschrift des DÖAV 1899, 1900 und 1904 wirkte bahnbrechend, seiner Anregung sind die ausgezeichneten Weganlagen und Hüttenbauten in dieser einzigartigen Gruppe zu danken.

Von Canazei Sessellift hinauf nach Pecòl nahe der Großen Dolomitenstraße, von dort li Sessellift zum *Rif. „Saß Beccie"* am Bindelweg (Nr. 601; neue Seilbahn nur für Skibetrieb). Der Bindelweg beginnt am Pordoijoch und umgeht, vorerst ansteigend, den felsigen Sasso Beccie an dessen Ostseite; Ausblick auf den berühmten Col di Lana, prächtige Talschau gegen Buchenstein. Nach Umgehung des Sasso Beccie auf dem Rasensattel des Belvedere angelangt, hat man den Rosengarten und die Langkofelgruppe vor sich; unten das Fassatal. Der Weg zieht nun an den begrünten Südhängen der dunklen, aus Eruptivgesteinen bestehenden Padonberge fast eben weiter. Nachdem man den Westausläufer des Col de Cuc umgangen, Aussicht auf den gewaltigen Marmolatastock: zunächst der Große Vernel (3205 m) und seine Vorlage, die Punta Cornate (3036 m) mit ihren von einem Gletscher abgeschliffenen unheimlichen Plattenschüssen. Neben diesen die Marmolata in großem, schimmerndem Firnmantel. Der Bindelweg wendet auf kurze Zeit nordostwärts (kleines Schutzhaus am Weg) und erreicht eine Kammsenke mit Aussicht auf das Buchensteiner Tal, auf die Fanesgruppe und die Tofana di Rozes. Nun wieder auf dem Rasenhang eben weiter bis zu einer begrünten Schulter, von wo der Weg in Windungen über einen felsdurchsetzten Hang zum Rand der langgestreckten Hochfläche hinabführt, auf der sich der Fedajasee ausbreitet. An Stelle des im ersten Weltkrieg zerstörten Bamberger Hauses steht da das *Rif. Marmolada* des CAI und nahebei das private Albergo Dantone, auch *Rif. Fedaia* genannt (Näheres über Fedaja, Besteigung der Marmolata und die Weiterwege nach Rocca Piètore und Caprile oder ins Fassatal s. S. 92).

Über die Pordoischarte (2848 m) zur Boëhütte, ital. Rif. Boë, und auf die Boëspitze (3152 m). 2½ bzw. 3 St. Bez. Weg. Für bergtüchtige Geher überaus lohnend, der erste Teil mit Seilbahn abzukürzen. Von der Boëhütte auch Abstiege zum Sellajoch, Grödner Joch oder nach Colfuschg-Corvara.

Von der Paßhöhe geht man nw auf der Wiese hinan, bis ein rot bez. Steig (Nr. 627) nach li an der Flanke des begrünten M. Forca (2357 m) durch gelbliche Kalke der Cassianer Schichten in eine Mulde führt. Der Steig erklimmt neben einem Materialaufzug von dort in kurzen Kehren eine Steilstufe aus Schlerndolomit und erreicht eine lange Schutthalde zwischen Felswänden. Zuerst in der Mitte, dann am Fuß der linksseitigen Felswände auf leidlich gutem Weg hinauf in die (1¼ bis 1½ St.) *Pordoischarte* (2848 m) im Hauptdolomit mit der *Pordoischartenhütte (Rif. Forcella Pordoi,* 8 B). Hierher auch im Abstieg vom Saß Pordoi (Seilbahn!). Nun re (ö) über Schutt und Platten weiter, dann in n Richtung über gestufte Felsböden zu größeren Karrenflächen, wo sich bei einer Wegtafel der Weg teilt. Geübte können hier die aussichtsreiche *Boëspitze,* den höchsten Gipfel der Sellagruppe, ersteigen, zu der über den schrofigen Südwestgrat ein bez. Steig hinaufführt. — Der Weg zur Boëhütte zieht über die Karrenflächen n weiter und quert bald eine Blockhalde mit auffallend rotgefärbten Kalkblöcken (Ammonitenkalk des Oberen Jura). Über felsigen Boden und kleine Schneeflecken erreicht der Weg einen Sattel und gleich nachher die (¾ St.) *Boëhütte,* ital. *Rif. Boë* (2879 m), des CAI, früher Bamberger Hütte des DÖAV, Sommerwirtschaft (30 B, 20 Matr.). Die Hütte steht auf Hauptdolomit, der die Hochflächen der Sella bildet. Von der Hütte sö (nur für Geübte) in ¾ St. auf ziemlich steilem Steig zur Höhe der *Boëspitze.* Hier ist über dem Jura nochmals Hauptdolomit aufgeschoben. Großartige Aussicht (Näheres s. S. 191).

Über den Abstieg durch das Val Lasties zum Sellajoch S. 188, zum Grödner Joch S. 182 oder nach Colfuschg-Corvara S. 278 in umgekehrter Richtung.

ARABBA, lad. Reba (1605 m), an der Einmündung der Straße aus dem Gader- und Corvaratal (Campolungosattel) in die Große Dolomitenstraße gelegen, ist der oberste Ort in Buchenstein. Im ersten Weltkrieg wurde Arabba bis auf die Kirche zerstört. — Von Arabba Autobusse über den Campolungosattel nach Corvara, Gröden und Bruneck, über den Falzaregopaß nach Cortina. — Eine neue Seilbahn von Arabba hinauf zur *Porta Vescovo* (2516 m) hat 1971 ihren Betrieb aufgenommen und wird vor allem für den Wintersport genützt; im Sommer reduzierter Fahrplan.

Touren von Arabba aus

Über die Porta Vescovo (2516 m) nach Fedaja. 4 St. Für tüchtige Wanderer. Seit 1971 Seilbahn

Gleich w des Gh. Pordoi zum Cordevolebach hinab und jenseits li über den von S kommenden Auronabach zu einer Wegteilung. Auf einem Karrenweg (Nr. 698), der zuerst im Wald ö ansteigt, sich aber bald s in das *Auronatal* wendet und in diesem bis zum Talschluß, dort Wegteilung (re führt ein Zickzackweg durch eine Schlucht zu dem breiten, vom Pordoijoch kommenden Kriegsweg empor; nicht empfehlenswert). Nun li zur Höhe einer begrünten Schulter, dort neuerlich Wegteilung (li zieht ein Weg zu den einstigen deutschen und österreichischen Artilleriestellungen auf Pizatsch, 2222 m, hinüber). Hier re (s) weiter zur Wegteilung bei den Hütten von *Plan de Pescoi* (li nach Ornella). Südlich zu dem sumpfigen Boden des *Belvedere,* wo re ein Kriegsweg beginnt, der an den Hängen des Padonkammes zur Großen Dolomitenstraße hinüberzieht. Diesem Weg etwa 1/4 St. folgend, dann li ab und auf altem Frontweg sw hinauf zum Joch (3 1/4 St.) *Porta Vescovo.* Überraschend schöner Ausblick auf die Marmolata, die sich von hier in ihrer ganzen Größe und Pracht zeigt. (In dem zur Mesola, 2733 m, ziehenden Grat waren einst starke Stellungen der Österreicher; sie sind heute erschlossen durch den luftigen

Klettersteig *Ferrata delle Trincee* mit Biwak. Vom Joch nun auf verfallenen Frontsteigen s über Rasenhänge bergab und durch das Val di Fedaia hinunter zum (¾ St.) *Rif. Marmolada* des CAI, neben dem das private *Rif. Fedaia* steht (vgl. S. 90/91; seit 1976 auch Seilbahnverbindung *(Fedaja – Porta Vescovo)*.

Auf die Boëspitze (3152 m). 5 St. Weg bez., jedoch steil und schlecht; stellenweise weglos. Nur für berggewohnte, ausdauernde Geher. Landschaftlich sehr schön

Von der Kirche in Arabba nw auf Wiesenweg, einen Sessellift li lassend, zu den Häusern von *Zorz,* dann auf einem über sumpfige Böden führenden Karrenweg im Boëtal zum Boden der *Boëalpe.* Am rechten Ufer des Baches über den Plan Boë weiter gegen die auf einer begrünten Schulter stehende Hütte *Ciadinèl.* Rechts von dieser an einem Viehhag vorbei, dann nö auf Steigspuren durch eine erdige Rinne hinauf zu steilen, steinigen Grashängen und nö weiter gegen die Zackengruppe Bec da Rochia. Auf Steigspuren gegen den nördlichsten Zacken, unter dem sich ein verfallener Unterstand befand. (Die Markierung führt vorher über sehr steile, felsdurchsetzte Grashänge gerade empor; nicht empfehlenswert.) Hier beginnt ein gut erkennbarer Steig, der li (w) zu einem schmalen Durchlaß in dem oberen Felswall hinanführt. Nun der Markierung folgend in dem Durchlaß zu einer blockbedeckten Mulde hinauf. Aus dieser über eine leicht ersteigbare Felsstufe re in eine ähnliche Mulde und in gleicher Richtung über Blockhalden weiter zur (3 St.) Ruine der *Vallonhütte* (2536 m; bis zum nahen Boësee Seilbahn ab Corvara). Über den Weiterweg vgl. S 278.

PIEVE DI LIVINALLONGO (1475 m) in Buchenstein. Die beiden durch den Col di Lana getrennten Täler des obersten Cordevole, ö das Tal von Andraz, w das Quelltal des Cordevole mit den vom Padonkamm herabfließenden Bächen und das Gebiet auf der linken Seite des Cordevole bis hinab zur Vereinigung des Codalungabaches mit der

Fiorentina, heißen Buchenstein, ital. Livinallongo, Hauptort ist *Pieve*, lad. Pliè, d. h. Pfarre, auf dem steilen Südhang des Col di Lana malerisch gelegen. Im W der wuchtige Stock der Sellagruppe, im SO über waldigen Vorbergen großartig der Felsdom der Civetta (3218 m), die dem Beschauer ihre berühmte Nordwestwand zuwendet.

Autobus über den Campolungosattel nach Corvara und Bruneck, über Caprile nach Agordo, über den Falzaregopaß nach Cortina; auch nach Colle S. Lucia und weiter über die Forcella Staulanza nach Forno di Zoldo.

Buchenstein kam wahrscheinlich im Jahr 1027 an das Bistum Brixen; in Urkunden erscheinen die Bischöfe jedoch erst im 13. Jh. als Grund-, Lehens- und Gerichtsherren. Damals gaben sie ihre Herrschaft verschiedenen Adeligen zu Lehen. Vom Jahr 1426 ab übernahmen jedoch die Bischöfe selbst den Besitz und ließen ihn von ihren Hauptleuten im Schloß Buchenstein (Castel Andraz) verwalten. Das bischöfliche Gericht bestand bis zur Säkularisation im Jahr 1803; es folgte 1817 ein selbständiges österreichisches Landgericht mit dem Sitz in Pieve, 1849 zum Bezirksgericht umgestaltet und als solches bis zum ersten Weltkrieg bestehend. Jetzt gehört Buchenstein zur Provinz Belluno und ist auch kirchlich (seit der Diözesanneuordnung des Jahres 1964) dieser Provinz unterstellt; diese Neuregelung wurde durchaus nicht von allen Teilen der Bevölkerung begrüßt, da eine alte Bindung an Brixen besteht.

Touren von Pieve aus

Zum Alleghesee. 15 km aussichtsreiche Straße, überaus lohnend. Autobus über Andraz – Rucavà dorthin

Von Pieve auf der Großen Dolomitenstraße sö nach (2 km) *Salesei.* Hier auf der im ersten Weltkrieg gebauten Zweigstraße bergab. Nach 3 km gelangt man zum Weiler *Pian Salesei* mit großem Ossarium, in dem die Gebeine von mehr als 5000 hierher übertragenen italienischen Kämpfern aus dem ersten Weltkrieg liegen. Die Straße führt zum Cordevolebach hinab, dann am Weiler *Digonera* (1158 m) vorbei durch Werfner Schichten im engen, waldumsäumten Tal des Cordevole vorbei an *Lastei di sotto* weiter nach (11 km) *Caprile* (1023 m), Hauptort im oberen Cordevoletal.

Autobusverbindungen mit Agordo (von dort über den Ceredapaß nach Primiero — S. Martino — Paneveggio — Predazzo), Cortina d'Ampezzo, Rocca Piètore, Selva di Cadore — Forcella Staulanza — Forno di Zoldo.

Caprile, Dorf mit etwa 600 Einw. in schöner Lage an der Mündung von Pettorina- und Fiorentinatal in das Cordevoletal, einst das Pagus Gabrielis der Römer, dann bedeutender Handelsplatz, hatte vom 14. bis zum 17. Jh. Eisenschmelzöfen, die das im Bergwerk Fursil (Colle S. Lucia) gewonnene Erz verarbeiteten. Die Schmelze gehörte zuerst dem Chorherrenstift Neustift, dann den Brixner Bischöfen, zuletzt den Venezianern, an deren Herrschaft in der Dorfgasse noch eine kleine Säule mit dem venezianischen Löwen und der Jahreszahl 1609 erinnert. — 1895 und 1917 brannte Caprile fast gänzlich ab, 1966 erlitt es Unwetterschäden.

Von *Caprile* im Cordevoletal neben dem durch breite Geröllflächen in schmalen Adern dahinfließenden Bach weiter zum (3 km) *Alleghesee* (966 m) und an dessen Ostufer zum (1 km) Dorf *Alleghe* (979 m), malerisch am Ufer des gleichnamigen Sees gelegen (der Ton in *Alleghe* liegt auf dem A).

Alleghe mit seiner schön gelegenen Kirche und den schmucken Villen, die am Berghang stehen, wird im Sommer von vielen Urlaubern aus dem Süden besucht. — See und Dorf, darüber mit ungeheuren Wänden die Civetta (3218 m) thronend, geben, wie Paul Grohmann sagt, „eine Idylle in den Dolomiten, wie man sie in dieser Verbindung von Lieblichkeit und Großartigkeit in der ganzen Ausdehnung dieser Gebirgsgruppe nicht wieder findet".

Der Alleghesee, 2½ km lang, entstand durch einen Bergsturz, der am 29. Jänner 1771 vom M. Forca niederging und den Cordevolebach staute. Dabei wurden die Dörfer Fucine, Marin und Riete mit 48 Menschen verschüttet und das Dorf Peron di Alleghe vom Wasser zerstört. Am 1. Mai 1772 erneuerte sich der Bergsturz und führte zur Vernichtung der Ortschaften Soracordevole, Torre Costa und Sommariva. Es war ein sog. Schichtflächenbergsturz auf die gegen das Tal geneigten Werfner Schichten. Die Gegend hat durch die Überschwemmung 1966 schwer gelitten.

Von Alleghe zur Forcella d'Alleghe (1820 m). 2½ St. Bez. Weg. Sehr lohnend. Übergang in das Zoldotal; Aufstieg zum Rif. Sonino (Coldai)

Vom Südende der Ortschaft ausgehend ö in einigen Min. nach *Fontanive* hinauf. Bei den letzten Häusern li zuerst auf Pflasterweg, dann einen Wiesenhang empor und re über den Bach. Neben diesem auf Karrenweg kurze Zeit aufwärts. Oberhalb einer Heuhütte wieder über den Bach und am bewaldeten Hang zu einer Mühle hinauf. Nun n zu einem Saumweg empor und diesem (rote Markierung) taleinwärts folgend auf den waldbestandenen, ebenen Boden *Lander.* Im Rückblick großartig die Marmolata. Der Weg steigt bald wieder stärker (re die hohen Felswände des M. Coldai aus Schlerndolomit) und führt aus dem Wald auf ebenen Wiesenboden hinaus. Über diesen schief nach re gegen einen kurzen Steilhang, von einzelnen Lärchenbäumen bestanden. Der Hang wird auf schmalem Steig erstiegen, worauf man einen Karrenweg trifft, der ebenaus zum breiten Wiesensattel (vulkanische Tuffe) der (2$^{1}/_{2}$ St.) *Forcella d'Alleghe* (1820 m) leitet. Prachtblick auf den hochaufstrebenden, burgähnlichen Felsbau des M. Pelmo. — Von der Forcella führt ein mit Autos befahrbarer Weg sö am Col Marin vorbei ins *Zoldotal* hinab. Diesen Weg unterhalb des Col Marin verlassend und re einem Karrenweg folgend, gelangt man nach ($^{3}/_{4}$ St.) *Pecol* (1395 m) und auf der Talstraße in weiteren $^{3}/_{4}$ St. nach *Fusine* (1177 m), Hauptort der Gemeinde Zoldo Alto, mit zwei Gh.

Über den Weg von der *Forcella d'Alleghe* zur (1 St.) *Coldaihütte,* ital. *Rif. Sonino,* und anschließend die Wanderung zum *Rif. Vazzoler* und nach *Listolade* s. S. 122 f.

Über den Padonpaß (2366 m) nach Fedaja. 4$^{1}/_{2}$ St. Bez. Weg. Auch Querung zum Weg Arabba – Porta Vescovo möglich, in allen Fällen sehr lohnend.

Von Pieve wandert man auf der Großen Dolomitenstraße nw in etwa 10 Min. zu den Häusern von *Brenta.* Hier beim sog. Schlangenschmied, der sich durch seine Kunstfertigkeit einen Namen machte, auf bez. Weg zum Cordevolebach hinab und jenseits auf Karrenweg empor nach ($^{3}/_{4}$ St.) *Ornella* (1485 m). Die kleine, im ersten Weltkrieg ausgebrannte Kirche liegt auf „einem Moränenhügel des Gletschers, der erst in später Zeit (Gschnitz-Stadium) vom

Padonkamm bis hier herabgereicht und allenthalben seine Spuren hinterlassen hatte". Die Kirche re lassend, weiter zu den wenigen Häusern von *Sa Favè* hinauf.

Hier wurde am 20. Jänner 1789 *Peter Favai* geboren, durch seine Forschungen über die Geschichte Buchensteins bekannt, die sich, als Handschrift in italienischer Sprache zu zwei Bänden vereint und mit einem guten Bild des Schlosses Buchenstein versehen, in der Bibliothek des Innsbrucker Museums Ferdinandeum befinden.

Von Sa Favè li abwärts zum Bach, auf Karrenweg durch ein Tälchen zu einer Schulter hinauf, dann li am Hang steiler empor zu den grünen Böden von Ciadinelli und im Bogen nach re weiter. Bei der Wegteilung li in eine Wiesenmulde mit Heuhütte und gutem Trinkwasser. Von hier s zu einem weiten, sanft ansteigenden Rasenboden hinauf. Auf diesem sw hinan zu einem breiten Steig und diesem li aufwärts folgend zum (2½ St.) *Padonpaß* in vulkanischem Gestein, über den bis 1918 die österreichisch-italienische Grenze verlief. Ausblick auf die Marmolata, im SO der Felsbau der Civetta. — Vom Paß auf verfallenem Frontweg durch blumige Wiesen abwärts (rot bez.) zum Pian de Stanzon mit großen Felsblöcken und Heuhütten, dann auf schmalem Steig re hinunter zum (1 St.) *Fedajasee* und diesem entlang in ½ St. zum *Rif. Marmolada.*

DER COL DI LANA (2462 m)

Nördlich vom Dorf Pieve erhebt sich mit steilen, begrünten Flanken der Eruptivstock des *Col di Lana.* Sein zwei Erhebungen tragender Gipfelgrat bricht gegen N mit einer dunklen Wand ab; durch einen schmalen Felsgrat steht er mit dem nw aufragenden *M. Sief* (2426 m) in Verbindung, von dem ein breiter Rücken nordwärts zum *Siefsattel* (2211 m), ein anderer in w Richtung gegen den *Col da Rode* (1930 m), einer sanftgeformten Kuppe oberhalb Corte, hinabzieht.

Gegen diesen den Zugang ins Pustertal beherrschenden Gebirgsstock richteten die Italiener im ersten Weltkrieg die ganze Wucht ihrer Stürme. Der Col di Lana wurde zum Schauplatz furchtbarer Kämpfe; Ströme von Blut flossen im Ringen um seinen Besitz.

Nach den außerordentlich schweren Opfern nannten die Italiener den Col di Lana später „Col di Sangue“ (Blutberg). Aber auch viele der tapferen Verteidiger sind im Kampf um ihn gefallen. Der Name Col di Lana gehört nun der Geschichte an; der Berg selbst ist das Wahrzeichen höchsten Opfermutes und treuester Pflichterfüllung für das Vaterland.

Die Kämpfe um den Col di Lana begannen Mitte Juni 1915. Zu dieser Zeit wehrte eine österreichische Gendarmerieabteilung den ersten italienischen Angriff ab. Am 8. Juli begannen schwere Infanterieangriffe. Im Kampfabschnitt Col da Rode — M. Sief — Col di Lana standen damals nur eineinhalb Kompanien des österreichischen Landsturmbataillons 165, zwei Kompanien des Standschützenbataillons Enneberg, zwei Kompanien des bayerischen Jägerbataillons 2 und die bayerische Pionierkompanie 102. Die Italiener setzten ihre Angriffe bis zum 20. Juli ununterbrochen fort. Der Herbst brachte dann die großen Kämpfe um den Gipfel des Col di Lana. Dabei fielen auf dem vom Col di Lana ö streichenden Rücken der Stützpunkt 2250 m nach einem Trommelfeuer, das Stellungen und Besatzung zusammenschoß, und eine andere Stellung, die Felsenwache, nach einem vierstündigen Trommelfeuer den Italienern in die Hände. Die Lage der Verteidiger des Col-di-Lana-Gipfels wurde im Winter höchst schwierig. Der Zugang war nur vom M. Sief her auf dem von feindlichen Batterien beschossenen schmalen Gratweg möglich. Unterkunft fanden die Verteidiger in einer Baracke und in einer Kaverne auf der Nordseite. In diese Zeit fielen auch die ersten Beobachtungen über italienische Minierarbeiten gegen den Westgipfel. Das Entgegenarbeiten mußte bald eingestellt werden, da die Bohrmaschine und die Arbeitskräfte abgezogen wurden. Die Besatzung der Spitze war sich ihrer gefährlichen Lage voll bewußt; sie war gewärtig, jeden Augenblick in die Luft zu fliegen. Die erwartete italienische Sprengung erfolgte am 17. April 1916 um halb 12 Uhr nachts. Zu dieser Zeit befanden sich die 6. Kompanie des 2. Tiroler Kaiserjägerregimentes, eine Maschinengewehrabteilung, 30 Sappeure und eine Anzahl Menageträger auf der Spitze. Sie alle wurden vernichtet oder gefangengenommen. Die bei der Sprengung verwendete Ladung betrug nach italienischen Angaben 5024 kg Dynamit. Etwa 10.000 Tonnen Gestein kam zwischen Ost- und Westgipfel und an der Nordwand zum Absturz. — Die Österreicher hielten daraufhin den M. Sief besetzt, dem eine von den Italienern am 6. März 1917 vom SO-Grat aus unternommene Sprengung nicht viel zu schaden vermochte. Der Kampf um den M. Sief, Col da Rode und Siefsattel ging mit großer Heftigkeit weiter, bis der Durchbruch bei Flitsch (heute Plezzo) und Tolmein (heute Tolmino im Isonzotal) die Italiener zum Rückzug aus den Dolomiten zwang.

Auf den Col di Lana (2464 m). 3 St. Der bequemste Aussichtsberg in Buchenstein. Derzeit auch 5 km lange, schmale Straße, dann in ca. 1½ St. zum Gipfel.

Von den obersten Häusern in Pieve, dort, wo die Große Dolomitenstraße einen Bach überbrückt, geht man auf einem Seitensträßchen erst ostwärts durch Wald, dann n an einer meist geschlossenen Wirtschaft vorbei bergauf zum (¾ St.) *Plan Majou* (1873 m). Weiter aufwärts bis unter den Plan della Gitscha, wo der Weg nach re in eine Wiesenmulde führt. (Hier Einmündung des Weges von Andraz.) Nun neben den Spuren von Gräben dem breiten Weg folgend den steilen Hang hinauf zu den Resten der abgebrannten Col-di-Lana-Hütte (ehem. Rif. Gaetani) und zum (2¼ St.) Gipfel mit einer Kapelle.

Die Aussicht umfaßt viele Gipfel der südl. Dolomiten. Man übersieht die beiden Taläste Buchensteins vom Pordoijoch und Falzaregopaß bis zu ihrer Vereinigung unterhalb Pian Salesei und die Schlucht des Cordevole bis zum Alleghesee. Großartig dahinter die Civetta, ö von dieser Pelmo, Antelao und Nuvolao, im NO der Falzaregopaß mit Lagazuoi, Tofana und Sasso di Stria, im N hinter dem M. Sief die Settsaßgruppe, der Valparolapaß, Fanesgruppe, Cunturines, Kreuzkofel, im NW Saß Songher, Grödner Joch, Boè, im W Schlern, Rosengartengruppe, im SW herrlich hervorragend die Marmolata mit Vernel und die Hauptgipfel der Palagruppe, in der Ferne Ötztaler, Zillertaler Alpen und die Hohen Tauern. — Der Col di Lana ist noch immer das Ziel vieler Kriegsteilnehmer und derer Angehörigen, die alljährlich in der Kapelle auf dem Gipfel eine Gedenkmesse für die auf beiden Seiten Gefallenen mitfeiern.

ANDRAZ (1421 m), Dorf mit 380 Einw., nahe unterhalb der Großen Dolomitenstraße. 10 Min. außerhalb des Ortes zweigt beim Weiler Cernadoi die Hauptstraße nach Colle S. Lucia und Caprile ab. Von dem Weg, der von Andraz ö zu dieser Straße hinaufführt, einige Min. vom Ort entfernt, zeigt sich eines der schönsten Landschaftsbilder in den Dolomiten: die Marmolata, in edlen Linien über dem frischgrünen Val Rosa thronend.

Als „Andratzch" erscheint der Name des Ortes zum erstenmal in einer Urkunde vom Jahr 1290. Schon 1336 schrieb man jedoch Andraz, und in dieser Form blieb der Name erhalten. — Die Kirche in Andraz erstand aus einer erweiterten Kapelle vom

Jahr 1478 und wurde im ersten Weltkrieg verschont, der Friedhof hingegen mehrmals getroffen. Das gotische Netzrippengewölbe, in neuester Zeit mit farbigen Ornamenten umfaßt, blieb erhalten. Links vom Eingang der letzte Altar des Schlosses Buchenstein, interessante Arbeit mit Schnitzfiguren der Heiligen Michael und Josef aus dem letzten Viertel des 17. Jh.s. Rechts ein Seitenaltar mit schöner Marienstatue von Dominikus Moling aus Wengen (18. Jh.).

Touren von Andraz aus

Über den Nuvolau (2575 m) nach Cortina d'Ampezzo

6½ St. Leicht und besonders schön

S. 327 in umgekehrter Richtung

Von Andraz über den Valparolapaß (2192 m) nach St. Cassian. 4½ St. Reizvolle Wanderung

Zunächst nordwärts auf Abkürzungswegen nahe der Großen Dolomitenstraße zum Weiler *Castello* und zur *Schloßruine Buchenstein* (Castel Andráz), 1747 m, 1 St.

Das auf einem mächtigen dreieckigen Felsblock kühn aufgebaute Schloß, jetzt eine unzugängliche Ruine mit Mauerwerk, das so sicher gestützt und so fest gekittet ist, daß es mit dem Felsen verwachsen scheint, wird in der Geschichte Buchensteins oft genannt. Der erste Bau des Schlosses wird den Goten zugeschrieben und mit dem Bau des Schlosses Roccabrun in Verbindung gebracht (S. 93). Burgenkenner nehmen jedoch an, daß die alten Mauerwerke frühestens aus dem Anfang des 12. Jh.s stammen. Über die ersten Schloßherren fehlt jede Überlieferung; sicher ist nur, daß die Bischöfe von Brixen 1295 im Besitz des Schlosses waren. Das Hochstift Brixen belehnte nämlich in diesem Jahr die Herren von Schöneck mit Schloß und Herrschaft Buchenstein. Jedoch 1331 kam Buchenstein durch Kauf an Jakob Guadagnino von Avoscan. Dieser von allen gefürchtete Herr suchte seine Herrschaft bis ins Klostergebiet von Sonnenburg auszubreiten, behandelte die Buchensteiner wie Feinde und erhob sich bald gegen Kaiser und Bischof. Das Kloster und der Bischof wandten sich an Kaiser Karl IV., worauf Hauptmann Göbel in Feltre mit der Vertreibung des Guadagnino beauftragt wurde. Am 1. Juli 1350 war Schloß Buchenstein eingeschlossen und nach mehrwöchiger Belagerung, während der Guadagnino insgeheim entwich, kam es in die Hände des Hauptmanns Göbel. Dieser bestellte nun den reichen Brunecker Bürger Konrad Stuck als Schloßhauptmann.

In den nächsten Jahren erwarb Stuck alle Rechte (Mannschaft, Lehenschaft, Vogtei) zu Buchenstein. Ihm folgten von 1386 bis 1416 die Herren von Villanders als Pfandschaftsinhaber und Burgherren. Nach dieser Zeit wurde Buchenstein als Lehen nicht mehr vergeben. Auf dem Schloß saßen nun bischöfliche Richter und Verwalter, unter denen die ersten Adelsgeschlechter des Landes vertreten waren. Von den Brixner Fürstbischöfen kam auch der berühmte Kardinal Nikolaus Cusa öfter nach Buchenstein, so besonders in den Jahren 1454 bis 1460, in denen er sich auf dem weltfernen Schloß vor den Nachstellungen des Landesfürsten Sigmund sicherte. Im Jahr 1518 wurde das Schloß von einem verheerenden Brand heimgesucht, wobei die kostbaren Archive zugrunde gingen. Nach Aufhebung des weltlichen Besitztums der Fürstbischöfe von Brixen wurde Schloß Buchenstein 1812 unter der bayrischen Herrschaft versteigert; es kam um den Preis von 3790 Gulden und 39 Kreuzer samt den dazugehörigen Grundstücken an die Familie Faber in Cernadoi. Nach Abnahme des Dachstuhls, dessen Nägel den Faber das Wertvollste am ganzen Schloß schienen, ließen sie es verfallen.

Von *Castello* führt ein guter Weg nordwärts dem Rio Valparola entlang mit geringer Steigung neben der wald- und wiesenreichen Nordostflanke des Col di Lana, zuletzt eine kleine Geländestufe ersteigend, in 1½ St. zu einer blockbedeckten Hochfläche, auf der der kleine Valparolasee eingebettet liegt. Überall noch Spuren aus dem ersten Weltkrieg. Der Weg geht weiter zum nahen *Rif. Valparola* auf dem gleichnamigen Paß. Über den Abstieg nach St. Cassian (2¼ St.) s. S. 117 und 266. Zum Falzaregopaß sö auf und neben der Autostraße 2½ km.

Von Andraz nach Larzonei und auf den M. Pòre (2406 Meter). 3½ bis 4 St. Interessant und lohnend. Empfehlenswerter Übergang nach Colle S. Lucia oder Cortina d'Ampezzo

Der direkte, wenn auch etwas kürzere Aufstieg von Andraz durch das Tälchen des Grevolabaches und die Wiesen der Malghe d'Andraz ist nicht empfehlenswert. Bequemer und reizvoller ist die Besteigung des aussichtsreichen Monte Pòre, auch Frisolét genannt, über das Dörfchen Larzonei. Nach der Brücke über den Grevolabach in Andraz steigt man auf bergan führendem Weg (wunderschöne Aussicht auf die Marmolata) zur Straße Cernadoi — Caprile, quert diese und folgt dem breiten Weg, der gemächlich im Hochwald südwärts zum (1 St.) Dörfchen *Larzonei* (1581 m) hinaufführt, das auf einer welligen Terrasse gegenüber von Laste hoch über der verborgenen Schlucht des Cordevole liegt. Herrliche Aussicht auf die gewaltige Riesenmauer (Nordwestwand) der Civetta.

Das Dörfchen mit ca. 90 Einw. wird in einer Urkunde vom Jahr 1290 als Lerchach zum ersten Mal genannt. Die kleine Filialkirche St. Silvester, 1516 geweiht, im ersten Weltkrieg zum Teil zerstört, das gotische Portal jedoch erhalten, wurde 1921 wieder aufgebaut und geweiht; schönes Altarblatt aus neuer Zeit von B. Palossi aus Padua.

Der Weg zum M. Pòre steigt von Larzonei unterhalb der Kirche n zum nahen Hof Ruon und weiter in den Wald hinauf, wo mehrere Wege auseinandergehen. Rechts haltend auf dem sog. Heuweg im Wald aufwärts und bald hinaus auf einen grünen Boden mit auffallend langgestrecktem Brunnentrog. Nun li kurz in einem Tälchen empor, dann nach re unterhalb einer braunen Heuhütte dem Weg weiter folgend hinauf zu weiten Wiesenhängen. Immer auf der Südseite eines grasigen Rückens (Punkt 2025 der Karten, auf der Nordseite alte Schützengräben) auf breitem, leicht ansteigendem Wiesenweg weiter, der aus der Zeit des ersten Weltkrieges stammt, hinauf zum letzten Heustadel auf größerem, grünem Boden vor einer kleinen, sumpfigen Mulde mit noch erkennbarem Staudamm.

In dieser Gegend gingen einst mehrere uralte, nur noch in ladinischen Sagen genannte Wege (Troi da la vana, Strada dei romani, Strada dei mortsch) durch, deren Richtung in dem steilen Südwesthang des M. Pòre noch zu sehen ist. In einer Sattelmulde li oben in der Höhe von etwa 2090 m wurde im Jahr 1866 ein Inschriftstein gefunden, der zu den „bedeutendsten vorgeschichtlichen Schriftdenkmälern aus dem südlichen Ostalpengebiet zählt". Dieser Stein ist im Bozner Museum zu sehen.

Von der sumpfigen Mulde steigt man weglos durch eine flache, grüne Rinne und anschließend über Rasen ziemlich steil zur Höhe eines Kammrückens und da weiter zum Gipfel des M. Pòre, auf dem sich im ersten Weltkrieg eine italienische Artilleriestellung befand.

Großartige Dolomitenschau, Prachtblick auf die Marmolata. In der Ferne die Ötztaler und Zillertaler Alpen.

Vom Gipfel in vulkanischen Tuffen s zu schönen Bergwiesen hinab, dann auf markiertem Karrenweg, die Rasenkuppe der Somaforcia re lassend, Abstieg nach (2 St.) *Villagrande* (Colle S. Lucia, 1453 m) oder über den Nordostrücken bis zu einem weiten Sattel, von dort re zur *Giaupaßstraße* und zur Schutzhütte auf dem Paß (2236 m), 1½ St., oder li über Wiesen zum *Nuvolaupaß* und weiter zum *Rif. Cinque Torri*, 2½ St. Über die Weiterwege von dort siehe S. 327.

DER FALZAREGOPASS, ital. Passo di Falzarego (2107 Meter), ein seit alten Zeiten vielbegangenes Joch, liegt zwischen der Fanes-Tofana-Gruppe und dem Nuvolaustock. Auf der plateauartigen Paßhöhe steht ein Gedenkstein, daneben mehrere Gh. und die Talstation der Seilbahn auf den Kleinen Lagazuoi (eröffnet 1965); von der Bergstation ausgehend interessante Einblicke in die Weltkriegsstellungen.

Die Gegend hier trägt einen öden, aber großen Charakter. Die Aussicht ist verklärt durch den überall schönen Gletscherstock der Marmolata. In weiter Ferne der langgestreckte Zug der Palagruppe mit ihren höchsten Erhebungen und bedeutenden Schneemassen. In nächster Nähe dominiert der isolierte Sasso di Stria und der mit Recht gerühmte Col di Lana.

Nach Fassaner Sagen steht auf den Wänden des Lagazuoi, die dem Paß zugekehrt sind, der zu Stein gewordene habgierige und falsche König (el fautso rego) des untergegangenen Fanesreiches.

Touren vom Falzaregopaß aus

Zur Cinque-Torri-Hütte. 1½ St. Bez. Weg. Von der Hütte über den Nuvolau nach Andraz oder Colle S. Lucia; auch Übergang zum Rif. Croda da Lago oder Abstieg nach Cortina. Neuerdings Sessellift von der Straße etwas unterhalb des Passes zur Hütte.

Von den Hotels ö abwärts bis zur (1/4 St.) ersten großen Straßenkehre. Wo die Straße am weitesten gegen S vorspringt (Wegtafel), über den Falzaregobach und eine sumpfige Wiese zum Berghang und dort auf rot bez. Weg durch schütteren Wald empor. Der Weg führt um einen Vorsprung, quert dann mehrere steinige Gräben (nahe unterhalb des Weges eine gute Quelle) und erreicht eine große Blockhalde. Durch diese mäßig ansteigend auf die (1 1/4 St.) Höhe des *Joches Potorre*, wo sich der Weg teilt. (Rechts zum Nuvolau.) Hier li (nö) auf breitem Weg oberhalb der Mulde der Alpe Averau abwärts zum (10 Min.) bewirtschafteten *Rif. Cinque Torri* (2137 m) der S. Ampezzo des CAI. Über Umgebung und Übergänge s. S. 327.

Über den Valparolapaß (2192 m) nach St. Cassian. 3 St. Zuerst auf der Autostraße, dann auf Fußweg. Sehr lohnend

Auf der Paßhöhe die Große Dolomitenstraße verlassend, auf einer Seitenstraße nw am zerstörten Fort Tre Sassi vorbei und weiter zum (3/4 St.) *Rif. Valparola* auf dem gleichnamigen Paß. Jenseits erst auf der neuen Straße bis vor einen bewaldeten Boden, dann auf einem li abzweigenden Sträßchen hinab zur Eisenofenalpe und weiter nach (2 1/4 St.) *St. Cassian* (Näheres s. S. 264, 265 und 266).

Über den Siefsattel (2211 m) und Pralongia (2141 m) nach Corvara. 5 St. Teilweise weglos. Für bergtüchtige Wanderer interessanter, landschaftlich sehr schöner Übergang im ehemaligen Kampfgebiet

Von der Paßhöhe wie oben n zum (20 Min.) zerstörten Fort *Tre Sassi* zwischen Sasso di Stria und Kleinem Lagazuoi, beide aus Schlerndolomit aufgebaut. Etwa zwanzig Schritte vor dem Fort li auf einem Fußweg zwischen Felsblöcken hinab zur ehemaligen österreichischen *Edelweißstellung.* Nun auf dem Wiesenboden neben einem Graben nach re zu einem Weg, der li abwärts führt. Ober diesem Weg noch etwa 20 Schritte auf dem Grasboden eben fort nach re, dann entweder durch eine Geröllrinne oder re davon über einen kurzen, felsdurchsetzten Grashang zu einem gut erkennbaren Steiglein hinab. Auf diesem re (sw) quer über die Gras- und Geröllhalden unter den Felsen des Sett Saß weiter (viel Edelweiß). Der Steig wird völlig unkenntlich. Man hält sich gegen die obersten Zirbelkiefern. Von einem großen Felsblock steigt man etwas bergan und quert dann einen steilen Wiesenhang. Nun durch eine Blockmulde (re oben das *Richthofen-Riff*, eine geologisch berühmte Stelle wegen des Wechsels von Schlerndolomit und Cassianer Schichten) zum (1$^1/_2$ St.) *Siefsattel* (2211 m). Von hier auf einem gut erkennbaren Steig unter den Felsen des Sett Saß re (nw) weiter. Dieser Steig führt fast eben durch die obersten Wiesen zu den zwei höchsten Heuhütten auf dem breiten Rücken, der von Pralongia zum Sett Saß hinaufzieht. Nun der roten Markierung folgend über Kalk und Mergel der Cassianer Schichten auf den Rücken nw hinaus zur flachen Höhe der (1$^1/_2$ St.) *Pralongia* (2141 m), Fundort schöner Versteinerungen. Großes Schutzhaus mit 40 B. Von hier schöner, gut markierter Steig n auf der Kammhöhe zum *Col Alt* (1982 m), 1$^1/_2$ St., von dem ein Sessellift in 10 Min. nach *Corvara* hinabführt. Vom Rif. Pralongia auch bez. Weg nö hinab nach *St. Cassian*, 2 St. (evtl. mit Benützung des Sessellifts vom Piz di Sorega nach St. Cassian) oder auch über Piz la Villa nach Stern (Lift).

Über die Forcella Bois (2310 m) nach Ospitale. 6 St. Bez. Weg. Großartige Wanderung
S. 311 in umgekehrter Richtung

COLLE S. LUCIA oder VILLAGRANDE (1453 m), 10 km s von Andraz, im Tal der Fiorentina gelegen, wo bis 1918 die österreichisch-italienische Grenze verlief. Ausgangsort für die prächtigen Wanderungen über den Giaupaß, Nuvolau oder die Forcella da Lago nach Cortina, über die Forcella Staulanza nach Zoldo usw. Wer von Colle S. Lucia zum Fedajapaß will, steigt über Rovei ins Cordevoletal hinab und gelangt zur Straße nach Rocca Piètore. Von dort in umgekehrter Richtung weiter wie S. 94.

Nach Colle S. Lucia von Pieve (Buchenstein) am besten mit Autobus, der über Andraz — Collaz nach Selva di Cadore und Caprile fährt.

Die Gemeinde Colle S. Lucia mit dem Hauptort Villagrande liegt an den Südhängen des M. Pòre hoch über der Fiorentina auf einer von Wiesen und Feldern umgebenen hügeligen Fläche. Prachtblick auf den M. Pelmo. Über bewaldeten Vorbergen erhebt sich im S die Civetta mit turmbesetzten ungeheuren Wänden; im SW M. Forca und Sasso Bianco, im W die erhabene Marmolata.

Die Pfarrkirche von Colle S. Lucia wird urkundlich 1347 erstmals genannt; 1753 vom Blitz teilweise zerstört, 1842 vergrößert. Am Weg zu ihr das mit Bildern und der Jahrzahl 1626 versehene Gewerkschaftshaus der Knappschaft des einstmals blühenden bischöflich brixnerischen Eisenbergwerkes Fursil, das, ursprünglich dem Kloster Neustift gehörig, seit 1177 bestand und 1753 durch einen Bergsturz zerstört wurde. Nach dem zweiten Weltkrieg wurde in dieser Gegend, in Ru, wieder ein Bergwerk aufgemacht, aber nach 3 bis 4 Jahren aufgelassen. Die hochprozentigen Eisenerze wurden anfangs in Caprile, dann auf der Eisenofenalpe zu Valparola und später in Pikolein zu Roheisen verarbeitet, das als „Ferro d'Agnello“ (nach dem Wappen der Brixner Bischöfe) besonders in Italien geschätzt war.

Touren von Colle S. Lucia (Villagrande) aus

Über den Nuvolau (2575 m) nach Cortina. 7 St. Bez. Wege. Aussichtsreicher Übergang. Zwei bewirtschaftete Hütten am Weg; wenig begangen, da die parallel laufende Giaupaßstraße dzt. gut befahrbar ist

Von Villagrande nö über *Pezzei* nach *Pian,* dann n zu den Höfen von Frena im Codalungatal. Von hier auf Karrenweg zuerst nw, später n im Wald weiter, bis der Weg fast eben nach re zum Codalungabach führt. Jenseits zu der Giaupaßstraße hinauf, neben der am steilen Hang das (2 St.) Bergwirtshaus *Insom le Crepe* (1773 m) steht. Über den Weiterweg zum (2 St.) *Nuvolau* und den Abstieg über das (3/4 St.) *Rif. Cinque Torri* nach (2 1/4 St.) *Cortina* s. S. 317 in umgekehrter Richtung.

Über den Giaupaß (2236 m) nach Cortina. 6 St. Bequem und lohnend. Seit 1968 wiederum für Autos befahrbar

Wie oben zum (2 St.) Bergwirtshaus *Insom le Crepe* (1773 m), dann auf dem Paßsträßchen n weiter zur Abzweigung des Weges zum Nuvolau. Hier biegt die Straße nach O und zieht durch schöne Wiesen in sanfter Steigung zum breiten Sattel des (1 St.) *Giaupasses* hinan. Über den Weiterweg nach (2 1/2 St.) *Cortina* s. S. 328.

Über die Forcella Staulanza (1773 m) zum Rif. Venezia (1947 m) am M. Pelmo und nach S. Vito di Cadore. Mit Bus bis zur Forcella Staulanza. Lohnende Wanderung

Von *Colle S. Lucia* über *Selva di Cadore* und *Pescul* in den (2 St.) Talhintergrund, der durch den riesigen Steilabsturz des M. Pelmo in unvergleichlicher Weise abgeschlossen wird. Die Straße wendet hier nach S und steigt zuerst in Kehren, dann gerade weiter zur (1/2 St.) *Forcella Staulanza.* Aussicht in das Val di Zoldo, auf die Prampergruppe und die Civetta, im Rückblick Cima d'Ambrizzola, Becco di Mezzodi und Rochetta. Jenseits, nahe der Paßhöhe, zweigt von der Straße (Wegtafel) li ein bez. Steig zum Rif. Venezia ab. Dieser führt, aus dem Walde sö ansteigend, durch Krummholz unter den Wänden des Pelmetto zur rasenumsäumten Kuppe des *Col delle Crepe* (1909 m). Von hier ö fast eben im Krummholz weiter, immer li haltend, zu einem Bächlein, das unterhalb der Schlucht zwischen Pelmetto und Pelmo entspringt. Nun zu einer Schulter mit sumpfigen Wiesen in Raibler Schichten empor und li auf schmalem Steiglein weiter gegen die Felsen des Pelmo. Von einer mit Bäumen bestandenen Schulter abwärts zu Schutthalden unter den Felsen, dann über nassen Wiesenboden hinauf zu den *Campi di Rutorto* und n zum (2 1/2 St.) *Rif. Alba Maria de Luca Venezia,* 50 B und Matr. (1947 m), nach dem zweiten Weltkrieg zerstört, nun wiederaufgebaut. Die Hütte ist von *Forno* bzw. *Zoppè* her auch auf schmaler Straße mit Autos erreichbar. Näheres über den Abstieg nach S. Vito (2 St.) s. S. 335.

Zum Rif. Coldai (Sonino, 2135 m) an der Civetta. 4½ St. Nur für berggewohnte Geher. Steile Wege, Landschaftlich sehr schön. Markierung 561; kürzester Zugang siehe unten

Von *Villagrande* ö im Fiorentinatal nach (1½ St.) *Pescul*, hier die Straße verlassend, s auf Karrenweg den Berghang hinauf zur *Casera di Landro* und halblinks (sö) weiter zur *Forcella Pescul* (1789 m). Nun s eine Wiesenmulde im Talschluß des *Valle Possedere* ausgehend, dann halbrechts bergauf zu dem Sattel zwischen Col di Baldi und Roa Bianca und auf breitem Weg weiter zur welligen Senke der (2 St.) *Forcella d'Alleghe* (1820 m). Von da, bei einer Heuhütte re abbiegend, auf gut bez. Karrenweg in vielen Kehren, die Casera di Pioda re lassend, gegen die Felsen des M. Coldai hinauf. Unterhalb dieser Felsen (Schlerndolomit) dann li in eine Schlucht, über deren bröcklige Hänge der Weg mit Kehren aufwärts klimmt. Aus der Schlucht li über einen felsigen Vorsprung in eine begrünte Mulde mit dem (1 St.) *Rif. Coldai* (2135 m) der S. Venedig des CAI.

Das Schutzhaus, 1905 erbaut, im zweiten Weltkrieg zerstört, nun großer Neubau mit 40 B, liegt im Nordteil der Civettagruppe. Der kürzeste, heute allgemein benützte Zugang führt von der Paßstraße jenseits Staulanza (Tafel) auf einem Bergsträßchen zur Casera di Pioda (Parkmöglichkeit) und von dort in 50 Min. zur Hütte. — In einer leichten Viertelstunde kann man vom Schutzhaus auf gutem Steig zur *Forcella Coldai* (2190 m) gehen. Jenseits in einer Mulde der dunkelgrüne Lago Coldai und herrliche Sicht auf die Dolomitenreihen von der Palagruppe bis zur Marmolata.

DIE CIVETTAGRUPPE

Im Aussichtsbild der meisten Berge im Dolomitengebiet fesselt der mächtige Bau der *Civetta* (3218 m) den Blick. Die großartigen Verhältnisse dieses Berges erreicht kein anderer in den Dolomiten. Der 2000 m hohe Wandabsturz zum Alleghesee ist ein Schaustück der Alpen; auch die Türme seiner Seitengrate zeigen riesige Formen. Die Civetta ist, was der Anblick von N nicht vermuten läßt, der Scheitelpunkt von vier langen Graten; an diese schließen sich verschiedene Vorbauten und die Untergruppe der Mojazze.

Die ganze Gruppe zählt etwa 20 benannte Gipfel und bedeutendere Türme, die alle aus Hauptdolomit bestehen, über dem in den höchsten Teilen noch Jurakalk folgt. Darunter liegen dünne Raibler Schichten und (im W) Schlerndolomit von großer Mächtigkeit.

Die *Civetta* (3218 m), der höchste Berg der Gruppe, wurde 1867 von dem Gemsenjäger De Silvestro, genannt Piovanel, aus Pecol zum erstenmal erstiegen. Noch im selben Jahr begleitete er den Engländer F. F. Tuckett mit den Schweizer Führern J. und M. Anderegg auf den Gipfel. Die ungeheure Nordwestwand der Civetta bezwangen 1925 E. Solleder und G. Lettenbauer in fünfzehnstündiger ungewöhnlich schwieriger Kletterei. In neuester Zeit wurden die Wände und Türme auf noch schwierigeren geraden Routen durchstiegen, die NW-Wand sogar im Winter durch T. Hiebeler und Gefährten.

Besteigung der Civetta auf dem gewöhnlichen Weg von der Coldaihütte aus in 5 bis 6 St., mühsam und anstrengend, jedoch lohnend, nur tüchtigen Hochtouristen anzuraten. 3/4 St. unter dem Gipfel das unbewirtschaftete *Rif. Maria Vittoria Torrani* (3100 Meter); hierher auch der neue, kühn angelegte Klettersteig *Via degli Alleghesi* (nur für Geübte mit Führer).

Leicht zugängliche Gipfel in der Civettagruppe sind der nw der Coldaihütte aufragende *M. Coldai* (2396 m), den man von der gleichnamigen Scharte aus auf einem Steiglein über felsdurchsetzten Rasen in 1/2 St. gewinnt, ferner die *Cima di Col Rean* (2281 m), in der folgenden Wanderung geschildert, und noch mehrere Erhebungen der westl. Vorlagerungen mit prächtiger Aussicht.

Zum Rif. Vazzoler (1752 m) und nach Listolade. 5 1/2 bis 6 St. Bez. Wege. In Verbindung mit Besteigung der Cima di Col Rean eine der schönsten Dolomitenwanderungen. Großartige Landschaftsbilder. Bis zum Rif. Vazzoler 3 St.

Vom Schutzhaus w auf gutem Steig zur (1/4 St.) aussichtsreichen *Forcella Coldai* und jenseits in einigen Min. zum dunkelgrünen *Lago di Coldai* (2146 m) hinab. Der See, in Schlerndolomit liegend, hat eine Tiefe von durchschnittlich 10 m und umfaßt eine Fläche von ca. 4 Hektar. Er wird von den Schneefeldern der Umgebung gespeist, hat aber keinen sichtbaren Abfluß. Von der Westseite des Sees auf bez. Steig s mit geringer Steigung auf die *Forcella Col Negro di Coldai* und weiter in die *Val Civetta*, eine mit

Schutt bedeckte Hochfläche unter den Wänden der Civetta. Der Nordgrat der Civetta zieht stets den Blick auf sich. Nun einen niederen Sattel überschreitend, unterhalb der gewaltigsten aller Dolomitwände, der Nordwestwand des Hauptgipfels der Civetta, zur *Forcella di Col Rean* (2113 m) weiter. 1200 m beträgt die Höhe dieser Felsenmasse, und deren Sockel, auf dem wir wandern, setzt wieder mit 800 Meter Absturz gegen den Alleghesee nieder. Die Nordwestwand der Civetta wurde von deutschen Bergsteigern erstmals bezwungen. — Von der Forcella di Col Rean gelangt man, re über Rasenhänge weglos ansteigend, in einer halben Stunde auf die *Cima di Col Rean* (2281 m) mit wundervoller Aussicht. Hier steht die *Tissi-Hütte* des CAI Belluno, 1963 eingeweiht, 40 B; Materialseilbahn ab Masarè bei Alleghe hierher.

In schwindelnder Tiefe liegt der Alleghesee. Dem Lauf des Cordevole folgend, erblickt man alle Ortschaften von Caprile bis Arabba hinauf. Im SW die Palagruppe vom M. Agnèr bis zur Cima del Mulaz; über dem Vallespaß die Brentagruppe; im W die Marmolatagruppe mit gewaltiger Felsenfront. Es folgen Langkofel- und Sellagruppe, im NW Puezgruppe und Peitlerkofel, li von diesen ein Firngipfel der südl. Stubaier Alpen, re einige Gipfel der Pfunderer Berge, dann in leuchtendem Firnkleid Hochfeiler und Mösele, davor Col di Lana und Sett Saß. Im N Heiligkreuzkofel, Fanesgruppe und Tofana, davor der Felsstock des M. Cernera; an diesen schließen im NO Croda da Lago, Cristallogruppe, Drei Zinnen und Zwölferkofel. Mit dem Pelmo und der gigantischen Wandflucht der Civetta schließt das Bild.

Von der Forcella di Col Rean führt der bez. Weg sw über einen blockbedeckten Hang zu Rasenböden hinab und nimmt dann südliche Richtung. Nun ist es der Südwestgrat der Civetta, die Cantoni di Pelsa, die mit ihren Türmen, Nadeln und hohen Wandbauten (Hauptdolomit) das Auge fesseln. Über den Wiesenboden des *Pian della Lora* zu einer Almhütte (*Cason di Col Rean*, 1907 m), dann in einer grünen Mulde weiter, in der neben Krummholz eine Quelle entspringt (Raibler Schichten). Die Mulde biegt, dem Zug der Cantoni di Pelsa folgend, bald nach SO um und mündet auf einen breiten Sattel. Von hier leitet der Weg zu Weideböden hinab zu einem Saumweg. Auf diesem in ö Richtung unterhalb des Torre Venezia (2337 m), des klotzigen Eckturmes der Cantoni di Pelsa, weiter und schließlich quer über eine große Schutthalde zum Col Negro mit dem *Rif. Mario Vazzoler* (1752 m) der S. Conegliano des CAI, 1929 eröffnet. — Beim Schutzhaus wurde 1958 ein der „Madonna della Neve“ geweihtes Kirchlein zur Erinnerung an alle im Gebiet der Civetta tödlich verunglückten Bergsteiger errichtet.

Die schön eingerichtete Hütte ist vom 15. Juni bis 30. September bewirtschaftet; 60 B und Matr.

Großartige Umgebung. Nördlich ein wildes Kar. Vallon del Giazzèr, umrahmt von den Cantoni di Pelsa und Cantoni della Busazza, hohen, turmbesetzten Felsgraten, die von der Civetta südwärts ziehen. Östlich ein dritter Kamm, er bildet mit seinen wuchtigen Felsbauten die Untergruppe der Mojazze.

Vom Rif. Vazzoler auf der Via ferrata A. Tissi zum *Rif. Torrani* und auf den Gipfel der Civetta. 5 St. Kühn angelegter Felsensteig mit Stiften, Drahtseilen usw., nur für gute, schwindelfreie Kletterer. Eine der großartigsten Steiganlagen in den Alpen.

Vom Rif. Mario Vazzoler auf Karrenweg nö abwärts, das Val dei Cantoni querend, zum *Pian delle Taie.* Mit glatten Wänden erhebt sich n der äußerst kühn geformte schmale Felspfeiler des Torre Trieste (2436 m). Unter dessen Fuß führt der Weg s in vielen Kehren in das *Valle di Corpassa* hinab und zieht durch dieses Tal (im Rückblick, immer gewaltiger werdend, das phantastisch geformte Felshorn der Cima della Busazza, 2916 m) hinaus zum (2 St.) Dorf *Listolade* (682 m) im Cordevoletal, Haltestelle der Autobusse Agordo — Caprile — Buchenstein. Nach *Agordo* 6, nach *Cencenighe* 7 km

DIE ROSENGARTENGRUPPE

Ital.: Catinaccio

Diese interessanteste und am meisten genannte Gruppe der West-Dolomiten ist durch besonderen Formenreichtum ausgezeichnet. Ihr bis zum Karerpaß reichender Hauptkamm trägt eine Reihe von Felsköpfen, Türmen und breiten, rötlich gefärbten Wandbauten, die das Wahrzeichen im Landschaftsbild von Bozen bilden und besonders bei Abendbeleuchtung einen herrlichen Anblick gewähren. In den Untergruppen des Rosengartens, wie in der Valbon- oder Tschamingruppe, herrscht die Kegel- und schlanke Gipfelform vor, die Larsecgruppe hinwieder hat sanfte Kuppen und Hochflächen, deren Südrand die wildesten Türme und Pfeiler umstarren. — Die Gipfel bestehen durchwegs aus Schlerndolomit, dessen Unterlage Buchensteiner Schichten, die lange Felsflucht des Sarldolomits, Muschelkalk, Werfner und Bellerophon-Schichten bilden.

Der Name des Gebirges wird mit der Laurin-Sage, die dem Kreis germanischer Heldensagen zugehört, in Verbindung gebracht. Von Laurin, dem König der Zwerge, heißt es in einem Spielmannsgedicht (Laurin oder der kleine Rosengarten), das um 1250 in der Gegend von Bozen oder Meran entstanden ist:

„... im dienent alliu wildiu lant
alliu getwerge sint im undertân:
er ist ein künic lobesam,
küenest aller manne.
in dem tiroldes tanne
hat er im erzogen zarten
einen rosengarten."

Laurin verliert im Kampf mit Dietrich von Bern und dessen Recken sein Reich im „holen berc" des Rosengartens und wird als Gefangener nach Bern (Verona) gebracht, wo er die Taufe empfängt und mit Dietrich einen Freundschaftsbund schließt.

Ausgangspunkt für Wanderungen im Rosengarten sind die Dörfer Tiers und Welschnofen auf der Westseite, der Karerpaß auf der Südseite, dann die Ortschaften Vigo und Perra im Fassatal. In der Gruppe selbst stehen 13 bewirtschaftete Schutzhäuser. — Einen guten Einblick in die großartige Felswildnis des Rosengartens gibt eine Wanderung von Tiers über den Grasleitenpaß ins Vajolettal. Von dort kann man ins Fassatal absteigen oder über vielbegangene Pässe zu den benachbarten Hütten wandern. Leichte und lohnende Übergänge führen aus der Rosengartengruppe auch zum Schlern und zur Seiser Alm.

Von den Gipfeln sind die Scalieretspitze, der Kesselkogel, Antermojakogel und Nordwestlicher Molignon für Geübte leicht, die anderen (auch die Rosengartenspitze) schwierig; die berühmten Vajolettürme zählen zu den schwierigen Klettertouren der Dolomiten.

Von Blumau nach Tiers. Straße, 10 km (steil, eine Stelle 21 Prozent; Neutrassierung im Bau). Von Bozen im Sommer täglich mehrmals Autobus über Blumau nach Tiers und Weißlahnbad (14 km)

Von der Station *Blumau,* ital. *Prato all'Isarco* (311 m), der Brennerbahn leitet die Tierser Straße ö in die Schlucht des Breibaches. Schroffe Porphyrhöhen begrenzen sie; nur der Bach und die schmale, stellenweise steile Straße finden Raum. Allmählich ansteigend kommt man nach (1½ St.) *Breien,* ital. *Brie* (646 m). Gh.: Zum Zoll und Stern. Die Straße steigt nun stärker; li Abzweigung nach *St. Katharina,* Kirchlein mit sehenswerten Fresken aus der Zeit um 1400 (s. S. 156). Mitten in der Steigung zweigt re eine ebene Straße ab, der man jedoch nicht folgt, da sie am Bach unterhalb Tiers endet. Die Tierser Straße strebt am üppig bewachsenen Hang in die Höhe und erreicht nach Verlassen des Quarzporphyrs bei einer Kapelle die am Fuß von Schlern und Rosengarten ausgebreitete Hochfläche. Prachtblick auf Vajolettürme und Rosengartenspitze. Bald nachher erreicht man (1 St.)

TIERS, ital. Tires (1028 m), das einzige Dorf des Tales, schön an sonnigem Hang gelegen, mit dem Rosengarten als Hintergrund. Der Blick auf Tiers mit dem Rosengarten gehört zu den größten Schaustücken der Alpen.

Nach einer Urkunde vom Jahr 999 erhielt Bischof Gottschalk von Freising vom Grafen Otto von Andechs gegen Tausch u. a. auch Besitzungen in „Tyersch". Schon 1257 stand hier eine Kirche zum hl. Georg, die 1766 umgebaut wurde. — Tiers besaß in alten Zeiten auch ein eigenes Gericht, dessen Sitz ein seit 1160 bekannter Edelsitz, jetzt der als Edelsitz nur mehr in Spuren nachweisbare Völseggerhof nördl. oberhalb Tiers, später das turmartige Gebäude Gauenberg nächst der Pfarrkirche war und das von den Herren von Völs und nach ihnen vom Hochstift Brixen bis zur Säkularisation 1803 verwaltet wurde.

Nach der Sage war das Tierser Tal, besonders der innere Teil, einst viel stärker bevölkert als heute. Die Entvölkerung sei durch Bergstürze und Muren, später durch die Pest eingetreten. Die meisten und ältesten Häuser befanden sich auf den Traunwiesen und das St.-Zyprian-Kirchlein sei damals die Pfarrkirche gewesen.

Ausflüge und Bergtouren von Tiers aus

Zum Kirchlein St. Zyprian und nach Weißlahnbad, ital. Bagni di Lavina Bianca. 3/4 St. Auf Fußwegen links oberhalb der Straße

Von Tiers talein zum (25 Min.) romanischen, anno 1583 restaurierten und an der Südwand mit einem noch leidlich erhaltenen Fresko versehenen Kirchlein *St. Zyprian* (1085 Meter), an einem der schönsten Punkte der Dolomiten. Hier endet das Tierser Tal; re (sö) zieht das waldreiche, mehrfach verzweigte Purgametschtal gegen Vajolettürme, Laurinswand und Rosengartenspitze, li (nö) steigt das enge Tschamintal an, das tief in den n Teil der Rosengartengruppe reicht. Der Straße zur Linken folgend, gelangt man nach weiteren 15 Min. zum Dolomitenhotel *Weißlahnbad* (1179 Meter), mit Magnesia- und Schwefelquelle, den Werfner Schichten entspringend.

Von Tiers über Wolfsgrubenjoch (1511 m) nach Welschnofen, ital. Nova Levante. 2 3/4 St. Bez. Weg. Schöne Waldwanderung. Vom Wolfsgrubenjoch auch zur Kölner Hütte, nach Steinegg oder Karneid-Kardaun

Von der Pfarrkirche in Tiers ausgehend auf der Straße 3 bis 4 Min. talein, bis re ein breiter, mit 5 bez. Weg zum Breibach hinab und jenseits zum Zufallerhof hinaufführt. Oberhalb dieses Hofes dem Wiesenzaun entlang auf Karrenweg weiter, dann im Pitschedill-Wald aufwärts zu einem Kreuz. Nun auf einem Weg li empor, nach einigen Min. aber von diesem re ab und auf schmälerem Weg mit einigen Kehren, dann in gleichmäßiger Steigung durch Wald hinauf zum *Wolfsgrubenjoch*, mit zwei Kreuzen bezeichnet (2 St. von Tiers). Nun westwärts auf mit 1 und 5 bez. ebenem, dammähnlichem Weg zum nächsten, 2 bis 3 Min. entfernten Kreuz. (Von da 25 Schritte entfernt, halbrechts zwischen zwei Wegen und hinter einer Gruppe von Bäumen die gut erhaltene historische Wolfsgrube. Hier war auch der uralte Übergang von Welschnofen nach Tiers.) Beim Kreuz führt Weg Nr. 5 li hinunter zu einer kleinen Kapelle und von dort re durch Wald, später einem Graben folgend, zu den Häusern oberhalb der Kirche von Welschnofen.

Von den zwei Jochkreuzen ostwärts im Wald dem anfangs ziemlich steilen, mit 1 bez. Weg folgend in 10 Min. zu einer großen Wiese mit dem *Zischglhof* in sehr schöner Lage. Aussicht auf Latemar, Cimone, Rosengarten; Gh. zum „Schiller". — Von hier ö schöne Waldwanderung, gut markiert, zum Gh. Niger, 2 St., weiter zur Kölner Hütte, bez. Weg, 1$^1/_2$ St.

Vom Gehöft Zischgl nach Welschnofen ($^3/_4$ St.) geht man durch die Wiese erst schräg nach re hinab, dann im Wald auf markiertem, steilem, steinigem Weg kurz bergab zu einem Kreuz auf freier Ecke, von da abwärts in einen bewaldeten Graben, aus dem ein Weg zu den obersten Wiesen und Höfen führt. Nun auf breitem Weg re hinaus und bergab zu den Häusern oberhalb der Kirche von *Welschnofen.*

Hübsche Wanderung auch vom *Wolfsgrubenjoch* auf mit 1 bez. Wegen w zum *Gummerberg,* Höhenzug zwischen Tierser und Eggental, mit Einzelhöfen, Wald und Wiesen; idyllische Landschaften mit Aussicht auf die Eggentaler Berge, Latemar und Rosengarten. Vom Gummerberg re (w) auf Weg 3 entweder nach *Steinegg-Blumau,* ital. *Prato all'Isarco,* oder auf Weg 1 nach *Kardaun,* ital. *Cardano,* an der Brennerbahn (etwa 5 St.).

Über den Völseggerhof nach Prösels oder Völs. Hübsche Halbtagswanderung. 3 bis 4 St.

Im unteren Dorfteil von Tiers, nahe oberhalb des Postgasthofes zur Rose, zweigt von der Straße li der Weg zum Völseggerhof ab. Zunächst an einem wappengeschmückten Hause mit der Volksschule vorbei, dann auf breitem Weg nw bergauf. Zwischen Wiesen und einigen Gehöften der Markierung 6 folgend, kommt man in den Bischofswald hinauf, in dem der steinige Weg, von einem guten Fußsteig begleitet, ziemlich ansteigt und nachher über eine große Wiese den stattlichen, auf der Südschulter des bewaldeten Tschafon liegenden *Völseggerhof* (1206 m) erreicht. 3/4 St. In alter Zeit (um 1160) war hier ein adeliger Gerichtssitz, heute ist der Hof Eigentum der fürstbischöflichen Mensa Brixen. Prachtblick auf Vajolettürme und Rosengartenspitze. — Gleich außerhalb des Hofes bei einer Kapelle Wegteilung (rechts dem Waldweg mit 6 U bez., oberhalb der Wiesen folgend, sehr schöne Wanderung nach Weißlahnbad, 1 1/2 St.). Links auf breitem, mit O markiertem Weg in der waldigen, zerrissenen Südwestflanke des Tschafon zwischen roten Grödner Sandsteinabbrüchen hinaus, an einer mit Geländer gesicherten Stelle vorbei. Da zweigt bald (nahe einer neu errichteten Jausenstation) re ein bez. Weg zum Schlern ab (Nr. 7). Weiter zu einer umzäunten Wiese mit Kapelle oberhalb der Höfe von Mungadoi. 3/4 St. Hier wieder eine Wegteilung. Erst halblinks der Markierung 7 folgend im Wald kurz abwärts zu einer großen Wiese. Da scharf nach li zum Schnaggenkreuz, dann n hinab nach *Prösels,* 1 1/2 St. — Der Weg nach Ums/Völs geht von der Kapelle oberhalb der Höfe von Mungadoi im Wald erst halbrechts ganz kurz abwärts in einen Graben, dann mit O bez., aus diesem re haltend hinab zu einer Almhütte auf weiter Wiese und von dort wieder re zum Schlernbach hinein. Jenseits führt ein Weg hinaus zu den Häusern des Dörfchens *Ums* (932 m), 1 1/2 St., mit einem schönen gotischen Kirchlein von 1504 mit hübschem Fresko (St. Martin) und interessanter Steinskulptur am First. Hier stand früher vorübergehend der Altar von Völs (s. S. 154). Von Ums besser auf dem etwas tiefer ansetzenden Weg 6 a als über die Straße (1 St.) nach Völs (880 m).

Über den Niger (1689 m) zur Rosengarten- (Kölner) Hütte oder zum Karerpaß. 4 St. Besonders schöne und empfehlenswerte Wanderung

Es gibt zwei Möglichkeiten für Fußwanderer, und zwar re und li von der Straße. Man kann ab St. Zyprian die Mark. 7 wählen und über Runggun oder die Traunwiesen über Plafetsch zur prächtig gelegenen *Hanicker Schwaige* emporsteigen (hierher auch gesperrte Forststraße); auf der Schwaige (Almhütte) einfache Sommerwirtschaft. Der Weg hierher ist auch als selbständige Wanderung zu empfehlen. – Der Weiterweg führt auf Nr. 7 mit Höhenverlust zur Nigerstraße und zum *Nigerpaß* (1689 m) mit Schutzhaus (Autobushaltestelle). Weiterweg zur Kölner Hütte siehe Variante 2.

Variante Nr. 2: Vom Kirchlein St. Zyprian (25 Min. von der Dorfmitte in Tiers) mit seiner berühmten Rosengartenschau auf Fahrweg re abwärts zum Tschaminbach, der überschritten wird. Nun einige Min. dem Breibach entlang (nicht li aufwärts gehen), dann re über die Brücke und auf breitem Karrenweg, markiert mit Ziffer 1 T, auf der bewaldeten s Tallehne zu einer Wegteilung empor. Auf dem rechtsseitigen, gepflasterten Weg weiter, der ziemlich steil über Quarzporphyr zum Waldsattel des (2 St.) *Niger* (1689 m) führt. Auf einer Lichtung das *Niger-Gasthaus*, ganzjährig geöffnet, mit Übernachtungsmöglichkeit. Nun in herrlicher Wanderung auf der „Rosengartenstraße" s fast eben bis zu der Stelle, wo bei einer Tafel der Weg zur ($1^1/_2$ St.) *Kölner Hütte* abzweigt. Nach Querung der Straße der Markierung 1 nach re folgend fast eben in etwa 15 Min. zu einer Wegkreuzung. (Links abwärts zum Rif. Niger.) Von der Wegkreuzung auf mit 1 markiertem, steinigem Weg im Wald zu Wiesen hinauf und da re zu zwei Heuhütten, von denen der Weg über freie grüne Hänge zu der schon lange sichtbaren *Kölner Hütte* emporsteigt. Hierher auch Lift ab Rosengartenstraße.

Von Tiers auf den Tschafon (Völseggerspitze, 1384 m). 2 St. Lohnende, leichte Tour

Bei der Schule beginnt der mit 4 bez. Weg zum Tschafon. Er führt n den Wiesenhang ziemlich gerade empor, an Einzelhöfen vorbei zu einem breiten Karrenweg, auf diesem kurz li aufwärts, dann re in den Föhrenwald und gerade hinauf zum (1/2 St.) *Kirchlein St. Sebastian* (1261 m), das unter rotgelben Felswänden auf einer Bergwiese steht.

Das 1635 nach Erlöschen der letzten Pestepidemie von der Gemeinde Tiers gebaute Kirchlein ist meist geschlossen; der Schlüs-ist in einem am Weg liegenden Bauernhof verwahrt. Im Kirchlein ist ein schönes Frühbarockaltärchen aus der ersten Hälfte des 17. Jh.s, links an der Wand ein Votivbild mit dem Wappen der Völs-Colonna. Eine Holztafel von 1614 mit dem Bild des hl. Andreas und alte Votivbilder bezeugen, daß das Kirchlein früher von Wallfahrern besucht wurde.

Der Weiterweg, bez. mit 4, führt vom Kirchlein n in einen Föhrenwald und in diesem bald re leicht steigend hinüber in einen Lärchenwald, aus dem der Weg eine Wiese mit Brünnchen erreicht. Prachtblick auf die Rosengartengruppe. Wieder in einem Föhrenwald empor, nach re, bei einem Kreuz einen Karrenweg queren, bald aber auf diesem selbst kurz aufwärts, dann li auf markiertem Steig weiter, schließlich im Zickzack hinauf zur (1 St.) *Tschafonhütte,* ital. *Rif. Cavone* (1728 m), auf einer Waldblöße, Wirtschaft mit 15 B. — Weiter im Wald gegen NW auf gutem Steig zu einer Hochfläche mit der gespaltenen, baumfreien Kuppe der *Völseggerspitze,* ital. *M. Balzo* (1834 m), als höchster Erhebung (1/2 St.). Von der Südkuppe herrliche Aussicht auf Schlern, Rosengarten und Latemar, in der Ferne Ortler- und Brentagruppe, im N einzelne Gipfel der Zillertaler und Stubaier Alpen, Prachtblick auf das Kastelruther Plateau. Von der Tschafonhütte führt ein Weg, mit 4 bez., n steil hinab in den Wald, dann über Ums nach Völs, 2 1/2 bis 3 St.

Durch die Bärenfalle auf den Schlern, ital. M. Sciliar (2564 Meter). 4 1/2 bis 5 St. Bez. Weg. Sehr lohnend, jedoch etwas mühsam. Für berggewohnte Geher

Von Tiers auf der Straße nach (3/4 St.) *Weißlahnbad,* ital. *Lavina Bianca* (1179 m), am Beginn des von Felswänden beengten Tschamintales. Von dem Talweg zweigt nach dem letzten Haus li ein mit 2 bez. Weg ab, der durch Wald in die

Schlucht zwischen den hohen Felswänden von Tschafatsch und Mittagskofel, die *Bärenfalle* genannt, ansteigt. Der Weg führt in dieser bis zu deren Gabelung hinauf. Dort im rechtsseitigen Ast der Schlucht weiter, li einen steilen Hang kurz empor, dann über eine schwarze Stufe von Augitporphyrtuffen mit Lava und eine Felsrippe aus der Enge der Schlucht auf einen mit Krummholz und Zirben bewachsenen Hang, über den man, re wendend, den schmalen, begrünten Einschnitt des *Tschafatschsattels* (2069 m) erreicht (1³/₄ St. von Weißlahnbad). Nun re (ö) auf schmalem Steig dem Kammhang entlang in den Hintergrund des Thomastales (Schlerngraben). Aus diesem in Kehren zum Plateau empor; nw weiter über Raibler Schichten zu den (1¹/₂ St.) bewirtschafteten *Schlernhäusern* (2455 m) und in 20 Min. auf den *Petz* (2564 m), der höchsten Erhebung des Schlernplateaus, die aus einem Rest von Hauptdolomit besteht (Näheres über den Schlern s. S. 148).

Zur Grasleitenhütte, ital. Rif. Bergamo (2165 m). 4¹/₂ St. Bez. Weg. Prächtige Wanderung in wildester Dolomitenlandschaft. Von der Grasleitenhütte Fortsetzung der Wanderung zur Vajolet- und Kölner Hütte, zur Antermojahütte oder zur Seiser Alm

Nach *Weißlahnbad* (³/₄ St.) und im *Tschamintal* auf mit 3 bez. Fahrweg bald stärker steigend auf die Höhe der ersten Talstufe, dann bequem weiter zur einsamen Hütte des (1¹/₂ St.) *Ersten Legers* (1469 m), auf einer Waldlichtung stehend. Wieder in den Wald und bald steiler hinauf zum (³/₄ St.) Boden des *Rechten Legers* (1592 m). Von hier freier Blick auf den Talschluß, in dem sich über Wald und Schutt in schönem Schwung re die Sattelspitze, in der Mitte die Valbonkögel, li der Grasleitenturm erheben. — Nach dem Rechten Leger steigt der Weg von der Talsohle gegen die Felsen des Schlernabsturzes hinan, unter denen er in das *Bärenloch* einbiegt. Von hier auf mit 3 bez. Weg über eine Steilstufe (nur für Schwindelfreie) zum *Tierser Alpl* hinauf (neue, privat bew. Schutzhütte, von der man w zum Schlern gelangt). Unser Weg, nun mit 3 B bez., wendet sich aus dem Bärenloch nach re und biegt unterhalb des Grasleitenturmes auf hohem grünen Hang in das enge *Grasleitental,* auf dessen steiler n Lehne er zur (1½ St.) *Grasleitenhütte,* ital. *Rif. Bergamo* (2165 m), steigt. Die Hütte, 1887 von der Sektion Leipzig des DÖAV erbaut und später vergrößert, ist im Sommer bewirtschaftet (40 B, 30 Matratzen).

Oberhalb der Hütte erheben sich mit hohen, rotgelben Wänden der Grasleitenturm und die Grasleitenspitzen. Gegen O die Felsumrahmung des Grasleitenkessels und s über plattige Felsen kühn emporsteigend, die Valbonköpfe mit dem Valbonturm. Die ganze Gegend besteht aus Schlerndolomit. Gegen W prächtige Fernsicht über die Bozner Gegend hin bis zum Ortler.

Von der Grasleitenhütte auf den Kesselkogel (3001 m)
Höchster Gipfel der Rosengartengruppe. 2½ bis 3 St. Für geübte Bergsteiger unschwierige, prächtige Bergfahrt

Der Kesselkogel, ein massiger Felsbau im Mittelpunkt der Rosengartengruppe, wurde 1872 von den Engländern C. C. Tucker und J. H. Carson mit dem Führer Antonio Bernard aus Campitello erstmals erstiegen. Diese Partie gelangte von O her auf den Gipfel. 1876 erstieg Johann Santner, der „Vater der Bozner Bergsteiger", der den Rosengarten wie kein anderer kannte, den Kesselkogel als erster von W. Er fand den heute am meisten begangenen Weg.

Von der Hütte ö auf bez. Steig über felsdurchsetzte Grashänge und zwischen Blöcken in den (20 Min.) *Grasleitenkessel.* Den mit Schutt bedeckten Kessel umstarren gewaltige, gelbrot gefärbte Wände, zwischen denen jähe Schneerinnen emporziehen. Links bildet der Molignonpaß, re der Grasleitenpaß eine Bresche in dem Mauerwall. Von der Wegteilung (li Bez. 3 a zum Molignonpaß) re Bez. 1 über Schutt, Blockwerk und Schnee nicht allzu steil zum (¾ St.) *Grasleitenpaß* (2597 m) mit neuer kleiner Schutzhütte, von wo Aussicht ins Vajolettal, auf die Vajolettürme und die Rosengartenspitze. Bei den Fassanern heißt der Grasleitenpaß „Sella del Principe" (Fürstensattel), weil ihn einst nach der Überlieferung ein Brixner Kirchenfürst überschritt, um ins Fassatal zu gelangen. Jenseits des Passes li auf bez. Steig unter den Wänden des Kesselkogels so weit empor, bis li ein schmales Steiglein (nicht bez.) in die Felsen leitet. (Der bez. Steig führt zum Antermojapaß weiter.) Auf dem Steiglein über Schrofen zu einem breiten Band, das durch die Wand von re nach li emporzieht. Auf diesem Band geht es mit leichtem Klettern bis zu einer Felskanzel empor, von der sich ein schwindelerregender Blick in den Grasleitenkessel eröffnet. Nun über ziemlich steile, jedoch griffige Felsen etwa 40 m hinauf, dann etwas nach re, worauf man in gerader Richtung zum Nordgrat emporsteigt, über den man nach re (1$^1/_2$ St.) zum Gipfel kommt, auf dem ein schönes Eisenkreuz steht. — Der Anstieg ist mit Stahlseilen usw. gesichert, jedoch nur für Geübte zu empfehlen.

Die Aussicht ist ausgezeichnet durch den prächtigen Gegensatz zwischen der wilden Umgebung und den Waldlandschaften, die sich gegen Bozen hin erstrecken. Weiter Rundblick über die meisten Dolomitengruppen; im SW Brenta-, Adamello-, Presanella-, Ortlergruppe; im W und NW Ötztaler und Stubaier Alpen; im N Zillertaler Alpen, Hohe Tauern.

Abstieg am besten auf gleichem Weg zu dem Steig, der vom Grasleiten- zum Antermojapaß führt, oder auf teilw. gesichertem Klettersteig (nur für geübte, ausdauernde Geher!) durch die Nordostflanke zur Ankermojahütte.

Von der Grasleitenhütte über den Grasleitenpaß (2597 m) zur Vajolethütte, zum Karersee oder ins Fassatal. 1$^3/_4$ bis 2 bzw. 4 St. Bez. Wege. Abwechslungsreiche Übergänge durch eine berühmte, großartige Dolomitenlandschaft. Bewirtschaftete Schutzhütten am Weg

Wie oben beim Weg zum Kesselkogel auf den (1 St.) *Grasleitenpaß* mit Hütte und jenseits hinab ins *Vajolettal.* Vor uns der Stock der Vajolettürme, neben diesem hochaufgerichtet die schaufelförmige Rosengartenspitze. Über steinige Grasböden hinab zur ($^3/_4$ St.) *Vajolethütte,* ital. *Rif. Vaiolet* (2245 m), des CAI (früher DÖAV, Sektion Leipzig) mit Sommerwirtschaft (50 B, 50 Matr.), auf einer Stufe des

Sarldolomits. Prächtige Lage. Unvergleichlich ist von hier der Anblick des Winklerturms (2800 m), ein vollendetes Dolomitenbild.

Von der Grasleitenhütte zur Antermojahütte (2485 m) 3/4 St. Weiter zum Seiser Alm- und Molignonhaus oder ins Fassatal. Bez. Wege. Prachtvolle Wanderungen

Wie beim Weg zum Kesselkogel (S. 133) auf den (1 St.) *Grasleitenpaß* (2597 m), dort li über die Schutthalden unterhalb des Kesselkogels auf bez. Steig zum (1 St.) *Antermojapaß* (2774 m) hinauf.

Hier zweigt re ein zuzeiten verfallener Steig ab, der unterhalb der Cima di Larsec gegen S zum Scalieretpaß und von diesem über einen Gratrücken weiter zur (3/4 St.) *Scalieretspitze* (2889 m) führt. Schöne Rundsicht; besonders reizvoll der Einblick in die einsame Larsecgruppe. Im W leuchten aus dem Dunst des Etschtales die weißen Häuser von Bozen-Gries.

Vom *Antermojapaß* auf bez. Steig nö durch eine karartige Mulde, in der bis spät in den Sommer Schnee liegt, abwärts zum schuttbedeckten ebenen Boden des Antermojakessels und diesem folgend zum klaren *Antermojasee* (2487 Meter). Unbewegt liegt das sagenumwobene, dunkle Gewässer zwischen Schutt und Schnee. Mit roten Felsen darüber die Fallwand, ein festungsähnlicher Dolomitbau, und im Osten erscheint über der Öffnung des Felsenkessels der schönste aller Dolomitenberge, die Marmolata mit ihren Schneefeldern und dem senkrechten Südabsturz. Dem Steiglein am Nordufer des Sees folgend weiter zur (3/4 St.) *Antermojahütte,* ital. *Rif. Antermoia* (2485 m).

Die auf einem Felsriegel stehende Hütte wurde von der ehemaligen Sektion Fassa des DÖAV erbaut; nach dem Krieg dem Verfall nahe und ihrer Einrichtung beraubt, nahm sich die SAT des CAI der Hütte an; sie ist nun wieder bewirtschaftet und hat 15 B.

Von der Antermojahütte zum Seiser Alm- oder Molignonhaus. 2 bzw. 2 1/4 St. Bez. Weg. Von dort schöne Wanderungen zum Sellajoch, Schlern oder ins Grödner Tal

Von der Schutzhütte über den Bach, dann auf breitem Weg unter den Felsen des Donakogels in einigen Min. zum *Donapaß* (2504 m). Hier li (n) hinab bis zu der Stelle, wo der Weg nach re abbiegt. Nun li auf bez. Steig zum *Duronpaß* (2300 m), auf vulkanischen Gesteinen, und über steinige Rasenhänge erst n, dann nw zu den Wiesen des *Durontales* hinab. Auf Fahrweg talein und bald re zum *Mahlknechtjoch* (2168 m) empor, von dem man in einigen Min. zum *Seiser Almhaus* bzw. zur Molignonhütte oder, leicht ansteigend, auf breitem Weg zum Schutzhaus „Tierser Alpl" gelangt.

Von der Antermojahütte ins Fassatal. 2½ St. Bez. Wege. Zwei reizvolle Abstiege zu den Ortschaften zwischen Pera und Campitello an der Großen Dolomitenstraße

Nach *Campitello* gelangt man von der Antermojahütte auch über den Dona- und Duronpaß und durch das Durontal (s. die vorhergehende Wanderung). — Von der Schutzhütte über den Bach, dann auf Karrenweg unter den Felsen des Donakogels hin zum nahen *Donapaß* (2504 m). Von hier führt der Weg erst in Kehren n bis unter den Duronpaß hinab, wo er re umbiegt und sich über Wiesen auf vulkanischen Tuffen zu den Hütten von *Camerloi* senkt. Hier Wegteilung.

Durch das Donatal nach Fontanazzo, Campestrin oder Mazzin. Östlich im Donatal weiter, das bald nach S umbiegt. Am li Bachufer abwärts, bis der Weg unterhalb einer Felswand li wendet und den Hütten von *Fossaz* (1951 m) zugeht. Die Alpenhütten liegen vor einem großen Bergsturz, der von den düsteren, hohen Wänden des Ponsin losgebrochen ist. Viele der Blöcke enthalten Einsprengungen von Schwefelkies. Von der *Alpe Fossaz* s abwärts zur kleinen Kapelle *Cerpei,* dann sö zu einer Wegteilung (li nach Fontanazzo), von wo der Almweg sw zum Wegkreuz von *La Pausa* hinabsteigt. (Hier wieder li Abzweigung eines Weges nach Fontanazzo.) Der Talweg wendet sich dem Donabach zu (hier Werfner Schichten), überschreitet diesen und senkt sich dann zu einer Wiese, wo abermals Wegteilung: re nach Mazzin, geradeaus nach Campestrin an der Großen Dolomitenstraße.

Von Camerloi durch das Udaital nach Mazzin oder Pera. Von den Hütten s durch einen Graben neben dem Bach abwärts zu Heuhütten, unter denen man auf einen Karrenweg trifft, der durch das hochromantische Udaital hinabführt. Dort, wo das Tal gegen SO abbiegt, eine Wegteilung: Rechts auf bewaldetem Berghang ein Weg über den Weiler *Ronc* nach *Pera;* dem Talweg folgend, gelangt man nach *Mazzin* an der Großen Dolomitenstraße. Prachtvoller Rückblick ins Udaital, über dem sich das kühngeformte Horn des Mantello (2556 m) und der mächtige Felsklotz des Polenton (2638 m) erheben, beide aus Schlerndolomit.

Von der Grasleitenhütte zum Schlern (2564 m). 3 1/2 bis 4 St. Bez. Wege. Prächtige, abwechslungsreiche Höhenwanderung

Zwei Wege führen zum Schlern: der eine durch das *Bärenloch,* der andere über den *Molignonpaß;* auf dem Tierser Alpl vereinigen sich beide. Den etwas kürzeren Weg durch das Bärenloch begeht man besser vom Schlern her. — Von der Schutzhütte auf bez. Steig talein in den (20 Min.) großartigen *Grasleitenkessel.* Über Schuttströmen erheben sich li die Grasleitenspitzen, re die Valbonköpfe, im Hintergrund die Molignonspitzen, Antermojakogel, Seekogel und Kesselkogel. Zwei hohe Pässe sind in die Felsumrahmung aus Schlerndolomit eingeschnitten: re der Grasleitenpaß, li der Molignonpaß. — Von der Wegteilung li (n) auf gutem, mit 3 a bez. Steig über Schutthalden gegen die Felsen der Mittleren Grasleitenspitze empor, unten denen sich der Steig re dem steilen Gerölltal zuwendet, das zwischen Molignon- und Grasleitenspitzen hinanzieht. Der Steig klimmt in vielen Kehren über den steilen Hang, auf dem bis in den Sommer Schneereste liegen, zum (1 St.) *Südlichen Molignonpaß* (2600 m). (Von hier führt li ein kleines Steiglein hinauf zur [20 Min.] aussichtsreichen Östlichen Grasleitenspitze, 2695 m). Nun geradeaus fast eben weiter in ein paar Min. zum *Nördlichen Molignonpaß* (2612 m) mit Aussicht auf die Roßzähne.

Von hier kann man auf einem Steig, der ö zum Plateau des Molignon hinaufführt, in ³/₄ St. den *Nordwestlichen Molignon* (2780 m) besteigen; für bergtüchtige Wanderer empfehlenswert. Schöne, weitreichende Rundschau.

Vom Nördlichen Molignonpaß führt der Weg 3 a li (nicht geradeaus durch die Schneerinne hinab!) über die Karrenflächen des Hühnerstandes (bei der nächsten Wegteilung wieder li halten) zum (³/₄ St.) *Tierser Alpl* (2450 m) mit im Sommer bew. Schutzhaus. Nun li (w) zur Einmündung des Weges aus dem Bärenloch und wie beim Weg vom Seiser Alm- oder Molignonhaus zum Schlern (S. 152) weiter zu den (1¹/₂ St.) *Schlernhäusern* (2455 m), Sommerwirtschaft (122 B und Matratzenlager).

Von der Grasleitenhütte über den Molignonpaß (2600 m) zur Seiser Alm. 2¹/₄ St. Bez. Weg

Wie beim Weg zum Schlern (s. oben) auf den (1¹/₂ St.) *Nördlichen Molignonpaß* (2612 m), dann li über das Plateau des Hühnerstandes bis zur Wegteilung. (Links zum Tierser Alpl und Schlern.) Hier erst gerade abwärts, bei der neuerlichen Wegteilung dann re abbiegend in eine Mulde, aus der ein markierter Weg direkt auf das Sträßchen leitet, das vom Tierser Alpl zum *Seiser Almhaus,* ital. *Rif. Alpe di Siusi* (2144 m), führt. 15 Min. weiter unten das *Molignonhaus,* ital. *Rif. Molignon* (2053 m). — Schöne Wanderungen zum Sellajoch, über die Seiser Alm zum Parkplatz der Autos auf Schönblick (Bellavista) oder ins Grödner Tal, auch Abstieg durch das Durontal nach Campitello im Fassatal.

Über Touren im Südteil der Rosengartengruppe s. auch S. 63 und 67.

SEISER ALM UND SCHLERN

Die *Seiser Alm,* ital. *Alpe di Siusi,* vor den hohen Felsbergen der Langkofelgruppe, vor Rosengarten und Schlern ausgebreitet, ist mit ungefähr 16 km Länge und 12 km Breite eine der größten Hochweiden der Alpen. Ihr hügeliges Plateau, in der Höhe von 1800 bis 2100 m, hat neben ausgedehnten Weiden 490 Mähwiesen, 70 Schwaigen und nahezu 400 Heustädel. Die Nähe des Südens und die besondere Fruchtbarkeit der Porphyrittuffe bewirken die berühmte Vegetation der Seiser Alm, auf der oft an tausend Rinder weiden. Ihre Flora steht im höchsten Schmuck von Mitte Juni bis Mitte Juli, je nach der Höhenlage. Da ist es ein herrliches Wandern über die weichen, blumigen Wiesen mit Ausblick auf die Felsenwelt der Dolomiten, auf ferne Bergzüge und Schneegipfel. — Seit 1971 besteht auf der Alm selbst ein strenges Fahrverbot für Autos und Motorräder, von dem nur die Bauern und die Pensionsgäste (zu bestimmten Zeiten) ausgenommen sind. Im Winter ist der Verkehr frei.

Die Wege auf der Seiser Alm sind nach allen Richtungen markiert. Manche machen für den Unkundigen scheinbar Umwege und verlocken zum Abkürzen, wovon aber abzuraten ist, denn auf der welligen Hochfläche ist die Orientierung bald verloren.

Die Seiser Alm wird auch wegen ihres *Mineralreichtums* von Sammlern seit jeher viel besucht. Das Gebiet ist allerdings schon ziemlich ausgebeutet, der geschulte Sammler wird aber auch heute noch für seine Mühe belohnt. Es finden sich nach Georg Gasser folgende Spezies, und zwar größtenteils in der Zone der Augitporphyr-Laven bzw. Melaphyr-Mandelsteine: am Frommbach, am Tschapit-Frötschbach, besonders in der Lafreiter Schlucht und am Puflatsch: Apophyllit, Analcim, Natrolith, Stilbit, Kalzit, Cölestin, Amethyst; im Pufelser Loch: Chabasit, Comptonit, Desmin var. Puflerit, Stilbit (auch unweit der Mahlknechtschwaige); im Bachgraben der Saltrieschlucht: Baryt, Prehnit, Datolith; auf dem Schlernplateau: auf Kalzit sitzende kleine Bergkristalle; unweit des Seiser Almhauses (besonders bei den sog. Dialer-Pohlen): Prehnit, Bergkristall.

Der Südteil der Seiser Alm (südl. der Linie Spitzbühel — Goldknopf mit dem gesamten Schlernmassiv, Roßzähnen, Roterdspitze und Tschamintal) ist seit 1975 *Naturpark,* der jedoch touristisch frei begangen werden kann. Es herrscht absolutes Bau- und Fahrverbot, es dürfen keinerlei Blumen gepflückt und Mineralien ausgegraben werden.

Der *Schlern,* ital. *M. Sciliar,* der stockartige, eine Hochfläche tragende Westpfeiler der Dolomiten, überragt in mächtigem Aufbau die Seiser Alm und das Mittelgebirge von Völs und Kastelruth. Den Nordrand des Schlernplateaus bildet der *Burgstall* (2515 m), neben dessen gewaltigem Nordwestabsturz sich zwei schlanke, frei stehende Türme, die *Euringer-* und *Santnerspitze,* erheben. Westlich vom Burgstall der *Gabels* (2390 m) und neben diesem der *Jungschlern* (2160 m), in der Mitte der *Petz* (2564 m), der höchste Punkt der tafelartig ausgebreiteten Hochfläche. Diese erstreckt sich ostwärts, an Breite allmählich abnehmend, gegen die *Roterdspitze* (2655 m), während sie südwärts mit breiten, felsigen Vorbauten (Mittagskofel, Tschafatsch) gegen das Tierser und Tschamintal absetzt.

Die *Flora* des Schlerns ist berühmt. Nach Wolf v. Glanvell seien hier genannt: Androsace helvetica, Hausm.; Aline lanceolata; Aquilegia Einsel.; Arabis caerulea; Artemisia spicata; Astragalas purpureus; Asplenum Seel.; Campanula Morett.; Capsella pauciflora; Carex incurva, ornithopodioides, rupestris; Cochlearia brevicaulis; Dianthus glacialis; Draba incana, tomentosa; Gnaphalium carpathicum; Gentiana prostrata, tenella; Juncus arcticus; Lomatogonium carinthiacum; Oxytropis Hall; Pedicularis rosea; Phaca alpina; Ranunculus hybridus, Seg.; Saxifraga Facch.; Tozzia alpina; Valeriana supina; Woodsia hyperborea.

Zugänge zur Seiser Alm und zum Schlern

Aus dem Eisacktal von den Stationen Waidbruck, Atzwang und Blumau der Brennerbahn; aus dem Grödner Tal von St. Ulrich (Seilbahn) und St. Christina; aus dem Fassatal vom Campitello durch das Durontal (Näheres s. bei Touren von diesen Orten).

Von Bozen Autostraße über Blumau und Völs nach Seis (21 km); weiter zur Seiser Alm 8 km. Täglich mehrmals Autobusverbindung.

Von Waidbruck nach Kastelruth und Seis. 11 km. Fahrstraße, derzeit in großzügigem Ausbau. In Waidbruck halten im Sommer auch Schnellzüge. Am Bahnhof Autobus nach Kastelruth, Seis und auf die Seiser Alm

Von der Station Waidbruck, ital. Ponte Gardena (471 m), führt die im Jahr 1887 erbaute Straße südwärts neben der großen Eisackstauanlage für das Elektrizitätswerk in Kardaun und unterhalb der wohlerhaltenen Trostburg zunächst auf der Ostseite des Eisacktales eben fort und steigt dann in Windungen (schöner Blick ins Eisacktal und auf den Ritten) an Konglomeraten (aus Phyllitstücken), Melaphyren und besonders Melaphyrtuffen empor zum (1 St.) alten Zoll. Darnach durch einen 90 m langen Tunnel im Quarzporphyr in das enge, bachdurchrauschte Tisenser Tälchen, aus dem die Straße eines der schönsten und bekanntesten Mittelgebirge Südtirols erreicht und nach (1 St.) *Kastelruth*, ital. Castelrotto (1095 m), wendet. Kurz vor dem Ort Straßengabelung; li ist die Zufahrt zum Dorf, re erreicht man auf neuer Trasse den Telfner Sattel zwischen Kastelruth und Seis mit Beginn der Seiser Almstraße. Rechts in wenigen Min. nach Seis.

Von der ehemaligen Hst. Kastelruth nach Seis. 2$^1/_4$ St. Bez. Weg. Kürzester Zugang aus dem Eisacktal; Autobushaltestelle beim nahen Gh. „Törggele“

Von der Eisenbahnhaltestelle auf der uralten „Törggelebrücke“ über den Eisack (Autobahnunterführung) und li zum Bauernhof Flösser hinauf. Nun am Hang eines Tälchens bis vor eine Brücke, hier auf Fahrweg re im Wald weiter, dann durch Feld und Wiesen zum Weiler (40 Min.) *Sankt Oswald* (746 m). In der gotischen Kirche Wandgemälde aus dem 15. Jh. Man benützt nun nicht den oberen Weg, der bald zur Straße wird, sondern quert eben (Nr. 7) durch sonniges Gelände (Kastanien, Nußbäume) hinüber zur Ruine *Aichach*, vom 12. bis 14. Jh. im Besitz der Herren von Aichach, später vom Landesfürsten an verschiedene Adelige verliehen. Von Aichach auf Weg 7 weiter oberhalb des Schwarzgriesbachtales, aus dessen Grund das 1480 erbaute Kirchlein *St. Vigil* grüßt, weiter nach *Seis.*

Von Waidbruck über Tagusens nach Kastelruth. 3 St. Reizvolle Wanderung

Vom Kirchplatz in Waidbruck, wo die Straßen auseinandergehen, durch eine Gasse hinauf zu einem Pflasterweg, der ziemlich steil durch das ö Gehänge des Eisacktales zwischen Busch und Baum zur nahen *Trostburg* hinaufsteigt, die mit ihrem malerischen Schloßhof und dem alten Gemäuer an vergangene Zeiten erinnert. Am Weg Melaphyrtuffe.

Diese Burg hieß früher Trostberg. 1173 wird ein Cunrat de Trostperch genannt, dessen Geschlecht die Burg wahrscheinlich ihre Entstehung verdankt. Ende des 13. Jh.s war sie im Besitz eines Zweiges der Herren von Velthurns, denen im 14. Jh. Eckart von Villanders, genannt von Trostperch, folgte. Dessen Tochter Katharina heiratete 1370 Friedrich von Wolkenstein, der einer Seitenlinie der Villanderer entstammte. Dieser Friedrich hatte drei Söhne: Michael, Oswald „mit einem Aug", von dem S. 146 Näheres berichtet wird, und Leonhard. Die drei Brüder Wolkenstein waren heftige Widersacher des Landesfürsten Friedrich, zubenannt „mit der leeren Tasche". Sie gehörten der Vereinigung des aufständischen Tiroler Adels an, und auf Schloß Trostburg liefen die Fäden dieser Verschwörung zusammen. Aus der jahrelangen Fehde ging der Herzog als Sieger hervor. — Die Trostburg wurde vor kurzem großzügig restauriert und kann in der guten Jahreszeit wieder besichtigt werden.

An der Burg und dem verfallenen Gemäuer alter Vorbauten vorbei bergauf zu dem auf freiem Wiesenhang stehenden Wolkensteinschen *Gallreinerhof* (1 St. von Waidbruck). Herrlicher Blick ins Eisacktal und aufs gegenüberliegende Lajener Ried mit seinen Weinbergen und stattlichen Höfen. Vom Gallreinerhof über einen Wiesenhang weiter kurz aufwärts, dann nach li und eine reizvolle Bachschlucht querend auf eine bewaldete Ecke. Von dort führt der Weg noch kurz durch Wald gradauf und geht dann nach li auf eine weite, sanft ansteigende Mittelgebirgsterrasse hinaus, auf der sich die Tagusner Wiesen und Felder ausbreiten. Nun auf Feldwegen nach li in das (1/2 St.) weltentlegene Dörfchen *Tagusens,* ital. *Tagusa* (934 m), mit stattlichen Häusern. Einkehr im neuen Gasthaus „Mesner" im Dorf.

Das anmutige Dörfchen (150 Einw.) liegt auf einer Hochfläche gegenüber dem Lajener Ried, von diesem durch die tiefe Schlucht des Grödner Baches getrennt. „Tacusens" heißt es schon in Urkunden aus den Jahren 1028 und 1035, und uralt ist auch das schöne Magdalenenkirchlein mit romanischem Turm auf felsigem Hügel hart am Abgrund gegen den Grödner Bach. Im Wald s von Tagusens sind die spärlichen Mauerreste des sagenhaften Ritterschlosses Niemandsfreund zu sehen, wovon die Geschichte nichts, Sage und Volksüberlieferung jedoch viel zu erzählen wissen. „Als in Tagusens 1804 der Widum gebaut wurde, stieß man beim Grundgraben auf mehrere menschliche Skelette, mit dem Ritterharnisch angetan, auch andere Rüstungen und Waffen kamen zum Vorschein — Zeichen, daß es hier einst einen blutigen Kampf gegeben habe", heißt es. Bei Grabungen im Garten neben dem Widum wurde 1950 jedoch nichts dergleichen gefunden. — Im Jahr 1904 ging ein Gutteil der Bauernhöfe von Tagusens bei einem Dorfbrand in den Flammen unter.

Tagusens ist noch völlig unberührt; von hier aus geht man in anderthalb Stunden über die bewaldeten Höhen der Gusner Bühel nach Kastelruth. Ein etwas weiterer Fahrweg führt, die Gusner Bühel w umgehend, nach Tisens und Kastelruth; der nahezu ebene Weg wird wenig befahren und bietet eine schöne Wanderung (1¹/₄ St.).

Der Weg über die *Gusner Bühel* geht von den Häusern in der Dorfmitte zunächst s zwischen Wiesenzäunen zu einem Kreuz am Waldrand hinauf. Von dort auf breitem Weg gradaus ansteigend und nach Querung eines Quarzporphyrfelsens zu einem Bildstöckl, dann fast eben im Wald zu einer sumpfigen Höhe mit dem *Moosbühl* (1130 m), ³/₄ St. Dem breiten, vielbegangenen Waldweg weiter folgend (markiert), bald halblinks abwärts. Der Weg wird steinig und senkt sich schließlich auf der Kastelruther Seite über Plattenstufen, die Katzenleiter genannt, ins Plattenmüllerloch in lieblichem, bachdurchzogenem Wiesentälchen, aus dem man bald nach *Kastelruth* hinaufkommt, ³/₄ St. vom Moosbühl.

KASTELRUTH, ital. Castelrotto (1095 m), stattliches Dorf mit 5160 Einw., Luftkurort, als Sommerfrische viel besucht, ist Ausgangsort für Wanderungen auf dem prächtigen Mittelgebirge, das sich am Fuß des Schlerns ausbreitet. Ein stattlicher Hauptplatz mit dem Ansitz Krauseck und nahebei die ungewöhnlich große Pfarrkirche, neben der der 84 m hohe Glockenturm steht, geben dem Ort ein behäbiges Aussehen. — Zahlreiche gute Gasthöfe, schönes Freischwimmbad am Telfner Sattel.

Einer vorgeschichtlichen Siedlung auf dem Kastelruther Kofel, die von den Römern erobert und in ein Kastell umgebaut worden ist, folgten nach den Stürmen der Völkerwanderung geistliche Grundherren, die Bischöfe von Augsburg, Brixen und Freising. Auf dem Kofel erstand aus dem zerstörten Kastell, das der Gegend den Namen gab (castell rotto), das Schloß Kastelruth der Herren gleichen Namens, denen verschiedene Adelsgeschlechter folgten, bis es von dem aus Ungarn eingewanderten Jakob Kraus erworben wurde. 1675 ließ ein Georg von Kraus das zerfallene Schloß niederreißen und aus dem Material Kapellen bauen, so daß aus dem Schloßberg ein Kalvarienberg wurde. — Das 1822 aus verschiedenen Herrschaftsgerichten gebildete Landgericht, später Bezirksgericht, das seinen Sitz in Kastelruth hatte, reichte von Blumau bis zum Grödner Joch und wurde erst 1918 aufgelöst.

Die *Pfarrkirche* in Kastelruth, 1849 geweiht, hat beachtenswerte Altarbilder von dem Schweizer Paul Deschwanden, Schnitzfiguren von Franz Pendl und dem Bozner Meister Kob.

Das wiesenreiche Hochland von Kastelruth ist von Wäldern umgeben, die im N mit ihren Büheln genannten Höhen in Quarzporphyr bis zum weltabgeschiedenen Dörfchen Tagusens reichen und in ihren Waldkuppen zu 1222, 1263, 1270 und 1295 m Meereshöhe gelangen. Deren höchste Erhebung ist der *Rendlbühel* mit 1329 m, gerade n von Kastelruth; er bietet eine prachtvolle Fernsicht. Den Büheln gegenüber steigen Waldhänge bis zu den Höhen der Seiser Alm und des Puflatsch. Großartig erhebt sich der Vorgipfel des Schlern, die Santnerspitze, aus dem seit alten Zeiten bekannten Hauensteiner Forst mit der verborgenen Ruine Hauenstein. Jenseits des tiefeingeschnittenen Eisacktales winkt der höfereiche Ritten, im NO die Höhen der Raschötz und die Geislerspitzen.

Lohnend ein Ausflug von Kastelruth zum *Katzenlocher Bühl* (1164 m) mit den Resten einer urzeitlichen Befestigung, im w Waldland gelegen. Von der Seiser Straße re ab durch Wald markierter Weg, 3/4 St. — Von Kastelruth s über den Ployhügel stets durch Wiesen und Felder zum (3/4 St.)

Blick auf den Sellastock und den Langkofel.
In der Mitte die Marmolata.

Weiler *St. Valentin* an der Seiser Almstraße mit alter Kirche, an deren Südwand Gemälde aus dem 15. Jh. zu sehen sind (s. auf S. 146, oben).

Über den Panider Sattel (1442 m) nach St. Ulrich in Gröden. 3 St. Reizvolle Wanderung, teilw. auf Abkürzungen neben der Straße. Auch Autobusdienst

Straße und Fußweg führen von Kastelruth ostwärts auf der Hochfläche zunächst zum (3/4 St.) Gh. Baum im Weiler *St. Michael* (1279 m). Beachtenswert ist das aus dem 15. Jh. stammende Kirchlein mit guterhaltenen Fresken über dem Portal. Die nunmehr zur Gänze asphaltierte Straße führt nun bis zur Höhe des *Panider Sattels* (3 Gh.), dann auf der Grödner Seite leicht fallend über den Höfen von Runggaditsch durch, quert die Mündung des Pufler Tälchens (Abzw. Straße nach Pufels) und führt schließlich nach *St. Ulrich.*

SEIS, ital. Siusi (1002 m), Luftkurort und Villendorf, von Sommerfrischlern seit alten Zeiten viel besucht, liegt prächtig nahe den imposanten Felswänden der Santnerspitze und des Schlerns. — Autostraße über Völs nach Blumau im Eisacktal. Von keinem andern Ort aus gesehen wirkt die Santnerspitze so imposant wie von Seis aus. Dieser Berg, früher Teufelsspitze geheißen, wurde schon 1880 von Johann Santner aus Bozen im Alleingang erstmals erstiegen. BRD-Meldestelle bei Sektion „Schlern" des AVS.

Auf den Porphyrhügeln nw von Seis, deren einer Gschlier genannt wird, und im Laranzer Wald finden sich Wallburgenreste aus der letzten prähistorischen Periode der südl. Alpenlande. Der breite Südabhang eines Hügels hat drei Abstufungen, zwischen denen sich vor Jahren die Reste von Hütten fanden. Im Innern einer solchen wurde die Feuerstätte (rotgebrannte Erde, Topfscherben) und neben den Hütten „Handmühlen" aus Porphyr gefunden. Die Bauern der Umgebung kannten diese Mühlsteine schon lange und verwendeten sie zum Fundieren von Gattersäulen, zum Beschweren von Bottichen usw.

Villnöß mit der Geislergruppe. Links die Furchetta (3025 m).

Seis wird schon im Jahr 985 urkundlich genannt. Um diese Zeit waren die Bischöfe von Augsburg hier begütert. — Nördlich des Dorfes steht auf einem Wiesenbühel das sehenswerte *Kirchlein St. Valentin,* erwähnt 1244, Umbau im 14. und 16. Jh., mit gut erhaltenen Wandgemälden aus dem 14. und 15. Jh.

Ausflüge und Bergtouren von Seis aus

Zur Ruine Hauenstein, ital. Castelvecchio (1225 m). 3/4 St.

Von Seis gelangt man, einem markierten Waldweg gegen Ratzes folgend, zur Straße und nach dem Sägewerk Jagglmühle, re abbiegend, durch den einst verrufenen wilden Hauensteiner Forst hinauf zur sagenumwobenen *Burgruine Hauenstein.* Sie steht mitten im Wald auf einem mächtigen Dolomitblock. — Schöner Zugang vom Hotel Salegg fast eben durch Wald, 1/2 St. — Von Bad Ratzes (dorthin Autostraße) Waldsteig hinaus zur Ruine, 1/2 St.

Über die Erbauung dieser Burg ist keinerlei Nachricht überliefert. 1256 wird Wernbrecht von Hauenstein vom Brixner Bischof mit der Burg belehnt. Der letzte Hauensteiner starb 1408. Mitte des 14. Jh.s erwarb Eckart von Villanders Teile der Burg, der sie an die Wolkensteiner vererbte. Die Burg Hauenstein ist berühmt als zeitweiliger Wohnsitz des Minnesängers *Oswald von Wolkenstein.* Dieser wurde als zweiter Sohn Friedrichs von Wolkenstein und der Katharina von Villanders um das Jahr 1377 geboren. Der Knabe verlor bei einer Fasnachtsfeier durch einen Bolzenschuß das rechte Auge. Schon im Alter von zehn Jahren ging er von daheim durch. Oswald wanderte durch die ganze damals bekannte Welt; er kam bis nach Armenien, Arabien, Persien, heute als Koch, morgen als Pferde- oder Ruderknecht. Um 1400 kehrte er in die Heimat zurück. Hier umwarb er das Mädchen Anna Hausmann, dem er seine schönsten Lieder widmete; mit ihren Verwandten aber stritt er um Hauenstein. Sie sandte ihn ins Heilige Land, damit er als Ritter des Heiligen Grabes seine Liebe erweise. Als er zurückkam, war Anna eines andern Hausfrau. 1409 zog der Ruhelose wieder in die Welt hinaus; als Dichter und Sänger, als fahrender Ritter und Diplomat kam er bis nach Afrika, wo er die Eroberung der Festung Ceuta mitmachte. 1417 vermählte sich Oswald mit Margarete von Schwangau. Um diese Zeit kam es zwischen der tirolischen Adelspartei, deren hervorragendste Mitglieder die Brüder Michael, Oswald und Leonhard von Wolkenstein waren, und dem Landesfürsten Friedrich von Österreich zu offenem Bruch. Auf der Starkenbergischen

Burg Greifenstein bei Bozen leisteten sie dem Strafzug des Herzogs siegreichen Widerstand. Durch eine List seiner ehemaligen Geliebten Anna kam Oswald aber doch 1421 in die Gewalt des Herzogs, der ihn zweimal in harte Gefangenschaft setzte. Nach abermaliger Gefangenschaft (März 1426 bis 1. Mai 1427) unterwarf sich gleich seinen Brüdern auch Oswald dem Herzog und ging endlich einen Vergleich im Streit um Hauenstein ein. Obgleich von der erlittenen Unbill körperlich gebrochen, unternahm Oswald doch mehrmals in politischen Angelegenheiten größere Reisen. In den letzten Jahren seines Lebens war der Wolkensteiner meistens auf Hauenstein. In seinen Dichtungen, die früher von Abenteuerlust und Sinnesfreude zeugten, beschäftigt er sich jetzt viel mit den Letzten Dingen. Aber wenn der Frühling ins Land gezogen kam, die Tage heller und länger wurden, dann faßte auch Oswald neuen Lebensmut:

„Zergangen ist meins herzen we, seit das nu fließen wil der sne
ab Seuser alben und auß Flack, hort ich den Mosmair sagen.
Erwachet sind des erden tunst, des meren sich die wasserrunst
von Kastellrut in den Eisack, das wil mir wol behagen.
Ich hör die voglin groß und klein in meinem wald umb
Hauenstain . . .“

Oswald von Wolkenstein war einer der bedeutendsten mittelalterlichen Dichter an der Wende zu neuer Zeit. In der musikalischen Komposition ist er seinen Zeitgenossen und den Meistersingern weit voraus. Er beschloß sein vielbewegtes Leben im Jahr 1445, betrauert von seiner Frau, fünf Söhnen und zwei Töchtern. Sein Leichnam wurde im Kloster Neustift bei Brixen beigesetzt. Den Denkstein neben dem Dom in Brixen hatte er sich schon früher selber setzen lassen. Er ist darauf als Kreuzfahrer dargestellt mit Schwert und Fahne.

Auf die Seiser Alm und über den Puflatsch (2176 m) ins Grödner Tal. Bez. Wege. Prächtige Wanderung, besonders im Frühsommer, wenn die Almwiesen in Blüte stehen

Am besten mit Autobus direkt auf die Seiser Alm (8 km), zu Fuß auf markiertem (Nr. 4) Abkürzungsweg von Seis oder Ratzes durch Wald zum (1½ bzw. ¾ St.) Gh. *Gstatsch* (20 B), ital. *Costazza* (1460 m), hinauf und von dort weiter die Straße auf Nr. 4 abkürzend, zum (½ St.) *Frommerhaus* (1720 m). Hier zweigt ein bez. Weg zum Schlern ab. Nun auf Abkürzungsweg ö, vorbei an der *Seelausschwaige* (35 B), zum (½ St.) Autoparkplatz. — Die Straße erreicht mit einem Bogen die Höhe der Seiser Alm und die Endstation der Autobuslinie Waidbruck — Kastelruth — Seis — Seiser Alm beim Gh. *Schöne Aussicht* (1834 m), ital. *Bellavista.*

Zum Puflatsch geht man von da n durch Wiesen zunächst zu einem li ansteigenden Karrenweg, der zu den Wiesen oberhalb des Waldrandes (hierher auch Sessellift) führt. Darunter (am Westhang) das neue Schutzhaus der S. Bozen des AVS, ganzjährig geöffnet, 24 Lager; vom „Eurotel" in 10 Min. erreichbar. Von hier in 1 St. zum Gipfel des Puflatsch (Augitporphyr und Tuffe). Nahebei der sog. Hexensessel, ein breitflächiger Doppelsitz, vermutlich von Urzeitmenschen aus dem Augitporphyritfels gebrochen. — Prächtige Aussicht (Näheres s. S. 169). Vom Gipfel auf der Kammhöhe ö abwärts bis zu einem Kreuz auf exponierter Kammecke mit herrlichem Tiefblick auf Pufels und St. Ulrich im Grödner Tal. Da beginnt der markierte Schnürlsteig, der zu diesen Orten hinabführt. (2 St.)

Vom Frommerhaus auf den Schlern. 3½ St. Markiert

Von dem an der *Seiser Almstraße* stehenden Haus auf mit 5 bez. Weg s hinan zur ehemaligen *Bozner Skihütte* und weiter auf den Kamm des *Spitzbühels* (1928 m; jetzt auch Sessellift). Dann, ständig die Prachtgestalten von Santner- und Euringerspitze vor Augen, auf Wiesenwegen leicht abwärts zur *Saltnerhütte* (1832 m), Wirtschaft, 1½ St. Von da über den Ochsenwaldbach, jenseits hinauf zum Touristensteig und weiter wie S. 151 zum (2 St.) *Schlern.*

Von Seis über die Seiser Alm zum Molignonhaus, zum Seiser Almhaus und zur Zallinger-Schwaige. Prächtige Wanderung, besonders zur Blütezeit der Almwiesen.

Mit Autobus zum (8 km) Autoparkplatz *Schönblick,* ital. *Bellavista* (1834 m), empor, der auf dem Sattel zwischen Seiser Alm und Puflatschalm liegt. Zu Fuß von Seis hierher 2 St. — Vom Parkplatz s an einer Villa vorbei, dann auf mit 7 bez. Weg durch blumige Wiesen hinan zu einer Höhe

(2014 m), die seit alten Zeiten *Joch* genannt wird (hierher auch parallel zu Nr. 7 Sessellift). Der Weg senkt sich jetzt in eine Wiesenmulde und zieht dann leicht steigend ostwärts. Am neuerbauten Haus „Goldknopf“ vorbei über eine Ecke, nachher über den Redellergraben (Sitzbank) und einen Ausläufer der Roßzähne in eine langgestreckte bucklige Mulde, in der gegenüber der alten Mahlknecht-Schwaige das *Molignonhaus,* ital. *Rif. Molignon* (2053 m), steht (2 St. vom Parkplatz). Ganzjährige Wirtschaft. 28 B, Zentralheizung, Fließwasser, elektr. Licht. Bergführerstation. Meldestelle des Bergrettungsdienstes, einer der günstigsten Ausgangspunkte für alle in diesem Abschnitt genannten Touren.

Nun s weiter, den Galgemühlgraben (hier besonders auffallend li die tafelförmige Verwitterung von Palagonit-Tuffen) querend, dann über Wiesen empor zum (1/2 St.) stattlichen *Seiser Almhaus,* ital. *Rif. Alpe di Siusi* (2144 m), Eigentum des italienischen Touringklubs, S. Mailand, meist durch Reisegesellschaften voll belegt.

Vom Seiser Almhaus zur Zallinger-Schwaige geht man erst auf Karrenweg durch Wiesen ö fast eben hinaus, dann schief nach re abwärts, immer der Markierung 7 nach bis zu einem Wiesenzaun (unten die Hütten der Tomaset-Schwaige). Oberhalb dieses Zaunes nach re eben in einen Waldstreifen hinüber, aus diesem über Wiesen aufwärts, bald ein Bächlein überschreitend, dann li kurz hinauf zur Stampfeter-Schwaige und in gleicher Richtung weiter empor zur (1 St.) *Zallinger-Schwaige,* ital. *Rif. al Giogo* (2054 m), am Fuße des Plattkofels. Gemütliches Heim. Ganzjährige Wirtschaft, 24 B, fließendes Wasser, Zentralheizung, eigene Sennerei. Im nahe stehenden Kirchlein, wo zur Heuzeit an Sonntagen eine heilige Messe gelesen wird, eine Gedenktafel für dessen Erbauer, Franz von Zallinger-Stillendorf (gest. 1858). Hierher seit 1968 ab Schutzhaus Floralpina Gondellift.

Von der Zallinger-Schwaige über das Fassajoch ins Durontal und nach Campitello an der Großen Dolomitenstraße, 3 Stunden. Abstieg nach St. Christina in Gröden,

2½ Stunden. Zur Bergstation der Seilschwebebahn Sankt Ulrich — Seiser Alm, 2 St. In alle beim Seiser Alm- oder Molignonhaus genannten Wanderungen ist auch die Zallinger-Schwaige einbezogen.

Von der Zallinger-Schwaige auf den Plattkofel (2960 m und 2942 m). Der einzige leicht zugängliche Gipfel der Langkofelgruppe. Herrliche Aussicht

In einigen Min. hinauf zum markierten Weg, der leicht steigend sö, schließlich über vulkanische Tuffe auf das (¾ St.) *Fassajoch* mit der neuen Plattkofelhütte (2302 m; privat, 35 B und 14 Lager) führt. Vom Joch n erst über eine Rasenkuppe, dann kurz über einen felsigen Rücken zu der sanft geneigten SW-Abdachung des Plattkofels. Auf Steigspuren im Zickzack in oder neben einer langen Schuttrinne empor, bis man in eine vom Grat zwischen beiden Gipfeln herabziehende flache Mulde kommt. Durch diese hinauf zur Grathöhe und dort re zum schrofferen und höheren SO-Gipfel, oder man quert die Mulde und steigt zum Grat empor, über den man den NW-Gipfel von S her erreicht (2 St. vom Fassajoch).

Von Seis auf den Schlern (2564 m). 4 bis 4½ St. Bez. Wege. Ungemein lohnend. Der Schlern ist der bekannteste und am meisten besuchte Aussichtsberg der Westdolomiten. 20 Min. vor der höchsten Erhebung die bewirtschafteten Schlernhäuser

Auf dieser Wanderung eröffnet sich ein interessanter Einblick in die geologische Gestaltung des Schlerns wie der Dolomiten überhaupt. Nach den über dem Quarzporphyr aufgebauten Grödner Sandstein- und Bellerophon-Schichten in der Umgebung von Seis kommt man von Ratzes ab über Werfner Schichten, schmale Streifen von Unterem Muschelkalk, Sarldolomit und Buchensteiner Schichten unterhalb der Proßlinerschwaige in eine Zone von Augitporphyrlaven und -tuffen, denen bei der Proßlinerschwaige Wengener und Cassianer Schichten folgen. Der Schlernweg führt über den Tschapit-(Cipit-)bach mit Einlagerungen eines Kalkes, den Richthofen nach diesem Bach benannte, dann südwärts über den Ochsenwaldbach zu Schlerndolomit und Cassianer Schichten. Die obersten Lagen dieses Dolomits sind auf dem Schlernplateau von weitausgebreiteten roten Mergeln der Raibler Schichten bedeckt. Auf dem Schlerngipfel (Petz) und ein paar kleineren Kuppen weiter sö liegen noch Reste von Hauptdolomit.

Von Seis sö auf markiertem Waldweg nach (3/4 St.) *Bad Ratzes,* ital. *Bagni di Razzes* (1207 m, Autostraße). Eisen- und Schwefelwasser, nicht in Gebrauch. Das enge Tal überragen die Santnerspitze und die senkrechte Wand des Burgstalls, mit der das Schlernplateau gegen N abbricht. Von Ratzes re über den Frötschbach und auf mit 1 bez. Weg sö im Wald aufwärts zu einer (1/2 St.) Wegteilung (hier zweigt li der mit 1 A bez. *Proßlinersteig* ab). Der *Touristensteig* führt von der Wegteilung re in Kehren im Wald weiter empor, wendet dann li und erreicht nach Überschreitung eines Bachgrabens die neue „Schlernbödele"-Hütte der S. Bozen des AVS (1726 m, 1960 erbaut, Übernachtungsmögl., gut 20 Pritschen und Matr., einfache Wirtschaft). Daneben eine Gedenkkapelle. Etwas tiefer Almhütte mit Heulager. Der Touristensteig zieht, schöne Ausblicke auf die Seiser Alm und den Langkofel gewährend, unter den felsigen Abbrüchen des Schlerns über mehrere Gräben aus dem Tschapiter Ochsenwald zu jener Stelle (1 1/2 St.), wo li der mit 1 A bez. Weg von der Proßlinerschwaige heraufkommt.

Der *Proßlinersteig,* ein empfehlenswerter Umweg (seit Juni 1969 wieder instandgesetzt, Mark. 1 A), führt von der genannten Wegteilung li erst über den Frötschbach, dann an einem schönen Wasserfall vorbei über Augitporphyr in Kehren den Berghang hinan. Bequem in dichtem Hochwald sö empor und schließlich auf Wiesen hinaus zur neuen Proßlinerschwaige (1739 m). Im Sommer einfach bewirtschaftet. Diese Schwaige steht an einem der schönsten Punkte der Seiser Alm. Gerade w ragen Santner- und Euringerspitze. Von der Schwaige führt der Schlernweg ö über den als Fundstelle von Mineralien und Versteinerungen bekannten Tschapitbach, dann s zum Ochsenwaldbach und jenseits über Rasenhänge empor zur (1/2 St.) Vereinigung mit dem *Touristensteig.* Auf diesem im Steilabfall des Schlerns empor zur (1 1/4 St.) felsigen Hochfläche und sw mit geringer Steigung weiter zu den (1/2 St.) *Schlernhäusern,* ital. *Rif.*

M. Pez (2455 m). Aussicht auf die nahe prächtige Rosengartengruppe.

Das erste Haus wurde 1885 von der ehemaligen Sektion Bozen des DÖAV eröffnet; 1897 erweitert, steigerte sich der Besuch derart, daß 1903 das neben dem Schutzhaus von Christian Marsoner erbaute kleine Gh. dazu erworben und zu den „Schlernhäusern" vereinigt werden konnte. Jetzt kann dieses Hochasyl über 100 Personen beherbergen.

Von den Schlernhäusern führt ein bequemer Weg n in 20 Min. auf den *Petz* (2564 m) als der höchsten Erhebung des Plateaus. — Der hier noch vorhandene Hauptdolomit ist bereits stark in grobes Blockwerk zerfallen. An einem der Blöcke Gedächtnis-Inschrift für den langjährigen Hüttenwart des Schlernhauses und hervorragenden Bergsteiger Josef Mahlknecht († 1951), erstellt von der S. Bozen des Alpenvereins Südtirol.

Berühmte Aussicht. Von SO bis W: Rosengartengruppe mit Kesselkogel und Rosengartenspitze als höchste Erhebungen; die Latemargruppe mit dem Reiterjoch; Schwarzhorn, Weißhorn; M. Baldo; Brenta-, Adamello-, Presanella- und Ortlergruppe; von W bis NW: Engadiner Berge mit dem Piz Sesvenna; die Ötztaler Alpen mit Weißkugel und Wildspitze; Stubaier Alpen mit Sonklarspitze und Zuckerhütl, Habicht und Pflerscher Tribulaun als besonders hervortretende Gipfel, davor die Sarntaler Alpen; im N: Zillertaler Alpen und Rieserfernergruppe; von NO bis SO: Peitlerkofel, Geislerspitzen (davor die Seiser Alm), Puezgruppe; Hohe Gaisl, Fanesgruppe; näher Langkofelgruppe und Teile der Sellagruppe; M. Antelao, Pelmo und schließlich die Marmolata zwischen Roßzähnen und Roterdspitze.

Lohnend gegen N weiter zum nahen *Burgstall* (2515 m), prachtvoller Blick auf das Plateau von Seis und Kastelruth sowie ins Eisacktal. Auch auf dem Burgstall ist ein Rest von Hauptdolomit erhalten. Auf seiner Höhe fand man 1945 große Mengen von verzierten Gefäßscherben vom Laugener Typus, also einer späteiszeitlichen Art, eine Silexpfeilspitze, eine bronzene Fibel vom Späthallstatt-Typus und seltsamerweise auch eine Münze aus der Zeit des römischen Kaisers Valens, der im Jahr 378 n. Chr. gestorben ist. Vermutlich handelt es sich da um eine vorgeschichtliche Kultstätte, die noch in der Römerzeit besucht wurde.

Vom Molignon- oder Seiser Almhaus auf den Schlern. 3 St. Bez. Weg. Sehr lohnend

Auf breitem Weg in das am Südfuß der Roßzähne gegen W hinanziehende Tälchen. Hier über vulkanische Tuffe zum (3/4 St.) *Tierser Alpl* (2450 m, neues Schutzhaus mit Sommerwirtschaft) empor und in w Richtung über das *Tierser Alpl* weiter. An der Wegabzweigung zum Bärenloch vorbei, dann unterhalb der Roterdspitze über einen Schutthang hinauf zum Schlernplateau.

Das Tierser Alpl liegt in Tuffen; beim weiteren Anstieg quert man eine dünne Lavadecke mit Tuffen von schwarzer und olivgrüner Farbe unter den obersten Dolomitlagen, von späten und vergleichsweise kurzfristigen vulkanischen Einflüssen herrührend. Auf dem Hang vor der Roterdspitze (re oben) fanden 1945 Bozner Heimatforscher Topfscherben der Laugener Kultur und eine Armbrustfibel aus vorgeschichtlicher Zeit. Ein Abstecher (1/4 St.) auf die Roterdspitze (2655 m) ist wegen der schönen Aussicht, besonders auf die Seiser Alm hinunter, sehr lohnend. — Die Roterdspitze hat ihren Namen von den roten Raibler Schichten, die von hier westwärts weithin den Schlerndolomit bedecken. — Vom Schutzhaus Tierser Alpl aus führt ein gesicherter Klettersteig auf die Roßzähne und weiter über den Kamm („Maximilianweg“) zur Roterdspitze (nur für Geübte).

Auf aussichtsreichem Weg nw weiter zu den (2 St.) *Schlernhäusern* (2455 m) und von hier in 20 Min. auf den *Petz* (2564 m). Der Besuch des Hochflächenvorsprunges beim Burgstall (2515 m) ist zu empfehlen (s. auch S. 152).

VÖLS AM SCHLERN (880 m) besteht aus dem an der Straße liegenden *Untervöls* und aus dem jenseits der Straße auf der Höhe stehenden *Obervöls*. Viel besucht wird neben Untervöls auch Obervöls wegen seiner vorzüglichen, weitbekannten Schlernheubäder. — Autobusverbindung mit Blumau — Bozen und Seis — Kastelruth — Waidbruck. Den Hauptort Untervöls bildet ein Häuserring um die Kirche, in den die Straße und gewölbte Durchgänge führen.

Die Gemeinde Völs am Schlern besteht aus den Fraktionen St. Konstantin, Ums, Prösels, Völser Aicha und St. Katharina. Das Dorf selbst liegt auf uraltem Siedlungsgrund und wird schon in einer Schenkungsurkunde vom Jahr 888 als „Fellis“ erwähnt. Damals gehörte der Ort zum Herzogtum Bayern in der Gaugrafschaft Nurichtal. — Am 11. und 20. April 1945 wurde Völs von Fliegern mit Bomben belegt. Zwei Bomben fielen wenige Meter w vom Gh. Weißes Kreuz in die Wiese, wo sie große Krater aufrissen. In den zutage gekommenen Erdmassen fanden sich Pfeilspitzen, Fibeln, Armspangen und Tonscherben. — Sämtliche Skulpturen aus den Völser Filialkirchen sind dzt. im Pfarrhaus sichergestellt.

In der Pfarrkirche von Völs, „einem der schönsten Denkmäler der südtirolischen Spätgotik", um 1570 vollendet, besonders beachtenswert der Hochaltar mit schönen biblischen Darstellungen des Bozner Altarschnitzers Meister Narziß (1487) und einer prächtigen, 1 m hohen Monstranz. Hoch oben am Triumphbogen ein wertvoller romanischer Christus am Kreuz aus der Zeit um 1200. Im Pfarrhaus nebenan werden zahlreiche in Sicherheit gebrachte Statuen der Filialkirchen von Völs sowie eine wertvolle Krippe (Joh. Probst, Sterzing, um 1800) verwahrt und auf Wunsch gezeigt. Die Orgel mit großem Rokokogehäuse und Glokkenspiel sowie die schwungvolle Rokokokanzel stammen aus dem 18. Jh. Die Kirche wurde 1945 am 11. und 20. April durch Bomben beschädigt, 1946 bis 1949 wiederhergestellt. — Am Friedhof die kleine St.-Michaels-Kirche aus dem 12. Jh. mit Beinhaus und Kapelle.

Auf einem schon in vorgeschichtlicher Zeit besiedelten Felshügel w nahe von Untervöls steht das malerische romanische Kirchlein St. Peter aus dem 12. oder 13. Jh., 1498 neu eingewölbt, mit gotischem Flügelaltar von 1510. — Wundervoller Blick auf den gegenüber liegenden Ritten und ins Eisacktal; im N der firnglänzende Hochfeiler.

Ausflüge von Völs aus

Über Prösels, ital. Présule (908 m), und St. Katharina nach Tiers. 3½ St. Reizvoll und lohnend

Prösels ist durch eine schmale Zubringerstraße mit der Autostraße Blumau — Völs verbunden (Autobushaltestelle an der Abzweigung). Der schönste Fußweg ist der von Obervöls aus über die Wiesenterrasse oberhalb der Autostraße zunächst nach *Ums* und von dort über den Schlernbach nach Prösels. In Prösels Gasthäuser und oberhalb des Ortes auf grünem Hügel der sog. Pulverturm, im 12. Jh. gebaut, mit weiter Aussicht. — Die kleine Kirche aus dem 12. oder 13. Jh., um 1520 in die heutige Form gebracht, hat in der Apsis ein treffliches Wandgemälde, Krönung Marias aus der Zeit um 1430, und ein großes gotisches Kruzifix.

Neben dem Weiler steht auf dem bewaldeten, jäh abfallenden Tschaffenberg das große *Schloß Prösels,* dessen ursprünglicher Bau von den Herren von Pranger aus dem 12. Jh. stammt. Das Schloß wurde von 1517 ab von Leonhard von Völs, Hauptmann an der Etsch und Burggraf von Tirol, großzügig umgebaut. Oberhalb des gotischen Eingangstores schön gemeißelter Wappenschild, darunter die Inschrift: „Der wohlgeborn Her Leonhart Her zw Vels R K M Landhaubtman dis Gschlos Presls erbwt und wider erhebt 1517." — Nach zwei Toren folgt ein Markuslöwe in weißem Marmor, neuere Arbeit, und der enge Schloßhof neben dem großen Palas. Der geschlossene malerische Hof mit loggienartigem Verbindungsgang und offener Halle darüber verdient Beachtung: eingemauerte Steinreliefs (14. bis 16. Jh.) und bedeutende Kunstschlosserarbeiten. Über den Loggien eine gemalte Wappenreihe und Turnierritter. Vor dem Palas mit seinen vielen Zimmern und einem Rittersaal führt eine Treppe zu der auf einer Terrasse oberhalb des Schloßhofes stehenden, um 1525 errichteten Kapelle, die nun vollständig ausgeräumt ist. Nach dem Ableben des letzten Schloßinhabers aus dem Geschlecht der Freiherren von Völs-Colonna 1804 verfiel das Schloß, wurde jedoch von den folgenden Besitzern wieder instand gesetzt. Das ob seiner kostbaren Sammlungen einst weitbekannte Schloß steht jetzt ziemlich leer; es ist mittlerweile in bäuerlichen Besitz übergegangen.

Von der Kirche in Prösels ausgehend auf mit 5 bez. Weg (li eine große Wiese) aufwärts zu einer Einsattelung mit dem sagenumwobenen Schnaggenkreuz. Hier kreuzen mehrere Wege. Auf dem s abwärts führenden Weg in den Wald und da, immer li haltend, hinab zu dem Weg Ober-

Aicha — St. Katharina, 3/4 St. — Der bequemere, heute jedoch zur staubigen Autostraße gewordene Weg geht von der Kirche kurz s hinab zu ein paar Höfen und von dort dem Zaun einer großen Wiese entlang (nicht in der sumpfigen Wiese selbst) bald an einigen Stallgebäuden vorbei, dann im Bogen nach li leicht aufwärts zu einem Bildstock, Schnurrenbild genannt, und von dort li oberhalb der ersten Höfe von Ober-Aicha zu einem Wegkreuz. Von da wenig abwärts, dann li über eine Wiese zur (3/4 St.) ursprünglich romanischen, 1820 umgebauten Kirche von *Ober-Aicha* (868 m); davor das einfache Gh. Pulserhäusl. Von dem Transformatorhäuschen hinter der Kirche dann erst kurz abwärts zu einem Bach, von dort auf breitem Hangweg, vorbei an Einzelhöfen, stets li haltend und auf der Höhe bleibend, zum (1/2 St.) Kirchlein *St. Katharina* (878 Meter), zwischen zwei Bauernhöfen, eines der berühmtesten Kunstdenkmäler des Landes, 1293 erwähnt und um 1500 gotisch umgebaut. Auf der Südwand des noch aus romanischer Zeit stammenden Langhauses, durch ein Dach geschützt, sehr gut erhaltene Bilder aus der Zeit um 1384, die Legende des Martyriums der hl. Katharina darstellend. Im Kirchlein ein gotischer Flügelaltar, aus alten Teilen (um 1530) zusammengestellt. Schlüssel im Bauernhof oberhalb. — Von St. Katharina auf breitem Weg li kurz hinab in ein Bachtal mit Brücke und jenseits abwärts zur nahen Wegteilung bei einem Kreuz. (Rechts durch ein Wiesentälchen hinaus nach Breien an der Tierser Straße, 1/4 St.) Links Weg hinauf zu den Bauernhöfen von Gann, weiter auf breitem Fahrweg fast eben talein zur Tierser Straße und zum nahen Dorf *Tiers,* 1 St. von St. Katharina. Die neue Tierser Straße (dzt. im Ausbau) wird von Aicha am Hang entlang nach Tiers geführt.

Von Völs nach Seis, ital. Siusi. 2 St. Hübscher Waldspazierweg

Die Fahrstraße dorthin (10 km) führt, meist durch Wald, an dem einsamen Kirchlein *St. Konstantin,* um 1500 umgebaut, vorbei. Man kann auch auf Fußwegen über den hübschen Völser Weiher (2 Gh.) durch die Wälder gehen, ab dem Weiher auf Nr. 2 über den sog. „Salegger Steig" bis zum Hotel Salegg und von dort absteigend nach Seis.

Von Völs auf den Schlern. 4$^1/_2$ bis 5 St. Mit 1 bez. Weg. Mühsam, jedoch lohnend

Von Untervöls auf Wiesenweg ö zum Wald hinauf oder erst nach Obervöls, dann an dem alten Ansitz *Zimmerleben* der Herren von Khuepach, jetzt bäuerlicher Besitz, vorbei. Bald kommt man zum *Völser Weiher* (1036 m), einem kleinen, schilfbedeckten Wasser, daneben 2 Gh. Den Weiher li lassend, auf einem Karrenweg durch Föhrenwald in die Nähe der (1 St.) Almhütte am Tuff (1277 m) auf wiesenumsäumtem Hügel li oben. Nun re in mäßiger Steigung durch Wald gegen die felsigen Abstürze des Schlern und tief unter diesen über den Völser Bach, dann s im Wald gegen den tiefeingerissenen Schlerngraben. Am Hang dieses Grabens steigt der steinige Weg (1 bequemer, Abkürzung 1 A für Geübte) im Zickzack zum ($^3/_4$ St.) Kreuz *„Peterfrag"* (1650 m) empor, wo man die Zone des Schlerndolomits erreicht (von hier li auf dem mit Ziffer 3 bez. „Schäufelesteig" sehr steil im Zickzack zum [1$^1/_2$ St] Violer Eck und über die Hochfläche erst n, dann ö zu den [$^1/_2$ St.] Schlernhäusern; nur für tüchtige Bergsteiger.) Vom Wegkreuz „Peterfrag" re auf dem gewöhnlichen Schlernweg in den Schlerngraben hinauf, der sich bald zu einer vom Schlernbach durchflossenen hohen Klamm verengt. In dieser auf Prügelweg empor, dann aus der Klamm in den sich erweiternden Talkessel zwischen dem Schlernmassiv und seinen s Ausläufern und da hinauf zur ($^3/_4$ St.) *Sesselalpe* (1919 m; meistens, aber nicht sicher, bew.). Von hier auf bez. Weg einige Min. im Lostal aufwärts, dann re ziemlich steil zu den Rasenböden des Schlernplateaus mit Raibler Schichten. Prachtblick auf den Rosengarten. Der Weg führt nun, die St.-Kassian-Kapelle re lassend, n weiter zu den (1$^1/_4$ St.) *Schlernhäusern*. Von hier zum *Petz* (2564 m), höchste Erhebung des Plateaus, bequem in 20 Min. (über die Aussicht s. S. 152).

Vom Schlern zur Grasleitenhütte. 2 1/2 bis 3 St. Bez. Weg. Reizvoller Übergang; einige Übung erforderlich

(Siehe auch bei Touren von der Grasleitenhütte aus in umgekehrter Richtung, S. 137.) Von den Schlernhäusern sö auf bez. Weg über das Plateau, dann vor der Roterdspitze re abwärts bis unter deren Felsfuß. Nun ö über das *Tierser Alpl* zur (1 1/2 St.) Wegteilung (Tafel). Hier re durch das *Bärenloch* auf gesichertem Steig, der sog. Stiege (nur für Schwindelfreie), hinab ins *Tschamintal* und empor zur *Grasleitenhütte* im großartigen, felsumstarrten Grasleitenkessel (1 St.). — Im Hochsommer, wenn kein Schnee mehr liegt, besser von der genannten Wegteilung auf dem Tierser Alpl noch kurz ö weiter zur nächsten Wegtafel. Hier re auf einem Steig über die felsigen Böden des Hühnerstandes sö zum (3/4 St.) *Molignonpaß* (2600 m) empor und jenseits im Zickzack über eine lange Schutthalde in den Grasleitenkessel hinab, dann talaus zur nahen (1/2 St.) *Grasleitenhütte*, ital. *Rif. Bergamo* (2165 m). Über Touren von dieser Hütte aus s. S. 137.

DAS GRÖDNER TAL UND SEINE BERGE

Unter den vom Eisacktal abzweigenden Seitentälern hat das Grödner Tal für den Dolomitenwanderer die größte Bedeutung. Dieses Tal dringt tief in das Dolomitengebiet und zwei Paßstraßen verbinden es mit anderen Dolomitentälern. Aus dem Grödner Tal Zugang zur Seiser Alm und in die Geisler-, Puez-, Langkofel- und Sellagruppe. Länge des Tales von Waidbruck bis Plan 24 km. In seiner Mitte liegt der Hauptort, der Markt Sankt Ulrich, ital. Ortisei. Die in Waidbruck beginnende Talstraße wird von Kraftwagen viel befahren und bietet wenig Ausblicke; sie ist für Fußgänger nicht empfehlenswert.

Ins Grödner Tal, ital. Val Gardena

Die 44 km lange Grödner Bahn entstand während des ersten Weltkrieges zugleich mit den großen Straßen Plan — Pordoi und Plan — Corvara als Nachschublinie für die Dolomitenfront. — Die Schmalspurbahn wurde 1960 eingestellt. Seit 1968 ist die ehem. Bahntrasse in großzügigem Ausbau begriffen, als Hauptzufahrt nach Gröden, mit Anschluß an die Autobahnausfahrt bei Klausen. Sie kann schon derzeit befahren werden.

Von der Schnellzugstation *Klausen,* ital. *Chiusa* (520 m), geht es, weithin im Brixner Quarzphyllit bleibend, in mehreren Windungen und durch einige Tunnels langsam auf die Höhe von Albions; nach ungefähr 1/4 St. reizvoller Blick auf Klausen mit dem Kloster Säben; gegenüber das Rebengelände von Villanders und Barbian. So fährt man 1/2 St. parallel dem Eisacktal, dann biegt die Straße scharf ins Grödner Tal. Gegenüber das kleine Dorf Tagusens mit seinen Feldern, unten, oberhalb Waidbruck, die Trostburg, der Ansitz der Grafen Wolkenstein. Über die waldigen Hänge von Tagusens hinweg sieht man die ersten Dolomitengipfel, die zackigen Schlernspitzen, emporragen, die man während der Weiterfahrt noch eingehender betrachten kann. Die ehem. Hst. (9 km) *Lajenried,* ital. *Novale di Laion* (792 m), liegt 3/4 St. unterhalb des Dorfes *Lajen* (S. 197).

Die Straße zieht dem Hang entlang talein; es wird das Wahrzeichen Grödens, der gewaltige Langkofel, sichtbar.

Nach 18 km ist die Abzw. nach *St. Peter,* ital. *S. Pietro* (1037 m), erreicht. Der Ort selbst liegt 20 Min. höher. Bei der Weiterfahrt kommen wir nach Verlassen des Quarzphyllits durch einen großen Bergsturz mit Quarzporphyrblöcken, dann senkt sich die Straße bei den Kalköfen von *Inner-Pontifes* zu einem ebenen Talfleck, die „Pforte Ladiniens" genannt, da hier das Gebiet der ladinischen Sprache beginnt; die Straße zieht zwischen dieser und dem Grödner Bach talein. Unterhalb des Weilers Runggaditsch am Ausgang des Pufelser Tales überbrückt die Trasse den Bach und erreicht, über Grödner Sandstein führend, eine grüne Talweitung mit dem Hauptort (27 km) *St. Ulrich,* ital. *Ortisei* (1236 m).

Nach St. Ulrich verengt sich das Tal wieder; die Talstraße erreicht hier zunächst (31 km) *So-Plases,* dann (33 km) *St. Christina* (1428 m). Nun wieder gradaus talein und nach einer Wendung über den Tschislesbach, der Grenze zwischen St. Christina und Wolkenstein, zu einer Kurve mit schönem Blick auf die mächtige *Fischburg.* Bei der nächsten Wendung noch ein schöner Ausblick: unten St. Christina, in der Höhe die Seiser Alm mit dem Schlern, an der Südlehne des Tales die Fischburg. Bald sind wir in der ersten Fraktion von Wolkenstein, *La Pozza* (37 km), und kommen dann nach kurzer Fahrt in die Ebene von Anives, in der sich der Hauptort des inneren Gröden, *Wolkenstein,* ausbreitet (40 km). Anmutig liegt das Dorf vor uns: Stevia, Puez, Tschierspitzen, Sella, Langkofelstock schließen das Tal; hinaus sehen wir über das Plateau von La Selva auf die Seiser Alm, darüber die Schlernspitzen Euringer und Santner. Von Wolkenstein-Selva führt die Straße nun gerade neben dem Bach talein und erreicht den Talschluß (44 km) mit den Häusern von *Plan* (1613 m), überragt von den gewaltigen Wänden des Sellastockes.

Standorte und Wanderziele

ST. ULRICH (lad. Urtischei, ital. Ortisei, 1236 m), Hauptort des Grödner Tales mit ladinisch sprechender Be-

Enneberg mit der gotischen Pfarrkirche und dem hohen Spitzturm.

völkerung, Markt mit rund 4000 Einwohnern, mitten in grüner, von Wäldern umgebener Talweite, die der ungeheure Felsturm des Langkofels überragt; weitbekannt durch seine Schnitzindustrie und kirchliche Bildhauerarbeiten; beliebt als Sommerfrische und Wintersportplatz; Ausgangspunkt der Seilbahnen auf Seiser Alm und Seceda und des Sessellifts auf die Raschötz. — Fachschule für Holzschnitzer und Bildhauer mit eigenem Ausstellungsgebäude. — Viele Bergwanderungen; vielbesuchtes, außerordentlich günstiges Skigelände in der Umgebung und auf der in wenigen Min. erreichbaren Seiser Alm. St. Ulrich kann als Zentrum der Grödner Dolomiten gelten, zu deren Schutzhütten es zugleich Talstation ist, und ist in der Hauptreisezeit im Sommer wie auch im Winter regelmäßig überfüllt. Trotzdem finden sich gute Unterkünfte in den zahlreichen Hotels, Gasthöfen und Pensionen. Überdies ist der Ort mit zahlreichen Sportanlagen ausgestattet und hat ein gut markiertes Netz von Spazierwegen.

Die Autobuslinien nach Cortina d'Ampezzo (82 km) über Plan und Sellajoch, nach Canazei (26 km), nach Bozen (38 km), nach Klausen und über das Grödner Joch nach Corvara werden im Sommer mehrmals täglich befahren; da neuerdings die genannten Pässe fast durchwegs schneefrei gehalten werden, verkehren die meisten Linienbusse auch im Winter.

Als Sehenswürdigkeit ist die schöne *St.-Ulrichs-Kirche* zu nennen. Sie stammt aus dem Jahre 1796 und wurde 1905 bis 1907 vergrößert. Das Hochaltarblatt ist ein Werk des einheimischen Künstlers Josef Moroder-Lusenberg; auch die übrigen Bilder und Holzschnitzereien stammen von Einheimischen. In der Sakristei wird eine kleine Madonna aus Alabaster gezeigt, ein Werk des Canovaschülers Alois Colli aus Gröden. — Die *St.-Anna-Kirche* im Friedhof war einstmals Totenkapelle und wurde 1515 zur Kirche umgebaut. Hinter dieser Kirche das Grab des 1898 auf der Fünffingerspitze verunglückten bekannten Bergsteigers Norman-Neruda. An weiteren Kirchen St. Ulrichs wären noch Sankt Anton in Boden, ein 1673 aufgeführter und 1680 geweihter einfacher Bau, zu nennen sowie St. Jakob, ein ursprünglich

Die Fànesalm mit ihrer eigenartigen Geländeform.

flachgedecktes Langhaus, das in spätgotischer Zeit umgebaut wurde (siehe auch S. 163).

Wie in Enneberg und im Abteital die Salvangs und Gannes, so hausten auch im Grödner Tal nach der Sage in Felsenhöhlen als erste Bewohner wilde Leute, die Salvans und Cristanes. Die ältesten Ansiedlungen im Grödner Tal, die man den Illyrern zuschreibt, lagen auf der Sonnenseite hoch über den heutigen Ortschaften St. Ulrich und St. Christina auf vereinzelten Bergkuppen und waren mit Steinwällen umgeben. In der Gegend des Stufanhofes, nö der St.-Ulrichs-Kirche, fand man 1882 ein prähistorisches Doppelgrab. Kaum tausend Schritte oberhalb dieser Fundstelle, am Col de Flam, wurden im gleichen Jahr Spuren von Aschengräbern mit zahlreichen Schmucksachen und später mehrmals noch Hausgeräte und Waffen aus der La-Tène-Zeit entdeckt. Nebenbei scheint das Grödner Tal für Illyrer, Etrusker und Kelten Verkehrs- und Durchgangsgebiet gewesen zu sein, was auch der uralte Saumweg Troi Pajan (Heidenweg) hoch oben von St. Christina über St. Jakob hinaus nach Lajen bestätigt. In den Stürmen der Völkerwanderung zwischen 400 und 600 mögen sich zudem auch manche Flüchtlinge in das Grödner Tal gerettet haben, aber bis nach 900 blieb die Gegend doch größtenteils unwirtliches Waldgebiet. Im Jahr 999 schenkte Graf Otto von Andechs dem Bischof Gottschalk von Freising neben Besitzungen in Lajen „den Wald entlang dem Grödner Tal". Leute des Bischofs von Freising rodeten den Wald und legten Höfe an, von denen sie später einige dem Bistum Augsburg übergaben. Bewohnt waren diese Höfe ursprünglich von Rätoromanen, die das ganze Tal kolonisierten. Sie behielten in der Abgeschiedenheit des Hochtales ihre Sprache bis zur Gegenwart. Im Jahr 1027 kam Gröden an das Bistum Brixen; ihre Herrschaft und die Gerichtsgewalt übten die Bischöfe jedoch nicht selbst aus, sondern gaben sie verschiedenen Adeligen zu Lehen. So erstand auch St. Ulrich aus einem Hof, genannt Ortiseit, den Graf Meinhard von Tirol gegen Ende des 13. Jh.s besaß. — Nach der Säkularisierung des Bistums Brixen 1803 wurde Gröden erst dem Gerichtsbezirk Klausen, 1822 dann dem Landgericht Kastelruth zugeteilt; kirchlich kam Gröden 1918 von Brixen zur Diözese Trient, 1964 jedoch wieder zu Brixen.

Handwerk und Fremdenverkehr sind die Einnahmsqellen der Bevölkerung des Grödner Tales. Die Grödner Bildschnitzer und Holzbildhauer, überhaupt die Grödner Künstler und Kunstgewerbler, haben Weltruf, ihre Ausstellungen finden große Beachtung. Kein Wunder, denn die Bildschnitzerei mit dem Sinn des Künstlers wie die Herstellung einfacher Spielwaren gehört in Gröden zur Familientradition, hat sich durch Generationen vererbt und reicht bis ins letzte Drittel des 17. Jh.s zurück. Jetzt beschäftigt sich ein Großteil der Talbevölkerung mit Holzschnitzerei, und zwar zum Großteil innerhalb einer bereits industrialisierten Fertigung. Dabei gibt es viele kunstgerechte Bildschnitzer, die sich an den Fachschulen in St. Ulrich und Wolkenstein und an auswärtigen Studienanstalten erweiterte Kenntnisse erworben haben. Schöne Schmuckstücke für Kirchen und Kapellen werden von St. Ulrich in die ganze Welt verschickt.

Spaziergänge, Ausflüge und Bergtouren von St. Ulrich aus

Auf den Col de Flam (1458 m). 1/2 St. Guter Aussichtspunkt

Oberhalb der Pfarrkirche re auf der nach St. Jakob führenden Straße ein kurzes Stück hinan, dann li abbiegend auf schönem Weg durch prächtige Lärchenwiesen empor zum *Col de Flam* (Flammenhügel), prähistorische Siedlungsstätte; schöner Talüberblick. Restaurant und Pension. Das Gelände liegt in Bellerophonschichten. Im Wald re weiter zur (1/2 St.) sehenswerten *Kirche St. Jakob* (Werfner Schichten) oder li abwärts ins *Annatal* im Grödner Sandstein und kurz hinaus in den Markt.

Zur Kirche St. Jakob (1567 m). 3/4 St.

Oberhalb der Pfarrkirche re auf der Straße bergan nach (1/2 St.) *St. Jakob,* ital. *S. Giacomo,* Gh. Jakober Hof, in dessen hübscher Stube interessante Bilder zu Grödner Sagen zu sehen sind. Prachtblick auf den Langkofel. In der Nähe das Grohmann-Denkmal mit der Büste des Dolomitenerschließers und ersten Ersteigers des Langkofels. Weiter auf einem Wiesenweg n hinauf zur (1/4 St.) Kirche, deren spitzer Turm aus dem Walde hervorragt.

Die gotische St.-Jakobs-Kirche (früher Wallfahrtskirche) ist sehenswert. Sie wurde um das Jahr 1350 von Jakob von Stättenecke aus dem Geschlecht der Herren von Säben, die nahe der Kirche ein Schloß besaßen, erbaut. 1398 oder 1408 wurde die Kirche durch einen Blitzstrahl schwer beschädigt, ihre Wiederherstellung war erst um 1440 vollendet. Die Kirche enthält gut erhaltene Wandmalereien von einem Meister aus der Brixner Schule (15. Jh.), Kopien der Originalschnitzkunstwerke und ein Hochaltarblatt von Franz Unterberger (1751).

Die Außenseite schmückt ein riesengroß gemalter St. Christoph und dabei eine Landschaft mit einer Burg, die man für das einstige Schloß Stetteneck hält.

Mit der Seilschwebebahn auf den Pitzberg, ital. M. Piz (2005 m). Prächtige Fahrt zum Ausgangspunkt zahlreicher Wanderungen auf der Seiser Alm

Die Talstation jenseits des Grödner Baches ist aus der Ortsmitte in wenigen Min. zu erreichen. Von St. Ulrich aus sichtbar steht die Bergstation auf dem steil abbrechenden, waldigen Pitzberg. Die Länge der Seilschwebebahn mit ihren zwei Stützen beträgt 1870 m, der Höhenunterschied 786 m. Die Seilbahn ist 1968 vollkommen modernisiert und zu großer Leistungsfähigkeit ausgebaut worden. Hoch über steilem Waldhang schwebt die Kabine empor, die Höhen der Raschötz versinken, weites Bergland öffnet sich. Die Bergstation mit Restaurant liegt auf dem erhöhten Rand der weiten friedlichen Seiser Alm mit ihren zahlreichen Hütten und dem frischen Grün der Matten. Prachtblick ohnegleichen auf die wilde Langkofelgruppe, ostwärts auf das gewaltige Bollwerk der Sellagruppe, im S der Molignonzug des Rosengartens.

Von der Bergstation führt ein guter Weg am Waldrand westwärts in 20 Min. zur Höhe des *Pitzberges* (2108 m), Augitporphyr. Herrliche Rundschau über die Grödner Berge und die Seiser Alm. — Von dort empfehlenswerte Wanderung zum Endpunkt der Seiser Almstraße: auf der Kammhöhe sw dem mit 6 bez. Zickzacksteig folgend bergab zum Schutzhaus Icaro und weiter zu einem Wiesensattel, von dem w ein Weg zum Parkplatz Seiser Alm führt. 2 St.

Gemütliche Almwanderung, von der Bergstation ausgehend, an mehreren Raststätten vorbei, die ganze Almfläche südwärts querend zum (4 St.) Schlern. — Reizvolle Höhenwanderung auch hinüber ins Saltrietal und dort zum (2$^1/_2$ St.) Molignon- oder Seiser Almhaus, weiter ins Fassatal. — Auf Almwegen dem Saltriebach folgend zur (2 St.) Zallinger-Schwaige und von dort übers Fassajoch nach Campitello.

Auf die Raschötz, ital. Resciesa (2283 m). 2½ St. Bez. Wege. Die Partie auf die Raschötz ist eine der schönsten in den Grödner Bergen. Sessellift. Unterhalb des Gipfels ein bewirtschaftetes Schutzhaus

Die Auffahrt mit dem *Sessellift* (20 Min.) beginnt li oberhalb der Kirche nahe dem Wald. Oben von der Bergstationhütte guter Weg w zum *Raschötzhaus,* 15 Min.

Von der Pfarrkirche ausgehend über die Brücke und auf bez. Weg, am Café Moroder vorbei, in den weitausgebreiteten Raschötzer Wald. Der mit 7 bez. Weg steigt in Kehren n zu einer Waldlichtung (Plan Troi Pajan, 1855 m) empor, wo ein Steig, *Purtschiarsteig* oder *Troi Pajan,* den Raschötzweg quert.

Troi Pajan bedeutet Heidensteig. So wird jener sagenhafte Verkehrsweg zum Eisacktal genannt, der schon lange vor unserer Zeitrechnung bestand. Alte Urkunden nennen ihn Purtschiar-Steig, d. h. Weg zur Burg, womit Schloß Stetteneck bei Sankt Jakob gemeint ist. — Auf dem Troi Pajan wurde um das Jahr 1830 ein schöner, in einem Stück gegossener Bronzedolch gefunden, der bisher älteste Beleg für die Begehung der Grödner Höhenwege durch den Menschen zur späten Bronzezeit (um 1000 v. Chr.).

Der Weg steigt von der Waldlichtung noch etwa 150 m n weiter, biegt dann nach NW und erreicht, aus dem Wald führend, die Matten der Außerraschötzer Alpe. Über diese in nw Richtung zu dem von der seinerzeitigen S. Gröden des DÖAV erbauten (2½ St.) *Raschötzhaus,* jetzt *Rif. Resciesa* (2105 m) des CAI (Wirtschaft, 25 Lager). Westlich weiter zur nahen *Hl.-Kreuz-Kapelle,* erbaut 1755 durch J. G. von Ingram aus Lajen, und von dort n hinan zu der nach N steil abfallenden (½ St.) Kuppe der *Außerraschötz* (2283 m). — Von St. Ulrich bis auf den Kamm verläuft der Weg stets im Quarzporphyr.

Die Aussicht von der Raschötz ist ausgezeichnet durch malerische Gegensätze. Vor allem fesselt die eisbelastete Marmolata, daneben die mächtigen Dolomitgipfel der Langkofel- und Sellagruppe sowie die weitausgebreitete Seiser Alm; Schneeberge vom Ortler und den Ötztaler Alpen bis zu den Hohen Tauern. Besonders schön das Mittelgebirge des Eisacktales gegen Brixen.

Der weitausgebreitete Bergzug der Raschötz mit dem nw vorgelagerten, dichtbewaldeten Tschanberg ist ein schönes Wandergebiet, das man am besten vom Raschötzhaus aus im Abstieg begeht. Die meisten dieser Abstiege führen über Quarzphyllit, der unter der Porphyrplatte zum Vorschein kommt. Geht man nw auf den *Tschanberg* hinaus, dann Abstieg über Funtnatsch nach (2½ St.) *St. Peter* an der Grödner Straße oder über Nuflatsch nach (3 St.) *Lajen,* von dort über *Albions* nach *Klausen.* Vom Tschanberg auch auf mit 7 bez. Weg hinab zum Gnollhof und nach *Gufidaun,* weiter nach Klausen. — Vom Raschötzhaus über die *Flitzerscharte* (bez. mit 31) nach (2¾ St.) *Villnöß* oder Höhenwanderung auf mit 35 bez. Weg zur (1½ St.) Broglesalm (Wirtschaft) und weiter zur (3½ St.) *Schlüterhütte* (S. 169).

Zur Geislerhütte, früher Regensburger Hütte, ital. Rif. Cisles (2039 m). Prächtiger Bergausflug

Von St. Ulrich am kürzesten mit Auto oder Bus nach *St. Christina* und wie S. 175 zur Hütte (1¾ St.). — Weiter und mühsamer von St. Ulrich nach *St. Jakob* hinauf und auf aussichtsreichem Weg, mit 4 bez., zu den Höfen von *Runggaudie.* Von dort Karrenweg über eine Schulter des Pitschberges zu den Hängen des Tschislestales, in denen ein großer Erdbruch vom Winter 1950/51 den Weg unterbricht. Weiter zum Aschklerbach, wo Wegteilung (gradauf zum Rif. Fermeda). Jenseits des Baches führt ein Weg ziemlich steil zu den welligen Böden der Tschislesalpe und re zur Hütte (2½ St.). — Über den Kukasattel dorthin 3½ St. Heute kürzester Weg von der Bergstation der Seceda-Seilbahn oder mit Gondelbahn von St. Christina aus.

Zum Kukasattel (2181 m), auf den Pitschberg (2366 m) oder auf die Seceda (2521 m) und zur Geislerhütte. Schön und aufschlußreich, jedoch mühsam; am besten zur Blütezeit der Almwiesen. Seilbahn St. Ulrich — Seceda

Von der Pfarrkirche ausgehend li auf Pflasterweg zwischen Häusern zur nahen Wegteilung hinauf (li zur Raschötz); von da re oberhalb des Friedhofes dem bez. Pflasterweg folgend bergan zur *Hohen Brücke*, die eine großartige, tiefe Schlucht im Quarzporphyr überspannt. Kurz weiter, dann re bei einigen Häusern auf mit Ziffer 2 markiertem Weg in eine Bachschlucht und da auf rauhem Weg kurz talein, dann re hinauf zu einem guten Weg, der nach li fast eben durch einen Waldstreifen zum letzten Hof in *Oberwinkel* führt. Von dort bei einem Kreuz hinter dem Hof auf steilem Steig mitten durch eine Wiese hinauf zu einem Karrenweg und da nordwärts durch Wald weiter. Nach Aufnahme eines Seitenweges steil und steinig durch schütteren Wald bis zum Fuß von Felsen hinauf. Hier wendet der Weg, stets stark steigend, nach re zu den Wiesen des *Kukasattels*, auf dessen Höhe zwei Hütten und ein Kreuz stehen. Von St. Ulrich 2½ St.

Von den Hütten führt eine Markierung 6 nordwärts zur *Panascharte*, Übergang zur Broglesalm und nach Villnöß. Bei der bewirtschafteten *Secedahütte* li abbiegend, kommt man über Wiesen leicht auf die aussichtsreiche Höhe der Rasenkuppe *Seceda*, 1 St. (Endstation der Seilbahn).

Vom Kukasattel s auf grasigem Rücken ziemlich steil in ¾ St. auf den *Pitschberg* (2365 m) mit vorzüglicher Aussicht. Abstieg westwärts zum M. Balest (1822 m) und von dort hinab nach St. Jakob und St. Ulrich, leicht zu finden.

Vom Kreuz auf dem Kukasattel kommt man, erst ostwärts einem tiefeingeschnittenen Weg folgend, dann weglos oberhalb des kleinen, sagenumwobenen Lek Sant über die blumigen Wiesen der Aschkler Alpe in 20 Min. zum *Rif. Fermeda* (15 B), von weitem sichtbar in groß ausgebreiteter Wiesenmulde. Von dort auf mit 2 bez. Steig in gleicher Richtung weiter und einen grünen Rücken querend, dann unterhalb eines erdigen Abbruches, zu dessen Füßen schöne Zirbenbäume stehen, über Moränenhügel mit einer Blumenpracht ohnegleichen zur (¾ St.) *Geislerhütte*, ehemals Regensburger Hütte.

Vom *Rif. Fermeda* n die Wiesen hinauf zur kleinen *Malga Piera Longia* nahe einem Seelein, von dort nw zur *Panascharte,* auch Jochscharte (2449 m) genannt, 1 St. Jenseits in einer Rinne über gut gangbare Schrofen und Schutt hinab zu grasigen Hängen und halblinks kurz aufwärts zur (1/2 St.) *Broglesalm,* Wirtschaft.

Auf den Puflatsch (2176 m). 4 St. Bez. Weg. Sehr lohnend. Der Puflatsch ist die nw Randerhebung der Seiser Alm. Bekannter Aussichtsberg. Kürzere Zugänge von der Seilbahn-Bergstation (3 St.) und vom Parkplatz Seiser Alm (2 St., auch Sessellift), interessanter jedoch über Pufels

Von St. Ulrich verfolgt man die Straße Panidersattel — Kastelruth, von der bald die schmale Zufahrtsstraße nach Pufels abzweigt. Nun im Pufler Tal neben dem Bach aufwärts, bis vor einer Brücke re ein schmaler Steig abzweigt, der steil durch Wiesen zur Kirche des (1 1/4 St.) Dörfchens *Pufels,* ital. *Bulla* (1481 m; mehrere Gh.), hinaufsteigt; hierher auch Autobus.

Die weilerartige Siedlung, Fraktion der Gemeinde Kastelruth, mit auf dem Hang des Puflatsch zwischen Kornäckern und Hochwiesen liegenden Höfen wird schon in einer Urkunde vom Jahre 1288 Pufels genannt. Für die Seiser Alm hat Pufels eine besondere Bedeutung. Hier wurde in alten Zeiten am Kirchweihtag die Seiser-Alm-Ordnung verlesen und hier mußten an diesem Tag die Saltner ihren Almeid schwören. — Die heutigen Höfe in Pufels sind Neubauten, von denen vielleicht der eine oder andere in die erste Hälfte des 17. Jh.s zurückreicht. — Die dem heiligen Leonhard geweihte Kirche, in einer Urkunde vom Jahr 1339 erwähnt, hat durch Renovierung ein neues Aussehen erhalten.

Der auf den Puflatsch führende *Schnürlsteig,* bez. mit Ziffer 13, hat seinen Namen nach dem Gründer der seinerzeitigen S. Gröden des DÖAV, dem als Faßmaler in St. Ulrich tätig gewesenen *Josef Tragseil,* vulgo Schnürl, aus Innsbruck, der von 1892 bis 1902 als erster Wege in den Grödner Bergen markierte und neben anderen auch den Schnürlsteig erbaute; auf den Gipfel des Puflatsch stellte er ein Kreuz, das einem Unwetter zum Opfer fiel, heute aber durch ein neues Kruzifix ersetzt ist.

Auf den Puflatsch geht man von den oberen Höfen in Pufels zunächst nach li, dann nach einer Kehre auf dem mit

13 bez. Schnürlsteig zur Höhe eines waldigen, steilen Rükkens, auf dem der Steig im Zickzack zum Kreuz auf der luftigen Ostecke der nach S sanft abdachenden Gipfelfläche hinaufführt, die aus Augitporphyr besteht. Auf der Kammhöhe weiter zum Gipfel (2½ St. von Pufels). Wenige Meter vom Triangulierungszeichen gegen den ins Eisacktal abfallenden Felsrand zu sieht man zwei große Sitze auf der Oberfläche von Augitporphyrsteinpfeilern, vielleicht von Menschenhand geschaffen, das sind die sog. Hexensessel.

Aussicht auf die Eisgebirge von den Zillertaler Alpen bis zum Ortler. In der Nähe die weitausgebreitete Seiser Alm mit zahlreichen Hütten, dahinter Schlern, Roßzähne, Molignon, Plattkofel und besonders schön der Langkofel, im Hintergrund die Marmolata; ö und nö Sella-, Puez- und Geislergruppe, der Peitlerkofel. Prächtiger Ausblick auf den Ritten mit dem Rittner Horn (Sarntaler Alpen). – Eigener Aussichtsrundweg.

Abstieg zur Seiser Alm durch Wiesenmulden ssw zum Parkplatz (1 St., auch Sessellift), von dort Autobus nach Seis oder Kastelruth — Waidbruck.

Über die Broglesscharte (2155 m) zur Peitlerkofelhütte, früher Franz-Schlüter-Hütte, ital. Rif. Genova (2301 m). 5½ St. Bez. Weg. Auf der Villnösser Seite herrliche Dolomitenbilder

Entweder mit Sessellift auf die Raschötzalm und auf mit 35 bez. Weg ö zur *Broglesalm* (1½ St.) oder von St. Ulrich an der St.-Anna-Kirche (Friedhof) vorbei zur *Hohen Brücke* im Oberwinkeltal. Hinter der Brücke bei den Höfen Wegteilung (rechts zum Kukasattel). Nun auf mit 3 bez. Weg n bald durch Wald und über Weiden zur (2½ St.) breiten Senke der *Broglesscharte* zwischen Seceda (re) und Inner-Raschötz (li).

Der Weg von St. Ulrich bis zur Broglesscharte führt meist über Quarzporphyr; nur unterhalb der Tambreshütte und dann bei der Broglesscharte selbst kommt er in das Gebiet der Grödner Sandsteine, deren Aufschlüsse man stets zur Rechten hat. In diesem Gebiet beschrieb der berühmte Geologe F. von Richthofen erstmalig die Schichtgruppe des Grödner Sandsteins.

In 10 Min. erreicht man vom Joch die *Broglesalm*, ital. *Rif. Brogles* (Wirtschaft, 20 B). In äußerst kühnen Formen zeigen sich hier die Türme der Geislerspitzen, umsäumt von Schutthalden und dunklen Zirbelkieferwäldern. Zur Schlüterhütte führt der schöne *Adolf-Munkel-Weg*, der einige Min. unterhalb der Alm, mit Ziffer 35 bez., von dem Villnösser Weg re (ö) abzweigt. Er ist benannt nach dem 1904 verstorbenen Gründer und langjährigen Vorstand der S. Dresden des ehemaligen DÖAV, Justizrat Adolf Munkel. Der Weg verläuft neben herrlichen Zirbelkieferbeständen und Alpenrosenfeldern meist horizontal unter den himmelanstrebenden Türmen der Geislerspitzen. „Hier tritt stellenweise, an Gehängerippen zwischen den hohen Schutthalden, die ganze Schichtfolge vom Quarzporphyr bis zum Schlerndolomit zutage.“ Am Tschantschenon-Bach, den man nach etwa 2½ St. erreicht, vereinigt sich der Adolf-Munkel-Weg mit dem von Villnöß zur Hütte führenden Fahrweg. Auf diesem weiter bergan zur (1½ St.) Schlüterhütte, 3½ bis 4 St. von der Broglesalm.

Sehr lohnend ist die Fortsetzung der Tour am nächsten Tag über die Forcella dal'Ega-Scharte (Wasserscharte, S. 210) zur Geislerhütte, womit die Rundtour um die Geislerspitzen, eine der schönsten Wanderungen in den Dolomiten, ihren Abschluß findet.

Über die Seiser Alm auf den Schlern (2564 m). 5¾ St. Mühsam, jedoch überaus lohnend. Kürzer von der Bergstation der Seilschwebebahn aus (4 St.)

Wie S. 168 von St. Ulrich ins Pufler Tal und neben dem Bach auf Fahrweg empor, an der Steigabzweigung zum Dörfchen Pufels vorbei, dann re hinauf zum Alb. Alle Alpi (12 B) bei den letzten Häusern von Pufels (1½ St.). Von da oberhalb des Baches in der malerischen *Pufler Schlucht* auf mit 3 bez. Karrenweg steil empor.

Die Pufler Schlucht ist bei Geologen berühmt. Schon F. v. Richthofen hat sie 1860 geologisch beschrieben, und seither wurde sie von vielen Geologen und geologischen Exkursionen besucht. Eine steil nach S geneigte Überschichtung läßt in dem Normalprofil der Schlucht die ganze Reihenfolge der Schichten doppelt erscheinen.

Bei der Mündung eines Seitenbaches li über die Brücke und hinauf zu einer Kapelle mit Bank nahe unterhalb des Rif. M. Pitz. Hier re über den Bach und aus der Schlucht re hinauf zum Plateau der Seiser Alm mit der (1 St.) *Heißbäckschwaige* (1788 m). Nun auf Wiesenweg zu einem großen Felsblock, dem *Tschonnstein*. Von dort s über Wiesen etwas re haltend zu einer grünen Höhe, *Joch* benannt (hierher auch Lift vom Parkplatz Seiser Alm aus), und abwärts in Richtung gegen den gut sichtbaren Schlernweg zur (1 St.) *Saltnerhütte*, Wirtschaft. Von dort wie bei der Wanderung von Seis auf den Schlern (S. 148) zum (2¹/₄ St.) *Schlernhaus* und in 20 Min. auf den *Petz* (2564 m), höchster Punkt der Schlernhochfläche.

Zur Langkofelhütte, ital. Rif. Sasso Lungo (2256 m), und über die Langkofelscharte (2679 m) zum Sellajochhaus. Zur Langkofelhütte 3¹/₂ St., über das Langkofeljoch zum Sellajochhaus weitere 2 St. Bez. Wege. Herrliche Wanderung durch die großartigste Dolomitenlandschaft. Teile des Weges decken sich mit der neuen Militärstraße über die Seiser Alm

Beim Hotel Madonna in St. Ulrich von der Straße re über den Grödner Bach. An einem großen Hotel vorbei auf bez. Weg taleinwärts bis zu einer Kapelle. Hier re (der Weg li führt nach St. Christina und zum Sporthotel M. Pana) durch Wald steiler aufwärts zu den (1 St.) *Jenderhöfen* (1533 m). Hierher kommt man auch kürzer von So-Plases gerade über einen steilen Wiesenhang. Nun oberhalb des Saltriebaches etwa 10 Min. talein zur nächsten Wegteilung, wo man den auf die Seiser Alm führenden Weg verläßt. Links auf bez. Weg zum Saltriebach hinab, der auf natürlicher Felsenbrücke überschritten wird, dann auf bez. Steig über einen Riegel in das enge *Confinquellental* und in diesem durch herrlichen Wald über Augitporphyr neben dem schäumenden Bach zum parkähnlichen (1 St.) *Confinboden* empor. In wilder Schönheit die Langkofelgruppe (Schlerndolomit): rechts der Plattkofel mit seiner glatten Nordwand, li der Langkofel mit ungeheuren Pfeilern und Türmen; im Hintergrund die Langkofelkarspitze, unter der die Langkofelhütte steht. — Den zum Fassajoch führenden Fahrweg kreuzend, auf der li Seite des fast ebenen Confinbodens zu dem Beginn eines steinigen Saumweges, nach dem kühnen Bozner Bergsteiger *Santnerweg* benannt, der in Kehren in das großartige *Langkofelkar* und zur (1½ St.) *Langkofelhütte*, ital. *Rif. Vicenza al Sasso Lungo* (2256 m), hinanführt.

Das Schutzhaus ist von Juni bis Oktober bewirtschaftet und hat 20 B sowie 25 Matratzenlager. — Im zweiten Weltkrieg schlug eine schwere Bombe in das Hüttendach und blieb — ein Wunder — ohne zu explodieren auf dem Estrich liegen.

Die Gipfel der *Langkofelgruppe*, die im Halbkreis das Langkofel- und Plattkofelkar umstehen, sind mit Ausnahme des Plattkofels (2960 m und 2942 m) durchwegs nur mit schwierigen Klettereien zu erreichen. Der *Langkofel*, ladinisch *Saß Long*, ital. *Sasso Lungo* (3178 m), der schönste Berg der Dolomiten, von dem schon J. J. Staffler, der alte Topograph Tirols, meint, daß seine Pracht jeden Fremden zur Bewunderung hinreißen müsse, wurde 1869 erstmals von Paul Grohmann mit Franz Innerkofler und P. Salcher erstiegen. Sein Weg führte aus dem Langkofelkar neben dem über die Felsen herabstäubenden Bach empor zum kleinen Langkofelgletscher, der sich, von der Langkofelhütte nicht sichtbar, in den Felsen des Langkofels ausbreitet. Unterhalb dieses Gletscherchens führt li eine mit Schutt und Schnee bedeckte Rinne, die sog. Untere Eisrinne, in eine Scharte hinauf, von der man über Felsen zu einer langen, sehr steilen und von Steinschlag bedrohten Eisrinne gelangt. Durch diese empor, dann über leichte Felsen zum Gipfel. Zeitaufwand vom Fuß der Felsen bis zum Gipfel 4½ bis 5 St. — Heute wird die sog. Obere Eisrinne nicht mehr begangen. Von der Scharte oberhalb der sog. Unteren Eisrinne steigt man jetzt auf dem sog. Felsenweg re zum Südgrat empor und über diesen in schwieriger Kletterei zum Gipfel. Der ganze Anstieg ist sehr verwickelt und es kommt nicht selten vor, daß sich selbst sehr geübte Bergsteiger in dem Gewirr von Rinnen, Pfeilern, Wänden und Türmen versteigen. Im Lauf der Jahre wurde eine Anzahl neuer Anstiege ausgeführt. Die schönsten sind jene über die Ostwand, dann die Nordkante, beides großartige Bergfahrten für sehr tüchtige, erfahrene, im Klettern gewandte Hochtouristen, wozu man in Gröden auch erstklassige Führer findet. Ein interessanter Zugang zum Langkofelgletscher wurde im ersten Weltkrieg von den am Sellajoch zur alpinen Ausbildung stationierten Bergführerkompanien der österr. Armee entdeckt, nämlich der Weg über das sog. *Fassaner Band*. Er führt vom Langkofeljoch mitten durch die vom Wasser zerfressenen roten Mauern hoch über dem Langkofelkar zu einem an der Wandkante stehenden kleinen Felsturm, der Venusnadel, und hinter ihr zum Langkofelgletscher; für gewandte Kletterer ein abkürzender Zugang vom Sellajochhaus zum gewöhnlichen Langkofelaufstieg.

Die übrigen Berge der Gruppe, wie Fünffingerspitze (2966 m), Grohmannspitze (3111 m), Innerkoflerturm (3072 m) und Zahnkofel (2997 m), dazu Langkofelkarspitze (2808 m) und die verschiedenen Plattkofeltürme (etwa 2700 m) gehören zu den bekannten Kletterbergen der Dolomiten.

Von der Langkofelhütte auf bez. Weg im *Langkofelkar* weiter; erhabene, ernste Felsszenerie: li die Riesenwände des Langkofelmassivs, re die Felsen der Langkofelkarspitze, im Hintergrund die Langkofelscharte, daran anschließend Fünffinger- und Grohmannspitze, unter letzterer der kleine Grohmanngletscher. Der Weg steigt aus der flachen Karmulde gegen die n Felsen der Fünffingerspitze hinan, biegt unter diesen nach li und erreicht schließlich über Schneeflecken und zwischen großen Felsblöcken ($1^1/_4$ St.) die *Langkofelscharte* (2679 m) mit dem kleinen Rif. Demetz. Blick auf die schneebedeckte, herrliche Marmolata, auf die Sellagruppe und das mattenumsäumte Sellajoch; durch das Kar Rückschau auf die grünen Höhen der Seiser Alm, weit draußen Firngipfel der Stubaier und Ötztaler Alpen. Vom Joch geht jetzt eine Gondelseilbahn hinab zum Sellajoch. Der markierte Weg führt über Schutt kurz hinunter zu Rasenböden und an dem Blockchaos der Steinernen Stadt vorbei zum ($^3/_4$ St.) Schutzhaus am *Sellajoch* (Näheres über dieses S. 186).

ST. CHRISTINA, ladin. Santa Crestina in Gherdeina (1428 Meter), Gemeinde mit ca. 1500 Einwohnern. Talstation für die Geisler-, früher Regensburger Hütte. — Das Tal bildet hier einen breiten Kessel, der von S her vom mächtigen Massiv des Langkofels geschützt, nach N jedoch mit sonnigen, grünen Hängen im Tschislestal verläuft. Neue Seilbahn zum Ciampinoi (Weltmeisterschaftsstrecke) seit 1970 in Betrieb.

In St. Christina steht auf Sarldolomit die stattliche Kirche, deren alter Teil wahrscheinlich bis in das zweite Viertel des 13. Jh.s zurückreicht. — Die jenseits des Grödner Baches stehende *Fischburg* wurde in den Jahren 1622 bis 1641 von Engelhard Dietrich von Wolkenstein-Trostburg erbaut. Im Jahre 1843 von Graf Leopold Wolkenstein den Gemeinden St. Christina und Wolkenstein geschenkt, wurde aus der Burg ein Armenhaus. Vor Jahren kam dann die Fischburg in den Besitz von Baron Carlo Franchetti aus Venedig; er gab ihr die heutige Form.

Empfehlenswerte Bergwanderungen von St. Christina aus

Zum Sporthotel M. Pana, zum Sellajoch oder zur Langkofelhütte, auch auf die Seiser Alm. Schöne Wanderungen auf bez. Wegen. Bis zum Sporthotel Autoverkehr

Nahe beim Hotel Post zum Grödner Bach hinab, dann auf Fahrstraße neben einem Sessellift in Kehren den waldigen Berghang hinauf, wo überall der Augitporphyr hervortritt. Vor dem Tervellabach breitet sich die weite, ebene Panawiese aus und da (40 Min.) steht das in neuzeitlichem Stil gebaute *Sporthotel M. Pana* (1646 m). Prachtvolle Lage nahe unter den großartigen Felswänden des Langkofels, herrliche Aussicht. Straßenverbindung M. Pana — Saltner-Schwaige im Ausbau, jedoch nur für Winterbetrieb.

Von der Panawiese mit ihrem malerischen Kirchlein erreicht man mit *Sessellift* in 8 Min. die aussichtsreiche Höhe des *M. Soura* (2056 m) mit Wirtschaft. Geht man von der Bergstation dann an der Hütte der Soura-Alm vorbei zum Fuß der gewaltigen Nordwand des Langkofels, trifft man den Stradalweg, auf dem man li zum Sellajoch (2 St.), re zum Santnerweg und zur Langkofelhütte (1½ St.) gelangt.

Von der Panawiese führt ein breiter Weg sw in einen Wald (Wengener Tuffe) und bequem weiter zu einem Kreuz, bei dem sich der Weg teilt. (Links zur Langkofelhütte.) Man folgt dem re zum Fassajoch führenden Saumweg, der den (1 St.) herrlichen *Confinboden* quert. Großartige Landschaft: über Baumgruppen und Rasenböden die Felsbauten des Langkofels und Plattkofels, beide Schlerndolomit. Der Weg steigt durch Wald zu der sanft abfallenden ($^1/_4$ St.) *Prieswiese,* die bereits zur Seiser Alm gehört. Hier neuerlich Wegteilung. Nun von dem zur Zallinger-Schwaige und zum Fassajoch weiterführenden Saumweg re ab auf einem Wiesenweglein abwärts zur *Saltnerhütte* (1731 Meter), mehrere neue Gasthöfe, dann w über den Saltriebach zur ($^1/_2$ St.) ehemaligen Postsäge im *Saltrietal.* Von da mit 3 bez. Fahrstraße über die n Seiser Alm zum Berghotel *Dellai* und weiter zum Parkplatz der *Seiser Almstraße* ($2^1/_2$ St.) mit Autobusverkehr über Seis — Kastelruth bis nach Waidbruck an der Brennerbahn.

Unser Weg jedoch führt im waldumsäumten Tal des Saltriebaches eben weiter zur (20 Min.) *Tirlerschwaige (Rif. Demetz,* 1755 m), Wirtschaft, wo ein Weg li zur *Zallingerschwaige,* ital. *Rif. al Giogo,* abzweigt. Gradaus weiter auf mit 8 bez. Weg durch Wald zu den Schwaigen Malferteiner und Beim Rauch, dann etwas steiler über Tuffe zum ($1^1/_4$ St.) *Seiser Almhaus,* ital. *Alpe di Siusi* (2144 m).

Zur Geislerhütte, früher Regensburger Hütte, ital. Rif. Cisles (2039 m). $1^3/_4$ St. Bez. Weg. Eine besonders schöne Wanderung, vor allem im Abstieg. Von der Hütte Übergänge zur Schlüterhütte, nach Campill und in die Puezgruppe. — Jetzt auch Gondelbahn bis nahe zur Hütte

Vom Gh. *Dosses* über die Brücke des Cislesbaches und gleich li bergan, stets den Wegzeigertafeln des Gondellifts *Col Raiser* folgend, bis zur Talstation dieses Lifts mit großem Parkplatz. Nun neben Wiesen talein; li drüben ein großer Erdbruch vom Winter 1950/51. Der Weg führt im Tschislestal re vom Bach mäßig steigend zu einer Abzweigung (links über den Bach, dann gradauf zum Rif. Fermeda, $^3/_4$ St.). Zur Geislerhütte stets neben dem schäumenden Tschislesbach weiter, jenseits prächtige Zirbenbaumgruppen in Wiesenhängen. Oberhalb des Bachursprungs dann nach li und hinauf zur weiten, hügeligen Hochfläche der Tschislesalpe, an deren Rand die *Geislerhütte* steht. Herrliche Aussicht, Prachtblick auf den Langkofel.

Die *Geislerhütte,* ital. *Rif. Cisles,* wurde von der Sektion Regensburg des DÖAV 1889 erbaut; sie ist nun im Besitz der Sektion Florenz des CAI. — Ganzjährig bew. (42 B und 40 Matr.). Trefflicher Stützpunkt für Touren in der Geislergruppe, die Gipfel jedoch nur für Kletterer.

Die Umgebung der Hütte ist im Frühsommer ein herrlicher Blumengarten. Standorte von Leontopodium alpinum, Polygonum viviparum L., Nigritella angustifolia, Arnica montana, Aster alpinus, Gentiana punctata, Campanula Scheuchzeri, Crepis aurea, Achillea atrata, Cystopteris fragilis (L.) Bernh., Equisetum palustre, Agrostis alpina, Avena elatior L. S., Avena pratensis subsp. alpina, Trisetum alpestre (Host.), Bromus erectus Huds., Carex paniculata, Carex sempervirens, Carex ornitho, Eriophorum latifolium Hoppe u. v. a.

Die Geislerspitzen. Von der Geislerhütte zeigen sie sich in folgender Reihe: Kleine Fermeda, Fermedaturm, Odla da Cisles, Saß da Mesdi, Saß Rigais, Furchetta, Torkofel und Kanzeln. Alle diese Felsenriffe sind aus Schlerndolomit aufgebaut. Am Fuße liegen gewaltige Felssturztrümmer, wie der Felsblock Piera Longia unter dem Fermedaturm, und das weite Gehügel einer großen Moränenlandschaft. Saftiggrün schmiegen sich die Matten um die senkrecht aufstrebenden Pfeiler. — Besonders schön ist der Anblick der Geislerspitzen von N, vom Adolf-Munkel-Weg aus, der die Broglesalm mit der Schlüterhütte verbindet. Dort zeigt sich die Gruppe als eine Reihe riesiger Felstürme, deren Fuß umlagert ist von weiten Schutthalden und dem Blaudunkel herrlicher Zirbenwaldungen.

Die Geislerspitzen bieten eine große Auswahl schöner, allerdings meist schwieriger Bergfahrten. Tüchtigen, schwindelfreien Kletterern sei der *Fermedaturm* (2867 m) empfohlen, der in 2½ bis 3 St. von der Hütte aus zu erreichen ist und neben schöner, jedoch sehr ausgesetzter Kletterei eine prächtige Rundschau bietet. Anfänger im Felsklettern können sich unter tüchtiger Führung an den leichter zugänglichen Felstürmen der Kleinen Fermeda oder Furchetta versuchen. Die Haupterhebung der ganzen Gruppe, der *Saß Rigais* (3027 m), kann von jedem geübten, schwindelfreien Bergsteiger mit Führer besucht werden (Drahtseilversicherungen; vgl. S. 179).

Von der Regensburger Hütte (Geislerhütte) über die Wasserscharte (Furcella de Mont dal'Ega) zur Schlüterhütte, ital. Rif. Genova. 3½ St. Zunächst irrtümlich mit 13, dann mit 3 bez.

Steig. Sehr lohnend und viel begangen. Unschwierig; S. 210 in umgekehrter Richtung

Von der Regensburger Hütte (Geislerhütte) durch die Puezgruppe zum Grödner Joch oder nach Colfuschg. 5½ bis 6 St. Bez. Steige. Etwas mühsame, aber sehr schöne, abwechslungsreiche Wanderung

Auf mit 2 bez. Steig nö über den vermurten Talboden einwärts bis zur Talgabelung. Nun re (ö) im Tälchen *Forces de Siëlles* hinan, bis dieses nach NO umbiegt. Hier re (sö) über eine Schutthalde etwas mühsam empor zum (1½ St.) *Siëllesjoch* (2514 m) im Hauptdolomit. Hierher auch mit 3 bez. Steig von der Geislerhütte über die Scharte *La Pizza* und den *Col dalla Pieres* (S. 178). Vom Joch auf dem bez. Steig n am Grat empor, zuerst über Bänder an der Westseite (Drahtseil), dann an der Ostseite. (Man erkundige sich in der Regensburger Hütte (Geislerhütte) nach dem Erhaltungszustand der Sicherungen.) Vor einem Gratzacken führt der Steig über ein breites Band nach re auf steinige Hänge. Nun hinab auf ebenem Boden und über diesen ö hinaus, dann quer über steinige Grashänge abwärts zu den mageren Weideböden der *Puezalpe,* wo der Steig bei einem Murgraben mit dem alten, aus dem Langental kommenden Weg zusammentrifft. Weiter gradaus über zwei begrünte Bergschultern aus Mergeln der älteren Kreidezeit (Neokom), dann li in eine flache Bucht, in der die (1½ St.) *Puezhütte* (2475 m) steht, von der seinerzeitigen Sektion Ladinia des DÖAV erbaut, nun vom CAI wiederhergestellt. Sommerwirtschaft, 10 B und Lager.

Die Umgebung der Hütte ist für Geologen von Interesse, denn der erste Nachweis einer sicheren Überschiebung in den Dolomiten erfolgte an den Puezspitzen. Auf dem Hauptdolomit des Plateaus liegen sehr gut entwickelte Neokomschichten, darüber der Hauptdolomit der Gipfel. Fundort zahlreicher Arten von Petrefakten, namentlich auf der Nordseite, im Zwischenkofeltal (Dantersasch).

Von der Puezhütte sö auf bez. Steig am Rand der Karrenfelder der *Gardenazza* durch einen Graben und über begrünten Boden zu einer Wegteilung: Ein kaum erkennbarer Steig führt geradeaus über Karrenfelder und einen Sattel zur Saß-Songher-Scharte und nach Colfuschg (nicht empfehlenswert). Wir halten uns re, folgen durchwegs dem mit 2 bez. Steig und gelangen über Karrenfelder und kleine Grasböden s geradeaus zum *Tschampatschjoch* (Tschampeïjoch), 2388 m. Vom Plateau durch eine felsige Rinne s einige Meter hinab (im Kessel unten der kleine Tschampatsch- oder Tschampeïsee, weit im SO Pelmo und Civetta), dann nach re unter den Felsen hin zum eigentlichen Jocheinschnitt (1 St. von der Puezhütte). (Ein guter Steig [Nr. 4] führt von hier zum See hinab und weiter nach Colfuschg.) Nun über die Karrenfelder und saftigen Grasinseln des Plateaus *Crespeina de dite* sw weiter und nach etwa einer halben Stunde die Hochfläche verlassend, hinab zu dem sagenumwobenen, prächtigen *Crespeinasee* (2373 m) in Raibler Schichten. Von dort führt der Steig ziemlich steil sw hinauf zum (¼ St.) *Crespeinajoch* (2542 m) und jenseits in Kehren hinab auf den obersten Boden des *Kedultales.* Nun unterhalb der Felsen einige Min. re hinüber, dann durch eine kurze Schuttgasse hinaus zum (¼ St.) *Tschierjoch* (2413 m) im Schlerndolomit. Jenseits in einen Felskessel hinab und zwischen Felsnadeln, Türmchen und Blöcken weiter zu den steinigen Grashalden unter der Östlichen Tschierspitze, dann sw über Wiesen zum (¾ St.) *Grödner Joch* (2125 m) mit drei Gh. Hier vulkanisches Gestein.

Von der Regensburger Hütte (Geislerhütte) auf den Col dalla Pieres (2760 m). 2 St. Bez. Steig. Sehr lohnend

Von der Hütte sö zum nahen Bett des Tschislesbaches hinab, dann auf gutem Steig durch lichten Zirbenwald und Alpenrosengestrüpp empor zu den Schutthalden am Fuß des in roten Wänden abstürzenden Steviastockes. Im Zickzack über die Schutthalde hinauf, an der kecken Stevianadel vorbei in die (1 St.) Scharte *La Pizza* (2498 m). Nun li auf bez. Steig zuerst nö, dann im Bogen gegen S zu den (½ St.) Felsen des Col dalla Pieres. In diesen führt der stellenweise mit Drahtseilen gesicherte Steig zuerst auf ein

Band, dann über Schutt und Schrofen zum (1/2 St.) Gipfel in Hauptdolomit; sö vom Gipfel Jura- und Kreidegestein.

Die Aussicht vom Col dalla Pieres ist prachtvoll. Nahe die Geislerspitzen; über die Gardenazza hinweg Ausblick zu den Höhen von Tofana, Antelao und Pelmo. Westlich der Sellagruppe Pala, Langkofel, Rosengarten und Schlern. In der Ferne Ortler, Gipfel der Ötztaler, Stubaier und Zillertaler Alpen und die Tauern.

Vom Gipfel können Geübtere ö zum *Siëllesjoch* (2514 Meter) absteigen, von dort, wie in der vorhergehenden Tour beschrieben, zum *Grödner Joch* oder nach *Colfuschg;* Abstieg auch über das Plateau der Stevia-Alpe und über die schöne anschließende Alp *Juac* nach *Wolkenstein.*

Von der Regensburger Hütte (Geislerhütte) auf den Saß Rigais (3027 m). 3 St. Der Saß Rigais ist der höchste Gipfel der Geisler-Gruppe. Gesicherter Felssteig. Hervorragend schöne Tour für Geübte.

Erst n, dann nö dem bez. Steig folgend zu dem (1 St.) großen ebenen Weideboden *Ciautier* am Südfuß des Saß Rigais. Von diesem Boden n an einem Brunnentrog vorbei in die breite Schlucht, die zur *Mittagsscharte* (2613 m) hinanzieht. Auf gutem Steig über Gras und Schutt so lange empor, bis die Wand zur Rechten einer Mulde Raum gibt, zu der Felsklippen herabziehen. Der Steig führt unter gelbgefärbten Felsen nach re in eine kleine Seitenschlucht. Von einem großen Block am Beginn dieser Schlucht hängt ein Drahtseil herab. Hier an Hand von Drahtseilen über eine kurze, plattige Stufe leicht hinauf und noch einige Meter in der Schlucht weiter, dann aus der Schlucht über Felsklippen und Runste schief nach re empor in eine große, von steinigen Grashalden durchzogene Mulde. Der Steig führt da empor, oben re in die Felsen (Drahtseile), weiter zum Grat und auf den (2 St.) Gipfel (Schlerndolomit).

Großartige Aussicht — von S nach W: Puezgruppe, Sella-, Marmolata-, Pala-, Rosengartengruppe, Schlern, Adamello-, Brenta-, Presanella-, Ortlergruppe, Rittner Berg, Sarntaler Alpen; von W nach N: Sarntaler, Ötztaler, Stubaier, Zillertaler Alpen,

Plosestock, Peitlerkofel; von N nach O: Rieserferner-, Venedigergruppe, Villgratner Berge, Glocknergruppe, Kronplatz, Pragser Dolomiten; von O nach S: Fanesgruppe, Ampezzaner Dolomiten, Pelmo, Civetta.

WOLKENSTEIN und PLAN. *Wolkenstein,* ital. *Selva di Val Gardena* (1563 m), Dorf mit ca. 950 Einw., in schöner Lage an der Mündung des Langentales, und 10 Min. taleinwärts *Plan,* ital. *Plan in Gardena* (1613 m), die letzte Ortschaft des Tales, sind Ausgangspunkte für prächtige Wanderungen und Übergänge. Wintersport. Gondelbahn zum Ciampinoi. Sessellift durch das Tal Danterceppies zum Grödner Joch. — Reizvoll liegen die beiden Orte auf langgestrecktem Wiesenboden — darüber großartiger Talschluß mit Stevia, Puez, Tschierspitzen, Sella- und Langkofelstock.

Autobuslinien über das Sellajoch nach Canazei, über das Grödner Joch nach Corvara bzw. weiter über den Campolungosattel oder über das Pordoijoch nach Cortina und ebenso Linien von hier nach Bozen bzw. Klausen, fast durchwegs auch im Winter befahren.

Die Kirche S. Maria in Wolkenstein wurde 1869 bis 1871 erbaut. Ursprünglich stand hier eine 1503 von den Wolkensteinern gestiftete kleine Kapelle „Zu Unserer Lieben Frau", die, bereits 1517 vergrößert, von Wallfahrern viel besucht wurde. — Wolkenstein ist heute mit Plan fast zusammengewachsen und bildet mit diesem Ort eine Gemeinde (insgesamt 2100 Einw.).

Am Eingang in das Langental klebt li oben unter der 500 m hohen, gelbroten Steviolawand wie ein Schwalbennest, kaum von den Felsen zu unterscheiden, die *Ruine Wolkenstein.* Die Burg wurde im frühen Mittelalter erbaut, gehörte um 1240 Heinrich von Kastelruth, zubenannt der Maulrappe, und ging dann (1293) von dessen Söhnen samt dem Gericht und der Vogtei über sieben Höfe in den Besitz Randolts von Villanders, des Stammvaters der Familie Wolkenstein, über. Am Ende des 15. Jh.s wurde die Burg von den Venezianern, die bis nach Enneberg und in das hintere Grödner Tal vordrangen, eingenommen; 1525 war sie mit einem Aufwand von 100 Rheinischen Gulden von den Wolkensteinern wiederhergestellt. Nachdem die Burg unbewohnbar geworden, wurde der Gerichtssitz in das darunterliegende Dorf verlegt.

Bevor man von St. Christina nach Wolkenstein kommt, ist rechter Hand die sogenannte Fischburg zu sehen. Sie wurde 1622 von Engelhard Dietrich von Wolkenstein erbaut, gilt als letztes Beispiel eines burgenartig befestigten, repräsentablen Wohngebäudes und hat eine sehenswerte gotische Stube.

Leichte Bergtouren und Übergänge von Wolkenstein und Plan aus

Von Wolkenstein durch das Langental, ital. Val Lunga, zur Puezhütte und auf die Östliche Puezspitze. 3½ bzw. 5 St. Bez. Weg. Sehr lohnend

Von der Kirche in Wolkenstein kommt man auf einem Wiesenweg am Hof *Tschampatsch* vorbei in das *Langental.* Links oben auf grünem Band unter der überhängenden Wand der Steviola die Ruine der Burg Wolkenstein. Unterhalb der Ruine das Hotel Val Lunga. Die Wiese verlassend zur (25 Min.) *Kapelle San Silvester* (1623 m). Rechts mündet das enge Kedultal. Nun in dem fast ebenen, von den ungeheuren, rotgefärbten Felswänden (Schlerndolomit) des Steviastockes (li) und M. de Soura (re) begrenzten einsamen Langental über Wiesenböden und durch Wald zu einem (¾ St.) Bildstöckl (1779 m) mit Jahreszahl um 1600, li vom Weg. Bald darauf ein zweites Bildstöckl und 15 Min. nach diesem, kurz vor einem Kruzifix mit Brunnen, li ab und auf gutem, neuem Weg direkt zur *Puezhütte* (2475 m). Dieser Weg, der bequemer und schöner als der alte Hüttenweg ist, wurde erst vor kurzem vom Wirt der Puezhütte angelegt (Markierungsspuren des alten Weges nach dem ersten erwähnten Bildstöckl li). Der neue Hüttenweg hat die Nr. 4; ein direkter Weg führt vom Ende des Langentales ebenfalls zur Hütte. Er hat die Nr. 4 A, ist ziemlich steil und empfiehlt sich eher für den Abstieg. Von Wolkenstein zur Puezhütte 3 bis 3½ St.

Von der Hütte n über das *Puezjoch* (2513 m) nach (3 St.) *Campill.* Leicht und sehr lohnend; auf bez. Steig s zum (2½ St.) *Grödner Joch* oder w zur (2¼ St.) *Geislerhütte* (s. Touren von dieser Hütte aus). Nach (2 St.) *Colfuschg* führt ein bez. Steig über das *Tschampatschjoch.* Näheres über diesen Übergang s. S. 178. — Reizvolle Plateauwanderung auf markiertem Steig (Nr. 15) zur *Gardenazzahütte* (Rif. Gardenaccia) auf der Gadertalseite und Abstieg nach *Stern* (La Villa) im Gadertal. — Ein erst in jüngster Zeit markierter Steig (Nr. 1) führt von der Puezhütte erst n, dann ö auf die Kuppe des *Chiampani* (2670 m) und weiter den Steilabfall der Gardenazza hinab nach *Pedraces* im Gadertal; schöne Wanderung für Geübte. Vorsicht bei Nebel!

Überaus lohnend ist die Besteigung der *Östlichen Puezspitze* (2910 m), n der Hütte, in anderthalb Stunden auf einem Steiglein leicht zugänglich. Die Aussicht steht jener vom Peitlerkofel oder Saß Rigais nicht viel nach.

Von Plan zum Grödner Joch, ital. Passo Gardena (2125 m) Sessellift von Wolkenstein ab. Fahrstraße (starker Autoverkehr) 9 km. Auf dem alten Jochweg 1¾ St. Prächtige Landschaft

Die Talstation des Sessellifts steht am oberen Rand der großen Wiese nö von der Kirche in Wolkenstein. Schöne Fahrt (24 Min.) durch das grüne Tälchen Danterceppies bis hinauf zu den Schutthalden am Fuß der Rotspitzen. Von dort mit einem zweiten Sessellift Fahrt hinab zum (6 Min.) Grödner Joch.

Die Straße, im ersten Weltkrieg von den Österreichern gebaut, steigt von Plan mit großer Schleife ins Ciavezestal. Oberhalb des (2 km) *Kreuzbodens,* lad. *Plan de Gralba* (1780 m, Hotels, Seilbahn zum Piz Sella, 2000 m), zweigt re die Straße zum Sellajoch ab. Die Grödner Jochstraße zieht mit großen Kehren über Wengener und Cassianer Schichten zu dem breiten Sattel zwischen Piz Culatsch und Sellastock und dann dicht unter dessen großartigen Felswänden (Schlerndolomit) mit geringer Steigung, zuletzt in Windungen zum *Grödner Joch,* wo wieder Tuffe hervortreten.

Der *alte Jochweg* zweigt in *Plan* beim Albergo Alpino von der Straße li ab und steigt über Bellerophon-Schichten neben dem Freabach steil bergan zum *Pian da lors* (1910 m), einer Waldlichtung, von der sich ein herrlicher Ausblick auf den gewaltigen Felsbau des Großen Murfreitturmes (2724 m) eröffnet. Der steinige Fahrweg führt dann li über den Bach und bald aus dem Wald auf schöne Wiesen. Den Telephonleitungsstangen folgend zieht er gegen die begrünte Jochhöhe hinan. Etwa 10 Min. unter dieser überschreitet man, steiler ansteigend, die in Kehren heraufziehende Straße und erreicht dann das etwas w der Jochhöhe liegende stattliche *Grödner Jochhospiz* (2116 m); beim Sessellift das Hotel *Cir* und auf der andern Seite das Gasthaus *Mutschlechner.* Prachtvoller Ausblick auf Langkofel und Schlern im W, n die Tschierspitzen, s die Vorbauten des Sellastockes: Rodelheilspitze (vom Rodelklub St. Ulrich 1895 scherzhaft so benannt), Murfreitspitze und Murfreittürme.

Die drei Gaststätten sind Standquartiere für Touren in der Sellagruppe sowie für Tschier- und Rotspitzen. Die beliebt gewordenen, sehr schwierigen Klettertouren in der Puezgruppe, wie Südwand des Col Turond und Saß Tschampatsch, werden von hier aus unternommen.

Über die Wanderung neben der Straße nach *Colfuschg* und *Corvara* s. S. 272

Vom Grödner Joch auf die Große Tschierspitze (2597 m)
1½ St. Teilweise Steiganlage. Für Geübte leichte, sehr lohnende Tour

Die Große Tschierspitze ist der schöne, massige Pyramidenbau gerade n vom Joch. Ein Sessellift geht mehr li zum P. 2315 am Fuß der Rotspitzen. — Der vielgenannte Adangkamin (sehr schwierige Kletterei mit gefährlichen Stellen) durchzieht die Südwand der Großen Tschierspitze. Er ist wegen eines im Spätsommer 1962 erfolgten Bergsturzes nicht mehr begehbar.

Vom Joch über Wiesen zu der Schlucht w der Großen Tschierspitze. Nach kurzem Anstieg in dieser Schlucht auf Steig nach re zu einem breiten Band im Felsbau der Großen Tschierspitze. Auf dem Band re hinan bis zu seinem Ende. Von dort führt der Steig schräg gegen li empor und durch eine kaminartige kurze Rinne auf die sanft geneigte Schrofenplatte der Südwestseite. Über diese im Zickzack zum Gipfel.

Prächtige Rundschau; besonders auffallend im N Col dalla Pieres und Puezspitzen, dahinter die Geislerspitzen; Glanzpunkt der nahe Sellastock und der Langkofel.

Vom Grödner Joch auf die Boëspitze (3152 m). 4 1/2 bis 5 St. Bez. Steig. Herrliche Wanderung durch die großartigste Felswildnis der Dolomiten. Für bergtüchtige Wanderer leicht. Unter dem Gipfel die bewirtschaftete Boëhütte, ital. Rif. Boë

Von der Höhe des Grödner Joches s auf bez. Steig (Nummer 666) zum (1/4 St.) *Col de Masores* (2215 m) am Fuß des Sellastockes. Hier eine geologisch berühmte Stelle wegen der „Verzahnung" von Schlerndolomit und Cassianer Schichten. Dann li unter den Wänden auf breitem Schuttband zur Mündung des *Val Setus,* einer zwischen hohen Wänden emporziehenden Schlucht. Durch diese Schlucht auf einem Steig, markiert mit 666, empor; wo sie sich teilt, im li (ö) Ast weiter und über Schrofen (Drahtseil) hinauf zum breitausgedehnten Pisciaduplateau, einem Teil der ersten Terrasse des Sellastockes. — Hier zweigt re ein Steig zur *Gamsscharte* ab; nicht empfehlenswert. Links (ö) in wenigen Min. zu der seinerzeit von der Sektion Bamberg des DÖAV erbauten kleinen *Pisciaduseehütte* (2583 m), in großartiger Felsenlandschaft neben dem kleinen Pisciadusee. 2 St. vom Grödner Joch. (Bewirtschaftet vom 15. Juni bis 15. Sept., 10 B, 20 Matr.) Hierher auch auf neuem, gesichertem Klettersteig „Via Ferrata B. Tridentina Pissadu", der durch ein li Paralleltal des Val Setus zur Hütte führt. Von hier auf markiertem Alpenvereinssteig wie bei Touren von Colfuschg (S. 277) zur (2 1/2 St.) *Boëhütte* und von dort auf die (3/4 St.) *Boëspitze.* Abstieg auf bez. Steig zum (2 St.) Pordoijoch (S. 102) oder zur Boëhütte und auf markiertem Weg durch das Val Lasties zum (3 St.) *Sellajoch* (S. 189).

Von Plan zum Sellajoch (2218 m). Auf der Fahrstraße (7 km) starker Autoverkehr; auf dem alten Jochweg, markiert mit 657, 1 1/2 St. Das Sellajoch ist der schönste aller Dolomitenpässe. Auf dem Joch das ganzjährig bewirtschaftete große Sellajochhaus

Wie beim Grödner Joch s zum (2 km) *Kreuzboden*, lad. *Plan de Gralba* (1780 m), mit Gh. und weiter zum Hotel Miramonti, in dessen Nähe die Straße zum Grödner Joch abzweigt, indes die Sellajochstraße dem Sellastock entlang südwärts zieht. — Fußgeher verlassen besser gleich oberhalb Plan bei der ersten Kurve die Straße und folgen dem alten, markierten Jochweg. Zur Rechten eine der gewaltigsten Dolomitenwände, die Ostwand des Langkofels, beinahe 1000 m hoch, 2 km lang, zur Linken etwas niedriger der Sellastock, ein festungsähnlicher, massiver Felsbau mit schwarzgestriemten Wänden und vorspringenden Türmen, unten Schlerndolomit, oben Hauptdolomit, beide getrennt durch ein dünnes Band der Raibler Schichten, die eine Terrasse bilden. Im Rückblick die Geislerspitzen, an die sich re die Rot- und Tschierspitzen schließen. Ein aus der Sella weit vorspringender massiver Turm erhebt sich auf hohem Felssockel vor dieser Zackenreihe, es ist der Große Murfreitturm (2724 m), der besonders bei einem Wegkreuz mit seinem malerischen Vordergrund ein beliebtes Bild für Maler und Photographen gibt. Über Matten auf Cassianer Schichten in sanfter Steigung weiter gegen die Bergsturzblöcke der „Steinernen Stadt", und vor dem *Sellajochhaus* (2179 Meter) wieder zur Straße. Hinter dem Schutzhaus die Straße verlassend, erreicht man auf einem re abzweigenden Weg, in dunkle vulkanische Tuffe geschnitten, in wenigen Min. die Höhe des *Sellajoches* (2218 m), auf dessen Südseite das Gh. Valentini und das neue Haus Piz Grohmann steht.

Vom Joch Prachtblick auf die firnumwallte „Königin der Dolomiten", die Marmolata (3344 m), und den plattengepanzerten Vernel (3205 m); anschließend gegen W der Turm der Punta del'Uomo (3003 m), Collaz, Cima delle Vallate und Costabella, sämtliche aus Marmolatakalk. Herrliche Schau auf die nahe Langkofelgruppe: re das Langkofeleck (3054 m), anschließend, durch den schmalen Einschnitt der Langkofelscharte getrennt, die oft genannte Fünffingerspitze (2996 m), deren rot und gelb gefärbten Südabsturz der dunkle Schlund des Schmittkamins durchreißt, dann der massige Turm der Grohmannspitze (3111 m). Östlich vom Sellajoch die Bastion des Sellastockes mit den Sellatürmen und mächtigen Tafelbergen.

Das *Sellajochhaus*, ital. *Rif. Passo Sella* (2179 m), eine Gründung der Sektion Bozen des DÖAV vom Jahre 1903, mit insgesamt 80 B und einer Anzahl Matratzenlagern, Postablage, Fernsprecher, Garagen und schönem Campingplatz, ist das ganze Jahr bewirtschaftet. Das 8 Min. entfernte Gh. *Valentini*, von dem Fassaner Karl Valentini 1894 erbaut, wird ebenfalls jetzt ganzjährig bewirtschaftet (mehrere Skilifts). An der Straße zur ö Paßhöhe steht das Hotel *Maria Flora*. Die Häuser werden von Bergwanderern und Hochtouristen viel besucht. Vom Sellajoch neue Gondelseilbahn zur Langkofelscharte und prächtige Wanderungen in der Sellagruppe, zum Pordoijoch, zur Seiser Alm usw. Die Berge der Langkofelgruppe jedoch sind mit Ausnahme des Plattkofels nur den Hochtouristen und Kletterern zugänglich.

Berühmt ist in der Langkofelgruppe die *Fünffingerspitze*. Ihre erste Ersteigung im Jahr 1890 durch den jungen Wiener Maler Robert Hans Schmitt und den kühnen, in der Santnerspitze verewigten Bozner Bergsteiger Johann Santner, die durch den immer nassen, senkrechten Schlund in der Südwand, heute Schmittkamin genannt, erfolgte, erregte in Bergsteigerkreisen großes Aufsehen, hatten doch die besten Kletterer der damaligen Zeit die Spitze vergeblich belagert. Schmitt schloß seinen Bericht über die gefahrvolle Klettertour mit der Frage: „Wer wird wohl unsere Karten herabholen?“ Ein Jahr darauf erhielt er die Antwort. Eine Dame, Frau Jeanne Immink aus Holland, allerdings geführt von zwei der besten Dolomitenführer, holte die Karten von der Fünffingerspitze. Einige Jahre später war die gefürchtete Spitze schon zum „Modeberg“ geworden und heute können tüchtige Kletterer unter vielen verschiedenen Routen wählen, die unterdes gefunden wurden.

Auch die benachbarte *Grohmannspitze*, ein schöngeformter Felsdom, steht im Ruf großer Schwierigkeit. Sie ist nach dem Dolomitenerschließer Paul Grohmann benannt, wurde von ihm aber nie betreten. Der berühmte Bergführer Michel Innerkofler aus Sexten war 1880 ihr Eroberer. Auch auf sie führen nun mehrere Kletterwege. Schließlich sei noch der *Zahnkofel* genannt, ein merkwürdiger Berg, der nach der Ostseite scheinbar überhängt; er wurde 1889 von dem Fassaner Bergführer Luigi Bernard erstmals erstiegen.

Am Sellajoch: Leontopodium alpinum Cass., Saxifraga Aizoon Jaqu., Saxifraga moscata Wulf., Armeria alpina Willd., Aster alpinus L., Trollius europaens L., Lilium Martagon L.

Vom Sellajoch auf den Col Rodella (2486 m). 1 St. Bez. Weg. Der Col Rodella ist einer der bequemsten Aussichtsberge in den Dolomiten. Sessellift von Campitello. Auf seiner Höhe steht das Rodellahaus

Vom Sellajochhaus in 8 Min. übers Joch zum Gh. Valentini und von dort re (sw) über blumige Wiesen mit Aussicht auf die prächtige Marmolata zum breiten Sattel der (1/2 St.) *Forcella di Rodella* (2308 m), wo Wegteilung. Man folgt dem li (sö) auf einem breiten, begrünten Rücken ansteigenden Weg, der sich bald nach re zum Sessellift und zum (20 Min.) Schutzhaus auf der Kuppe wendet.

Herrliche Rundsicht über die westl. Dolomiten, besonders schön Marmolata und Vernel, Langkofel- und Sellastock. Prächtig aufgeschlossen das obere Fassatal.

Vom Sellajoch auf dem Friedrich-August-Weg zum Seiser Almhaus, ital. Rif. Alpe di Siusi (2144 m). 4 1/4 St. Durchwegs mit Nr. 4 gut bez. Weg. Eine der schönsten Wanderungen in den Dolomiten. Unterhalb der Rodella-Scharte das neue Friedrich-August-Haus.

Von Sellajoch geht man zunächst wie beim Weg zum Col Rodella sw zur breiten Senke der (1/2 St.) *Forcella di Rodella* (2308 m). Hier zweigt der Friedrich-August-Weg von dem Karrenweg, der nach Campitello hinabführt, re ab. Zunächst nw an einem Heustadel vorbei, dann über einen Graben zu den blumigen Matten auf vulkanischen Tuffen, die sich unter den w Zinnen der Langkofelgruppe (Grohmannspitze, Innerkoflerturm, Zahnkofel, Plattkofel) ausbreiten. Einige Gräben querend, gewinnt der Friedrich-August-Weg unterhalb des Plattkofels die *Plattkofelhütte* (2302 m) und geht dann zum (1 1/2 St.) *Fassajoch* (2302 m), wo sich die Wege teilen; re zur (1/2 St.) Zallinger-Schwaige und nach St. Christina, li ins Durontal und nach Campitello. Der Friedrich-August-Weg führt zum Platz der alten, 1953 abgebrannten Plattkofelhütte und zieht nachher w weiter dem begrünten Kamm zu, der die Seiser Alm im S begrenzt. Auf der Südseite dieses Kammes weiter durch Wiesenmulden und grüne Hänge (lohnender Abstecher auf die Rasenkuppe der Palaccia, 2337 m) wieder zu einem Joch (2212 m), dann unter der Kammhöhe entlang, bis der Weg auf die Nordseite übertritt und sich sanft zum (1¹/₄ St.) *Seiser Almhaus* (2144 m) senkt. 15 Min. weiter unten das Molignonhaus. (Über den Weiterweg zum Schlern oder in die Rosengartengruppe und die verschiedenen Abstiege s. S. 157, 135, 147 und 171.

Vom Sellajoch rund um die Langkofelgruppe. 5¹/₂ bis 6 St. Bez. Wege. Überaus lohnende Wanderung mit Einblick in die großartige Felswildnis der Langkofelgruppe

Vom Sellajoch wie bei der vorhergehenden Wanderung zum (2 St.) *Fassajoch* (2302 m), wo Wegteilung (geradeaus weiter zum Seiser Almhaus). Nun auf dem nach St. Christina führenden Karrenweg etwa 5 Min. abwärts; bei einer Wegtafel von diesem Weg re ab und über Wiesen hin, dann hinab zu einem mit Zirbenbäumen bestandenen Boden auf der Schulter des Piz da Uriedel (2112 m) mit Cassianer Schichten und Tuffen. Hier teilt sich der Weg (li zum Confinboden). Nun re auf altem Alpenvereinssteig unter der Nordwand des Plattkofels, die mit ihren finsteren Schluchten und losgelösten, verwegenen Türmen einen großartigen Anblick gewährt, zum (1¹/₂ St.) Eingang in das Langkofelkar, wo man auf den zur nahen Langkofelhütte führenden *Santnerweg* trifft. Hier li querend zum *Stradalweg* (Nummer 526), der unter den Felsen des Langkofels über Rasenhänge und Werfner Schichten zum (¹/₂ St.) *Col da Mesdi* (2083 m) führt.

„Nördlich vom Col da Mesdi, am Kamm des Piz de Ciaulong (2124 m), liegen die mächtigen Überreste einer Altmoräne des großen Talgletschers und am Gipfel des Piz de Ciaulong finden sich Blöcke von Tuffkalkbreccien oder oberen Buchensteiner Schichten, die wahrscheinlich der Talgletscher vom Gipfel des Ciamp de Pinöi (2263 m) von O hergeschleppt hat. Zu beiden Seiten des Piz de Ciaulong ziehen sich Blockmoränenwälle von jüngeren Langkofelgletschern gegen das Tal hinunter.“ (Dr. M. Ogilvie Gordon)

Vom Col da Mesdi führt der Stradalweg ö unter einem prächtigen Zirbenhain hin, dann hinab zum *Ampezzanbach*, wo er sich mit dem von St. Christina heraufkommenden Steig vereinigt. Auf diesem sö durch die Trümmer eines Bergsturzes zum *Rif. Emilio Comici* (2155 m, meist nur für den Skibetrieb geöffnet) hinan (hier vulkanische Tuffe) und s über Wiesen, nachher durch die Bergsturzmassen der „Steinernen Stadt", in denen die seltene Saxifraga cernua zu finden ist, zum (1$^1/_2$ St.) *Sellajoch* zurück.

Vom Sellajoch über die Forcella di Rodella (2308 m) nach Campitello. 2 St. Bez. Weg

Am kürzesten mit dem Sessellift vom Col Rodella. Siehe auch S. 88 in umgekehrter Richtung.

Vom Sellajoch zum Pordoijoch (2250 m). – Einer der schönsten Abschnitte der Dolomitenstraße, mit großartigen Rückblicken zur Langkofelgruppe

Vom Sellajoch führt die Straße sö über Tuffe, Kalke und Mergel der Cassianer Schichten gegen den Sellastock, in dem die Sellatürme, ein beliebtes Ziel der Kletterer, besonders hervortreten, überschreitet in der Höhe von 2226 m am Col de Toi die Kammhöhe und senkt sich dann in weiten Kehren unterhalb der großartigen Wände der Sella auf den Pian da la Cerceneda und geht weiter zum *Rif. Monti Pallidi*, von wo man s zum nördlichsten Punkt einer Schleife der *Großen Dolomitenstraße*, der Risolaecke, kommt und auf dieser selbst das Pordoijoch erreicht.

Vom Sellajoch zur Boèhütte, ital. Rif. Boè (2873 m). 3$^1/_2$ St. Bez. Weg. Wanderung in der großartigen Sellagruppe. Von der Hütte auf die Boèspitze, auch Abstieg zum Pordoijoch, Grödner Joch oder nach Colfuschg-Corvara

Wie oben auf der ins Fassatal führenden Straße über die Jochhöhe beim Col de Toi, dann abwärts bis dorthin, wo die Straße nach der zweiten großen Kehre zur dritten Wendung ausholt. Hier zweigt li ein schmaler Steig ab (Wegtafel), der ein kurzes Stück abwärts führt und dann mit einem von re herkommenden Weg zusammentrifft. Auf diesem (mit 647 bez.) ostwärts kurz durch Wald, dann über Rasen und Schutt zu einer Steilstufe im *Val Lasties,* über die der Antermontbach herabstürzt. Großartig zur Rechten die 800 m hohe, senkrechte, von einem breiten Band durchzogene Westwand der Pordoispitze. Der Weg erklimmt die Steilstufe auf ihrer li Seite nahe den Sellawänden und führt dann über den *Pian del Siella* taleinwärts zu einer niedrigen Stufe, über die er zum *Pian de Roces,* einem blockbedeckten Boden (Raibler Schichten) mit den letzten Rasenflächen emporsteigt.

Standort von Leontopodium alpinum, Gentiana pumila, Gentiana verna, Daphne striata, Primula minima, Primula oenensis u. a.

Hier wendet der Weg über Schutt nordwärts einer senkrechten Felswand zu, unter der er nach re zu einem schuttbedeckten Kessel emporführt. Im Kessel nach re, dann ö über Schutt und Schrofen zu den Karrenflächen des Hochplateaus hinauf und über diese zu einem flachen Sattel, wo unser Weg sich mit den vom Grödner Joch und von Colfuschg kommenden Wegen vereinigt.

Einige Schritte ostwärts weiter und wir stehen vor einem Schaustück, wie es selbst die Dolomiten selten bieten: Es ist der Tiefblick in das Mittagstal, einen Felskessel, der an Wildheit kaum seinesgleichen findet. Den Kessel umstarren auf der einen Seite gewaltige Wandbauten, zwischen denen Eisrinnen in furchtbarer Steilheit niederschießen, auf der andern Seite die überaus kühnen Riesentürme des Dent de Mesdi und des Bec de Mesdi; ganz nahe der ruinenhafte *Bergerturm,* nach einem Innsbrucker Bergsteiger benannt, der ihn 1900 mit einem Gefährten als erster bestieg, nachdem er ein Jahr vorher mit Dr. Ampferer die berühmte Guglia di Brenta ebenfalls als erster bezwungen hatte.

Die Sockelwand der uns gegenüber liegenden Wandflucht besteht aus wenig geschichtetem Schlerndolomit, es folgt ein schmales Gesims der rötlichen Raibler Schichten, darüber erheben sich die Gipfelwände aus geschichtetem Hauptdolomit.

Der Weg zur Boëhütte wendet sich, gut bez., südwärts, ersteigt über Schrofen den *Zwischenkofel* (2908 m) und senkt sich jenseits zu einem Sattel. Schwindelfreie, geübte Bergsteiger können den Zwischenkofel auf dem rot bez. *Koburger Weg* re umgehen, der, mit Drahtseilen gesichert, auf schmalem Band horizontal durch die Felsen führt; der Zeitgewinn hiebei ist unbedeutend. Vom Sattel gelangt man in 5 Min. zur *Boëhütte*, ital. *Rif. Boë* (2879 m).

Die Schutzhütte, 1894 von der Sektion Bamberg des DÖAV erbaut, wurde in den Kriegsjahren völlig verwüstet, von der Sektion Trento des CAI jedoch wieder eingerichtet (30 B und 20 Matr.) und ist nun vom 10. Juli bis 20. September bewirtschaftet.

Von der Boëhütte aus wird gewöhnlich die *Boëspitze* (3152 Meter) bestiegen. Geübte können mit Führer von dieser auf dem Lichtenfelser Weg nach Corvara oder Arabba absteigen. Empfehlenswerter ist jedoch der Abstieg zur Pordoischarte und weiter zum Pordoijoch. Aber auch jene, die die Boëspitze nicht besuchen, finden bei der Wanderung von der Boëhütte zum Pordoijoch, nach Colfuschg-Corvara oder zum Grödner Joch großartige Dolomitenbilder. Die Wege sind zwar bezeichnet und gesichert, Ungeübten sei jedoch kundige Führung angeraten. Siehe auch Touren von Corvara, Colfuschg, vom Grödner und Pordoijoch aus.

Von der Boëhütte auf die Boëspitze, lad. Piz Boë (3152 Meter). 3/4 St. Bez. Steig

Die Boëspitze, die höchste Erhebung der Sellagruppe, ist einer der am leichtesten zugänglichen Gipfel von über 3000 m in den Dolomiten und neben der Marmolata deren hervorragendster Aussichtsberg. Auch hier war Paul Grohmann 1864 der erste Ersteiger.

Von der Hütte geht man auf einem Steiglein sö über Geröll und Schnee re von einem Firnfeld zum felsigen Abbruch des Gipfelbaues empor. Dort führt der Steig durch eine Schuttrinne zur Gipfelabdachung hinauf und über Felstrümmer und Schnee zum Gipfel.

Man überschreitet dabei von unten nach oben: Hauptdolomit, graue, dann rote Kalke des Jura, zuoberst wieder Hauptdolomit, der den jüngeren Schichten aufgeschoben ist.

Die überaus weitreichende Aussicht weist schöne Einzelbilder auf. Nahe im S fesselt vor allem die firnschimmernde Marmolata, dahinter erhebt sich die Palagruppe. Infolge ihrer zentralen Lage bietet die Boëspitze eine herrliche Dolomitenschau; auch die Zillertaler, Stubaier und Ötztaler Alpen, Ortler, Adamello- und Presanellagruppe sind sichtbar.

Von der Boëspitze zum ($1^1/_2$ St.) Pordoijoch: auf Steig über den Südwestgrat hinab zum Weg Pordoijoch — Boëhütte, weiter wie S. 104 in umgekehrter Richtung. — Über den Abstieg nach Corvara oder Arabba (nur für Geübte) s. S. 106 und 277.

KLAUSEN UND DAS VILLNÖSSER TAL

Klausen im Eisacktal ist ein wichtiger Eintrittsort für die nw Dolomiten. Ungefähr 3 km nördlich von dem Städtchen mündet von O her das Villnösser Tal, italienisch Val di Funès, ein Dolomitental mit deutscher Bevölkerung. Bei einer Länge von 37 km steigt dieses Tal von der Mündungsstelle (540 m) bis zum höchsten Punkt, dem Kreuzkofeljoch (2344 m), um 1800 m. Das Villnösser Tal führt zur prachtvollen Geislergruppe und zum Peitlerkofel. Vor der Mündung des Tales liegt die Eisenbahnhaltestelle Villnöß, ital. Funès, von der die Talstraße ausgeht.

KLAUSEN, ital. Chiusa (523 m), an der Brennerbahn, 21 km vom Eisenbahnknotenpunkt Franzensfeste, Städtchen mit rund 4000 Einw., ist Ausgangspunkt ins Villnösser Tal; die verkehrsreiche Staatsstraße läßt die Häuser von Klausen in der Tiefe liegen. Autobahnausfahrt etwas n der Stadt; von Klausen aus auch neue Zufahrt nach Gröden und gegenüber nach Feldthurns. AVS-Sektion und BRD-Meldestelle.

Klausen hat durch Jahrhunderte sein altertümliches Aussehen bewahrt. Darin liegt der Reiz des „wunderlichen Städtchens", wie es Ludwig Steub nennt. Als Albrecht Dürer im Jahre 1505 auf einer Italienreise in Klausen Rast hielt, muß das Städtchen mit der Burg Branzoll und dem hochragenden Säben seinem Künstlerauge besonders gefallen haben, erscheint es doch in seinem berühmten Kupferstich „Das große Glück" als landschaftlicher Hintergrund. Und auch heute noch sind Maler die Künder der Reize dieses stillen, gemütlichen Eisackstädtchens mit seiner romantischen Lage und der Unberührtheit seiner alten Gebäude.

Das Städtchen liegt zu Füßen eines 200 m hohen felsigen Kofels, auf dem das Benediktinerinnenkloster Säben steht. Dieses macht den Eindruck einer wehrhaften Bergfeste, da noch Befestigungsanlagen aus seiner Burgzeit stehen. Am

Fuß des Berges erhebt sich auf kleinerem Fels der viereckige Turm der 1672 teilweise niedergebrannten, 1912 restaurierten Burg *Branzoll,* an der eine Tafel an den Minnesänger Leutold von Säben erinnert. Auf einem Acker hinter der Burg wurde 1952 eine Reihe von Gräbern aus der Bronzezeit aufgedeckt. Im Ort selbst, neben der Eisackbrücke, steht die gotische *Pfarrkirche* zum hl. Andreas, 1464 bis 1483 umgebaut, mit Gemälden von Paul Zeiller (1700), Grasmair (1730) und einem Seitenaltarbild von Josef Schöpf. Eine Flutmarke an der Kirche zeigt die Wasserhöhe bei der verheerenden Überschwemmung am 9. August 1921, die der Tinnebach verursachte. Jenseits der Tinnebachbrücke, bei den Häusern „In der Frag", das aufgelassene *Kapuzinerkloster* mit berühmtem Kirchenschatz und der dazugehörigen *Loretokapelle;* Feldaltar Kaiser Karls IV., auch sehenswerte Gemälde, Stickereien, Kirchengeräte aus Gold und Silber, meisterhafte Arbeiten aus Elfenbein und Alabaster, ein Geschenk der Königin Maria Anna von Spanien an das 1697 von ihr gestiftete Kloster (Schlüssel an der Kapuzinerpforte). — Beim Brixner Tor die *Apostelkirche,* 1478 vollendet, mit Holzschnitzwerken aus dem 15. Jh. und 13 Bildern aus dem 17. Jh., Christus und seine Jünger darstellend.

10 Min. n der Stadt, nahe der Straße nach Brixen, steht auf der Spitalwiese das interessante *St.-Sebastiani-Kirchlein,* 1213 erbaut, ein romanischer Rundbau mit 12 Apsiden; Portal und Fenster wurden 1485 gotisch umgebaut. — Auf der Eisackpromenade ein 1908 errichtetes Bronzedenkmal für den Tiroler Freiheitskämpfer Kapuzinerpater *Joachim Haspinger,* modelliert von dem Klausner Prof. Josef Piffrader.

Die zinnengekrönten Häuser in der engen Hauptstraße schmücken malerische Erker und reizvolle alte schmiedeeiserne Schilder. In dieser Straße der Gh. Goldene Rose mit schönen Stuben aus dem 17. Jh. Reste der ehemals berühmten Bildersammlung sind noch vorhanden, die Räume haben noch immer den Charakter einer Künstlerklause. Die berühmte Zinnsammlung des Hauses derzeit deponiert. In der Hauptstraße sind auch die altbekannten Gh. zur Post, Hirsch, Rößl usw. zu finden.

Klausen kommt 1027 unter dem Namen Clusa sub Sabione in der Urkunde vor, mit der Kaiser Konrad dem Bischof von Brixen die umfangreiche Grafschaft im Eisack- und Inntal schenkte. Von dieser Zeit ab bis 1803 war es bischöflich brixnerische Wegsperre und Zollstation, und das Erträgnis dieses Zolles gehörte zu den Haupteinkünften der Brixner Bischöfe. Eine „Stadt" wird Klausen erstmals 1429 im Tagebuch des Brixner Bischofs Ulrich Putsch genannt, dazu kam die höher stehende Burg Branzoll als Sitz des bischöflichen Stadthauptmanns. Eine Wendung in der Geschichte von Klausen erfolgte erst 1918, als die Stadt mit ihrem Dekanatsgebiet der Diözese Trient zugeteilt wurde. Seit 1964 ist Klausen wieder bei der Diözese Bozen.

Säben war, nach Funden zu schließen, schon in vorgeschichtlicher Zeit besiedelt. Später mochten da die Isarker eine Wallburg, dann die Römer ein Kastell gebaut haben. Bei der Christianisierung des Landes wurde auf der Felsenhöhe ein Bischofssitz errichtet, und als dann die Bischöfe um die Wende des ersten Jh.s nach Brixen übersiedelten, kam dieser Sitz in die Hände von Burggrafen oder Burghauptleuten. Um diese Zeit (1296) versah Bischof Landulf Säben mit festen Werken und Umfassungsmauern und 1421 wurde die weitschauende Hl.-Kreuz-Kirche ausgebaut. Da kam im Jahr 1535 eine große Feuersbrunst, welche die Wehranlagen ruinierte. Erst 1681 errichtete an ihrer Stelle der Stadtpfarrer von Klausen, Matthias von Jenner, das heute so stattlich auf dem Felsen stehende Kloster der Benediktiner-Ordensschwestern, das in Kriegszeiten auch noch verschiedene Schicksalsschläge zu ertragen hatte.

Die Hauptgesteinsart in der Umgebung von Klausen ist der Brixner Quarzphyllit. In ihm sind Gesteinsschmelzen aufgestiegen, die zu den sog. Klauseniten erstarrten. Ein solches Vorkommen bildet der Fels von Säben.

Ausflüge von Klausen aus

Zum Kloster Säben, ital. Sabiona, und nach Feldthurns, ital. Velturno. 1/2 St. bzw. 1 1/4 St. Sehr lohnend

Vom Rathaus auf gepflastertem Weg an der Burg *Branzoll* vorbei oder auf schönem Promenadeweg, der außerhalb des Brixner Tores beginnt, nach (1/2 St.) *Säben* (717 m) hinauf. Die Hl.-Kreuz-Kirche auf dem obersten Felsenplateau, deren Grundbau wahrscheinlich noch von der alten bischöflichen Domkirche herrührt, in der jetzigen Form 1421 ausgebaut, enthält Wandgemälde vom Jahr 1679; die tiefer stehende Liebfrauenkirche, im Jahr 1652 geweiht, hat reizvolle Stuckverzierungen und Deckenbilder von Stephan Keßler. — Prachtblick ins Eisacktal und auf die Geislerspitzen.

Vom Kloster weiter über eine hohe Mauer in das Gebiet von *Verdings* und nach (1¼ St.) *Feldthurns* (828 m), Dörfchen in reizvoller, aussichtsreicher Lage mit den Gh. Oberwirt und Unterwirt.

Das *Schloß Velturns*, ehemaliger Sommersitz der Fürstbischöfe von Brixen, 1578 bis 1587 erbaut, besitzt in seinem Fürstenzimmer eine Sehenswürdigkeit ersten Ranges; dieses enthält prachtvolle Wand- und Deckenvertäfelungen mit Holzeinlegearbeiten von hohem Kunstwert sowie Wandmalereien, Türbeschläge und einen großen Ofen im Tiroler Renaissancestil; auch in den anderen Zimmern kunstvolle Türrahmungen, Holzdecken usw. mit reicher Behandlung. — Das Schloß ist seit 1903 im Besitz der Stadt Bozen, soll aber demnächst an das Land Südtirol übergehen.

Von Feldthurns erreicht man in 2 St. über das reizvolle Mittelgebirge von Tschötsch die alte Bischofsstadt Brixen; man kann aber auch zur Brennerstraße absteigen, auf die man zwischen den Hst. Villnöß und Klausen trifft.

Über Lajen und St. Peter ins Grödner Tal. 4½ bis 5 St. Schöne, aussichtsreiche Wanderung, besonders wenn Baum und Busch in den Herbstfarben prangen. Mark. 5 und P

Von der Eisackbrücke in *Klausen* ausgehend re über den Platz in eine kurze Gasse, durch die man zu den Geleisen der Brennerbahn kommt. Jenseits zu einem größeren Haus empor, bei dem sich der Weg teilt. Nun re auf einem Fahrweg ansteigend, bald die neue Grödner Zufahrtsstraße sowie die Autobahn querend zu den ersten Höfen der Gemeinde Lajen. Rechts aufwärts in einen Wald und da wieder zu einer Wegteilung (re Sträßchen durch Wald ins [3 km] Lajener Ried). Der Weg zum Dorf Lajen führt halblinks aufwärts zunächst zur Fraktion *Albions* (893 m), 1 St. von Klausen.

Der Ort wird schon in einer Urkunde vom Jahr 1020 genannt. Damals schenkte Graf Otto von Andechs dem Domkapitel von Freising ein Gut in Albuin. — In der St.-Nikolaus-Kirche (erwähnt 1142, der Chor aus dem 15. Jh., Wandgemälde aus derselben Zeit) ein sehenswerter St.-Georg-Flügelaltar vom Jahr 1520, an der Außenseite der Kirche der Riese Christophorus.

Von Albions in gleicher Richtung weiter, einen rauhen Fahrweg li lassend, auf ziemlich steilem Waldsteig, der den Weg kürzt, zu den Lajener Wiesen und da ansteigend (1/2 St.) nach Lajen.

LAJEN, ital. Laiòn (1100 m), großes Dorf auf weitschauender Höhe, zu dem von Waidbruck durch die Weinberge des Lajener Rieds eine auch für Autos fahrbare Straße hinaufführt, wird als Sommerfrische gern besucht.

Der Weiterweg über *Tschöfas* und *Tanürz* bis *St. Peter* (vgl. S. 200) ist jetzt Fahrstraße, doch wurde der alte Poststeig (P) erst 1973 als Wanderweg etwas höher neu trassiert.

Der Kern des Dorfes und die beiden Kirchen stehen auf Felsboden (Quarzphyllit); auch in den nahen Wiesen kommt dieses Gestein zum Vorschein im sog. Wasserbühel, auf dem vielleicht einmal eine vorgeschichtliche Siedlung stand. — Der alte Ort Lajen, als römische Siedlung schon zur Zeit des Kaisers Claudius (41—54) bekannt, wurde unter dem Namen Legian im Jahr 999 vom Grafen Otto von Andechs dem Domkapitel von Freising gewidmet. — In der stattlichen *Pfarrkirche,* 1838 bis 1845 gebaut, mit Deckenmalereien vom letzten Barockmaler Tirols, Josef Arnold (1844), ein beachtenswertes Altarblatt, die Muttergottes mit dem Kind darstellend, von Philipp Veit aus Rom. Vor der Pfarrkirche steht am Dorfrand die *Liebfrauenkirche,* schon in einer Urkunde vom Jahr 1147 genannt, der spätgotische Bau 1842 geweiht, architektonisch interessant in seiner Stilreinheit, der Hochaltar aus der Zeit um 1620 hingegen eine eigenartige Mischung von Gotik und Renaissance (Schlüssel im Mesnerhaus).

Vom Friedhof bei der Pfarrkirche, in dem die zahlreichen schmiedeeisernen Kreuze auffallen, herrliche Schau ins Eisacktal und auf dessen Höhen; im SO über bewaldeten Kuppen die Langkofelgruppe und der Sellastock.

20 Min. ö von Lajen der Weiler *Tschöfas,* ital. *Scoves* (1229 m), in dessen aus der Mitte des 15. Jh.s stammender Kirche guterhaltene gotische Wandgemälde Beachtung verdienen.

Von Lajen nach Waidbruck, hinab über die „paradiesischen Gefilde" des Lajener Rieds, Straße mit Abkürzungen, 1 St.; 1973 wurde der alte Fußweg Nr. 35 nach Waidbruck neu durchmarkiert, so daß man fast ohne Berührung der Straße durchs Ried wandern kann. Unter dem Lajener Kirchbichl führt die Straße durch Föhrenwald hinab nach (1/2 St.) *Lajenried,* ital. *Novale di Laiòn.* In der Nähe ein weißgetünchtes Haus mit Altane, der Vogelweiderhof, vielleicht das Geburtshaus des Minnesängers Walther von der Vogelweide (Gedenktafel, sehenswert die Gästebücher). Unterhalb davon, an der alten Zufahrtsstraße, ein interessanter Bildstock aus dem 15. Jh. und etwa fünfzig Schritte entfernt das *St.-Katharina-Kirchlein,* 1434 geweiht. An dessen Außenseite großes gotisches Wandgemälde, ziemlich verwittert, innen Wandmalereien, 1910 renoviert. — Die Straße bzw. der sie abkürzende Fußweg 35 führt zwischen Weinbergen, unter Kastanien- und Nußbäumen abwärts, vorbei am Oberfinserhof zum stattlichen, burgähnlichen *Unterfinserhof,* der li in einem Anger steht. Drei mittelalterliche verfallene Vogeltennen in dessen Nähe und der baulich auffallende feste Hof ließen wiederholt die Vermutung aufkommen, daß hier die Heimat des vielgenannten Minnesängers zu suchen sei. Unter dem Unterfinserhof kürzt man die Straße bedeutend, wenn man einem Plattenweg folgt, der direkt zur Kirche in *Waidbruck* hinabführt.

Von *Lajen* lohnende, aussichtsreiche Bergwanderung auf mit Ziffer 35 bez. Weg zur *Raschötz* (2282 m), 3 St. Der Weg beginnt am Ostende des Dorfes bei der Kapelle zur Schwarzen Muttergottes und steigt zwischen Wiesen und Feldern in den an Pilzen reichen Tuffwald und zur Höhe des *Tschanberges,* auf dessen bewaldetem Rücken man ostwärts bis zu einer Almhütte geht. Dort nimmt der Weg s Richtung und steigt über gestufte Felsplatten eines Bergsturzes zur Hochfläche der Raschötz (Quarzporphyr) mit der Kapelle Heiligkreuz, von der nordwärts in 1/2 St. die *Außer-Raschötz* (2283 m) zu erreichen ist, indes der Hauptweg zum nahen *Raschötzhaus* führt (S. 165, bei Touren von St. Ulrich). Die Wanderung kann, stets der Markierung 35 folgend, über die Inner-Raschötz (2303 m), Broglesscharte (2155 m), Broglesalm (Wirtschaft), dann auf dem Adolf-Munkel-Weg bis zur *Schlüterhütte* fortgesetzt werden (4 1/2 bis 5 St.) Herrliche Dolomitenbilder.

Von Lajen über Freins nach Gufidaun oder Klausen. 2 1/4 bzw. 3 St. Beliebte schöne Wanderung

Vom Ostende des Dorfes (Gh. Radlhof) zieht gegen N eine neue Forststraße quer über den ganzen Hang zum Weiler Freins und weiter bis zum Gnollhof (s. unten). Durch den Bau dieser Straße wurde einer der schönsten Wanderwege der ganzen Gegend verschüttet, doch ist es anzuerkennen, daß der Verschönerungsverein Lajen etwas höher einen neuen Weg trassiert hat (durchgehend Nr. 6), so daß man nun in schönster Wanderung zunächst das sehenswerte Kirchlein von *Freins* erreichen kann (1 St.). Das dem hl. Johannes d. T. geweihte Gotteshaus ist 1239 geweiht, wurde spätgotisch umgebaut und 1727 barockisiert (die Wandgemälde außen aus dieser Zeit, die Einrichtung neugotisch). — In einer Stunde weiter zum Gh. *Gnollhof* (S. 202), von dem eine neuerbaute Straße (Nr. 7) nw abwärts nach *Gufidaun* führt (40 Min.). — Der von Freins li abwärts führende Karrenweg nach Gufidaun, markiert mit 6 a, geht erst durch Wald hinab auf eine große Wiese und da halbrechts quer hinüber zum Schlößchen *Fonteklaus,* 1/2 St. Knapp oberhalb des Schlößchens bei einer Kapelle geht man auf mit 6 a und blau-weiß bez. Weg quer durch die Wiese hinüber in einen Wald, da über den Zickerbach und neben diesem im Wald bergab. Bald re vom Zickerbach auf steilem Weg, spärlich mit 6 a und blau-weiß markiert, wieder über einen Bach und nachher im Wald auf breitem Weg re hinaus auf die Wiesen und Felder vor den Höfen von Gufidaun, zu denen der bez.

Weg hinüberführt. 3/4 St. — Bei einer Wegbiegung auf den Feldern kann man, den Weg und die Häuser von Gufidaun re lassend, zwischen Weingärten direkt zum Torgglerhof absteigen, wo man den mit 7 markierten Klausner Weg trifft. Nach Klausen von da 1/2 bis 3/4 St.

Von Lajen über St. Peter ins Grödner Tal. 3 1/2 St. Prächtige Wanderung, durchgehend Fußweg neben der Straße, mit P bez. — Von der Ostseite des Dorfes ausgehend kommt man bald zu einer Wegteilung mit Bildstöckl. Der Weg zur Linken führt in 20 Min. hinauf zum Weiler *Tschöfas* (1229 m), mit beachtenswerter Kirche (S. 197), von der man auf einem Seitenweg nach St. Peter gehen kann. Der Hauptweg nach St. Peter geht gradaus weiter zunächst zum (3/4 St.) Weiler *Tanürz* (1181 m) mit reizvollem Bartholomäuskirchlein, aus dem 13. Jh. stammend, 1774 renoviert. Von dort, stets auf der Höhe bleibend, zum (1/2 St.) Dorf *St. Peter* (1210 m), Gh. Überbacher. Prachtblick auf den Langkofel, über tiefem Waldtal und Höhen ragend. Die große Kirche wurde an Stelle einer alten 1764 gebaut, 1896 renoviert. Ein Opferstock aus der alten Kirche beim Seitenportal mit der Jahrzahl 1298, richtiger wohl 1498. — Von St. Peter weiter am Hang talein, dem Poststeig bis St. Ulrich folgend (Markierung rot-weiß-rot und ein P).

Der Weg führt über Wiesen und durch Hochwald und dann quer durch einen großen alten Bergsturz, fast immer eben und hoch überm Tal, bis zum Kirchplatz von *Sankt Ulrich.* Eine überaus empfehlenswerte Wanderung (2 1/4 St. von St. Peter).

Von Klausen nach Gufidaun, ital. Gudon. Reizendes Dörfchen auf rebenbekränzter Mittelgebirgsterrasse, beliebte Sommerfrische

Kürzeste Zugänge: Von Klausen mit SAD-Auto ins Villnösser Tal bis zur Hst. Sägewerk *Außermühl.* Dort über den Bach, dann auf einem Sträßchen, das den Berghang quert, hinaus nach Gufidaun. Außermühl — Gufidaun zu

Fuß 18 Min., auch für Autos fahrbar. — Von der *Hst. Villnöß* der Brennerbahn nach Gufidaun $^1/_2$ St. Von der Bahn zu den nächsten Häusern am Eingang ins Villnösser Tal, dort über den Bach und hinein zu den Ruinen der aufgelassenen Schmelzhütte Sulferbruck. Nun auf Karrenweg den waldigen Berghang hinauf, bei der Wegteilung dann li auf Fußweg ziemlich steil in jäh abfallendem Hang zur Höhe von Gufidaun, die man in der Nähe der Kirche erreicht.

Der am meisten begangene *Klausner Weg* nach Gufidaun, 1 St., zweigt knapp vor dem Bahnhof Klausen von der Straße ab; er deckt sich teilweise mit der dzt. in Bau befindlichen Autostraße Klausen — Gufidaun und muß erst wieder neu trassiert werden. Am Weg die jetzt zwischen Autobahn und Eisenbahn eingeklemmte *Burg Anger*, ein spätmittelalterlicher Bau, vor einigen Jahren noch Wohnsitz des Tiroler Dichters Arthur von Wallpach (* 1866, † 1946). Von der nun folgenden Wegteilung re unter der Autobahn durch und aufwärts in ein liebliches, bachdurchrauschtes Wiesentälchen, aus dem der mit Ziffer 7 markierte Klausner Weg li abbiegt und zwischen Rebenpergeln, vorbei am Torgglerhof, bekannt durch seinen Wein, zu den Höhen von Gufidaun hinaufsteigt. Um eine Ecke biegend erblickt man die Koburg, einen zweistöckigen alten Edelsitz, dann kommt man zu einem schönen, baumbeschatteten Plätzchen mit gotischem Bildstöckl, dessen guterhaltene Fresken aus dem Ende des 15. Jh. stammen. Nun ebenfort in die Mitte des kleinen, malerischen Dorfes

GUFIDAUN, ital. Gudon (734 m), überragt von der spitztürmigen St.-Martins-Kirche hinter dem großen, ehemaligen Gerichtshaus und vor der mauerumgürteten alten Burg Gufidaun, auch Summersberg genannt. Den Grund bildet hier der grünliche Amphibolit (Hornblendegestein). Gh.

Die Kirche zum hl. Martin, ein hübscher gotischer Bau aus dem 15. Jh., hat über dem Portal ein überdachtes Wandgemälde, den Tod Mariens darstellend, aus der gleichen Zeit wie die Kirche stammend; innen ein spätgotisches Muttergottesbild mit Kind, geschnitzt um 1460, und ein schönes gotisches Kruzifix mit Inschrift, 1640; das Altarblatt ist von Unterberger. Bei der Sakristeitür eine schön gearbeitete Grabplatte für Hans Koburger Ende 15. Jh.

Vom Friedhof überraschend schöner Ausblick ins Eisacktal, auf die Höhen von Säben, Nafen und Teis. — In der gotischen Friedhofkapelle eine interessante Votivtafel der Maria Meßnerin vom Jahr 1761.

Für das hohe Alter von Gufidaun sprechen die 1758 gefundenen römischen Altertümer, und auf den nahen Aichholzer Büheln sieht man heute noch Reste von prähistorischen Steinwällen; Scherben fanden sich auf der ganzen Platte. — Gufidaun wird als „Cubidunes" um 950 in einem Tauschvertrag des Bischofs Lantbert zu Freising mit einem vir nobilis Iagobo erstmals genannt; im Jahr 1177 ist von Weinbergen in „Gubdun" die Rede und 1233 wird der Ort urkundlich „Govedun" oder „Gouedaun" genannt. Um diese Zeit war Gufidaun bereits Gerichtssitz.

Das auf der Nordseite des Dorfes stehende *Schloß Gufidaun* stammt aus dem Anfang des 13. Jh.s. Hier siegelte der letzte Andechser Graf Otto der Achte 1238 eine Urkunde, hier hielt um die Mitte des 14. Jh.s der mächtige Landeshauptmann Berthold von Gufidaun hof, hier wurden Wiedertäufer und Hexen peinlich untersucht, und später weilte hier die Landesfürstin Claudia von Medici manchmal im Herbst, wenn sie zur Jagd ins wildreiche Villnösser Tal ritt. Fröhliches Leben herrschte besonders, als von 1619 ab die Wolkensteiner diese Burg innehatten. Seit 1880 ist sie im Besitz der Familie des verstorbenen Germanisten und Historikers Ignaz V. Zingerle.

Am Westende des Dorfes steht die stattliche *Koburg*. Einst im Besitz der Herren von Gufidaun, ging sie erbweise 1370 an die Herren von Koburg über, kam 1506 an die von Mayrhofer, die bis 1814 diesen Besitz hielten; darauf war die Burg in bäuerlichen Händen. Von diesen erwarb sie um 1882 Prof. Dr. Tobias v. Wildauer, ließ vieles herrichten, vermehrte die Einrichtung und vermachte sie seinem Verwandten, dem Rat des Obersten Gerichtshofes in Wien, Dr. Rudolf Huber, dessen Nachkommen heute die Burg im Sommer bewohnen.

Von Gufidaun über Gnollhof, Gstammerhof und Bad Froi nach Villnöß. 3 St. Empfehlenswerte Wanderung

Auf und neben der neuen Fahrstraße (7) bergauf und da in Kehren empor, oben dann li auf Wiesen hinaus, auf denen der *Gnollhof*, Gh. mit 20 B, steht. 1 St. von

Gufidaun. Schönes Schwimmbad. Von da auf mit 7 a bez. Weg in gleicher Richtung weiter zum (20 Min.) altbekannten *Gstammerhof* (1160 m), Gh. mit 26 B, vielbesuchte Sommerfrische in schöner, aussichtsreicher Lage, dann auf Promenadeweg, erst Wiesen, dann Wald, am Hof Felzur vorbei in ein Tälchen mit den (1/4 St.) Bauten des *Bades Froi* (1126 m), im Besitz des Jesuitenordens und im Sommer wiederum öffentlich zugänglich. Die schon seit dem 16. Jh. gerühmten starken Eisen- und Schwefelquellen entspringen dunklen, kohlereichen Phylliten. — Von Froi Fahrweg hinab zur Villnösser Straße (20 Min.), auf der man talaus in 50 Min. zur *Hst. Villnöß,* ital. *Funès,* gelangt. — Nach *St. Peter* in Villnöß (1 1/2 St.) kommt man von Froi auf einem Weg, der auf der Wiese ö hinter den Häusern beginnt. Dieser Weg führt fast eben, anfangs ziemlich verwachsen, mitten durch eine Wiese in den Wald. Dann geht der Weg, stellenweise mit Geländer versehen, schön ebenaus weiter bis zu dem Karrenweg, der von der Talsohle zum Hof Patschid hinaufführt. Auf diesem Weg ziemlich jäh zur Villnösser Straße hinab, die man 40 Min. außerhalb Pitzak—St. Peter erreicht. Mark. 7 a

Von Klausen oder der Hst. Villnöß, ital. Funès, ins Villnösser Tal. 15 km Fahrstraße

Täglich zweimal Autobus von Klausen (Gh. Alte Post) bis St. Magdalena.

Auf dem Bergweg nach Villnöß. 3 1/2 St. Interessanter und landschaftlich schöner Zugang über Nafen und Teis nach St. Peter

Von der Bahn-Hst. Villnöß auf der Straße bis zu den nahen Häusern am Eingang in die Villnösser Schlucht. Hier von der Straße li ab und auf breitem Fahrweg zwischen Wiese und Berghang einige hundert Schritte weiter bis zu einem Wegkreuz, wo Wegteilung. (Der li weiterführende, im Wald sanft ansteigende Fahrweg führt auch nach Nafen, ist jedoch länger.) Hier erst re auf schmalem Steig, markiert mit 11, den kurzen, steilen Hang empor in einen Föhrenwald, dann auf gutem Waldweg leicht ansteigend zu den (3/4 St.) Bauernhöfen von *Nafen,* ital. *Nova,* wo der Weinbau beginnt. Der mit 11 bez. Weg zweigt hier re ab, führt erst eben durch Rebengelände weiter, steigt dann jedoch direkt nach Teis hinauf. Ein Pflasterweg mit viel wildem Wermut am Rand geht gradauf an einigen Höfen vorbei zur Kirche von *Nafen.* Für die gewöhnlich versperrte Kirche ist der Schlüssel im Hof gegenüber hinterlegt.

In diesem schon 1307 erwähnten, 1489 umgebauten kleinen Gotteshaus am Chorgewölbe, stark übermalt, Maria mit dem Christkind aus dem Ende des 15. Jh.s und zwei Heilige. Reizvoller Flügelaltar aus der Zeit um 1520, die feinen Schnitzfiguren (u. a. St. Bartholomäus) jedoch entfernt. Interessanter Seitenaltar mit Statuen von 1500 und 1700. Außen verwittertes Wandgemälde um 1450, den Riesen St. Christophorus darstellend.

Der Weiterweg von der Nafner Kirche geht erst zum stattlichen Meßnerbauernhaus, von dort kurz nach re zu einem Brunnen, dann gradauf über Weiden und Wiesen zu den (3/4 St.) Häusern von *Teis,* ital. *Tisa* (963 m), überragt von der stattlichen Kirche. Hierher auch Autostraße, die von der Villnösser Talstraße aus abzweigt. Vom Ort schöner Blick aufs Eisacktal.

In Teis, das im 12. Jh. unter dem Namen Tisis erscheint und jetzt zur Gemeinde Villnöß gehört, saßen einst die Edlen von Teis, ein hochangesehenes Geschlecht, das 1348 erlosch.

20 Min. ö und auch gerade n oberhalb des Ortes Fundstellen der *Teiser Kugeln,* die jedoch sehr selten und nur mehr durch Sprengung zu gewinnen sind. Die Teiser Kugeln, die manchmal die Größe eines Kopfes erreichen, enthalten in der inneren Auskleidung ihrer dicken Chalzedonhülle oft eine Menge schön ausgebildeter Kristalle, und zwar Amethyste, Kalzit, Flußspat und Zeolithe. Augitporphyr ist das Gestein, in dem die Teiser Kugeln eingeschlossen sind. Wer Teiser Kugeln in ihrer ganzen Pracht und Vielfalt sehen möchte, besuche die Mineraliensammlung des Tiroler Landesmuseums Ferdinandeum in Innsbruck. — Für die Suche nach den Teiser Kugeln braucht man eine eigene Gemeindelizenz.

Von Teis führt der Villnösser Bergweg ö erst eben, dann steigend auf Tuffsandsteinen und Porphyr in einen waldigen Graben und aus diesem zu weiter Wiesenterrasse (1 St.) mit dem schon in einer Urkunde vom Jahr 1162 erwähnten stattlichen *Miglanzerhof*. Von da weiter ziemlich eben über Wiesen und ein Waldtälchen querend zum (1/2 St.) Weiler *St. Valentin*.

Am Kirchlein gleichen Namens, vielleicht schon um 1090, sicher aber 1303 erwähnt, im Jahr 1951 von einem Erdsturz bedroht und damals geräumt, ein St.-Christophorus-Bild, Anfang 15. Jh., innen ein wertvoller Flügelaltar aus der Zeit um 1500. — Neben der Kirche ein Bildstock mit einem Bomben-Blindgänger, der an einen Notabwurf des Jahres 1944 erinnert.

Von St. Valentin leicht abwärts nach (1/2 St.) *St. Peter* in Villnöß, einige Min. tiefer der Ortsteil *Pitzak* an der Talstraße.

VILLNÖSS, ital. Funès (1150 m), mit St. Peter, dem Hauptort des Tales, wird als Sommerfrische viel besucht.

In uralten Zeiten lebten in den Almtälern von Villnöß, in Casarill und Tschantschinon, wilde Männer, in versteckten Felsenschlössern hausten Riesen mit drei Köpfen, auf den Kofeln oberhalb St. Magdalena saßen Salige Frauen. Dann kamen die Bauern in das Tal; aber diese waren noch Heiden und opferten auf dem Bühel, wo jetzt die Magdalenenkirche steht, ihren Götzen. Erst der hl. Theobald bekehrte nach der Sage die Heiden. Die älteste Urkunde, in der Villnöß genannt wird, stammt aus dem Jahr 1050, doch war die Gegend schon zur Römerzeit besiedelt oder wenigstens Durchzugsgebiet, wie Münzfunde beweisen. — In der neuen Kirche St. Peter, 1801 geweiht, einem stattlichen Barockbau, sind die Kuppeln von J. Schöpf, einem Schüler M. Knollers, mit feinen Bildern geschmückt. Das Altarblatt Mariä Himmelfahrt ist von dem bekannten Madonnenmaler Matthias Bußjäger; geb. 1654 zu Rottenbuch in Oberbayern, gest. 1734 in Meran.

Prächtige Aussicht auf die Geislergruppe beim *Pestbildstöckl*, das man von der Kirche in ö Richtung durch die Felder in 15 Min. erreicht.

Das Bildstöckl erinnert an die Pestseuche, die im Jahr 1636 im hinteren Tal so arg gewütet haben soll, daß die Leute die Kirche in St. Peter nicht besuchen und sich ihr nur bis zu dieser Stelle nähern durften.

Von St. Peter ist ein Ausflug nach *St. Jakob* (1288 m), 1/2 St., ungemein lohnend. Da hinauf nw auf leicht ansteigendem Fahrweg, der erst durch einen kurzen Waldteil, dann durch Felder zunächst zu einem Kapellchen neben Leitungsmast führt, dort re ab und zu den nahen Höfen von *St. Jakob* hinauf, die auf einer schönen, aussichtsreichen Hochfläche liegen. Im Hof Unterpiskoier nächst dem Sankt-Jakobs-Kirchlein ist der Schlüssel dazu zu erhalten.

Dieses Kirchlein wird 1349 erstmals genannt. An der Außenwand ein großes St.-Christophorus-Bild aus dem Ende des 15. Jh.s, innen ein feiner, sehenswerter Flügelaltar des Brixner Meisters Ruprecht Potsch (1510) mit guten Tafelbildern (siehe auch bei Rocca Piètore). Auf einem Seitenaltärchen gotische Schnitzfiguren und ein Altarblatt aus dem 15. Jh.

Schöner Spazierweg fast eben auf der Straße durch Wald talein nach (3/4 St.) *St. Magdalena,* der ältesten Siedlung des Tales, mit der hochstehenden, schon 1394 erwähnten Magdalenenkirche auf Grödner Sandstein. Der Straße am Villnösser Bach weiter folgend, kommt man zum (1/4 St.) großen Bauernhof *Rannui* nahe dem Kirchlein *St. Johann,* das auf einer weiten Wiese steht.

Rannui wird als Hof Rumenuye schon 1370 in einer Urkunde genannt; später Jagdhaus der Herren von Jenner. Im September 1632 weilte hier Erzherzog Leopold V. mit seiner Gemahlin Claudia nebst großer Begleitung zur Abhaltung von Hirschjagden. 1774 kam Rannui durch Kauf an die Bauersleute Rungatscher, deren Nachkommen noch heute auf dem Hof leben. In den Gängen und Zimmern Wandgemälde aus dem Jahr 1682, in urwüchsiger Form das Jägerleben darstellend. — Im Kirchlein Sankt Johann einige hübsche barocke Tafelbilder.

Bergtouren von Villnöß aus

Über die Flitzer Scharte auf die Raschötz (2283 m). 4 St. Bez. Weg. Mühsam, jedoch lohnend. Schöner Übergang nach St. Ulrich im Grödner Tal

Vom Gh. Zellen kommt man in wenigen Min. zur Tutzersäge, geht dort über den Villnösser Bach, dann auf Fahrweg zum Rand des Flitzer Waldes empor und über dunklen, kohlenstoffreichen Phyllit weiter zum *Planatscherhof.* Nun etwas steiler zu einer Wegteilung. Dem mit 31 bez. Weg (seit kurzem Güterstraße) folgend, zum *Maschisserhof* und nach Durchschreitung eines Wäldchens zu den wenigen

Höfen von (1 St.) *Flitz*. Nun etwas mühsam sö durch den Wald empor (re weitab vom Weg eine Eisenvitriolquelle, das sog. Flitzer Wasser) zur (2 St.) *Flitzer Scharte* (2091 m) und von dort erst sw, dann w ebenhin zum Grödner Sessellift oder zum (1 St.) *Raschötzhaus*, ital. *Rif. Resciesa* (2105 m), Sommerwirtschaft (12 Lager). Weiter in 1/2 St. zum Gipfel der *Außer-Raschötz* (2283 m). Schöne Rundschau, besonders auf die Dolomiten (Näheres darüber siehe S. 165).

10 Min. w vom Schutzhaus steht die *Hl.-Kreuz-Kapelle*, 1755 von Jakob Christoph von Ingram aus Lajen erbaut. Von dieser Kapelle führt ein Plattenweg, markiert mit Nr. 35, durch einen Bergsturz hinab ins Waldgebiet des Tschanberges und aus diesem in 2 1/2 St. nach *Lajen* (S. 198 in umgekehrter Richtung). — Vom Raschötzhaus mit Benützung des Sesselliftes in 35 Min. oder auf bez. Weg in 1 St. 20 Min. hinab nach *St. Ulrich*.

Zur Broglesalm, ital. Rif. Brogles (2080 m). 3 1/2 St. Markierter Weg (28). Besonders schöne Wanderung. Herrlicher Blick auf die Geislerspitzen. Von der Alm zum Raschötzhaus, zur Geislerhütte, ital. Rif. Cisles, oder Übergang zum Sessellift nach St. Ulrich

Von Villnöß (Pitzak) auf der Straße talein, nach etwa 1/2 St. das Kirchlein St. Magdalena li oben lassend und der Straße weiter folgend zum großen Hof *Rannui* (S. 206, bis hierher Autobus), 1 St. von Pitzak. Noch etwa 1/4 St. auf der leicht ansteigenden Straße weiter bis zu einer Brücke, jenseits dieser Wegtafeln und Sitzbänke. Nun auf der Straße re (li zur Schlüterhütte) neben dem von S kommenden Klieferbach weiter. Die Straße biegt bald li ab. Der markierte Weg zur Broglesalm beginnt, steigt neben dem noch in österreichischer Zeit regulierten Klieferbach, der in seinem Oberlauf Broglesbach heißt, talauf und erklimmt schließlich in Kehren eine hohe Talstufe. Bei den höchsten Zirbenbäumen dann re zur Abzweigung des Adolf-Munkel-Weges (markiert mit 35, s. S. 170) und oberhalb einer Felswand mit zeitweisem Wasserfall re weiter aufwärts über Quarzporphyr und begrüntes Moränengelände zur (2 St.) *Broglesalm*, ital. *Rif. Brogles,* nett und gemütlich eingerichtet, 20 B in 10 Zimmern.

Herrliche Umgebung; ganz nahe die kühngeformten Türme, Säulen und Nadeln der Geislerspitzen, darunter Schutthalden.

Von der Broglesalm zum Grödner Sessellift 1 1/2 St., zum Raschötzhaus 2 St. Gute, markierte Wege. Zunächst auf Karrenweg durch weiche Quarzporphyrschichten etwa 10 Min. sw gegen die Broglesscharte aufwärts, dann re ab auf mit 35 markiertem Weg fast eben w quer durch die grünen, flachen Südhänge der Inner-Raschötz etwa 3/4 St. weiter. Herrliche Aussicht auf die Langkofelgruppe, Seiser Alm, Schlern und den n Teil der Rosengartengruppe. Der Weg senkt sich kurz zur *Flitzer Scharte* (2091 m), auf der ein verwittertes Jochkreuz steht. Von da kurz aufwärts zur Wegteilung vor einem dünnbewaldeten Seitenhang der Außer-Raschötz. Links markierter Weg fast eben zur Berghütte des *Grödner Sessellifts,* 1/2 St. Fahrt hinab nach St. Ulrich 20 Min. — Auf dem oberen Weg, gut markiert, ebenfalls fast eben quer durch die grünen, flachen Südhänge der Außer-Raschötz weiter zum (1 St.) *Raschötzhaus* (Rif. Resciesa, 2105 m), Wirtschaft, 12 Lager. 10 Min. weiter w die Heiligkreuzkapelle. Vom Haus Abstieg nach St. Ulrich 1 1/4 St., zum Sessellift ö eben hinüber 15 Min.

Zur Schlüterhütte, ital. Rif. Genova (2301 m). 4 1/2 St. Bezeichneter Weg. Bis zur Zannser Alm auch mit Auto ab St. Magdalena bzw. ab Rannui. Außerordentlich schöne Wanderung. Von der Hütte über die Wasserscharte zur Geislerhütte oder Besteigung des Peitlerkofels. Abstieg auch nach Campill, Untermoi oder ins Gadertal

Wie bei der vorhergehenden Wanderung zum (1 St.) Hof *Rannui.* Nun entweder auf Autostraße (schmal) zur *Zannser Alm* (Gh. und Berghotel) oder kurz nach *Rannui* li (Tafel) auf den alten Hüttenweg (Nr. 33) am (orogr.) re Ufer des Villnösser Baches. Über dem Wald eine Reihe wildester Felstürme, die Geislerspitzen. Von der Alm folgt der Weg dem Tschantschenónbach (nach SO), bis er diesen überquert (10 Min. oberhalb eine verfallene Kapelle und neue Almhütte). Bis hierher zur Not mit Auto (zu Fuß ab St. Magdalena $1^1/_2$ St.). Hier mündet auch der Adolf-Munkel-Weg von der Broglesalm her. Nun etwas steiler durch Wald zur Gampenalm (kl. Gh.) und von dort n, einen vom Saß Bronsoi herabziehenden Rücken querend, zur ($1^1/_2$ St.) *Schlüterhütte*, auch *Peitlerkofelhütte* genannt.

Die stattliche, sehr gut eingerichtete Hütte hat 65 B, 20 Matr. und ist vom 1. Juni bis 1. Oktober bewirtschaftet. Sie wurde über Anregung des hervorragenden Bozner Bergsteigers Johann Santner 1898 auf Kosten Franz Schlüters aus Dresden gebaut. Die Hütte steht ca. 5 Min. unterhalb des Kreuzkofeljoches (2344 Meter). Prächtige Aussicht; besonders schön die Ortlergruppe, die Adamello- und Brentagruppe und der s Teil der Ötztaler Alpen. Geht man zum Kreuzkofeljoch, so blickt man in ein grünes Tal hinab, in dem das Dörfchen *Campill* liegt. Dorthin gelangt man auf mit Ziffer 4 bez. Weg in $1^3/_4$ St. (S. 255). Biegt man von der Anstiegsroute zum Peitlerkofel (S. 211) in der *Peitlerscharte* li ab, so kommt man auf bez. Steig ins hinterste Aferer Tal und weiter zur *Skihütte* am Gabler, auf die *Plose* und nach *Brixen* oder nach Lüsen.

Das Gebiet der Peitlerkofelhütte ist geologisch interessant wegen der hier durchziehenden „Villnösser Linie". Südliche Teile der Dolomiten sind hier auf nördliche übergeschoben. Quarzphyllit liegt sogar auf Schlerndolomit. Am Bronsoijoch s der Peitlerkofelhütte sind Bellerophonkalke in die Höhe gepreßt.

Von der Schlüterhütte übers Gömmajoch (2109 m) ins Gadertal. $4^1/_2$ bis 5 St. Aussichtsreiche Wanderung auf Bergwiesen und Waldwegen. Das Gömmajoch nahe sw vom Col Vercin (2209 m) ist nur auf der Kompaß-Karte Brixen benannt (Mark. Nr. 35)

Von der Hütte ö zum nahen Kreuzkofeljoch, dann n auf dem zur Peitlerscharte führenden bez. Steig etwa 5 Min. weiter zur Steigteilung. Nun re etwas abwärts in eine mit Felsblöcken übersäte Mulde, dann nö der verwitterten Markierung folgend, über die Wiesen der Potzalm unter dem Peitlerkofel hin zum (2 St.) *Gömmajoch* neben dem Col Vercin. Jenseits auf Almweg re in den Wald hinab und da nach etwa $1^1/_2$ St. Abstieg zu einer Wegteilung unterhalb eines grünen Bodens. Nun auf schönem Waldweg nach re (ab und zu alte Markierung) weiter bis in die Nähe der Wiesen oberhalb des *Schlosses Thurn* (unmarkiert) oder, auf Nr. 35 bleibend, nach *Untermoi* und von dort (Autobus) nach *St. Martin in Thurn* und nach *Pikolein* im Gadertal.

Von der Schlüterhütte über die Wasserscharte, lad. Furcella de Mont dal'Ega (2638 m), zur Regensburger Hütte (Geislerhütte). 4 bis $4^1/_2$ St. Bez. Weg. Für bergtüchtige Wanderer ein reizvoller Übergang ins Grödner Tal. Prächtiger Blick auf die Südwände der Geisler

Von der Hütte ö zum nahen *Kreuzkofeljoch;* dort s auf bez. Steig erst am Ostabfall des Saß Bronsoi, dann den begrünten Osthängen des Sobutsch entlang, schließlich etwas bergab zum *Kreuzjoch* (2294 m). Wegtafel. Von hier s den steilen Rasenhängen entlang (im S die großartigen Wände der Puezspitzen) zu der letzten ($1^1/_2$ St.) Steigteilung (geradeaus [s] zur Furcella della Roa; nicht empfehlenswert). Nun re auf bez. Steig den Hang empor, dann ein kurzes Stück nach li, hierauf wieder re an einer kleinen Höhle vorbei zu einer kurzen Sandreise, über die der Steig die enge, zwischen Höchster Kanzel und Campiller Kopf eingeschnittene ($^3/_4$ St.) *Wasserscharte* (2638 m) erreicht. Beschränkte Aussicht. Jenseits in das *Wasserrinnental* hinab, das li von den gelben Wänden der Kanzeln, re vom Torkofel begrenzt wird. Der Steig führt hier entweder nach re (Nr. 13a) zu einer mit Drahtseilen gesicherten Steilstufe oder (nicht immer ausgetreten) nach li (Nr. 13) über Schutthalden an der li (ö) Talseite direkt zum unteren Talboden. Aus diesem nach re unter dem felsigen Vorbau des Torkofel-Südgrates hinab zu den Matten der *Tschislesalpe* mit dem ebenen grünen Boden Ciautier. Weiter dem gut bez. Weg folgend, zwischen begrünten Moränenhügeln sw hindurch zur (1 St.) *Geislerhütte* (2039 m). (Näheres über diese siehe bei Touren von St. Christina aus, S. 174.)

Von der Schlüterhütte auf den Peitlerkofel (2874 m). 1¾ St. Bez. Weg Nr. 4. Zum Schluß Felsensteig mit Drahtseilen. Für gute Bergsteiger leichte, besonders schöne Bergfahrt. Der Peitlerkofel ist ein Aussichtsberg ersten Ranges

Von der Hütte ö in wenigen Min. zum *Kreuzkofeljoch* (2344 m) und zur Wegteilung (re nach Campill). Dem rot bez. oberen Steig nordwärts folgend, in kaum 5 Min. zur zweiten Wegteilung (re übers Gömmajoch nach Untermoi oder Pikolein im Gadertal) und wieder auf dem oberen Steig bleibend, zuerst in sanftem Anstieg, dann fast eben über Grashänge zur (½ St.) *Peitlerscharte (2361 m; Jausenstation),* deren Einschnitt einem NW – SO verlaufenden Bruch folgt. Nun re (ö) auf gutem Steig über Grashänge in eine Mulde und in dieser in Kehren empor. Der Steig wendet der re Seite der Mulde zu, quert eine felsige Rinne (in dieser ist etwas höher fast immer Wasser zu finden) und steigt dann zu einem felsigen Seitengrat hinauf. Auf der Westseite dieses Grates empor zum (1 St.) Sattel zwischen Kleinem und Großem Peitlerkofel. Von hier steigt der felsige, zerklüftete Südgrat steil zum Hauptgipfel. Auf der re Seite des Grates gelangt man mit Hilfe fester Drahtseile und in den Fels gehauener Stufen mit leichtem Klettern auf den (¼ St.) schuttbedeckten Gipfel. — Die Seilsicherungen sind starker Verwitterung ausgesetzt und daher nicht immer ganz zuverlässig.

Über die begrünten Höhen der Lüsener und Sarntaler Berge hinweg Aussicht bis zu den Bergen der Schweiz. Im N Glockner, Venediger, Rieserferner und Zillertaler Alpen, im NW Stubaier und Ötztaler Alpen, im W und SW Ortler- und Adamellogruppe. In prächtiger Gruppierung die Dolomiten, besonders schön die nahen Geislerspitzen, im O Seekofel, Heiligkreuzkofel und Fanesgruppe, im S Langkofel-, Sella- und Puezgruppe. Schöne Talblicke.

VON BRIXEN ÜBER DIE PLOSE IN DIE DOLOMITEN

Dem Wanderer, der in die Hochwelt der Dolomiten will, bietet sich ein schöner Zugang über deren nw Vorlagerung, den aus Quarzphyllit aufgebauten Plosestock. Dieser erhebt sich aus der Talweite von Brixen bis zur Höhe von 2561 m und senkt sich gegen SO mit sanft geneigten Hängen zu den obersten Gründen der Täler von Afers und Lüsen, die den Plosestock vom Peitlerkofel (2874 m), einem weit nach N vorgeschobenen Dolomitberg, trennen. Von der Plose gelangt man in bequemer Wanderung über Kofeljoch (Halsl, 1866 m) und Würzjoch (2006 m) nach Untermoi und ins Gadertal. Der ganze Übergang ist derzeit als „Brixner Dolomitenstraße" im Ausbau. Aus dem hinteren Aferer Tal kann man auch über die Peitlerscharte (2361 m) zur Schlüterhütte wandern, die Ausgangspunkt für Übergänge ins Grödner Tal ist und von der Wege nach Campill und ins Gadertal hinabführen. Das Gadertal reicht bis zum Kern der ladinischen Dolomiten, dem Sellastock, den vier Paßstraßen und ebenso viele Täler umsäumen.

BRIXEN, ital. Bressanone (561 m). Schnellzugsstation der Brennerbahn, liegt in einer Talweitung am Einfluß der Rienz in den Eisack. Rebengelände reicht vom Süden bis da herauf, auf den Höhen jedoch über zerstreuten Ortschaften und Einzelhöfen weite Wälder und Bergformen der Zentralalpen. Die alte Bischofsstadt mit 10.300 Einw. (Stadtgebiet) erfreut sich eines sehr milden Klimas, sie ist daher besonders zum Frühjahrs- und Herbstaufenthalt geeignet. Bergwanderer finden lohnende Ziele bei Ausflügen in die reizvolle Umgebung, bei Touren im Plosestock und mit Übergängen ins nahe Dolomitengebiet. Autobahnausfahrt n, zw. Neustift und Franzensfeste, mit Abzw. ins Pustertal.

Die Kneippkur wird seit 1890 in Brixen neben allen anderen Behelfen für natürliche Heilweise in der Anstalt Dr. v. Guggenberg angewendet.

In Brixen Schwimmbad, Sportplatz, Turnhalle, Fischerei, Jagd, Eislaufplatz und ein schönes, durch die neue Seilbahn auf die Plose erschlossenes Wintersportgebiet.

Auskünfte für Bergsteiger: Sektion Brixen des AVS, Dr. Lutz Chicken, Ortnerweg 17, ebendort BRD; CAI, Postamt, 2. Stock. Alle weiteren Auskünfte bezüglich Unterkunft usw. im Pavillon der Kurverwaltung, Bahnhofstraße.

Die Geschichte der Stadt Brixen ist mit jener des Bistums Brixen eng verbunden. 901 schenkte König Ludwig, das Kind genannt, dem im 5. oder 6. Jh. vom hl. Kassian gegründeten Bistum Säben den Meierhof Prichsna. Noch im 10. Jh. verlegte Bischof Albuin seinen Sitz von Säben dorthin. Um 1020 erhielt die Siedlung Ringmauern und im selben Jh. noch wird Brixen als Stadt genannt. Im Jahr 1027 übertrug Kaiser Konrad II. bei seiner Rückkehr aus Italien dem Bischof von Brixen die umfangreiche Grafschaft im Eisack- und Inntal und durch eine weitere kaiserliche Schenkung kam im Jahr 1091 das Pustertal dazu, wodurch die Bischöfe als unmittelbare Reichsfürsten (bis 1803) in dieser ihrer Stellung gefestigt wurden. — Das Jahr 1080 sah in der Brixner Johanneskirche ein Konzil, das den Papst Gregor VII. absetzte und den Erzbischof Wibert von Ravenna als Clemens III. zum Gegenpapst wählte. 1117 brannte die Stadt vollständig nieder; durch Feuer wurde sie auch noch 1234 und 1444 verheert. — Berühmt geworden ist der jahrzehntelange Kampf zwischen dem Fürstbischof Kardinal von Cues, genannt Cusanus, und dem Erzherzog Sigmund von Tirol, der schwere Not und Verfolgung über das Land brachte. Im 14. und 15. Jh. bildete Brixen mit seinem Bischof, seinem Domkapitel und der Domschule den geistigen Mittelpunkt Deutschtirols. Brixen war zu jener Zeit auch Sitz einer Malerschule, von der die Fresken im Kreuzgang des Domes sowie in verschiedenen Kirchen der Umgebung herrühren. Damals hatte die Brennerstraße ihre Blütezeit als Verkehrsstraße zwischen Italien und Deutschland und brachte auch Brixen bedeutenden Wohlstand. Um 1800 trat jedoch ein wirtschaftlicher Rückgang ein, der nach der Säkularisation des Bistums (1803) seinen Tiefpunkt erreichte. Am Ende desselben Jh.s aber war Brixen wieder im Aufstieg. Zwei Gymnasien und ein Priesterseminar machten es zum südtirolischen Studentenstädtlein, aus dem viele noch heute im Land führende Männer hervorgingen. Nach dem ersten Weltkrieg wurde das Diözesangebiet nördl. des Brenners von Brixen getrennt; im Jahr 1964 wurde die Diözese Bozen-Brixen mit dem Sitz des Bischofs in Bozen errichtet.

Vom Bahnhof durch eine breite Straße an der Westfront der fürstbischöflichen Burg vorbei zum Kleinen Graben und durch einen Torbogen in die mittelalterliche Altstadt. Durch Bogengänge, sog. Lauben, zur Laubengasse, der Geschäftshauptstraße der Stadt. Vom ö Ende der Laubengasse gelangt man auf den schmalen Pfarrplatz, den li das Pfaundlerhaus, ein düsterer Renaissancebau aus dem 16. Jh., re die *St.-Michaels-Pfarrkirche* begrenzen. Diese Kirche, deren ursprünglicher Bau bis 1038 zurückreicht, wurde nach vielen Veränderungen 1503 wiedergeweiht und 1758 barock umgestaltet; ihr Turm vom Jahr 1459, der wegen seines weißen Daches der Weiße Turm genannt wird, ist das Wahrzeichen Brixens. Vom Pfarrplatz kommt man re auf den großen, stillen Domplatz mit der eindrucksvollen Fassade des Domes.

Der 1950 zur Würde einer Basilika erhobene *Dom,* an Stelle der gotischen Kirche von 1234 erbaut, die dem zweimal niedergebrannten alten Münster folgte, wurde 1758 von dem Bozner Baumeister Josef Delay im späten Barockstil fertiggestellt. Die unteren Teile der beiden Türme, der Kreuzgang und das Portal an der Südseite stammen noch von der alten Kirche. Im Innern, einem grandios gewölbten Raum, neun Altäre mit prächtiger barocker Marmorverzierung, besonders prunkvoll der Hochaltar von T. Benedetti. Herrliche Deckenfresken, Anbetung des Lammes und Mariä Himmelfahrt, von Paul Troger (1748—1750), und Altarbilder von Schöpf, Cignaroli, Franz, Michelangelo und Christoph Unterberger.

An die Domkirche schließt s der berühmte *Kreuzgang,* ein Kunstdenkmal ersten Ranges, der im 13. Jh. erbaut worden ist, mit 120 zum Teil guterhaltenen Wandgemälden aus der Zeit von 1300 bis 1500 geschmückt. Die laufend renovierten Wandgemälde zeigen die Entwicklung der Brixner Malerei vom romanischen bis zum spätgotischen Stil mit Künstlern wie Meister Leonhard, Ruprecht Potsch und anderen. Im w Zugang zum Kreuzgang und an den Außenwänden des Domes zahlreiche alte Grabsteine der Bischöfe und Domkleriker. — Nach S zu ist an den Kreuzgang das *Johanneskirchlein* gebaut, wohl aus dem 11. Jh., in dem im Jahr 1080 das oben genannte Konzil deutscher und italienischer Bischöfe stattfand, innen geschmückt mit höchst interessanten und kunstgeschichtlich wertvollen spätromanischen und frühgotischen Wandgemälden, die in letzter Zeit teilweise restauriert wurden. — Westlich vom Kreuzgang die *Liebfrauenkirche,* wahrscheinlich schon am Ende des 10. Jh.s gebaut, durch Brand 1234 größtenteils zerstört, wiederaufgebaut und 1327 erweitert.

Das früher im Kapitelhaus untergebrachte Dommuseum ist seit 1983 – samt der berühmten Krippenschau – in die bischöfliche Burg übersiedelt; nur der Domschatz, darunter die berühmte sog. Adlerkasel des hl. Albuin, ein Meßgewand aus dem 10. Jh., ist am alten Ort verblieben. – Die Hofburg mit Graben und noch von den Bauernkriegen her zerschrammtem eisenbeschlagenem Tor birgt heute die vielen Schätze an Bildern und Plastiken von der Romanik bis zur neueren Zeit.

Das *Diözesanmuseum* von Brixen gilt als eines der schönsten Museen im gesamten süddeutschen Raum.

Zwischen Dom und Pfarrkirche liegt der aufgelassene *alte Friedhof* mit geschichtlich interessanten Grabsteinen, einer Totenleuchte aus dem Jahr 1483 und dem Gedenkstein an den Minnesänger Oswald von Wolkenstein (an der ö Mauer, re vom Tor), der jedoch nicht hier, sondern im nahen Neustift begraben ist (Näheres über Oswald von Wolkenstein s. in dem Abschnitt: Seiser Alm und Schlern, S. 146).

Vom Domplatz s, dann nach re wendend, kommt man zum Denkmal an das tausendjährige Bestehen Brixens (901 bis 1901) von Norbert Pfretschner und weiter zur oben erwähnten *Hofburg,* einem stattlichen Renaissancebau aus der Zeit um 1600, in der ersten Hälfte des 18. Jh.s umgebaut. An den Loggien 22 Terrakottastatuen von Hans Reichle, 1599, Mitglieder des Hauses Habsburg darstellend. – Die Hofkirche – ebenfalls vorbildlich restauriert – wurde 1711 geweiht. Innen große Wandgemälde und ein Deckenfresko von Kaspar Waldmann.

Nach Neustift, ital. Novacella

Von der Altenmarktgasse nordwärts zur Staatsstraße und auf dieser weiter, die Abzweigung der Pustertaler und der Brennerstraße beiseitelassend. Nach etwa 3/4 St. dann über die Eisackbrücke, hinter der das weinberühmte Brükkenwirtshaus steht, und zum nahen *Augustiner-Chorherrenstift Neustift,* gegründet 1142 vom Bischof Hartmann von Brixen mit Unterstützung des Grafen Reginbert von Säben.

Ein sehr schöner Weg führt auch vom Gh. Stremitzer im Stadtteil Stufels dorthin. Zunächst auf einem Sträßchen stets dem Eisack entlang bis zur Zinggener Brücke, dann re vom Gh. Auenhof durch Wiesen und allmählich leicht ansteigend bis Neustift. Ebenfalls 3/4 St., Wege Nr. 15 und 16, der Staatsstraße vorzuziehen.

Die ersten Anlagen zu dem Stift wurden 1143 gebaut; in seiner heutigen Gestalt stammt es größtenteils aus dem 17. und 18. Jh. Vor dem Kloster steht die merkwürdige *Michaelskapelle,* um 1200 gebaut, ein romanischer Rundbau, der im 15. Jh. mit einer wehrhaften Mauer umgeben wurde; neuerdings wurden auch hier ältere Fresken freigelegt. Die in den Jahren 1734 bis 1737 umgebaute *Stiftskirche* — „das reichste Denkmal deutscher Barockkunst südlich des Brenners“ — „ein fast beispielloses Denkmal im Land an Innenraumwirkung“ — hat Deckengemälde von dem Augsburger Matthias Günther und Stukkaturen von Anton Gigl. In der Vorhalle beachtenswert eine schöne Pietà aus dem 15. Jh. — Im *Kreuzgang* aus der Zeit um 1370 interessante Grabsteine; auch der Minnesänger Oswald von Wolkenstein wurde hier beigesetzt, doch ist nur der Grabstein eines seiner Brüder erhalten. In neuester Zeit Freilegung von alten Wandgemälden, von denen einige vermutlich von M. Pacher stammen. Beachtenswert sind auch mehrere sehr alte Kapellen in den Nebengebäuden und ein origineller Renaissancebrunnen von 1670 im Mittelhof.

Die *Stiftsbibliothek* im südl. Teil des Klosters ist eine der reichhaltigsten des Landes.

Die Bibliothek verwahrt in fast lückenloser Reihe alle Handschriften, die in der Schreibstube des Klosters vom 12. bis zum 18. Jh. entstanden, darunter das Missale des Propstes Augustin Posch, das der Chorherr Stephan Stettner im Jahr 1526 schrieb, eine der besten Schöpfungen deutscher Miniaturmalerei.

Über Karnol nach St. Leonhard (1095 m). 1¼ bzw. 1¾ St. Für Kunstfreunde besonders lohnend

Am kürzesten mit Autobus oder Seilbahn zur Mittelstation *St. Andrä* der Plose-Seilbahn und von dort auf fast ebenem Fahrweg (auch für Auto) nordwärts zum (20 Min.) Weiler *Karnol* und in 10 Min. hinauf zum sehenswerten St.-Johannes-Kirchlein. — Von St. Andrä auf dem oberen Sträßchen direkt nach *St. Leonhard,* ¾ St., auch mit Auto zu erreichen.

Wanderer gehen von Brixen am li Rienzufer gegenüber dem Kurhaus Guggenberg auf bez. Weg bergauf vorbei am Hof Trunt. Vor einem Wasserhäuschen dann li haltend, auf mit 6 bez. Weg in kühler, waldiger Bachschlucht weiter, bald jedoch li hinaus und dem von Kastanienbäumen beschatteten Pflasterweg folgend zur Höhe der Wiesenflächen von *Karnol,* auf denen einige Höfe stehen. Vom obersten und größten dieser Höfe, dem Holdererhof, an dem ein altes Fresko und die Jahrzahl 1536 auffallen, w auf einem Seitenweg durch ein Wäldchen kurz hinan zum malerischen, schon von Brixen aus auffallenden *St.-Johannes-Kirchlein* auf einem kegelförmigen Vorsprung, einem der schönsten Punkte des Eisacktales mit prächtiger Aussicht. 1¼ St.

Das Kirchlein wurde 1113 geweiht, Umbau 1415. Innen gotisches Netzgewölbe, dessen Schlußsteine Wappen von Wohltätern des Kirchleins zieren. In der halbrunden Apsis interessante Fresken aus der Zeit um 1460 bis 1470, das Martyrium der hl. Ursula und ihrer Gefährten darstellend. Daneben in den Ecken St. Johann Ev. und St. Johann Bapt. mit dem Lamm. Die übrigen Wandgemälde sind von einem Südtiroler Meister um 1500.

Von der Wegteilung beim Holdererhof auf mit 6 bez. Weg (re Fahrweg nach St. Andrä) zum ehemaligen Bad Burgstall hinauf, 1/4 St., und von dort li auf einem Sträßchen, das von St. Andrä kommt, ins (1/4 St.) Dorf *Sankt Leonhard* mit weitschauender großer Kirche.

Nachrichten über die mit einer Eisenkette umgebene Kirche reichen zurück bis auf ihre im Jahr 1194 erwähnte Weihe; 1430 wurde sie erweitert, 1695 verlängert, im 18. Jh. barockisiert. Innen Schnitzfiguren St. Magdalena aus dem Anfang des 16. Jh.s, Maria mit dem Christkind, Ende des 15. Jh.s, sowie St. Leonhard und Bartholomäus aus der Mitte des 15. Jh.s.

Von St. Leonhard über die Ackerbodenalm zur Plose, bez. Weg, 3 St. Lohnend. Berühmte Aussicht.

Auf die Plose (2504 m). Autostraße (28 km) und bez. Weg. Seit 1964 auch Seilbahn. Besonders lohnend und berühmte Aussicht. Nahe dem Gipfel die bewirtschaftete Plosehütte

Die Plosestraße und die an ihr liegenden Orte: Von Brixen mit Autobus über die untere Eisackbrücke nach *Milland*, dann auf einer Straße, deren scharfe Kurven von Fahrern besondere Vorsicht verlangen, einen bewaldeten Steilhang hinauf, an dem 10 Min. s der Straße liegenden Dörfchen *Klerant* (Fischerwirt, dort das gotische Nikolauskirchlein mit Flügelaltar von 1485 und guterhaltene Fresken von 1474) vorüber, sodann vorbei am Dörfchen *Mellaun*, bekannt durch die Entdeckung illyrischer Urnengräber („Mellauner Kultur") und seine aus dem 15. Jh. stammende Kirche mit einem interessanten Flügelaltar von 1482, nach *St. Andrä*, ital. *S. Andrea in Monte* (958 m), Dorf mit ca. 800 Einwohnern, mehrere Gh. Weitschauende, in tiefes Altertum zurückgreifende Kirche, die älteste der ganzen Gegend. — Weiter durch Wald südwärts mit Rückblick auf die eisgeschmückten Zillertaler Alpen zur Höhe des *Gollerecks*, hinter dem die Straße auf den Nordhang des tiefen Aferer Tales übergeht. Mit einem Mal erscheinen da im O über einem bewaldeten Querriegel die Geislerspitzen, eine Reihe der kühnsten Türme, Zacken und Säulen — ein Bild, so herrlich und überraschend, wie es selbst in den Dolomiten kaum wieder zu finden ist. Die Straße zieht unter dem im 15. Jh. in die heutige Form gebrachten Kirchlein *St. Jakob* (1343 m) durch und steigt auf dem steilen Hang weiter zum Hauptort des Tales, zu den wenigen Häusern von *St. Georg*, ital. *S. Giorgio in Eores* (1505 m), mit Gh. bei der Kirche.

„Avers" schrieb man schon um 1232, und zu dieser Zeit ist hier eine Kirche angegeben. Kirchweihe 1440. Die jetzige Kirche gebaut und geweiht 1778, renoviert 1908.

Zu den Geislerspitzen sind nun auch die Zacken der Aferer Geiseln und der kühngeformte Nordpfeiler der Dolomiten, der Peitlerkofel (2874 m), gekommen. Die bis 500 m hohen Gipfelwände werden von Schlerndolomit gebildet. — Die Straße steigt vor der Kirche mit scharfer Kurve den Hang hinauf und erreicht dann (18 km von Brixen) die erst in neuerer Zeit erstandene Siedlung *Palmschoß* (1790 m) mit Berghotels und zahlreichen Einrichtungen für den Wintersport. 2,8 km ostwärts von dieser Siedlung, durch eine Straße verbunden, der Gh. Palmschoß (1894 m; 54 B).

Die herrliche, sonnige und windgeschützte Lage veranlaßte schon vor dem ersten Weltkrieg den Plan zum Bau eines Landessanatoriums für Lungenkranke auf diesem Platz; der Ausgang des Krieges hat dies jedoch verhindert.

Von der Straße, etwa 8 Min. von Palmschoß entfernt, führt ein fast ebener, nur zuletzt kurz steigender Waldweg, bez. mit Ziffer 6, in 35 Min. zum einsamen Wallfahrtskirchlein auf dem *Freienbichl* (1769 m). Herrliche Aussicht. Von dort markierter Weg durch Wald hinab nach (1½ St.) *St. Andrä.*

Die Straße steigt weiter mit Kehren durch Wald; nach 4 km werden die weitausgebreiteten, sanft ansteigenden, von splittrigem Quarzphyllit durchzogenen Rasenhänge der Plose erreicht. Hier liegt li hinter einem grasigen Rücken, wenige Min. von der Straße entfernt, neben einem schönen, 1954 geweihten Kirchlein das *Schutzhaus Hotel Kreuztal*, ital. Rif. *Malga Val Croce* (1976 m), 70 B, von Palmschoß auf Abkürzungswegen in ½ St. zu erreichen. Bis hierher auch die SAD-Autobusse. Ein bequemer, markierter Weg führt von da in 1¼ St. zur Plosehütte hinauf. — Die Autostraße zieht mit leichter Steigung den freien Hängen entlang. Herrliche Rückschau auf die Geislerspitzen und den Peitlerkofel, auf Langkofel- und Rosengartengruppe, daneben der Schlern, fern im SW die Firngipfel der Adamello- und Ortlergruppe. Mit einer Kehre wendet die Straße zu den grünen, gerundeten Höhen der Plose, in deren Nähe die *Plosehütte* (2449 m) steht. Hierher auch Sessellift ab Kreuztal.

Die Hütte, 1887 von der Sektion Brixen des ehemaligen DÖAV erbaut, Zubau von 1907, ist ganzjährig bewirtschaftet; 47 B und 10 Matr. — Herrliche Aussicht (Orientierungstafel).

Von der Plosehütte n auf angenehmem Weg mit geringer Steigung grasiger Kammhöhe entlang in 20 Min. hinaus auf die vorgeschobene *Plose* (2504 m), auch Fröllspitze oder Telegraph genannt.

Die Aussicht ist farbenprächtig und weitreichend. Glanzpunkte sind die nahen Geislerspitzen, Langkofel- und Rosengartengruppe sowie der Schlern. Zwischen Peitlerkofel und Puezspitzen der Gipfelturm des M. Pelmo. Weit im O Hohe Gaisl und Dreischusterspitze. Zentralalpen vom Großglockner bis zu den Ötztaler Alpen, im SW Ortler-, Presanella- und Adamellogruppe. Blick auf die Tallandschaft von Brixen.

Der Name „Telegraph" für Plose, der sich hie und da findet, erklärt sich dadurch, daß bei der letzten mitteleuropäischen Gradmessung auf dem Gipfel vorübergehend eine Telegraphenstation bestand.

Auf dem Ignaz-Peer-Weg zur Plosehütte. 4¼ St. — Vom li Rienzufer, gegenüber dem Kurhaus Guggenberg, dem mit Nr. 4 bez. Weg folgend, den Berghang hinauf, am Hof Trunt vorbei, dann bei einem Wasserhäuschen re haltend zur Höhe des auf dem Mittelgebirge liegenden Dorfes (1¼ St.) *St. Andrä,* ital. *S. Andrea in Monte* (961 m), Gh. Gasser. Die Ortschaft selbst bleibt 5 Min. re. Nun li (ö) auf bez. Ignaz-Peer-Weg über Wiesen und durch Wald zum (1 St.) Bauernhof *Platzbon* (1332 m). Prächtiger Blick ins Eisacktal, auf die Sarntaler Alpen und sw bis zu den fernen Gipfeln der Brentagruppe. Der Weg führt etwas oberhalb des Hofes im Dorfwald weiter, zieht dann nach re in den Tramötschgraben und steigt neben dem Bach zu einer Wegteilung hinauf. Bequemer ist von da der Weg, der re zum Sattel des *Schönjöchls* (2289 m) emporführt. Von dort li zur (2¹/₄ St.) *Plosehütte* hinauf. Der direkt zur Hütte ansteigende Weg ist etwas kürzer, jedoch steiler; bei Nebel oder Dunkelheit vorzuziehen.

Von der Plosehütte über das Halsl (Passo di Eores, 1866 m) und die Peitlerscharte (2361 m) zur Schlüterhütte (Rif. Genova, 2301 m). 3¹/₂ bis 4 St. Sehr lohnende, aussichtsreiche Höhenwanderung auf gutem, bez. Weg. Der Übergang über die Peitlerscharte wird meist mit der lohnenden Besteigung des Peitlerkofels (2874 m) verbunden

Von der Hütte ö in wenigen Min. zum *Lüsner Schartl* zwischen Telegraph und Pfannberg. Der Weg verläßt hier den Kamm, führt ständig fallend in sö Richtung die grasigen Hänge des Pfannberges hinab und erreicht die große Mulde am Abhang des Pfannberges und Großen Gablers. Nach Durchschreitung dieser Mulde quert man in s Richtung die steile, von mehreren Rinnen durchzogene und weithin bewaldete Bergflanke. Hier die neue „*Peitlerknappenhütte*" (unbew.) der AVS-Sektion Brixen. Um den Südfuß des Großen Gablers herum, auf breitem Wiesenhang, schräg abwärts trifft man auf den Karrenweg, der von der Palmschoß und der Skihütte zu den Gampenwiesen führt. In diesem Gebiet trifft man auf die im Bau befindliche Straße Brixen — Gadertal, die hier auch die von Villnöß herkommende Bergstraße aufnimmt. Schöner Blick auf den Peitlerkofel und die Aferer Geiseln. Bei einer moosigen Wiesenmulde quert man den von Villnöß kommenden Weg und erreicht gleich darauf den flachen Sattel des *Halsls* (1866 m), auch *Kofeljoch* oder *Passo di Epres* genannt (1¹/₂ St.). — Der Weg (Nr. 4) führt von hier sö fast eben, zahlreiche Gräben ausgehend, durch schönen Zirbenwald (unten im Tal die Gungganwiesen) in das kurze, steile Felsentälchen, das von der Peitlerscharte herabzieht. Zuerst über einen Latschenhang an der orographisch li Seite des Tälchens und später im schrofigen Talgrund mit Werfner Schichten, Muschelkalk, Sarldolomit, Buchensteiner Schichten und Schlerndolomit zur *Peitlerscharte* hinauf. 1½ St.

Von hier nö auf gutem Steig, gelb-rot markiert, zuletzt gesicherter Felsensteig, in 1½ St. auf den Gipfel des Peitlerkofels (2874 m) (Näheres s. bei Schlüterhütte, S. 209).

Nach Überschreitung der Peitlerscharte zieht der Weg in s Richtung zuerst leicht steigend den grasigen Osthängen des Tullen und Zendleser Kofels entlang zum *Kreuzkofeljoch* (2344 m, Passo Poma) und jenseits hinab zur nahen bewirtschafteten *Schlüterhütte*, ital. *Rif Genova* (2301 m), ½ St.

Von der Schlüterhütte über die Wasserscharte zur Geislerhütte, früher Regensburger Hütte, oder Abstieg ö nach Campill und ins Gadertal, w nach Villnöß; überall bez. Wege.

Übers Halsl (Kofeljoch oder Passo di Eores, 1866 m) und Würzjoch (2006 m) nach Untermoi und ins Gadertal. Bez. Wege. Der lohnendste Übergang von Brixen ins Gadertal, reich an prächtigen Landschaftsbildern. Leichte Tagespartie

Von Brixen wie oben auf der Fahrstraße (Autobus) über die Dörfer des ö Mittelgebirges ins Aferer Tal und zur Hst. Gabler Skihütte in Palmschoß.

Wie bereits mehrfach erwähnt, wird dieser Übergang zur Straße ausgebaut; es kann daher vorkommen, daß die Markierungen vorübergehend unklar sind, doch ist die Sektion Brixen des AVS stets um die Wiederherstellung bemüht.

Eine fast ebene Straße führt von Palmschoß ostwärts durch Wald in ¾ St. zur *Gabler Skihütte* (1894 m), ganzjährig bewirtschaftet (35 Zimmer mit 54 B), umgeben von Alpenmatten und nahe schöner Zirben- und Lärchenwaldungen, in prächtigem, vielbesuchtem Skigelände.

Von da weiter auf bez. Weg ö zu den Campenwiesen, wo der von der Plosehütte kommende Weg einmündet. Bei einem Heustadel (Wegweisertafel) nach re ab und über Wiesen und durch Wald in ö Richtung schräg über den Hang hinab. Bei einer moosigen Wiesenmulde quert man den von Villnöß kommenden Weg und erreicht gleich darauf den flachen Sattel des *Halsl* (1866 m), auch *Kofeljoch* oder *Passo di Eores* genannt, der in Grödner Sandstein liegt. Wasserscheide zwischen Aferer und Lüsental. 1½ St. von der Gabler Skihütte. — Vom Halsl führt unser Weg ö neben dem Rodelbach über schöne Almwiesen abwärts zum (20 Min.) obersten Boden des Lüsentales, *Im Gunggan* genannt. Am Zusammenfluß von Scharten- und Rodelbach vorbei zum ostseitigen Talhang, auf dem der Weg durch lichten Wald und über Wiesen (zur Rechten großartig der Peitlerkofel mit seiner 700 m hohen Nordwand, darunter Schutthalden und Moränenhügel am Nordrand des Grödner Sandsteins) zum (¾ St.) *Würzjoch* (2006 m) emporsteigt. Neue Peitlerkofelhütte, 30 B, Skigebiet. Ab hier ist der Weg bis Untermoi für Autos befahrbar. — Vom Jochkreuz etwa fünfzig Schritte weiter zu einer Wegteilung und hier re durch Wald auf leicht fallendem, mit 8 bez. Weg hinaus nach (1 St.) *Untermoi*, ital. *Antermoia* (1515 m). — Näheres über diesen Ort s. S. 252.

Von dort auf Fußwegen talaus nach (1½ bis 2 St.) *Zwischenwasser*, ital. *Longéga*, im Gadertal oder sö auf neuer Straße (Autobus) über *Bad Valdander* (1443 m), Gh., salinisches Eisenwasser, zum (¾ St.) *Planatscher Jöchl* (1549 m), dann ö auf schöner Waldstraße hinab zum *Schloß Thurn* und weiter nach (1½ St.) *Pikolein*, ital. *Piccolino*, an der Gadertalstraße, Hst. der Autobusse Bruneck — Corvara — Buchenstein.

VON BRUNECK DURCH DAS GADERTAL IN DIE DOLOMITEN

Das nahe dem Städtchen Bruneck in das Pustertal mündende Gadertal reicht mit seinen Seitenästen auf der einen Seite in die Grödner, auf der anderen in die Enneberger Dolomiten. Es bildet einen reizvollen Zugang zu diesen Berggebieten, die zu den schönsten in den Dolomiten zählen. Das Tal gabelt in Zwischenwasser, 9 km von seiner Mündung entfernt, zum erstenmal. Von hier reicht das Ennebergtal sö nach St. Vigil hinauf, indessen das Gadertal s weiterzieht, dabei die kleinen Seitentäler von Untermoi und Campill auf der einen, das Wengertal auf der anderen Seite aufnehmend. Hier ist neben Gadertal auch der Name Abtei gebräuchlich. Bei Alting zweigt dann noch das Tal von St. Cassian ab, das gegen die Fanesberge hinanzieht. Das Haupttal, nun Corvaratal geheißen, nimmt Richtung gegen den Sellastock, unter dessen Felswänden seine Äste bis zum Grödner Joch und Campolungosattel reichen. — Die Bewohner dieses 5 Gemeinden mit 18 Ortschaften umfassenden Gebietes sprechen als Muttersprache Ladinisch.

BRUNECK, ital. Brunico (835 m), Schnellzugstation der Bahnlinie Franzensfeste — Lienz — Klagenfurt, Hauptort des w Pustertales, ein malerisches Städtchen mit ca. 5500 Einw. in hübscher Lage auf weiter Ebene vor dem breitgeöffneten Tauferer Tal, aus dessen Hintergrund die gletschergeschmückte Keilbachspitze blinkt, wird als Sommerfrische viel besucht und ist Ausgangspunkt für die Besteigung des Kronplatzes, eines Aussichtsberges ersten Ranges. Eine Seilbahn auf den Kronplatz konnte Ende 1964 in Betrieb genommen werden. Ebenso erbaute die S Bruneck des AVS auf dem Kronplatz ein schönes, geräumiges Berggasthaus, das im Herbst 1964 feierlich eingeweiht wurde. Sehr gutes Skigebiet. In das Enneberg- und Gadertal bestehen Autobusverbindungen. In Bruneck eine arbeitsfreudige S. des AVS (Auskunftsstelle der Sektion über Günther Adang, Sparkasse Bruneck) und eine Sektion des Club Alpino Italiano.

Autobus von Bruneck (Hotel Post) nach Corvara (38 km) und Buchenstein im Sommer zweimal, im Winter (nur bis Corvara)

Kreuzkofel, vom Gadertal aus gesehen

einmal täglich über die Hst. St. Lorenzen, Zwischenwasser (14 km, 1 St.), Pikolein (18 km), Pederoa (22 km), Pedraces (30 km) und Stern, ital. La Villa (33 km). — Nach St. Vigil (19 km) von Anfang Juli bis Anfang September dreimal, im Winter einmal täglich in 1½ St.

Die Stadt wird vom wehrhaften Schloß Bruneck auf gletscherüberschliffenem Kalkfels überragt und die Rienz strömt in raschem Lauf zwischen dem alten und neuen Stadtteil dahin. Vom Bahnhof gelangt man zunächst zum *Graben*, noch um die Mitte des vorigen Jh.s ein mit Wasser gefüllter tiefer Stadtgraben, heute die schönste Straße Brunecks, wo sich der Stadtmagistrat und das Postamt befinden und das Denkmal für Eduard v. Grebmer steht, zuerst Postwirt, dann Landeshauptmann von Tirol. Mehrere Tore leiten vom Graben in das alte Stadtinnere mit der *Stadtgasse*, ital. *Via Centrale*, deren mittelalterliche Bauten eng zusammengedrängt zu Füßen des Schloßberges sich ausbreiten. Östlich der Stadtgasse, wo einst der Weiler Ragen stand, erhebt sich die von 1850 bis 1866 erbaute doppeltürmige *Pfarrkirche*. In dieser am rechten Seitenaltar ein schönes großes Kruzifix von Michael Pacher, am linken eine Muttergottesstatue in Steinguß aus dem Anfang des 15. Jh.s; Deckenmalerei von Mader und Altarbilder von Hellweger. Am Eingang zum Friedhof zahlreiche alte Grabsteine der Pustertaler Adelsgeschlechter. — Vor dem Eingang in die Stadtgasse vom Bahnhof her steht auf Felsboden die *Ursulinenkirche* mit Heiligenfiguren in Holz aus der Mitte des 15. Jh.s. Der Park vor dieser Kirche, von dem ein Weg direkt zum sehenswerten Waldfriedhof hinaufführt, erinnert mit seinem Namen an den Brunecker Dichter und feinsinnigen Schriftsteller Paul Tschurtschenthaler († 1943).

Zur Zeit, da die Geschichte erstmals von der Gegend des heutigen Bruneck berichtet, herrschten hier die Bajuwaren; unter diesen entstanden die Dörfer in der Umgebung mit ihren altbayerischen Namen, wie Dietenheim, Uttenheim, Tesselberg usw. Durch Schenkung Kaiser Heinrichs IV. gelangte 1091 die Grafschaft im Pustertal in den Besitz des Brixner Bischofs, dessen Amtsleiter in der Burg Aufhofen seinen Sitz nahm. Von Bischof Bruno, Graf von Kirchberg, wurde dann 1251 der Bau des Schlosses und der

Blick durch das Mittagstal in der Sellagruppe gegen Norden.

Stadt, beide nach ihm benannt, begonnen und 1256 der Sitz des bischöflichen Amtmannes und Richters hieher verlegt. Ein Nachfolger Brunos, Bischof Albert von Enna (1323—1336), umgab Schloß und Stadt mit den heute noch zum Teil stehenden Ringmauern. Die Bischöfe verlegten ihren Sommersitz hieher und übertrugen gewisse Rechte auf die Stadt, wodurch die Bedeutung Brunecks begründet wurde. 1436 ging ein Teil des Schlosses durch Feuer zugrunde, Bischof Ulrich Putsch ließ jedoch den Bau im alten Umfang wiederherstellen. In den Streitigkeiten zwischen Kardinal Fürstbischof Nikolaus von Cusa mit dem Herzog Sigismund von Tirol ward Bruneck hart mitgenommen. Des Herzogs Kriegsvolk erstürmte im März 1460 Stadt und Schloß und setzte den Kardinal im Turm des Schlosses Bruneck so lange gefangen, bis er gezwungen einen Friedensvertrag unterschrieb. Cusa begab sich nach Rom und berichtete dem Papst von der erlittenen Unbill. Dieser belegte dafür am 8. August 1460 den Herzog, sein Heer und das ganze Land Tirol mit Bann. — 1723 war Bruneck von einer furchtbaren Feuersbrunst heimgesucht. 1809 wurde in der Brunecker Gegend mehrmals gekämpft und die Stadt von den Franzosen besetzt. Zweimal im selben Jh. noch wurde der Stadt Bruneck durch Brände schwerer Schaden zugefügt; beim zweiten Brand (1850) ging die alte schöne Pfarrkirche zugrunde. 1882 zerstörte eine große Überschwemmung mehrere Häuser und einen Teil des Friedhofes. — Im ersten Weltkrieg war Bruneck großer Lagerplatz und Etappenstation für die Dolomitenfront.

Bruneck hat manchen bedeutenden Mann hervorgebracht oder in seinen Mauern gesehen. Michael Pacher, der berühmte Maler und Bildschnitzer, war ein Brunecker, sein Haus in der Stadtgasse ist heute noch zu sehen. „Maister Michel der Maler, purger zu Brawneckh“, wird 1467 zum erstenmal als Urkundenzeuge genannt. Sein erstes Werk, ein Altar für Schloß Ried, entstand 1465, einige Jahre später der Altar für Gries bei Bozen. 1471 bis 1481 arbeitete er an seinem Hauptwerk, dem St.-Wolfgang-Altar, dem großartigsten Werk spätmittelalterlicher Kunst auf österreichischem Boden. Pacher starb 1498. Ein anderer Pacher mit dem Vornamen Friedrich, bedeutend als Maler, lebte von 1478 bis 1508 in Bruneck. — Von bedeutenden Bruneckern der Neuzeit seien die Bildhauer Jakob Philipp Santer und Josef Bachlechner sowie der gefeierte Dichter Prof. Anton Müller (Bruder Willram) genannt.

„Der Hügel, auf dem das Schloß Bruneck steht (s. oben), ist auch geologisch denkwürdig. Er besteht aus einem Kalkgestein, wie es sonst weitum nicht vorkommt: einem fast dichten, grauweißen, leicht marmorisierten dolomitischen Kalk, ein letzter, westlicher Rest der Devon-Formation des Karnischen Kammes“ (Prof. Dr. R. v. Klebelsberg).

Zum Kuhbergel. 3/4 St. Schöner Rundblick

Zunächst hinauf zum Schloß, umgeben von schattigem Park mit Sitzbänken, stiller Platz, frei zugänglich. Gegenüber dem Schloß gelangt man, re ansteigend, zum *Waldfriedhof,* einem der schönsten seiner Art, mit über tausend Soldatengräbern aus dem ersten Weltkrieg. Von hier führt ein schöner Waldweg zum (20 Min.) *Kreßwasserl* und am Gh. Waldheim und der Vogelhütte vorbei (25 Min.) auf die Höhe des *Kuhbergels* (1013 m) in Quarzphyllit.

Nach St. Lorenzen, ital. S. Lorenzo di Sebato, und zur Klosterruine Sonnenburg. 3/4 bzw. 1 1/4 St. Interessanter Spazierweg

Von Bruneck gelangt man w des Bahnhofes auf angenehmem Promenadeweg am li Ufer der Rienz, an dem Wallfahrtskirchlein *Heiligkreuz* (erbaut 1732) vorbei und, die Straße überschreitend, zum stattlichen Marktort *Sankt Lorenzen* (869 m), Bahnstation. Straße Bruneck — St. Lorenzen 4 km (durch Tafeln gekennzeichnete römische Ausgrabungsstellen an der Straße). Nach St. Lorenzen zu Fuß auch schön auf Weg 9 vom Waldfriedhof über Gh. Waldheim.

Die Gegend von St. Lorenzen, das antike Sebatum, ist, wie Wallburgenspuren auf den umliegenden Hügeln und ausgegrabene römische Sarkophage, Geräte und Münzen beweisen, ein uraltes Siedlungsgebiet. Im 10. Jh. war St. Lorenzen der bedeutendste Ort des Pustertales bis hinauf nach Innichen. Die dem hl. Laurentius geweihte Pfarrkirche, ein lichter, gotischer Hallenbau, stammt aus dem 13. bis 14. Jh. Auf dem Hochaltar die unvergleichliche Muttergottes mit der Traube von Michael Pacher, beachtenswert auch die schöne Renaissancekanzel und ein großartiger Christus am Kreuz. Die Egererkapelle nebenan, aus der Zeit um 1500, enthält interessante Schnitzfiguren. Neben der Kirchentür, von der einst der Pfarrer von St. Lorenzen im Auftrag des Kardinals Cusa feierlich Bann und Interdikt gegen das Kloster Sonnenburg schleuderte, ist der von Sonnenburg hieher übertragene Grabstein (zweifellos eine neuere Arbeit) des Gaugrafen Volkhold, Stifter des Klosters (1018), zu sehen.

Westlich von St. Lorenzen erheben sich jenseits der Rienz auf felsigem Hügel aus Quarzphyllit die umfangreichen Ruinen des einst mächtigen, mit fürstlichen Rechten begabten adeligen *Benediktiner-Nonnenklosters Sonnenburg* und an deren Nordfuß liegt die gleichnamige kleine Ortschaft mit dem Schlößchen *Glurnhör*, auch Hebenstreit genannt, und einem romanischen Kirchlein, früher zum Spital des Klosters gehörig. Man gelangt dorthin von St. Lorenzen über die Rienzbrücke in ½ St. Der bewohnbare Teil der Klosterruinen, einst der Trakt der Äbtissin, wurde neuerdings fachkundig restauriert (Gastbetrieb). Im Hof ein in Fels gehauener runder Brunnenschacht aus den ältesten Zeiten, dessen Grund mit jenem der Rienz in Verbindung stehen soll.

An Stelle des Klosters stand um das Jahr 1000 das feste Schloß Suanapurc, die Burg der Söhne Otwins, des mächtigen Gaugrafen von Pustertal und Lurn. Volkhold, der jüngste Sohn Otwins, vermachte dieses Schloß samt einem großen Teil seiner Besitzungen, darunter „alles Land von Plaiken taleinwärts in Enneberg und Abtei", dem Frauenorden nach den Regeln des hl. Benedikt. Mit Stiftungsurkunde von 1018 bestellte er seine Nichte Wichburg zur ersten Äbtissin des neugegründeten Klosters. Mit der Verleihung der hohen Gerichtsbarkeit über Enneberg und Buchenstein im Jahr 1091 durch Kaiser Heinrich an die Brixner Bischöfe war die Ursache gegeben zu den fortgesetzen Fehden zwischen den Bischöfen und den Äbtissinnen des Klosters Sonnenburg. Diese Streitigkeiten erreichten unter dem berühmten Kardinal Nikolaus von Cusa, von 1450 bis 1464 Bischof von Brixen, und der Äbtissin Verena den Höhepunkt. Die Äbtissin behauptete nicht nur die alten Rechte des Klosters, sondern widersetzte sich auch der Einführung von Reformen. Der Kardinal verhängte daraufhin 1455 Bann und Interdikt über das widerspenstige Kloster und 1458 wurde es von den Leuten des Bischofs besetzt. Mit der Einverleibung des Pustertales an Tirol unter Maximilian I. wurde dann Sonnenburg zu einer dem Landesfürsten untergeordneten Gerichtsherrschaft herabgedrückt. — 1525 plünderten die aufständischen Bauern auch das Kloster Sonnenburg, wobei die kostbarsten Urkunden des Stiftes zugrunde gingen. 1597 legte ein Brand Sonnenburg in Asche, wurde jedoch mit Unterstützung des Bischofs wiederaufgebaut. Am 9. März 1785 kam das Säkularisationsedikt Kaiser Josefs II. Die Nonnen mußten das Kloster, das 767 Jahre bestanden hatte, verlassen; die Güter und Vogteirechte fielen dem Staat zu. Die letzte Äbtissin, Gertrude Edle von Rohrbiß, und ihre Nonnen bekamen als Unterkunft den Jöchlsturm in Sterzing zugewiesen.

Zur Lamprechtsburg (3/4 St.) *und weiter nach Reischach* (1/2 St.). Beliebte, schöne Wanderung

Zur Lamprechtsburg kommt man, von der oberen Brunecker Rienzbrücke ausgehend, am Schwimmbad vorbei, dann dem schönen Weg in der Rienzschlucht folgend. Dieser Weg führt mühelos im Schatten hoher Fichten ohne größere Steigung der unten rauschenden Rienz entlang. Schließlich über den Reischacher Bach, worauf man aus der Schlucht nach kurzem Steigen in eine Mulde mit Feldern kommt, über denen die stattliche *Lamprechtsburg* (951 m) steht. Von dem nahen Mairkircherhof leitet ein Fahrweg li in wenigen Min. zur Burg hinauf. In der Kapelle schlechte Kopie eines Kruzifixes mit St. Kummernus, dessen Original (13. Jh.) derzeit im Brixner Diözesanmuseum verwahrt wird.

Sichere Nachrichten über die Lamprechtsburg reichen bis in die Zeit zwischen 1090 und 1097 zurück, als ein Ritter Tagini von Rischon Burg und Kirche im Besitz hatte. Um diese Zeit trat eben dieser Ritter die Hälfte des Burgbesitzes an den Bischof von Brixen ab. Die Lamprechtsburg bekam ihren Namen jedoch von der dem hl. Lambert geweihten Kirche, die sicher auch schon 1070 bestand, da in jenem Jahr eine edle Frau Ilia dem Brixner Bischof in dieser Kirche ihre anderswo gelegenen Besitzungen schenkte. Die Herren von Rischon überließen bald nach erstgenannter Schenkung auch die übrige Hälfte dem Hochstift Brixen, in dessen Besitz nun die Burg bis 1811 verblieb. Die Bischöfe verliehen die Lamprechtsburg, die in kriegerischen Zeiten öfters zerstört wurde, weiter an geldkräftige Adelige und Bürger. So bauten dann 1560 die damaligen Pfandinhaber, die Brüder Kirchmayr von Bruneck, im Auftrag des Brixner Bischofs Kardinal Madrutz die ruinierte Lamprechtsburg in ihrer heutigen Form wieder auf. Seit 1812 nun gehörte sie der Familie Hauptmann, jetzt den Niederkofler, die in letzter Zeit in der Burg eine Gastwirtschaft und Pension eröffneten.

Vom Mairkircherhof unterhalb des Schlosses führt ein Sträßchen w zwischen Wiesen und Wald in 1/2 St. zum Dorf *Reischach*, ital. *Riscone* (956 m), mit mehreren Gasthöfen. Prächtiger Ausblick auf den Zillertaler Hauptkamm mit seinen Gletschern. Talstation der Kronplatzseilbahn.

Der Ansitz Angerburg im Ort war vermutlich der Stammsitz der schon im 11. Jh. erwähnten Herren von Rischon (s. oben), später im Besitz verschiedener Adelsgeschlechter, so auch der Prack von Asch.

Von Reischach neue Straße nach Bruneck, 1/2 St., oder auf einem Feldweg nordwärts an einer Kapelle vorbei, dann einen waldigen Hang hinab zum Ausgang der Rienzschlucht und auf Promenadeweg in die Stadt (3/4 St.).

Von Bruneck über die Lamprechtsburg zum Bad Schartl und weiter nach Geiselsberg und Bad Bergfall. 3 1/2 bzw. 4 1/4 St. Bez. Wege (Nr. 14). Reizvolle Bergwanderung

Zunächst schöner Spazierweg durch das waldige Engtal der Rienz am li Ufer hinein zur (3/4 St.) *Lamprechtsburg,* Gh. (s. S. 229). Beim Mairkircherhof unterhalb des Schlosses vom Fahrweg li ab und erst kurz ansteigend, dann fast eben sö durch Felder zum *Hölzlhäusl,* kleiner, weißgetünchter Bauernhof am Fahrweg Reischach — Walchhorn. Nach etwa 50 Schritten li vom Holzhäusl vom Fahrweg re ab und durch ein Zaungatter (schwach markiert) auf eine langgestreckte Wiese. Ein Steig führt da hinein in ein Wiesentälchen zwischen Waldbestand. In diesem Tälchen leicht steigend bald zu einem Holzweg hinauf, der li ins *Kasbachtal* emporführt. Da weiter auf Holzziehweg (markiert mit Ziffer 14), bald jedoch aus dem Bachtal li den Waldhang hinauf, kurz talein, dann aus dem Wald wieder li durch ein grünes Tälchen hinauf zur dicht bewaldeten, fast ebenen Höhe des (2 1/2 St.) *Schartl.* Auf der Übergangshöhe (1476 Meter), Hexenplatzl genannt, Wegkreuz mit der Jahrzahl 1810. Durch Wald beschränkte Aussicht. Im Wald guter, bez. Weg, leicht fallend zum aufgelassenen *Bad Schartl* (1447 m), einst eine beliebte Sommerfrische der Brunecker, bekannt als Sommeraufenthalt des Dichters Hermann von Gilm, der hier seine „Schartllieder“ schuf, und dem später der Brunecker Heimatdichter Paul Tschurtschenthaler folgte.

Ein Fahrweg führt vom *Bad Schartl* südwärts in 1/2 St. zum Dörfchen *Geiselsberg* (s. S. 232). Von dort s ein Stück auf der jetzt asphaltierten Straße zur Furkel weiter, bis nach li ein schmaler Fahrweg abzweigt (Tafel), über den man absteigend bald den Talgrund und darin das *Bad Bergfall*, ital. *Bagno Pervalle* (1331 m), in waldumrauschter Lage am Furkelbach erreicht (3/4 St.).

Von Bruneck auf den Kronplatz (2272 m). 3 1/2 bis 4 St. Bez. Weg. Überaus lohnend. Der Kronplatz ist ein Aussichtsberg ersten Ranges. Empfehlenswerter Übergang nach St. Vigil in Enneberg. Abwechslungsreicher Weg auch von der Station Olang auf den Kronplatz. Gesteinsart: Quarzphyllit

Die neue *Kronplatzseilbahn* ist seit 1964 in Betrieb. Talstation in Reischach, 3 km von Bruneck (Autobusdienst). Bergstation ein Stück unter dem Gipfel.

Der kürzeste Weg auf den Kronplatz führt von Bruneck s über (1/2 St.) *Reischach.* Dort an der Kirche vorbei zu einem Häuschen mit rotgefärbtem Dach (ehemaliger Schießstand) und re durch eine Zaungasse s in den Wald, wo der mit 1 markierte Weg beginnt. Zahlen an den Bäumen geben die erreichte Höhe an. Auf bequemem Weg gegen die Reischacher Ochsenalpe und vor dieser etwas re ausbiegend über Rasenhänge zum (3 St.) *Kronplatzhaus*, erbaut von der ehemaligen Sektion Bruneck des DÖAV, nun *Rif. Plan de Corones* des CAI, 3 Min. unter dem Gipfel. Jenseits, ebenfalls ein Stück unter dem Gipfel, das neue und schöne *Brunecker Haus* des AVS (1964 eröffnet). Hierher auch von der Mittelstation der Seilbahn auf dem neuen AVS-Steig. Prächtiges Skigebiet.

Die Aussicht vom Kronplatz ist berühmt. Schon Paul Grohmann schreibt: „Es besteht für mich kein Zweifel, daß die Rundschau vom Kronplatz eine der schönsten in den Dolomiten ist, und kein Gipfel, den ich kenne, vereinigt wieder die beiden Gegenstücke Marmolata und Zillertaler Ferner in solcher Weise mit der schönsten Talaussicht, die man sich denken kann."

Abstieg nach Geiselsberg-Olang oder nach St. Vigil in Enneberg. Näheres darüber s. S. 237 und 242.

OLANG, ital. Valdàora (1016 m), 12 km ö von Bruneck, Eisenbahnstation für die drei Nachbardörfer Nieder-, Mitter- und Oberolang, die in prachtvoller Gegend gegenüber der Mündung des Antholzer Tales liegen, aus dem Hochgall und Wildgall schauen. Im S über Wäldern die Dolomitmauern der Olanger Kofel. — Die Großgemeinde Olang zählt mit ihren drei Ortsteilen und der Fraktion Geiselsberg insgesamt 2080 Einwohner.

Das westlichste der drei Dörfer, durch Einwohnerzahl und als Pfarrort das bedeutendste, heißt *Niederolang*, ital. *Valdàora di sotto.* Zu ihm gehört das große Pustertaler Ziegelwerk. Auf einem Hügel in der Dorfmitte steht die große alte Pfarrkirche zum heiligen Petrus. 1710 erweitert.

Die Ebene von Olang ist uraltes Siedlungsgebiet. Als Olaga um das Jahr 1000 genannt, besteht die Pfarre *Niederolang* seit 1205. Im Jahr 1221 übergab der Brixner Fürstbischof Berchtold I. dem Kloster Neustift das Patronat über diese Pfarre. — In *Mitterolang,* ital. *Valdàora di mezzo,* die St.-Ägydius-Kirche vom Jahr 1404, in der ein Altarblatt von Marx Reichlich (Ende des 15. Jh.s) beachtenswert ist. Auf dem Dorfplatz ein schlichtes Denkmal für den 1810 von den Franzosen erschossenen Tharerwirt Peter Sigmayr. (Die Franzosen ließen kundtun, daß sie an Stelle des geflohenen Tharerwirtes dessen alten Vater erschießen würden, wenn sich der Sohn nicht stelle. Daraufhin meldete sich Peter Sigmayr sofort beim französischen Kommando und wurde füsiliert.) — Am Ende der Ebene, vom Brunstbach geteilt, das Dorf *Oberolang,* ital. *Valdàora di sopra,* mit einer 1472 gebauten Frauenkirche.

Von der Bahnstation *Olang* kürzester Weg (1¹/₄ St.) über Niederolang nach *Geiselsberg.* Auf Fahrstraße unterhalb der Station w zunächst ins (¹/₄ St.) Dorf *Niederolang* und von der Kirche einige Min. s gradaus zu einer Kapelle. Dort re auf einem Fahrweg in den Wald, dann neben Wiesen bis zu einer Bank. Nun den Weg zum Bad Schartl re lassend, hinauf zum Mitterhof und südwärts ins nahe Dörfchen

GEISELSBERG, ital. Sorafurcia (1359 m), weitausgebreitete Gemeinde, zu der die Höfe vom Bad Schartl bis unter die Furkel gehören. Die inneren Höfe, am Hinterberg genannt, waren früher Enneberg zugeteilt. — Bei der Kirche in Geiselsberg das Gh. Brunner, Arndtwirt.

Geiselsberg erscheint als Gisilhartisberc um 1050 zum erstenmal in der Geschichte. Die gotische Kaplaneikirche zum hl. Wolfgang wurde 1484 geweiht. An der Außenwand ein Riesen-Christophorus mit der Jahrzahl 1489. Innen ein gotisches Wandgemälde; Schnitzwerktafel und Muttergottes, schöne Werke aus dem 15. Jh.

Von Geiselsberg über die Furkel (1738 m) nach St. Vigil. 3 1/2 St. Bez. Weg. Interessante Wanderung, die allerdings zum Teil die neue Autostraße Mitterolang — Furkel benützt

Von der Kirche s ausgehend auf dem Hauptweg nach etwa 8 Min. abwärts in eine Bachschlucht mit der Habbacherkapelle, von dort re bergauf, oberhalb des ersten Hofes auf Wiesen hinaus und auf gutem Weg zum Rindlerhof hinauf, an dem eine Tafel an Peter Sigmayr, den mutvollen Bekenner seiner Vaterliebe im Jahr 1810, erinnert. Nun am Waldrand auf reizvollem Weg weiter, vorbei an den auf weiten Wiesenhängen stehenden Höfen des Hinterberges. Aussicht auf Dreifingerspitze und Piz da Peres. Nach dem letzten Hof, Obweges genannt, re kurz aufwärts, dann über einen Bach in den Wald. An einer Quelle mit Kreuz vorbei bequem hinan zur (1 3/4—2 St.) Wiese auf der Höhe der *Furkel,* die große Wälder umgeben. Bewirtschaftete Schutzhütte. Beschränkte Aussicht. — Entweder auf der neuen Straße hinaus oder an hohem Kreuz vorbei durch die Wiese w weiter zu einem Zaun. Nun die neue Straße re lassend, sw ebenaus in den Wald, bald von einem breiten Weg li abwärts zum Hof Miara, dort wieder li steil hinab, dann über den Bach und auf Karrenweg li abwärts zur Straße, die man kurz vor den Häusern von (1/4 St.) *St. Vigil* erreicht (Näheres über diesen Ort s. S. 242).

Von Geiselsberg auf den Kronplatz (2272 m). 2 St. Bez. Weg. Meist durch Wald; berühmte Aussicht

Von der Kirche auf einem Karrenweg mit Skimarkierung in den Wald hinauf. Der Weg wendet bald li empor und zu der Skimarkierung kommt nun auch eine rot-weiße Bez. mit Ziffer 5. Nach etwa 3/4 St. von Geiselsberg Wegteilung. Hier dem breiten Weg li aufwärts folgend, im Wald an einer Quelle vorbei, schließlich re aus Lärchenwald zu Grasböden hinauf und w weiter in Richtung gegen den Rücken des Spitzhörndls zum Geiselsberger Schäferhüttl (1^1/$_2$ St.). Westlich weiter aufwärts zur (5 Min.) Schaflacke mit Quelle. Wegteilung (rechts nach Bad Schartl). Südlich auf bez. Weg sanft hinan zu dem (^{1}/$_4$ St.) Rücken zwischen Spitzhörndl und Kronplatz, wo wieder Wegteilung: gradauf dem Rücken folgend zum neuen *Brunecker Haus* des AVS und zum höchsten Punkt des Kronplatzes, wo einst ein Aussichtsturm stand, re Weg hinüber zum Schutzhaus.

Vom Kronplatz über die Furkel zum Kreuzjoch. 3^1/$_4$ St. Bez., stellenweise weglos

Von der Gipfelfläche führt eine neue Straße s abwärts, am Waldanfang li haltend, zum (1 St.) Wiesensattel der *Furkel* (1738 m). Hinüber auf die Südseite der Paßfurche, wo re die Straße nach St. Vigil hinabführt. Von der Wegtafel li (sö) auf einem rot bez. Weg dem Zaun entlang, nach 2 bis 3 Min. jedoch re im Wald empor zu einem alten Kalkofen. (In letzter Zeit wurde hier ein Fahrweg zum Transport von Kalkschotter angelegt.) Nun nicht li, sondern auf einem Schuttkegel weiter, bald jedoch li über ein Bachbett und auf gutem Weg im Wald ziemlich steil sö empor. Der mit 3 markierte Weg führt durch lichten Lärchenwald fast eben weiter und senkt sich schließlich zu blockbedecktem Rasenboden. Über das zerfurchte, einzelne Bäume tragende Gehänge unter den Felsen des Piz da Peres auf einem Steig ö quer hinüber zu einem kleinen Boden, mit einigen Bäumen und von Felsblöcken bedeckt (1^1/$_4$ St. von der Furkel). Alte Wegtafel (Steig ö weiter zum Joch Lapadures). Nun vom Steig re ab auf markierten Steigspuren s aufwärts in das große Schuttkar unter li Dreifingerspitze und re Piz da Peres. Zwischen Felsblöcken und im Schutt der Dreifingerlahn steigt da ein Steiglein zum Sattel zwischen den beiden genannten Erhebungen (^{3}/$_4$ St.), die von dort in je ^{1}/$_2$ St. leicht zu erreichen sind. Von diesem Sattel li (sö) auf schmalem Steiglein oberhalb felsiger Abbrüche weiter, bald jedoch abwärts zum kleinen, dunkelgrünen Hochalpensee in felsiger Mulde und durch diese Mulde sö hinaus, dann re über einen flachen, grasigen Rücken hinüber zum *Kreuzjoch* (2283 m) in Schlerndolomit (siehe auch S. 242).

Vom Kronplatz über die Furkel zum Joch Lapadures. 3 St. Einige Übung erforderlich. Interessanter, aber orientierungsmäßig schwieriger Übergang zum Pragser Wildsee ($5^1/_2$ St.)

Wie oben hinab zur *Furkel* (1 St.) und weiter zu der Steigteilung auf dem kleinen Boden unter den Felsen des Piz da Peres ($1^1/_4$ St.). Die zum Sattel zwischen Piz da Peres und Dreifingerspitze hinaufführenden Steigspuren re lassend, auf dem Steig ostwärts weiter und kurz aufwärts zu einer Bergschulter mit Lärchen und hohem, dürrem Baum. Von da auf gut erkennbarem Steiglein durch ein kurzes Waldstück abwärts zum blockbedeckten grünen *Roßboden* und auf dem Steiglein erst ö, dann n steiler abwärts in eine waldumgebene Wiesenmulde, *Schüssels* benannt. Rechts vom Muldenboden und re von zwei Hütten, jedoch in deren Höhe auf dem Steiglein durch Wald kurz abwärts in einen Graben mit steilen Erdböschungen und aus diesem Graben am Waldhang ö weiter. (Wenn der Steig an der Böschung abgebrochen, für Ungeübte unangenehme Stelle; man kann sie jedoch tiefer unten umgehen.) Eine wilde Bachschlucht mit Wasserstelle wird gequert, dann kurz aufwärts zur abgebrannten *Brunecker Jägerhütte* ($^3/_4$ St.) in idyllischer Lage auf grünem Boden. Abermals kurz aufwärts zu dem mit 32 bez. Steig, der vom Bad Bergfall zum Joch Lapadures führt, das von hier in $^3/_4$ St. zu erreichen ist. Vom Joch jenseits hinab, bez. mit 19, zu den Hochalpenhütten und weiter wie S. 243 durch das Grünwaldtal hinaus zum ($2^1/_2$ St.) Hotel am *Pragser Wildsee.*

Von Nieder- oder Mitterolang über Bad Bergfall zum Joch Lapadures und auf den Höchsten Hochalpenkopf (Maurerkopf, 2567 m). Leicht, sehr lohnend; großartige Aussicht. $5^1/_4$ St. — Abstieg zum Pragser Wildsee, 2 St.

Ein guter Fahrweg führt von der Kirche in *Niederolang* s gradaus zu einer Kapelle, dann li durch Wiesen und ein Wäldchen bis nahe an den Furkelbach und von dort an Einzelhöfen vorbei zur Furkelstraße, die von Mitterolang herkommt. Sie geht an einem schönen gotischen Bildstock (Pestsäule, im Volksmund „Spitziges Stöckl") vorbei, der in verschiedenen Werken schon gerühmt wurde, und trifft jenseits des Furkelbaches mit dem von Niederolang ausgehenden Weg zusammen. In der Schlucht des Furkelbaches dann auf schwach steigendem Fahrweg in angenehmer Wanderung zum (1½ St.) *Bad Bergfall*, ital. *Bagno Pervalle* (1331 m), 50 B, in waldumsäumtem Talgrund. Eisen- und schwefelhaltiges Wasser, dem große Heilkraft zugeschrieben wird. Die nahe Schwefelquelle war einst Fundort von römischen Münzen, auch Bronzeringe und Stifte (600 Stück) kamen da zutage; daher die Volksmeinung von einem römischen Bad, wo Münzen als Dankopfer in die Heilquelle geworfen wurden.

Vom Badhaus weitergehend erst etwa 10 Min. auf dem zur Schwefelquelle führenden Weg empor bis über den Bach, der von S aus dem Langtal kommt. Auf mit 32 markiertem Steig neben diesem Bach etwa 5 Min. aufwärts, dann über den Bach und im waldigen Langtal empor. Aus dem Wald führt der Steig in einem wilden Bachgraben aufwärts und ziemlich hoch oben li hinaus und aufwärts zum *Bergfallboden* (1¼ St.) an der Waldgrenze. Die Brandruine der Brunecker Jägerhütte re lassend, auf dem Steig weiter bergauf und durch eine große Schuttmulde zwischen den Felsen der Dreifingerspitze re und des Flatschkofels li zur breiten Jochsenke (¾ St.) von *Lapadures* (2230 m) am Rand buckliger, grüner Böden. Aussicht nordwärts auf Firngipfel der östl. Stubaier Alpen, Zillertaler Hauptkamm vom Hochfeiler bis zum Löffler, Rieserferner mit dem Hochgall.

Von Lapadures nö erst auf einem Steiglein, dann weglos über sanftgeneigten Rasen zur (½ St.) Spitze des *Flatschkofels* (2415 m). Prächtiger Tiefblick auf den weiten Silanerwald. — Vom Flatschkofel ö über steile Grashänge hinab zum Sattel vor den Hochalpenköpfen (1/4 St.), dann ö auf einem Steiglein über eine begrünte Schulter und dem Kamm entlang auf den Blockgipfel (Schlerndolomit) des *Höchsten Hochalpenkopfes* (Maurerkopf, 2567 m), 1 St. vom Sattel, 3 3/4 St. von Bad Bergfall.

Herrliche Schau auf Ortler, Ötztaler und Stubaier Alpen, Hohe Tauern, mit Schober-, Goldberg-, Ankogelgruppe, Großglockner, Großvenediger, Rieserfernergruppe, Zillertaler Alpen. Dolomitenaussicht vom Peitlerkofel bis zum Karnischen Hauptkamm. — Prachtvolle Talsicht.

Vom Höchsten Hochalpenkopf nach Innerprags, 2 St. Vom Gipfel ö über Gras hinab in eine Scharte, von der ein Steig in der Südflanke der östl. Hochalpenköpfe die Rasenhänge abwärts quert (ein Teil des Pragser Sees wird sichtbar) zur (3/4 St.) *Pragser Furkel* (2218 m), dem Durchlaß in langer Viehschutzmauer auf einem Seitengrat, der vom Kaserkopf (2402 m) südwärts zieht. Von hier auf Steiglein durch einen sehr steilen Graben (bei der Steigteilung nicht li gehen) hinab zur (20 Min.) *Kaseralm* (1940 m). Nun auf markiertem Steig erst eben nach li zu einem Brunnen, dann auf gutem Weg in den Wald und sö hinaus in eine große Wiese, von der man am Riedelhof vorbei Promenadewege erreicht, die zum (1 St.) Hotel am *Pragser Wildsee* führen. Nach *Innerprags* kommt man kürzer, wenn man schon vor der großen Wiese li durch den Wald zur Straße geht.

Von Olang oder Geiselsberg über Bad Bergfall zum Joch Lapadures (2230 m), auf die Dreifingerspitze (2477 m) und den Piz da Peres (2507 m). Lohnendste Bergtour der Gegend. 5 Stunden

Wie oben zum öfters genannten Joch Lapadures (von Bergfall 2 St.), von dort w über Rasenhänge in 50 Min. auf die ein Kreuz tragende *Dreifingerspitze,* über deren Westhang in 1/4 St. hinab in den trennenden Sattel, dann über einen grasigen Rücken aufwärts zum Gipfel des (1/2 St.) *Piz da Peres* (Schlerndolomit) mit herrlicher Aussicht und neuem Gipfelkreuz (1968). (Über die Abstiege zum Kreuzjoch oder nach St. Vigil und den Übergang zum Kronplatz s. S. 233 und S. 243.)

Von Olang oder Geiselsberg zum Kreuzjoch und weiter zur Seekofelhütte. 7¹/₂ bis 8 St. Mühsame, jedoch reizvolle Wanderung. Orientierungssinn und etwas Übung notwendig

Vom Joch Lapadures (2 St. vom Bad Bergfall, s. S. 237) geht man jenseitig abwärts bis in die Nähe der Hochalpenhütten, wo man einen westwärts ansteigenden, mit 19 bez. Weg trifft, der zum *Kreuzjoch* (2283 m) führt (¹/₂ St.). Schlerndolomit. Von dort auf markiertem Steig sö über steinigen Rasen zu dem Sattel zwischen li Campospitze (2328 m) und re Östliche Paratscha (2450 m) und jenseits halbrechts quer über Rasen, kurz ansteigend, zum (¹/₂ St.) *Grünwaldjoch.* Von da w etwa 8 m abwärts, dann führt der mit 24 markierte Steig auf breitem Band scharf li um den Westfuß der Felsen des Krippeskofels herum ins obere Krippestal und da empor zum (³/₄ St.) *Krippesjoch* (2311 m). Hauptdolomit. Von hier kann man, li dem begrünten schmalen Grat folgend, in ¹/₂ St. auf den *Krippeskofel* (2485 m) steigen. Schöner Einblick in die ungemein wilde Nordseite der Sennesgipfel. — Vom Krippesjoch sö zu einem langgestreckten Schutthang (oft Schnee) und da empor in die (1 St.) *Sennesscharte* zwischen re M. Sella di Sennes und li Col di Ricegon. Jenseits auf grasigem Hang kurz bergab, dann leitet Steig 24 scharf li (osö) dem Fuß von Felswänden entlang zum Hüttenweg und zur (1¹/₂ St.) *Seekofelhütte,* ital. *Rif. Biella alla Croda del Becco* (2300 m), ehemals Egererhütte, 40 B und Matr. (siehe auch S. 287).

IN DIE ENNEBERGER DOLOMITEN

Von Bruneck nach St. Vigil. Am besten mit Autobus (19 Kilometer). Für Wanderer ist die alte Straße über Saalen und Plaiken empfehlenswert; von Bruneck nach St. Vigil 5 Stunden

Die Straße ins Gadertal (Enneberg) zweigt bei *Sankt Lorenzen* (4 km sw von Bruneck) von der Pustertaler Straße li ab. Sie führt am Dörfchen *Pflaurenz* vorbei in die enge Gaderschlucht. Die Straße ist meist in Quarzphyllitfelsen gesprengt. An dem einfachen Gh. Palfrad vorbei nach 10 km *Zwischenwasser,* lad. *Andréga,* ital. *Longéga* (1015 m), kleiner Ort an der Mündung des Vigilbaches. Drei Gh.: Alb. Gader, Alb. Longéga und Alb. Rubatscher. Im Hintergrund des Vigiltales die zerrissenen Dolomitenfelsen der Paratscha und des Vigiler Monte Sella.

Von Zwischenwasser li neben dem Vigilbach im *Enneberg-* oder *Vigiltal,* ital. *Valle di Marebbe,* empor. Man kommt nach *Montal* mit kleiner Kirche, dann weitet sich das Tal nach Verlassen der Quarzphyllitzone; über eine grüne Ebene erreicht man am Hotel M. Sella vorbei (5 km) *St. Vigil.*

Die *alte Straße* führt von *St. Lorenzen* s nach *Sankt Martin* (862 m) hinauf, wo auf bewaldetem Hügel die umfangreichen Ruinen der *Michelsburg* stehen.

Die Michelsburg wird erstmals zu Ende des 10. Jh.s unter den Grafen von Pustertal und Lurn genannt. Ein Graf Engelbert dieses Geschlechtes hatte auf Michelsburg seinen Sitz. Als 1091 eine Grafschaft im Pustertal durch Schenkung Kaiser Heinrichs IV. an den Bischof von Brixen kam, ging auch die Michelsburg in dessen Besitz über. 1232 belehnte Bischof Heinrich den Herzog Otto von Meranien mit der Michelsburg. 1271 gelangte die Burg an die Grafen von Görz und von diesen übernahm sie 1500 Maximilian I. als Erbe. Von den tirolischen Landesfürsten wurden Teile der Burg als Pfandschaft weiterverliehen, bis schließlich 1678 Hans Georg Freiherr von Künigl die Herrschaft Michelsburg erhielt. Dessen Nachkommen haben die Ruine an einen ital. Privatmann verkauft, der einige Restaurierungsarbeiten vornehmen ließ.

Am Berghang weiter zum 1652 gebauten Wallfahrtskirchlein *Maria Saalen* (980 m) mit Gh., 1 St. von St. Lorenzen, und nach einer weiteren Stunde zum Wirtshaus *Oberpalfrad.* Gegenüber von Oberpalfrad auf der andern Talseite, hoch über der Gaderschlucht, das Dörfchen *Onach* (1149 m) mit stattlichen Häusern und weiter hinten auf hohem Rücken die weitschauende Kirche von Welschellen.

Zwischen Palfrad und Plaiken trug sich 1458 ein düsteres Begebnis zu. In dem Streit zwischen der Äbtissin Verena von Sonnenburg und dem Brixner Bischof, Kardinal Nik. von Kues, kamen die Nonnen in arge Bedrängnis, da der Kardinal den unter der Herrschaft des Klosters stehenden Enneberger Bauern verbot, Zins und Zehent zu liefern. Als die Äbtissin die Bauern an ihre Pflicht mahnte, beriefen sich diese auf die entgegengesetzten Befehle des Bischofs. Um nun ihren Forderungen Nachdruck zu geben, nahm die Äbtissin einen Trupp von 50 Soldaten unter Führung des Jos von Hornstein auf, der in Enneberg zur Pfändung einrückte. So gezwungen, trugen die Bauern doch die Abgaben an Getreide und Geld gegen Sonnenburg. Davon hatte der bischöflich brixnerische Richter in Thurn und Buchenstein, Gabriel von Prack, Kenntnis erhalten. Am 6. oder 7. April überraschte er mit seinen Leuten zwischen Palfrad und Plaiken am Crep de Santa Grazia eine Schar von Bauern, die, um nicht gesehen zu werden, bei Nacht gingen. Obwohl sie kniend um Schonung baten, wurden etwa fünfzig von ihnen niedergemacht, Hornstein mit einigen Soldaten gefangengenommen. Die Leichen blieben auf dem Weg liegen.

Von Palfrad durch Wald weiter auf den (1/2 St.) *Plaikner Sattel* (1208 m). Schönes Bild: St. Vigil auf grünem Boden, dahinter das enge Rautal mit Wäldern und grauen Dolomitgipfeln. — Die alte Straße führt vom Sattel in 20 Min. nach Zwischenwasser hinab. Wir bleiben auf dem Berghang und folgen einem mit Ziffer 12 bez. Weg, der zunächst zum 1737 gebauten Kirchlein *Plaiken* (1275 m) führt, an dessen Stelle einst nach der Überlieferung die erste Kirche des Tales stand. Weiter auf dem aussichtsreichen sog. Oberen Weg quer durch steile Wiesen hinein zum tiefeingeschnittenen Furchianbach, dann hinauf zum einstmals adeligen Ansitz *Asch,* 1957 abgebrannt, und bald nachher zur (3/4 St.) *Pfarre Enneberg,* ital. *Pieve di Marebbe* (1281 m), mit den Gh. Zur Rose und Trebo. Da nun auch die alte Straße zum Teil mit Autos befahren wird, hat der Alpenverein Bruneck in dankenswerter Weise einen parallel, höher am Hang verlaufenden, sehr schönen Weg 12 A neu markiert, zwischen Maria Saalen und Enneberg.

In der kleinen Häusergruppe um die alte gotische *Pfarrkirche* mit hohem Spitzturm vom Jahr 1536 fällt der ehemalige Ansitz der Herren von Mohr, jetzt Wirtshaus Trebo,

Von hohen Bergen umgeben und von manchen Sagen umwoben: der Pragser Wildsee.

auf. In der Kirche auf dem Hauptaltar eine kleine gotische Muttergottes-Schnitzstatue, zu der jedes Jahr viele Pilger, besonders aus dem Oberpustertal, pilgern. In der linken Seitenkapelle, 1639 gebaut, ein schönes Altarblatt, die Geheimnisse des Rosenkranzes darstellend, von dem Fleimstaler Maler Horaz Giovanelli, gest. 1639. In der Kapelle gegenüber die Schnitzbüsten der Muttergottes und des hl. Johannes, schöne Werke aus dem Ende des 15. Jh.s. Sehenswert sind in dieser Kirche zu Unserer Lieben Frau die Wallfahrtsbilder der Welsberger, die von ihrer Heimat über Geiselsberg und die Furkel am Christi-Himmelfahrts-Tag jeden Jahres in diese Kirche kommen, um ein Gelübde zu halten, welches sie 1636 zur Zeit der Pest getan. Alle hundert Jahre bringen sie ein Gemälde zum Opfer, das den ganzen Kreuzgang in der jeweiligen Tracht darstellt. Jetzt sind vier solche Tafeln vorhanden, die für die Trachtenkunde von Interesse sind.

Der 1960 wiederaufgebaute Bauernhof *Asch* war einst der Stammsitz der Herren von Prack, des ersten Adelsgeschlechtes im Tal. Von den Prack wird viel Wunderliches erzählt. Der grausame Gabriel von Prack, den wir oben kennengelernt haben, soll 1487 der Retter Ennebergs im Kampf gegen die bis hierher vorgedrungenen Venezianer gewesen sein. Dafür brannten ihm diese sein Stammschloß Asch nieder. Der bekannteste der Familie jedoch ist Franz Wilhelm von Prack, Prackung, lad. Gran Bracun genannt, von Heldentum und Sage verklärt, der Nationalheld von Enneberg und Abtei. Das Volk nennt ihn den besten Schützen und kühnsten Mann, den Enneberg je gesehen, preist ihn als Drachentöter und Eroberer des Prackenschatzes. Gefürchtet war Franz Wilhelm von Prack bei seinen Feinden, den Herren von Colz zu Abtei und Freieck, denen er bei einem Zusammenstoß im Plaieswald übel mitgespielt haben soll. Schließlich erlag er ihrer Rache. Am 7. Dezember 1582 fiel Prack bei Corvara unter den tödlichen Streichen einer Schar von Wegelagerern, die von den Colz geführt wurden.

Von der Pfarre Enneberg s kurz hinab ins Tal des Pfarrbaches und jenseits hinauf zur neuen Straße neben den Häusern des *Weilers Hof* (1296 m) mit stattlicher Kirche, dann an den Höfen von Rost vorbei, wo einst die aus Buchenstein stammenden Herren und späteren Grafen von Rost ihren Sitz hatten, nach *St. Vigil* (1 St.).

Eines der schönsten Landschaftsmotive im Höhlensteintal: das Cristallomassiv mit dem Dürrensee.

ST. VIGIL, ital. S. Vigilio di Marebbe (1201 m), ein nettes Dörfchen, umgeben von hügeligen Wiesen und Wäldern, über denen sich im S die zerrissenen Felsberge des Rautales erheben, ist als Sommerfrische und Wintersportplatz beliebt und Ausgangspunkt für prächtige Dolomitenwanderungen. — Autobusverbindungen mit Bruneck. Arzt, Bergführer und Skilehrer. Apotheke, Bankfiliale und Postamt.

Die stattliche St.-Vigilius-Kirche, ein heller Barockbau, wurde von 1770 bis 1780 von dem geistlichen Baumeister Franz Penz gebaut. Über dem Hauptportal das Wappen des Sonnenburgischen Gerichtes Enneberg: zwei steigende Löwen, darüber ein Adler mit der fürstlichen Krone. Innen erinnern zwei zierliche Korberker an die Kirchenbesuche der Nonnen des Klosters Sonnenburg. Deckengemälde aus dem Jahr 1782 von dem Augsburger Akademiedirektor Matthäus Günther und ein interessantes Altarblatt von Peter Denifle (1802), den hl. Vigilius, umgeben von Ennebergern in alter Taltracht, darstellend. Nördlich neben der Kirche das Geburtshaus der Katharina Lanz, die durch ihre Teilnahme an den Franzosenkämpfen um Spinges 1797 als „Heldenmädchen von Spinges" bekannt wurde; zum 200. Geburtstag des Mädchens von Spinges (1971) wurde eine Kriegergedächtniskapelle mit einer Statue der K. Lanz (von Otto Irsara) errichtet. — Am Kronenwirtshaus ein Ritterbild mit dem Wappen der Herren von Rost, darunter in Ladinisch die Worte: Joanni Ritter de Ras war der Erbauer dieses Hauses 1505. Dieser Hans von Ras, auch Rost genannt, war Kloster-Sonnenburgischer Richter zu Enneberg.

Bergwanderungen von St. Vigil aus

Übers Kreuzjoch (2283 m) zum Pragser Wildsee. 5½ St. Bez. Weg. Lohnend

Von der Kirche ausgehend erst ostwärts zu den nahen letzten Ortshäusern, von dort ö auf mit 19 bez. Waldweg bergauf und re von den Häusern von Tolpeit weiter, bis von li ein breiter Weg mündet. Auf diesem Weg re sanft bergan über einen bewaldeten Rücken mit roten Werfner Schichten in das enge, von Krummholz bestandene *Fossaduratal.* In diesem steigt der Weg zwischen Schlerndolomit neben und im vermurten Bachgraben zum (3 St.) *Kreuzjoch* empor. Beschränkte Aussicht. Jenseits neben einer Bachfurche einige Min. abwärts, dann li über ebenen Rasenboden und einen niedrigen felsigen Rücken hinab zu den *Hochalpenhütten* (2121 m), wo der breite Jochweg endet. Nun re auf schmalem Fußweg über eine hohe, bewaldete Steilstufe (Schlerndolomit) hinunter zum (1¹/₄ St.) Boden des *Grünwaldtales,* wo auf einsamer Wiese die alte Kaserhütte (1762 m) steht. In dem schönen, re von den Wänden der Seitenbachspitzen, Senneser Karspitze und des Kleinen Seekofels überragten Grünwaldtal, mehrmals das vermurte Bett des Finsterbaches überschreitend, zu den (¹/₂ St.) *Grünwaldalpenhütten* (1611 m) hinaus. Dem Talweg weiter folgend zum prächtigen *Pragser Wildsee* und an dessen Westufer zum (³/₄ St.) Seehotel. Über Touren von hier und den Weg ins Pustertal s. S. 282 ff.

Auf den Kronplatz (2272 m). 3 St. Sehr lohnend

Von der Kirche in St. Vigil erst auf der Straße einige Min. talaus, dann re auf neuer Straße, die bis zur Pfarre Enneberg hinüberführt, hinan, bis re vor dem Weiler Hof die neue Kronplatzstraße beginnt und in ein breites Wiesental abzweigt. Der Fußweg Nr. 1 kürzt die Straße hinauf zu den Höfen von Miara und Mischi ab, geht dann auf der Höhe durch Wald weiter und senkt sich schließlich in eine grüne Mulde auf der Furkel, wo das *Furklhaus* (1861 m) steht. 1¹/₂ St.

Wir befinden uns hier am Nordrand der Dolomiten. Nördlich der Furkel die kristallinen Schiefer, die Furkel selbst in Grödner Sandstein; südwärts zum Piz da Peres Werfner Schichten, Unterer Muschelkalk, Sarldolomit und schließlich Schlerndolomit.

Vom Furklhaus auf der neuen Straße, die auch von Autos befahren wird, nw erst durch Wald, dann n über freie

Grashänge der Südabdachung des Kronplatzes hinauf zur breiten Gipfelfläche (1½ St.). Auf der Enneberger Seite das Brunecker Haus des AVS, auf der Brunecker Seite das alte Kronplatzhaus des CAI.

Auf den Piz da Peres (2507 m). 3½ St. Bez. Weg. Sehr lohnend. Großartige Aussicht, Markierung nicht zuverlässig eingehalten

Von St. Vigil ö wie S. 242 beim Weg zum Kreuzjoch auf einem Waldweg bergauf bis zum (1½ St.) *Plan Larsei* (1668 m), einer Waldlichtung, bei der li ein mit 12 markierter Steig abzweigt, der erst durch Wald, dann nach einer flachen Wiese über einen langen Rücken und leichte Felsen (Schlerndolomit) in 2 St. zum Gipfel leitet.

Die Aussicht vom Piz da Peres umfaßt die Zentralalpen von den Hohen Tauern bis zu den Ötztaler Alpen. Besonders schön die Dolomitengebirge im S, wo man über den Enneberger und Grödner Dolomiten auch die Marmolata und den Rosengarten sieht; hinter den Pragser Dolomiten die Sextner und Ampezzaner Berge.

Beim Abstieg kann man unterhalb der westseitigen Felsen von dem grasigen Rücken nordwärts einer Markierung folgend zur *Furkel* (1738 m) abbiegen, von der man nach *Geiselsberg* und *Olang* im Pustertal gelangt. Geübtere können vom Sattel zwischen Piz da Peres und Dreifingerspitze am *Hochalpensee* vorbei zum *Kreuzjoch* (2283 m) absteigen; von diesem in das Grünwaldtal hinab und weiter zum Pragser Wildsee (S. 242).

Auf den Monte Sella di Sennes (2788 m). Bekannter, sehr lohnender Aussichtsberg. 5 St. Teilweise weglos, jedoch bez. und für Geübte leicht

Von St. Vigil auf der Straße im *Rautal* bis zum (¾ St.) kleinen *Kreidesee* (1282 m), durch einen Moränenwall gestaut. Dort von der Straße li ab auf verwachsenem Weg durch Wald in die steile Schlucht des *Krippestales* mit schönen Wasserfällen. Vorbei am Ursprung des Krippesbaches, der frischweg aus Fels hervorbricht, kommt man aus der Schlucht des Schlerndolomits nach re zur (1½ St.) Hütte

Ciaslins (1744 m). Nun bequemer weiter zur (1/2 St.) Jagdhütte von *Krippes* (1920 m). Von da auf rot bez. Steig sö über die wellige Fläche der Krippesalpe (Hauptdolomit) zu einer Schutthalde im obersten Karwinkel, die ziemlich steil bis zu einer Scharte ö des rotgebänderten Gipfelkopfes des M. Sella di Sennes reicht. Auf rot markierten Steigspuren da empor in die (2 St.) Scharte und von dort re über Schutt und Blockwerk auf den (25 Min.) Gipfel aus Jurakalk.

Herrliche Aussicht: im N die Hohen Tauern; im O die Pragser und Sextner Dolomiten; im S Tofana, Fanes-Heiligkreuzkofel-Gruppe, im SW: Marmolata, Sellagruppe, Puez- und Geislerspitzen, Ortler; im W: Peitlerkofel, Sarntaler Alpen; von W nach N: Ötztaler, Stubaier und Zillertaler Alpen.

Vom Gipfel kann man sö über einen Rücken auf die Gras- und Karrenböden der Sennesalpe absteigen, über die man zu den Hütten der (1 1/2 St.) *Sennesalpe* (2127 m) mit bewirtschafteter Schutzhütte gelangt. Von dort nach *Ampezzo* oder auf Fahrweg sw zum (1 1/4 St.) Schutzhaus *Pederü* im Hintergrund des Rautales. Vom Gipfel auch ö in einen Geröllkessel hinab und aus diesem ö über das Sennesplateau zu einem Saumweg, der bergauf zur (1 1/2 bis 2 St.) *Seekofelhütte* führt.

Über das Riedjoch (1863 m) nach Heiligkreuz. 5 bis 6 St. Lohnende, aussichtsreiche Wanderung. Weg mit 15 markiert

Von St. Vigil auf der Rautalstraße etwa 1/2 St. talein, bis die Straße nach Überschreitung einer breiten Murfläche, Ciamaur benannt, in den Wald führt. Am s Rand dieser Murfläche von der Straße ab und über den Raubach zu einem markierten Ziehweg, der neben einem Wiesenzaun den waldigen Berghang emporsteigt. Im Wald weiter aufwärts zum Wegkreuz Crist dal'Ega neben einem Brünnchen. Kurz oberhalb Wegteilung. Rechts zur langen, steilen Riedwiese, über die ein Steig gradauf zum Riedjoch führt. Besser im Wald auf dem Ziehweg weiter empor, dann steil über eine Wiese mit Heustädeln bis zum Wiesenrand, wo ein Weg nach li auf eine nahe Waldblöße mit einem Hüttchen führt, von dem man gradauf in Kürze das in vulkanischen Tuffen liegende *Riedjoch* erreicht. 2 St. von St. Vigil. Auf der Jochhöhe ein Kreuz und kleiner Tümpel, von lichtem Lärchenwald umgeben. Aussicht auf die Marmolata im S über grünen Bergkämmen. — Nun auf rot bez. Weg s abwärts. Nach etwa 10 Min. macht dieser Weg, Heuweg genannt, einen größeren Bogen nach li und zieht, stark vertieft, w abwärts. Hier eine leicht zu übersehende Wegteilung: Auf dem Heuweg weiter w bergab nach *Oberwengen* (vom Joch 3/4 St.). Nach *Spessa* und weiter nach Heiligkreuz: Von der Stelle, wo der Heuweg w niederwärts wendet, nach li in lichten Lärchenwald (rot markiert) und auf kaum erkennbaren Wegspuren leicht abwärts zu umzäunter Wiese. Durch diese oberhalb eines Heustadels li hinüber. Nach einem Gatter wieder in den Wald und abwärts zu einem Fahrweg oberhalb der Wiesen von Wengen. Vom Fahrweg bald re ab durch Wiesen zum stattlichen Colzhof und vom nächsten Hof erst kurz aufwärts, dann wenig bergab zu den Höfen des Weilers *Spessa* mit dem Gh. Miribung. 1 St. vom Riedjoch. — Prächtige Landschaft: die weite Wiesenmulde von Wengen mit ihren zahlreichen Einzelhöfen, ganz nahe die großartigen Wände von Neuner- und Zehnerkofel, im W der hohe Felskopf des Peitlerkofels.

Von Spessa jenseits des Baches auf markiertem Weg durch Wiesen und Wald hinauf zu breitem Fahrweg und diesem folgend erst über einen Bach, Rü della Ganna benannt, dann in prächtigem Hochwald den Kreuzwegstationen nach, bis etwa fünfzig Schritte vor die weitausgebreiteten hügeligen *Armentarawiesen.* Bei einem Felsblock, bez. mit rotem Pfeil und Punkten, vom Weg li ab und durch ein kurzes Waldstück sowie über eine kleine Brücke zu den genannten Wiesen und da hinauf zu Heustadeln. Die sumpfige Wiese hinan in einen Wiesenzwickel und im Wald oben weiter. Dort steht wieder eine Kreuzwegstationstafel, und der Weg ist nun gut erkennbar. Über vulkanisches Tuffgestein durch ein Wäldchen nochmals zu Wiesen mit vier Heustädeln empor nahe den hohen Felswänden des Heiligkreuzkofels. — Herrliche Landschaft ringsum, im N die Gletscher der Zillertaler Alpen. — Nun über einen Wiesensattel mit Kreuz — Prachtblick auf die Marmolata — zum nahen und romantisch gelegenen Wallfahrtskirchlein *Heiligkreuz* (2045 m) mit einfachem Gh., 2¹/₂ St. von Spessa.

Näheres über Heiligkreuz S. 259 — Abstieg nach Sankt Leonhard durch Lärchenwiesen, 1¹/₂ St., bez. Weg (auch Sessellift), oder auf dem Berghang s weiter über die Höfe von Costamoling nach (1³/₄ St.) *St. Cassian.*

Über die Alpe Klein-Fanes und das Limojoch (2172 m) nach Cortina d'Ampezzo. 9 St. Bez. Wege. Prächtige, überaus lohnende Wanderung. Allenfalls Übernachten im Schutzhaus Pederü oder in Fanes. Mit 7 und 10 bez. Wege

Von St. Vigil auf der während des ersten Weltkrieges gebauten Rautalstraße talein. Links und re hohe Felspfeiler und Türme. Durch Wald zum kleinen *Kreidesee* (1282 m), von einem Moränenwall gestaut, Gh., und weiter zur (2¹/₄ St.) *Alpe Tamers* (1436 m) mit Jagdhaus, unter der hohen roten Wand des Tamersfelsens (Hauptdolomit) gelegen.

Auf der Wiese Tamers und auf Pre Marting sollen 1487 die Enneberger mit den Venezianern und Cadorinern gekämpft haben, die, 5000 Mann stark, über Fodara Vedla ins Rautal kamen und bis in die Gegend von St. Vigil vordrangen, wo sie plünderten und die Kirche in Brand steckten. Die Enneberger, von einer deutschen Kriegerschar unter dem Hauptmann von Rodeneck Heinrich Horber unterstützt, schlugen die Eindringlinge und verfolgten sie bis nach Ampezzo.

Von Tamers auf der Straße weiter in den völlig ebenen Talhintergrund, wo das (³/₄ St.) *Rif. Pederü* (1548 m) steht. Geöffnet von Anfang Juli bis Ende September und von Anfang Februar bis nach Ostern (20 B).

Im ersten Weltkrieg war hier ein großes Lager der Österreicher. Seilbahnen gingen von Pederü über Fanes und Fodara Vedla zur Kampfzone. Von den 160 Baracken, die hier standen, blieb nur die Offiziersmesse übrig; jetzt zum Unterkunftshaus umgebaut.

Von Pederü s im *Vallon di Rudo,* der Fortsetzung des Rautales, weiter, die blaue Plattenwand des Col Becchei di

Sopra vor Augen, zu Schutthalden unter einem erdigen Abbruch von Raibler Schichten. Auf der Straße empor zu schönem Talboden mit dem kleinen *Pischodelsee* (1870 m) und weiter bis unter eine mit Zirbelkiefern bestandene schroffe Talstufe aus Jurakalken. Darüber an der Straße auch ein Rest von Kreidegestein. Die Straße steigt n der Klamm, durch die der Vigilbach herabstürmt, mit einigen Kehren über die Talstufe zum Boden der (1½ St.) Alpe *Klein-Fanes* (2030 m) empor, wo hinten beim Grünsee das *Rif. Lavarella* (40 B), auf der anderen Seite unter dem Limojoch das *Rif. Fanes* (50 B, 20 Matr.) steht; beide im Winter viel besucht. Siehe auch S. 260.

Die Alpe Klein-Fanes, zum erstenmal als „petra Uanna" genannt in einer Grenzbeschreibung von 1002 bis 1004, liegt bei den letzten Zirbelkiefern am Rand eines von hohem Kamm umsäumten, nur nach O offenen großen Kessels. Die Karrenböden schmückt das Grün einiger Raseninseln, zwischen denen ein Bächlein fließt. Hier soll einst alles grün und fruchtbar gewesen sein, und da wohnte in grauer Vorzeit das Volk der Fanes. Das stolze und mächtige Reich der Fanes ging durch Verrat eines falschen Königs nach langen Kämpfen zugrunde.

Fast in der Mitte des diese einzigartige Dolomitenmulde von Klein-Fanes umschließenden Rundbogens, ganz nahe dem Zehnerkofel (3023 m), erhebt sich eine isolierte Felsbastion (Punkt 2657 der Freytagschen Dolomiten-Wanderkarte), an deren Nordseite in einer Trümmermulde der Überrest eines mächtigen Ringwalles zu sehen ist, in dem vorgeschichtliche Topfscherben gefunden wurden. Es dürfte also hier in grauer Vorzeit eine menschliche Siedlung bestanden haben. Die Entdeckung dieser urzeitlichen Siedlung im Juli 1953 durch Bozner Heimatforscher rückt obige Sage in ein anderes Licht.

Zu Beginn des 15. Jh.s war die Alpe Klein-Fanes lange Zeit Streitobjekt zwischen den Gemeinden Enneberg, Wengen und Abtei. 1434 ließ der Landesfürst die Gemeindevertreter nach Bruneck berufen, wo folgendes bestimmt wurde: Die Alpe gehört ein Jahr den Ennebergern, das andere den Wengenern und Abteiern mitsammen. Wer zuerst die Alpe benützen soll, darüber hat das Los zu entscheiden. Jene Gemeinde, die den Streit erneuert, verliert ihre Rechte auf die Alpe für immer.

Von der Almhütte in Klein-Fanes noch einige Min. talein, dann li aufwärts, am *Rif. Fanes* vorbei zum (½ St.) *Limojoch.*

Prächtige Schau nach S auf M. Vallon Bianco, Furcia-Rossa-Spitzen und M. Castello, dahinter der hohe schneebedeckte Giebel der Tofana II. Im N Heiligkreuzkofel, Zehner, Neuner, Eisengabelspitze.

Vom Joch jenseits am kleinen, dunklen *Limosee* (2154 m) — am Ostufer ein kleiner Kreiderest — vorbei in 20 Min. hinab zur Wegteilung oberhalb der Hütten von *Groß-Fanes* (2104 m). Auf steinigem Weg li (ö) weiter (re nach Sankt Cassian) in das großartige *Fanestal*, wo Jurakalke vorherrschen. Nach einer Verbreiterung des Fanesbaches, dem sog. Fanessee, führt der Weg auf das re Ufer des Baches und stärker fallend zur (1¹/₄ St) *Hohen Travenanzesbrücke*, ital. *Ponte Alto* (1458 m).

Blick in die großartige, 80 m tiefe Schlucht, in der der Travenanzesbach schäumt; im oberen Teil sind die Schluchtwände des Hauptdolomits kaum 4 m voneinander entfernt.

Hier lauerte um 1560 ein bewaffneter Haufe auf den ennebergischen Ritter Franz Wilhelm von Prack. Dieser kam da öfters vorbei, um seine Braut Sidonia von Winkelhofen, die Tochter des Schloßhauptmannes von Peutelstein, zu besuchen. Die Brücke über die Schlucht hatten die Wegelagerer abgerissen, und so meinten sie, Prack würde ihnen nicht mehr entkommen. Der Ritter aber gab beim Anblick der Feinde rasch entschlossen dem Pferd die Sporen; ein Sprung auf Leben und Tod rettete ihn auf die andere Seite der grausigen Schlucht. Voll Dank für die wunderbare Rettung küßte Prack dem treuen Tier die Hufe und ritt dann, die Feinde verlachend, gegen Enneberg weiter.

Von der Hohen Brücke fast eben nö durch Wald zum grünen *Pian de Loa* hinaus, wo der Weg auf die li Seite des Travenanzesbaches führt; einige Min. später wird der von N aus dem Campocrocetal kommende Boitebach überschritten. Hier ist gleich beim Bach, ¹/₂ St. von der Hohen Brücke entfernt, eine wichtige Wegteilung. Wer nach *Cortina* will, folgt dem neben dem Bach talaus führenden Weg, bis er (¹/₂ St.) in die Ampezzaner Straße mündet, die 12 Min n der Osteria di Fiames erreicht wird; von dort nach Cortina 1¹/₄ St. Autobusverkehr. Jene aber, die nach *Ospitale* oder *Schluderbach* wollen, steigen von der Stelle, wo sich Boite- und Travenanzesbach vereinen, gleich li auf schmalem Steig über den niederen Rain zum Wald, in dem ein bez. Weg zur ($^1/_4$ St) großen Straßenbiegung bei Peutelstein emporführt. Nach Ospitale auf der Straße ö weiter $^3/_4$ St.; von dort nach Schluderbach (7 km). Autobusverkehr.

Nach Cortina d'Ampezzo über die Alpe Fodara Vedla. 8 St. Bez. Weg. Weniger mühsam, aber auch nicht so lohnend wie der Weg über Klein-Fanes. Nachtlager allenfalls auf Fodara Vedla.

Von St. Vigil wie beim Weg nach Klein-Fanes (S. 247) im Rautal zum (3 St.) Schutzhaus *Pederü* (1548 m). Wenige Schritte s des Hauses bei der Wegtafel auf bez. Weg an dem das Rautal gegen SO abschließenden Steilhang mit Kehren hinauf. Der breite Weg wendet bald aus einer Rinne li dem Hang zu, wo er eine ebene, von Wald bestandene ($^3/_4$ St.) Mulde erreicht. Hier Wegteilung: li (n) breiter Fahrweg zur Sennesalpe mit Schutzhaus und von dort weiter zur Seekofelhütte. Unser Weg, ein guter Saumweg, führt re von der Wegtafel sö schief den Hang hinan zu einer Krummholzhöhe, von der man in den grünen, von zahlreichen Hütten besiedelten Kessel der ($^1/_2$ St.) *Alpe Fodara Vedla* (1966 m) mit der bewirtschafteten Mutschlechnerhütte hinabgelangt. Im O die gewaltige, rosigrote Hohe Gaisl (Croda Rossa), n davon der Seekofel, im S der Zug der Croda d'Antruilles.

Auf die Alpe Fodara Vedla oder die nahe Sennesalpe bezieht sich folgende Sage: Die Enneberger und Ampezzaner lagen im 15. Jh. lange Zeit im Streit um die Grenzen einer Alpe. Nach vielen Kämpfen in Wort und Tat einigten sie sich dahin, die strittigen Grenzen auf folgende Weise zu bestimmen: Vier Ampezzaner Männer sollen einen auf ihrem Grund liegenden großen Felsblock in den Enneberger Grund tragen, und dort, wo sie ihn fallen lassen müßten, wird dann die Weidegrenze zwischen Enneberg und Ampezzo sein. Keck und dreist begaben sich vier Ampezzaner zu dem ungeheuren Felsblock, hoben ihn mit unglaublicher Leichtigkeit und trugen ihn weit in das Ennebergische hinein. Es war grauenerregend, solches mitanzusehen; das ging nicht mit rechten Dingen zu, und eine Enneberger Sennerin schrie voller Schrecken: „Jesus, Maria! Sie nehmen uns die ganze Alm!" In diesem Augenblick fiel der Felsblock zu Boden und begrub die vier im Bund mit dem Satan Stehenden unter sich. Seit dieser

Zeit ist der Platz mit dem Felsen, wo die vier Ampezzaner ihr Leben lassen mußten, durch vier Bäume gekennzeichnet, die immer wieder grünen, sooft sie auch gefällt werden.

Aus dem Kessel von Fodara Vedla zu einem breiten Fahrweg hinüber und ö zum nahen (10 Min.) Joch (2042 m). Der Weg senkt sich über felsigen Krummholzboden zunächst noch im Hauptdolomit, dann im Jurakalk sö hinab, führt nachher ö stärker fallend, mit vielen Windungen in das Tal der (1/2 St.) *Acqua di Campo Croce*, wo er sich mit dem von der Seekofelhütte und der Sennesalpe kommenden Weg vereint. Beiderseits des Baches ein größeres Vorkommen von Kreidegesteinen. Nun talaus zur (25 Min.) *Alpe Stua* (1688 m). Wirtschaft. Von hier entweder direkt (Nr. 8) nach *Ospitale* oder auf dem Fahrweg weiter bergab über *Son Pauses* zur großen Straßenkehre oberhalb (1 St.) *Peutelstein* und ö nach *Ospitale* (3/4 St.) oder s auf der Straße nach (1 3/4 St.) *Cortina d'Ampezzo.*

UNTERMOI UND CAMPILL

Von *Zwischenwasser* zieht die Straße im Quarzphyllit der Gaderschlucht nach (18 km nach Bruneck, 4 km von Zwischenwasser) *Pikolein*, ital. *Piccolino* (1118 m).

Ein größeres Haus in Pikolein, auf der Westseite mit Wappen geschmückt, das Schloß Freieck, war der Stammsitz der Herren von Pikolein, die um 1390 ausstarben. Im 16. Jh. erwarben die Herren von Colz den Ansitz, um 1600 kam er in den Besitz der Piazza aus Colle; seit 1898 Spital und Armenhaus, das jüngst in die Nachbarschaft verlegt wurde. — Das Antoniuskirchlein gegenüber dem „Schloß" wurde 1668 gebaut. Innen ein interessantes Bild, das Martyrium der hl. Katharina darstellend, wahrscheinlich von einem Schüler Albrecht Dürers. Daneben zwei Tafeln mit deutschem Widmungsspruch aus dem 18. Jh.

Etwas weiter im Tal und jenseits der Gader liegt auf dem Berghang (20 Min.) *St. Martin in Thurn*, ital. *S. Martino in Badìa* (1134 m), Gh. Dasser. Ober dem Dorf steht auf steilem Hang das *Schloß Thurn* (1247 m) auf Grödner Sandstein und Bellerophon-Schichten.

Um 1490 begrub ein großer Murbruch vom Costaberg herunter das Dorf und die schon 1260 in einer Urkunde erwähnte Kirche zu St. Martin. Die Ortschaft erstand auf dem gleichen Platz in den nächsten Jahren wieder; die neue Kirche konnte auch schon 1494 geweiht werden; sie wurde später mehrmals umgebaut, 1859 restauriert und 1884 von Johann Rudiferia ausgemalt.

Schloß Thurn, der besterhaltene Bau dieser Art im Gadertal, war von der Mitte des 13. bis zum Anfang des 14. Jh.s im Besitz der Herren von Schöneck, Lehensvasallen des Hochstiftes Brixen; 1331 kam es an Randold von Teis, dann an Konrad Stuck, später an die Herren von Villanders. Bischof Berchtold von Brixen löste um 1420 von Joachim von Villanders Schloß und Gericht Thurn an der Gader die Pfandschuld und machte diesen zum ersten bischöflichen Richter und Pfleger in Thurn. Gerichtssitz bis 1803. Seit der Säkularisation ist das Schloß im Besitz von zwei Bauern. – Neuerdings ist das Schloß als Sitz des ladinischen Kulturinstitutes vorgesehen und wird zu diesem Zweck restauriert.

Von St. Martin nach Untermoi. 1½ Stunden. Neue Straße, 7 km lang, Abkürzung auf Fußweg Nr. 8 möglich

Die Straße ersteigt mit großer Kehre den steilen Wiesenhang, auf dem Schloß Thurn steht, erreicht dahinter einen weiten Föhrenwald und zieht da w ziemlich stark steigend hinauf zur waldigen Höhe von Crist de Risa. Von dort am Planatscher Jöchl (lad. Col dal'Ermo) vorbei, kenntlich an großem Wegkreuz mit sehr alter Schnitzfigur, von dem ein Weg in ¼ St. zum *Bad Valdander* hinabführt, dann auf der Straße im Wald bergab ins Tal von Untermoi. Über eine große Betonbrücke, nachher kurz bergauf zu einer Terrasse mit der Kirche von Untermoi.

UNTERMOI, ital. Antermoia (1515 m), Fraktion der Gemeinde St. Martin, ein anmutiges Örtchen, weit ausgebreitet auf grünem Hang, umgeben von Wiesen und Wäldern, beherrscht vom Nordpfeiler der Dolomiten, dem gewaltigen Peitlerkofel. Im SO hinter bewaldeten Höhen schön aufgeschlossen die Enneberger Dolomiten vom Piz da Peres bis zum Heiligkreuzkofel.

Der Name Untermoi erscheint zum erstenmal in einer Urkunde vom Jahr 1263. Zu dieser Zeit bestanden hier schon mehrere dem Kloster Sonnenburg zinspflichtige Schwaighöfe. — Die kleine Kirche wurde 1450 geweiht. Im Turm mit spitzbogigen Schallfenstern aus dem 15. Jh. eine Glocke vom Jahr 1450 mit deutscher Aufschrift: „Bitt Gott für unser Land inständig." — Um 1920 wurde die Kirche durchgreifend erhöht und verlängert. Altar aus der Zeit um 1700, Deckengemälde von J. W. Peskoller 1921.

Empfehlenswerte Bergwanderungen von Untermoi aus

Übers Würzjoch (2005 m) nach Afers-Brixen oder ins Villnösser Tal. Schöner, leichter Übergang; wird bis Würzjoch bereits mit Autos befahren und weiter ausgebaut

Breiter, vielbegangener Weg talauf, bez. mit 8, zum Joch mit bewirtschafteter Schutzhütte, 2 St. Jenseits guter Weg hinab ins hinterste Lüsner Tal und w hinauf zum *Halsl* (1866 m), 1 St. Von dort nw bez. Weg zur Brixner Skihütte, 1 1/2 St., dann Straße über Palmschoß und Afers nach Brixen (Autobus). Vom Halsl führt ein markierter Steig sö zur Peitlerscharte, auf den Peitlerkofel und zur Schlüterhütte, ein Weg geht durch den Rodelwald (ebenfalls schon Straße) und über Munt ins Villnösser Tal mit dem Dorf St. Peter, Ausgangsort für reizvolle Übergänge und Wanderungen; Autobus nach Klausen.

Von Untermoi nach Zwischenwasser im Gadertal. 1 1/2 bis 2 Stunden, markiert mit Nr. 12

Vom Gh. Winkler auf der Straße kurz bergab, bis im Wald li ein breiter Weg abzweigt. Auf diesem Weg in einigen Min. hinab zum Kollatscher Bach und jenseits weiter zu den Höfen von *Strad* auf steilem Hang. 1/2 St. Von da auf dem gleichen Weg gradaus kurz bergab in ein grünes Wiesentälchen mit den Höfen von *Rü*. Nun nö auf breitem Hangweg zwischen Wiesen und durch schütteren Waldstreifen zu verwittertem Wegkreuz bei einer Wegteilung (links Weg über die Höfe von Unterkastlung und Riè zum Dörfchen *Welschellen* auf hohem Berghang. 1 St.). — Von der Wegteilung bei dem verwitterten Kreuz oberhalb einer Wiese erst fast eben, dann länger auf schönem Waldweg mit vielem Himbeergesträuch bergab und talaus, unten eine verlockende Wegabzweigung re lassend. Von hier hinaus zu einer Kapelle, nachher am Koflerhöfel vorbei und wieder bergab zu einem Bach mit der Ruine einer Mühle unterhalb des Weges. Nun neuerlich im Wald auf und ab mit Ausblick auf die Gadertalstraße, schließlich stark abwärts zur Talsohle und da über eine Brücke auf die Hauptstraße, die man einige Min. s vom Ort *Zwischenwasser* erreicht. Von dort sö hinauf nach St. Vigil, talaus nach Bruneck.

Von Untermoi auf den Peitlerkofl (2874 m). 4$^1/_2$ St. Für gute Bergsteiger nicht schwierig und sehr lohnend

Vom Gh. Winkler zunächst hinab zur Brücke über den Untermoibach, jenseits dann li auf dem oberen Weg mit großem Wegkreuz in ein waldiges Bachtälchen und da hinauf zum nahen *Bad Valdander* (1443 m) mit Badhaus, 1820 gebaut, und hübschem Kirchlein vom Jahr 1869 in der Grödner Sandsteinzone. Bad mit alkalisch-erdiger Eisenquelle, dessen Heilwirkung gerühmt wird. Vom Bad halblinks breiter Waldweg, markiert mit Ziffer 8, hinauf zum *Planatscher Jöchl* (1549 m), $^3/_4$ St. von Untermoi. Von der neuen Straße da oben nicht dem schönen, breiten, nach re in den Wald führenden Weg nach, sondern li von diesem auf gerade ansteigendem, steinigem und verwaschenem Weg zu einem fast ebenen grünen Boden mit gedecktem Futtertrog (Sammelplatz der Schafe) empor. Von hier re (unmarkiert) auf steinigem Holzweg im Wald bald steiler bergauf, vorbei an einigen schmalen weißen Marmoradern li des Weges. Aus dem geschlossenen Wald geht der schwachmarkierte Weg auf einen steilen, brüchigen Hang in rotem Grödner Sandstein über (Prachtblick auf den gewaltigen Peitlerkofel), quert dann unterhalb von Felsen in gelichtetem Wald nach re und steigt schließlich durch eine steinige Mulde gerade hinauf zum *Gömmajoch* (2109 m), 1$^1/_2$ St. Links die Rasenkuppe des *Col Vercin* (2209 m); hierher auch direkt ab Untermoi auf Nr. 35). — Jenseits auf dem sog. Heuweg unterhalb der Felsen des Peitlerkofels sw über die hügeligen, blumenreichen Wiesen der Potzalpe hinüber zu dem markierten Steig, der von Campill heraufkommt, und diesem nw folgend zur (1 St.) *Peitlerscharte* (Jausenstation), dann re auf bez. Steig wie S. 209 zur (1¼ St.) Gipfelhöhe des Peitlerkofels.

Von St. Martin nach Campill. 2 St. — Auf teilweise neuer Straße kommt man von St. Martin durch ein kurzes Waldstück sw zunächst zum Weiler Bespack hinauf. Da steht re am Weg der Hof Fiung mit gotischem Türbogen und der Jahrzahl 1582. Weiter auf dem stellenweise straßenbreiten Fahrweg talein; mit vielem Auf und Ab an den Höfen Keßler, Bioc, Ties und Plang vorbei, schließlich hinab zum Campillbach und dort mit längerer, letzter Steigung hinauf zum schönen ebenen Talboden von Campill. Gleich am Anfang der Häuserreihe der Gh. Clara (Valbuna), unterhalb der Kirche Gh. Stella Alpina.

CAMPILL, lad. Longiarù (1398 m), ist seit kurzem auf dem zur Straße erweiterten Fahrweg zu erreichen, der jedoch ausgebaut wird. — 400 Einwohner; sehenswerte Kirche.

Auf beiden Seiten graue und rote Werfner Schichten, die im geologischen Schrifttum als Campiller Schichten bezeichnet werden.

1318 wird zum erstenmal ein Haus in Tolp, dem heutigen Campill, genannt. 1325 jedoch erscheint schon in einer Urkunde der Name Campille. Um 1490 wurde in Campill die erste Kirche durch einen Murbruch des Viggbaches vernichtet. Die jetzige Kirche ist an anderer Stelle 1864/65 gebaut worden. Deckengemälde und Dekorierung von Rudiferia aus Abtei, die Altäre sind von einem einheimischen Meister, Rainer mit Namen. Der Turm in der heutigen Form stammt aus dem Jahr 1904. — Kennzeichnend für die Siedlungsweise in Campill sind die zweistöckigen, weißgetünchten Häuser auf den steilen Feld- und Wiesenhängen der Sonnseite.

Von Campill zur Schlüterhütte, ital. Rif. Genova. 3 St. Markierter Weg

Bei den Häusern nahe w der Kirche vom Hauptweg re ab auf breitem Weg, bez. mit 4, durch Wiesen hinein zu den oberen Häusern des Weilers Frena und von dort nach einem Zaungatter halbrechts durch Felder und Wiesen, schließlich auf Abkürzungssteig bergauf zu den Höfen von *Seres*, 1/2 St. Von dort hinein zum Seresbach in engem Tälchen und neben diesem Bach auf rauhem Weg (mit verschiedenen Ziffern bez.) empor, bis (1 St.) von W ein Seitenbach mündet. Hier hinauf zur nahen Wegteilung (rechts zur Potzalpe und zur Peitlerscharte). Nun li auf rauhem, steilem Weg, mit 4 bez., in dem waldigen Tälchen empor zu weiten Wiesen und da w zum *Kreuzkofeljoch*, ital. *Passo Poma* (2344 m). 1 1/4 St. Jenseits in wenigen Min. hinab zur *Schlüterhütte*. Von dort nach (3 St.) Villnöß, guter, markierter Weg. Näheres über die Schlüterhütte und deren Zugänge s. S. 209.

Von Campill übers Kreuzjoch (2294 m) nach Villnöß. 6 St. Markiert mit Nr. 5. Lohnend

Auf breitem Weg talein zu den unteren Häusern von Frena und dort auf markiertem Weg noch kurz weiter zur Wegteilung. (Der linke Weg führt zum Joeljoch und nach Pedraces.) Nun halbrechts, fast eben, auf steinigem Weg durch lichten Wald weiter, bald über den regulierten Plumsarabach und im Lärchenwald zur neugebauten *Paresalpe* (3/4 St.) auf schönem, weitem Wiesenboden. Nun auf dem markierten Weg oberhalb des Talbodens und des großen Kreuzes quer durch Waldhänge zu den Weiden der Medalgesalpe hinein und oberhalb der Hütten w auf das *Kreuzjoch*, 2 St. Von dort markierter Steig re zur Schlüterhütte, li zur Wasserscharte und zur Regensburger (Geisler-)Hütte. Jenseits des Joches markierter Steig im Tälchen des St.-Zenon-Baches hinab zur Zannser Alpe, dann Sträßchen hinaus nach Villnöß. 3 St.

Über die Furcella della Roa (2616 m) zur Regensburger Hütte. 5 1/4 St. Landschaftlich sehr schön, jedoch ziemlich anstrengend, unmarkiert

Wie oben von Campill talein zu der *Paresalpe*, 3/4 St. Nun auf dem unteren Weg vom Wiesenkreuz ab im Tal weiter und leicht steigend zu einem schönen ebenen Wiesenboden, Supdatsch benannt, mit zwei Hütten. 1½ St. (Der Weg führt von hier weiter zu den Hütten der Medalgesalpe hinauf.) Auf dem erhöhten waldigen Südrand dieses Wiesenbodens geht ein Steig leicht aufwärts, führt dann durch wilden Zirbenwald kurz hinauf zur Höhe eines schmalen, bewaldeten Rückens, über den man zu den Schutthalden unterhalb der Furcella della Roa und der Wasserscharte kommt. Da halbrechts hinauf zu dem Steig von der Schlüterhütte her und auf diesem halblinks über Schutt zur (1½ St.) schmalen Scharte der *Furcella della Roa* empor. Jenseits durch das Tälchen Forces de Sielles hinaus zu einer Steigteilung und re weiter zu den Weideböden der *Tschislesalpe*, auf denen die (1½ St.) Regensburger (Geisler-)Hütte steht.

Übers Puezjoch (2513 m) zur Puezhütte. 4 St. Interessanter Übergang. Markiert

Von der Kirche in Campill talein bis zu den (¼ St.) unteren Häusern im Weiler Frena. Von dort auf dem mit 9 markierten Weg halblinks kurz zu lichtem Wald und durch eine Zaungasse hinein auf eine große Wiese, Moncurta genannt. Da sw hinauf, über den Wiesenzaun, dann quer durch sumpfiges Gelände zu festem Waldboden. Nun guter Weg aufwärts ins waldige Zwischenkofeltal, wo man auf den vom Joeljoch kommenden, mit 6 markierten Weg trifft. Auf diesem in großartiger Landschaft zwischen Gardenazza li und Zwischenkofel re durch eine Enge zwischen Felsen hinauf zur *Zwischenkofelalpe,* 2084 m (vom Vorderen Zwischenkofel, 2403 m), nördl. der Alpe sehr schöne Aussicht). — Von der Alpe s erst auf einem begrünten Rücken, dann durch eine steile Schuttgasse zwischen Felsen, schließlich über Rasen zum *Puezjoch* mit altem, verwittertem Kreuz und jenseits etwas abwärts zur nahen *Puezhütte* (siehe auch S. 177).

Auf den Peitlerkofel (2874 m). 4 bis 4½ St. Bez. Steig. Prächtige Tour für gute Bergsteiger. Der Peitlerkofel ist ein hervorragender Aussichtsberg

Von Campill wie S. 255 in $^1/_2$ St. hinauf zu den Häusern von *Seres*. Am Ufer des gleichnamigen Baches in dem schluchtartigen Tälchen empor. Nach etwa 1 St. über den Seresbach zu einer Wegteilung (links Weg zur Schlüterhütte). Nun steiler eine Talstufe querauf, dann über die blumenreichen Wiesen der Potzalpe empor, schließlich auf steilem Grashang zur *Peitlerscharte* (1½ St., Jausenstation) und re dem bez. Steig folgend, wie S. 209, zur (1¼ St. Gipfelhöhe des *Peitlerkofels*. – Über den Abstieg von der Peitlerscharte nach Afers-Brixen, den Übergang zum Würzjoch und nach Untermoi oder übers Gömmajoch ins Gadertal s. S. 222 und S. 209.

Von Campill auch schöne Wanderung auf bez. Weg sw ins Zwischenkofeltal, aus diesem bald li hinauf zum *Joeljoch* (1731 m) und von dort Abstieg über den Weiler *Pescol* ins Abteital; nach *Pedraces* 2$^1/_2$ St.

DAS ABTEITAL, ital. Val Badìa

Von Pikolein im Tal der Gader an grauen und roten Grödner Sandsteinfelsen vorbei weiter nach (1$^1/_2$ km) *Preromang* („Römerwiese"), nur aus ein paar Häusern und dem bescheidenen Gh. an der Straße bestehend, und nach (4 km, 22 km von Bruneck) *Pederoa* (1162 m), Gh. Zur Post, an der Mündung des *Wengentales*, das sö zur Kreuzkofelgruppe hinaufzieht.

In diesem Tal liegt auf vulkanischen Gesteinen die weitzerstreute Gemeinde

WENGEN, ital. La Valle in Badìa, deren Hauptort von Pederoa auf breitem Fahrweg in $^1/_2$ bis $^3/_4$ St. zu erreichen ist. Bei der Kirche (1353 m) das Gh. Pider, $^1/_2$ St. weiter oben am Rü della Ganna das schlichte Schwefelbad und Gh. Rumuschlungs und im obersten Wengental (1 St.) *Spessa* mit dem Gh. Miribung. — Das Wengental, schluchtartig ins Gadertal mündend, geht oberhalb der Kirche in eine weite, sanft ansteigende Mulde über. Auf der Sonnseite Wiesenhänge mit vielen Einzelhöfen, auf der anderen Seite steile Wälder, im Talschluß großartig Neuner- und Zehnerkofel.

Wengen wird zum erstenmal als Twenge um die Mitte des 13. Jh.s genannt. Im Jahr 1296 wurden in Wengen bereits 41 Höfe gezählt, die dem Kloster Sonnenburg zinspflichtig waren. Die Anzahl der Höfe von heute zeigt gegen damals keine große Veränderung. — Die Kuratiekirche von Wengen wurde erst in den Jahren 1868 bis 1874 gebaut, 1953 renoviert; die alte Kirche stand oben in Alt-Wengen. Zur Kuratie Wengen gehört auch das ½ St. höher auf einem Hügel stehende, sehenswerte *St.-Barbara-Kirchlein.* Innen farbenfreudige Deckenbilder und schönes Wandgemälde, Brixner Schule, 1490 (Inschrift). 1886 renoviert. Beachtenswert ist die kunstvoll geschnitzte Emporebrüstung aus dem 16. Jh., oft als Muster benützt. Auf der Außenseite der Nordwand ein Gemälde von 1500 mit Christus am Kreuz, hl. Maria und hl. Johannes. — Einige hundert Schritte entfernt, umgeben von Mauerresten, der baufällige Turm der alten St.-Genesius-Kirche aus dem 15. Jh. — Wengen ist die Heimat des namhaften Barockbildhauers *Dominik Moling* (1704—1761), der eine Anzahl der schönsten und reifsten Bildwerke für Kirchen, u. a. auch für den Brixner Dom und die Innsbrucker Pfarrkirche, schuf. Eine besonders feine Arbeit dieses Meisters ist die herrliche Muttergottesstatue in der Sakristei der Wengener Kirche.

In den nahen Wäldern von Armentara und in den Höhlen des Heiligkreuzkofels soll früher ein rätselhaftes Geschlecht von Ureinwohnern, die Salvangs mit ihren Weibern, den Gannes, gehaust haben. Ein Wildbach beim Bad Rumuschlungs heißt im Volksmund Rü della Ganna oder Gannes, d. h. Bach der Wilden.

Bergwanderungen von Wengen aus

Zur Wallfahrtskirche Heiligkreuz (2045 m). 2½ St. Bez. Weg. Schöne Wanderung. Gh. bei der Kirche Heiligkreuz

Von der Kirche in Wengen ausgehend über den Weiler Lunz zum Talbach und neben diesem hinein zum (½ St.) *Bad Rumuschlungs,* das in offener Seitenmulde liegt (starke Schwefelquelle, 9 Grad C). Vom Badhaus auf dem oberen Weg am bewaldeten Berghang einige Min. talein bis zur Wegteilung auf grünem Boden. Von dort re auf steilem Holzweg im Wald hinauf zum (¾ St.) Kreuzweg, der von Spessa herkommt. Nun den Stationstafeln folgend nach

Heiligkreuz (siehe auch die Wanderung St. Vigil — Riedjoch — Heiligkreuz, S. 245).

Übers St.-Antoni-(Fanes-)Jöchl (2466 m) nach Klein-Fanes 4 St. Kürzester Übergang, reich an großartigen Landschaftsbildern. Weg mit 13 markiert

Von *Spessa* ö auf bez. Weg über Weideböden in den Wald, der sich unter den hohen Wänden des Neunerkofels fast eben ausbreitet. Herrliche Landschaft. Auf breitem, wenig steigendem Weg weiter in ein Schuttälchen zwischen Felswänden (re Neunerkofel, li M. Sella) und da, wenn die Alpe Klein-Fanes von den Wengenern befahren wird, auf gutem Weg, sonst auf dürftigem Steig, zuletzt stark steigend, über Schutt und Schnee zum ($2^1/_2$ St.) *Jöchl.* Aussicht auf die weite Hochfläche von Klein-Fanes und die eigenartigen Plattenberge der Kreuzkofelgruppe (Liaskalke). — Ein guter Weg führt jenseits unter den Felsen des M. Sella hinab zu dem beim Grünsee liegenden *Rif. Lavarella* (2042 Meter), 40 B, in vielbesuchtem Skigebiet. — Im Sommer leicht auf den Heiligkreuzkofel (2911 m), 3 St. (S. 263) oder auf den Zehnerkofel (3023 m), 1 St. mehr. Über das Limojoch zum Ponte Alto und nach Ospitale oder Ampezzo (S. 247). Bez. Steig vom Klein-Fanes sw über Medescjoch (Lavarella-Sattel, 2531 m) nach Stern im Abteital. Für Geübte (Nr. 12).

Von *Pederoa* zieht die Straße der Gader entlang erst über Werfner Schichten, dann durch die Schlucht von Pontatsch mit Aufschluß von Werfner Schichten, Muschelkalk, Buchensteiner Schichten, Tuffen und Augitporphyr in den ($11^1/_2$ km) breiten Talkessel von Pedraces und Abtei (Badìa). Westlich die felsigen Abbrüche der Gardenazza, im O die rötlich-gelben Felswände (Dolomit, darüber Kalk) der Kreuzkofelgruppe, darunter sanft abfallende Wiesen mit Einzelhöfen auf vulkanischen Tuffen.

Am 11. Juni 1821 rutschte der Berg Gianais nach La Muda, Pedraces gegenüber auf der anderen Gaderseite, herab, wodurch die Gader gestaut und ein See von 1138 m Länge, 161 m Breite und 19 m Tiefe entstand. Der See verschwand erst nach einem Jahrzehnt.

Pedraces (1325 m) liegt an der Talstraße. Jenseits der Gader, etwas höher (6 Min.) der Hauptort des Tales, *Sankt Leonhard* (Abtei). Autobushaltestelle in Pedraces, auch Talstation des Sesselliftes nach Heiligkreuz. — Arzt. In der Nähe (auch mit Auto erreichbar, $^1/_2$ km) der idyllische Sompuntsee.

Von Pedraces Aufstieg zum Gardenazzaplateau und zur Puezhütte, bez. Steig, steil (Nr. 1).

ST. LEONHARD oder ABTEI, ital. San Leonardo in Badìa (1376 m), ist Ausgangsort für Touren in der Kreuzkofelgruppe. Auch die Wallfahrer zum Kirchlein Heiligkreuz gehen meistens von hier hinauf.

Den Namen Abtei erhielt der Ort wahrscheinlich wegen seiner Zugehörigkeit zur Benediktinerinnen-Abtei Sonnenburg. Das älteste Sonnenburger Urbar von 1296 zählt bereits 73 Höfe in Abtei. Die Pfarrkirche, zu Ehren von St. Leonhard und St. Jakob geweiht, wurde an Stelle einer alten Kirche in den Jahren 1776 bis 1778 von dem geistlichen Baumeister Penz erbaut und von Matthäus Günther mit Fresken geschmückt.

Nördlich von Abtei, von der Kirche in etwa 10 Min. erreichbar, liegt der stattliche Colzhof, ehemals Ansitz der Herren von Colz. Im Colzhof finden sich noch einige Erinnerungen an alte Zeiten: schwere, eisenbeschlagene Türen, auch spärliche Fresken und Holzmalereien in der ehemaligen Kapelle im ersten Stock.

Bergwanderung von St. Leonhard aus

Zur Wallfahrtskirche Heiligkreuz (2045 m). 2 St. Bez. Weg. Auch Sessellift (650 m Höhenunterschied). Gh. bei der Kirche. Von hier wird gewöhnlich der Heiligkreuzkofel bestiegen

Rechts von der Kirche auf mit 7 bez. Weg, einem Zaun folgend, durch Wiesen hinauf zu den Höfen von *Canazei*, dann durch Wiesen und lichten Lärchenwald weiter zu einem von li kommenden Fahrweg. Auf diesem hinan, an Kreuzwegtafeln vorbei zum Kirchlein und Wirtshaus *Heiligkreuz*, lad. *San Crush,* ital. *Santa Croce,* unterhalb der gewaltigen, gelbroten Felswände des Heiligkreuzkofels. — Prächtige Aussicht auf Marmolata, Puezgruppe, Sellagruppe und Peitlerkofel. — In dem Kirchlein sehr alte Votivtafeln, zum Teil aus weit entfernten Orten stammend. Das Wirtshaus ist vom 1. Juni bis 1. November, zu Weihnachten und zur Frühjahrsskisaison offen (20 B).

Die Felswände oberhalb des Kirchleins bestehen aus Heiligkreuzschichten und Raibler Schichten, darüber Hauptdolomit und Jurakalk.

Der Ursprung der Kirche soll auf den Gaugrafen Otwin von Lurn und Pustertal zurückreichen, der nach der Sage um das Jahr 1000 als Einsiedler in dieser Gegend Buße tat. Eine Legende hingegen berichtet, daß das Kirchlein einem Wink des Himmels seine Entstehung verdanke. Beim Bau einer Kapelle sollen sich die Zimmerleute beim Zurichten des Bauholzes oft verwundet haben. Weiße Vögel trugen dann die blutigen Späne gegen den Kreuzkofel und bauten auf der Stelle der heutigen Wallfahrtskirche ein kirchenähnliches Gerüst. — Urkundlich wird Heiligkreuz erstmals 1485 genannt. Zu dieser Zeit stand hier eine Kapelle. Die jetzige Kirche stammt aus dem 16. Jh., 1852 wurde sie vergrößert. Das verehrte Gnadenbild und der teilweise gotische Stil der Kirche blieben erhalten. — Heute ist die Kirche das Ziel von vielen Pilgern aus dem Gader- und Pustertal. Im Sommer und bis Ende Oktober jeden Mittwoch und Freitag um 7.30 Uhr hl. Messe.

Vor Zeiten hauste in einer Felskluft des nahen Heiligkreuzkofels ein ungeheurer Drache. Niemand war vor dem Ungetüm sicher; bald da, bald dort brach es aus der Wildnis hervor und verschlang Menschen und Tiere. Da wandte sich das Volk in seiner Not an den Ritter Franz Wilhelm von Prack, der auf Schloß Asch wohnte. Er galt als der stärkste und kühnste Mann des Tales und hatte schon manches Abenteuer bestanden mit seinem guten Schwert, zugleich war er ein nie fehlender Schütze. Der Prack sattelte sein Roß und ritt zum Loch des Wurmes hinan. Alsbald schoß auch das scheußliche Untier heraus, und mit weitgeöffnetem Rachen, der so groß war, daß ein Mensch leicht darin Platz hatte, ging es zischend auf den Ritter los. Dieser sandte augenblicklich eine Kugel aus sicherem Rohr durch den Rachen in das Herz des Ungeheuers, daß es sich vor Schmerz auf dem Boden wand, in heftige Zuckungen verfiel und alsbald tot den Felsen hinabstürzte. Nun war Frieden auf den Wiesen um den Heiligkreuzkofel; niemand wagte es aber, nach dem toten Drachen zu sehen. Erst einige Jahre später fand ein Hirte durch Zufall das ungeheure Gerippe des Drachen. Die dankbaren Bauern errichteten an der Stelle, wo der Ritter durch seine kühne Tat die Gegend von der fürchterlichen Plage befreit hatte, eine Gedenktafel, die vor etwa siebzig Jahren noch zu sehen war.

Von Heiligkreuz auf den Heiligkreuzkofel (2911 m). 3 St. Felsensteig. Für bergtüchtige Wanderer mäßig schwierig. Auch als Übergang nach Ampezzo oder ins Rautal empfehlenswert. Vom Gipfel großartige Aussicht

Vom Wirtshaus sö auf einem anfangs kaum erkennbaren Steig durch Krummholz und über Geröll zum Fuß der Wände des Heiligkreuzkofels empor. In diesen führt ein mit Drahtseilen gesicherter, verfallener Steig über breite Bänder und Schrofen schief nach re (s) zum Kreuzkofeljoch (2609 m) weit s des Gipfels hinauf. Von hier li meist neben dem Grat über Gras, Schutt und Schrofen zum Gipfel, auf dem ein großes Kreuz steht.

Prächtige, weitreichende Rundschau. Sie umfaßt neben den meisten Gruppen der Dolomiten auch viele Gletschergebiete. Besonders schön ist der Blick hinab auf die Wiesen und Wälder von Armentara; herrlich die firnschimmernde Marmolata, Sella- und Puezgruppe, Peitlerkofel, Fanes-Tofana-Gruppe.

Die Kreuzkofelgruppe besteht im unteren Teil aus Hauptdolomit, die Gipfel werden von Jurakalk gebildet.

Vom Gipfel wieder s zurück bis in die Nähe des Kreuzkofeljoches. Wer ins *Fanes-* oder *Rautal* absteigen will, wendet sich nach O, wo Steigspuren und Markierung zu den Karrenflächen der Klein-Fanesalpe hinableiten. Auf der felsigen Hochfläche zuerst an den Südfuß eines nahen Rückens (Steigspuren leiten hier ö in das Paromtal hinab). Von dort nö auf die Höhe des Rückens, dann ö abwärts und nun wieder nö zwischen felsigen Buckeln und Karrenböden einem Rücken zu, vor dem größere Rasenflecke und Viehgänge beginnen. Durch eine felsdurchsetzte Mulde führt hier ein Steig s zum *Rif. Lavarella* (40 B) und zu den nahen Hütten der (2 St.) hinteren *Alpe Klein-Fanes* (2042 m) hinab. Von hier zum nahen *Rif. Fanes* (40 B), weiter über das Limojoch ins Fanestal und zur Ampezzaner Straße (etwa 3 St.) oder nö zur vorderen Alpe von Klein-Fanes.

Von dort Abstieg zum Schutzhaus *Pederü* (1$^1/_4$ St.) und durch das Rautal hinaus nach (2$^1/_2$ St.) *St. Vigil.*

Von St. Leonhard nach St. Cassian. Dorthin führen zwei Wege: am Berghang 1$^1/_4$ St., auf der Talstraße 1$^1/_2$ St.

Für Wanderer ist der Weg am Berghang empfehlenswerter. Von der Kirche in *St. Leonhard* re über Wiesen (verwitterte rote Markierung) auf vulkanischen Tuffen zu den Höfen von *Anvi,* dann, immer li haltend, hinauf bis unter die Höfe von *Larzonei.* Hier durch die Wiese weiter zu den Häusern von *Crazzolara* und *Canins.* Von dort re zum Hof *Campidell* und nach *Costadedoi,* wo man vor St. Cassian die Straße erreicht.

Die Gadertalstraße steigt von *Pedraces* zum großen Hof *Sompunt* (1384 m) hinan, im 17. Jh. Ansitz der Herren von Mayrhofen, und führt dann zum (3 km) Weiler *Alting* (1409 m), wo sich das Tal teilt. Die Hauptstraße zieht re im Corvaratal weiter, li führt eine neue Straße durch das Tal hinauf nach (3 km) St. Cassian. — Wanderer gehen von Alting besser auf der alten Straße, die am li Ufer des Cassianer Baches talein führt und etwa 20 Min. vor St. Cassian zur neuen Straße aufsteigt. Nachmittags schattig.

ST. CASSIAN, ital. S. Cassiano (1542 m). — Zahlreiche Hotels und Pensionen, bedeutender Wintersportort; taleinwärts noch mehrere Häuser (Armentarola, Valparola-Eisenofen usw.). — Von *St. Cassian* Sessellift zum *Piz di Sorega* (2003 m) mit Gh. Wiesen und Wälder auf guten Tuff- und Mergelböden umrahmen das Tal, darüber im SO die Felsgipfel der Fanesgruppe, im O die gelbroten Steilwände der Cunturinesspitze (3064 m) und die schneegebänderte La Varella (3060 m); auf der anderen Seite die gerundeten grünen Höhen der Pralongia.

Die Kirche zum hl. Cassian wurde 1762/63 gebaut. Das Hochaltarbild (um 1800) stammt von Henrici. Eine Marmortafel in der Kirche erinnert an ein Ortskind, den Hofrat Rinna (1764—1846), der als Beamter in Wien viel Gutes tat für seine Landsleute und 1845 der Kirche die Orgel stiftete.

St. Cassian entstand aus den Viehalpen und Schwaigen der Pustertaler und Enneberger Adeligen und Meier. Zahlreich sind die Sagen, die an die erste Besiedlung dieser Gegend knüpfen. In den Urwäldern jener Zeit sollen neben wilden Tieren auch jene rätselhaften Ureinwohner, die Salvans und Gannes, hier Crostatsches genannt, gehaust haben, die in den Sagen aller ladinischen Täler wiederkehren. — Auch vom Orko, einem boshaften, rübezahlähnlichen Geist, der mit seinem Gejauchze den Wanderer in den Wäldern von Valparola und um St. Cassian in die Irre führte, wissen die Leute zu erzählen.

St. Cassian gehört seit einem Jh. zu den geologisch berühmtesten Orten der Ostalpen. Leopold von Buch, F. von Richthofen u. a. machten hier ihre Untersuchungen. Die Cassianer Schichten besitzen einen erstaunlichen Reichtum an Petrefakten, von den Einheimischen Kuretsch genannt. Hauptfundort von Versteinerungen sind die Stuoreswiesen s von St. Cassian.

Bergwanderungen von St. Cassian aus

Zum Wallfahrtskirchlein Heiligkreuz. 2 St. Bez. Weg (15)

Von St. Cassian n auf Tuffen und Mergeln über die Höfe von *Rudiferia* aufwärts in den Wald, dann auf Saumweg in gleicher Richtung über Raibler und Heiligkreuzschichten fast ebenhin weiter zum Wallfahrtskirchlein und Wirtshaus *Heiligkreuz* (Näheres über Heiligkreuz, Besteigung des Heiligkreuzkofels, Abstieg nach St. Leonhard sowie den Weiterweg über Spessa und das Riedjoch nach St. Vigil s. S. 263 und S. 245, 246).

Über Pralongia (2141 m) nach Buchenstein. 4½ St. Aussichtsreiche Wanderung. Bez. Wege

Bei den letzten Häusern von St. Cassian gegen O, hinter der Villa Al Sole, geht man von der Straße hinab zum Talbach, bei einem Sägewerk über den Bach, dann halblinks auf steinigem Weg aufwärts und allmählich zu den Stuoreswiesen hinein. Da in sumpfigem Gelände an einzelnen Heuhütten vorbei, leicht steigend, den Piccolbach, in dessen aufgerissenem Bett Petrefakten gefunden werden, li lassend.

Von einem verschlossenen Hüttchen ab beginnt die Markierung mit Holzpflöcken. Der Weg führt weiter durch Wiesen, aufwärts über sumpfige Mulden, vorbei an schönen Baumgruppen und geht schließlich über freie Hänge zur Kammhöhe und nach li zum *Rif. Pralongia* (25 B, 15 Matr.). Besonders im Winter viel besucht. Man kann den Weg hierher durch Benützung des Sessellifts Cassian — Piz di Sorega abkürzen. Vom Schutzhaus aussichtsreiche Kammwanderung nw zum Col Alt mit Sessellift und Abstieg nach Corvara, 2 bis 2½ St. — Von der Hochfläche Pralongia sw über Wiesen Abstieg zu einem im ersten Weltkrieg gebauten Fahrweg Incisa — Alpenrose und weiter abwärts zum Saumweg im Tal des Servazabaches. Talaus zum Weiler *Contrin* (1657 m) und weiter über *Corte* zur Großen Dolomitenstraße, 2 St. Nun auf der Straße sö nach Pieve di Livinallongo (Buchenstein), ½ St.

Über den Valparolapaß (2192 m) nach Andraz oder zum Falzaregopaß. 5 bzw. 3¾ St. Lohnende, reizvolle Wanderung

Von St. Cassian talauf zu den Hotels in Armentarola, ½ St., im Sommer auch Autobus bis Falzaregopaß. — Nun weiter zum Hotel Eisenofen-Valparola, wo gleich hinterm Haus ein Weg (18) scharf re abbiegt und über den Sarèbach führt. Nun weiter auf gutem Fahrweg durch Wiesen hinein zu Waldhängen. Da steigt das Sträßchen südwärts hinauf zu den Hütten der *Eisenofenalpe*, lad. *Valparola* (1762 m), in einem von Wald umschlossenen Talwinkel. 1¼ Stunden

Der Name erinnert an die vom Ende des 14. Jh.s bis um 1600 hier bestandenen Eisenöfen der Bischöfe von Brixen. Ruinen davon waren noch 1860 zu sehen.

Das schmale, steinige Sträßchen steigt von der Alpe erst kurz durch eine Wiese, dann li wendend ziemlich steil durch lichten Wald zu einem großen ebenen Platz (1 St.) mit zwei aufgelassenen Kriegerfriedhöfen, bei denen die neue Anschlußstraße erreicht wird. Auf der neuen Straße weiter, wie unten, zum Valparolapaß.

Auf der neuen Straße zum Valparolapaß. Von den Hotels in Armentarola zieht die Straße auf der Talsohle weiter, danach bald auf großer Betonbrücke über das Schotterbett des Sarèbaches und wendet dann dem bewaldeten Berghang des M. Sellares zu. Mit mehreren weiten Kehren zieht die Straße breit und leicht steigend im Wald südwärts weiter. In der Region der Lärchen- und Zirbenbäume angelangt, geht die Straße zwischen zwei aufgelassenen Kriegerfriedhöfen auf ebenem Boden durch. Da steht das bischöfliche Forsthaus Sellares (2000 m) und nahebei unterhalb der Straße der ehemalige österr. Friedhof aus dem ersten Weltkrieg mit mehreren alten Betonkreuzen und einer Holzkapelle, in der ein schönes Madonnenbild vom Jahr 1916 zu sehen ist, oberhalb der Straße hingegen lag der ehemalige deutsche Kriegerfriedhof. Die Gefallenen wurden nach Buchenstein übertragen. Die Straße nimmt das von der Eisenofenalpe heraufkommende Sträßchen auf und zieht nun in kahlem, felsigem Gelände hinauf zu dem schon lange sichtbaren *Rif. Passo di Valparola* auf der Paßhöhe (Straße jetzt durchgehend ausgebaut).

Schöner Blick auf den kleinen Valparolasee in steiniger Mulde, re der M. Castello, li die Wände des Kleinen Lagazuoi; im N Cunturinesspitze, einzelne Zillertaler Firngipfel, Saß Songher und ein Teil der Sellagruppe; im SO hinter dem Sasso di Stria Nuvolau und M. Pòre.

Abstieg nach Andraz, 1³/₄ St., S. 113 in umgekehrter Richtung.

Zum Falzaregopaß, Straße 2¹/₂ km, und von dort nach Cortina weitere 17 km. Autobus. Vom Schutzhaus auf dem Valparolapaß leicht abwärts zum (¹/₄ St.) Sattel *Tra i Sassi* (2199 m) mit der Ruine des ehemaligen österreichischen Sperrforts Tre Sassi.

Von hier auf verfallenen Frontsteigen leicht auf den (1 St.) *Sasso di Stria* (2477 m), einen der hervorragendsten Aussichtspunkte der zentralen Dolomiten.

Beim Weiterweg werden re oben in der Ostwand des Sasso di Stria Kavernen und die Öffnung eines Stollens sichtbar, der bis zu der s vorgelagerten niederen Bergschulter, im ersten Weltkrieg Goigingerstellung genannt, vorgetrieben wurde.

Die Gegend um Tra i Sassi war 1915 bis 1917 der Schauplatz vieler Kämpfe. Der Sasso di Stria erwies sich als ein äußerst günstiger Stützpunkt der Österreicher. Eine vorteilhafte Stellung hatten sich aber auch die Italiener in der nö gegenüberliegenden Südwand des *Kleinen Lagazuoi* (2779 m) geschaffen. Von diesem Gipfel zog in Richtung gegen den Falzaregopaß ein breites Felsband abwärts, auf dem die Italiener Geschütze und Maschinengewehre aufgestellt und in der Lagazuoiwand Kavernen und übereinanderliegende Galerien angelegt hatten. Von den Österreichern wurden Vorbereitungen zu einer Sprengung getroffen. Diese erfolgte am 22. Mai 1917. Die Minenkammer war mit rund 1000 Kisten Sprengstoff geladen. Die Wirkung war furchtbar; ein Wandteil im Umfang von 199 m in der Höhe und 136 m in der Breite brach ab.

Der Weg führt von Tra i Sassi ö durch Trümmerhalden zu einer Wegteilung. Geradeaus zum *Falzaregopaß* mit dem Hotel Marmolada; li durch eine Schutthalde zur (3/4 St.) Dolomitenstraße, die beim Hotel Falzarego erreicht wird. Von hier mit Autobus auf der Dolomitenstraße nach *Cortina d'Ampezzo.*

Über Lagazuoischarte (2571 m) und Travenanzesscharte (2513 m) zum Falzaregopaß. 5 St. Großartige Wanderung im ehemaligen Kampfgebiet. Mark. 11 und 20.

Von St. Cassian talaufwärts zur (3/4 St.) Straßenteilung hinter den Hotels in Armentarola (rechts zum Valparolapaß). Links (ö) auf breiter, verfallener Kriegsstraße neben dem Sarèbach im großartigen Lagazuoital zum (1/2 St.) *Plan dal'Ega* (1742 m), einem mit Krummholz bewachsenen Boden an der Talgabelung. Das Haupttal zieht nö zum Col Lodgia und Tadegapaß (Übergang nach Groß-Fanes), sö steigt ein kleines, bewaldetes Seitental im Schlerndolomit gegen die Fanesspitzen hinan. Vom Plan dal'Ega auf breitem Weg re über den Sarèbach, dann re in dem kleinen Seitental durch Krummholz in Kehren empor zum (1 St.) großen Kessel der *Lagazuoialpe* (1981 m), umrahmt von den hohen Wänden der Cima da Lage (ö) und des Col Boccià (s). Hier steht das neue *Rifugio Scotoni*, ganzjährig bewirtschaftet. Auf dem ebenen Kesselboden ein kleiner österreichischer Kriegerfriedhof. Aus dem Kessel sö auf verfallenem Kriegsweg durch eine Bachschlucht hinauf zu der (1/2 St.) Hochfläche von Lagazuoi mit ausgedehnten Karrenböden und mageren Schafweiden. Einige Schritte li vom Weg der kleine, dunkelgrüne *Lagazuoisee* (2181 m) in Raibler Schichten, mit wunderbarer Spiegelung der den See umgebenden Felsszenerie. Von hier auf breitem Kriegsweg auf der Hochfläche in s Richtung weiter.

Über den Schutthang zur Linken steigt ein verfallener Weg aus dem ersten Weltkrieg zu einer Schlucht empor, die bis zur *Fanesscharte* (2657 m) hinaufreicht. Diese Scharte bildete den einzigen Zugang zu den auch im Winter besetzten Stellungen der Österreicher im Travenanzestal. Von der Fanesscharte führten auch kühn und kunstvoll angelegte Wege, wahre Meisterwerke des Wegbaues im Hochgebirge, dem Faneskamm entlang bis zu den Geschützstellungen auf dem M. Vallon Bianco (2688 m), dessen Zugang im Sommer 1973 von einer internationalen Jugendgruppe unter der Führung von Oberstleutnant Walther Schaumann wieder begehbar gemacht wurde.

Der Weg zur Lagazuoischarte führt in sanfter Steigung über Raibler Schichten auf der weiten Hochfläche s (li oben die ruinenhaften Türme des Großen Lagazuoi) zu einer blockbedeckten Mulde. Nun auf verfallenem Frontweg auf dem Trümmerhang oberhalb der Mulde oder mitten durch diese weiter zur (1/4 St.) *Lagazuoischarte* (2571 m) unweit der Bergstation der neuen Seilbahn, zu der man bald nach dem See schon Blickverbindung hat. Vorsicht jedoch bei Nebel!

Von der Lagazuoischarte (österr. Riegelstellung 1915) quert man, auf der Höhe bleibend, nö (Nr. 401), über rote Raibler Schichten zur (1/4 St.) *Travenanzesscharte*, ital. *Forcella Travenanzes* (2513 m), hinüber. Einblick in das großartige Travenanzestal, überragt von den mächtigen Felswänden der drei Tofanagipfel (von der Travenanzesscharte prächtige Wanderung auf bez. Steig über Raibler Schichten hinab und durch das Travenanzestal hinaus zum Ponte Alto und weiter zur Ampezzaner Straße).

Um zum *Falzaregopaß* zu gelangen, steigt man von der Lagazuoischarte auf Weg 402 s durch ein Tälchen zu den Rasenhängen und Schutthalden unter den Wänden hinab und folgt dann dem Steig re abwärts, bis man auf den zum Valparolapaß führenden Weg trifft, auf dem man li zum (3/4 St.) Hotel Falzarego, geradeaus zum Hotel Marmolada auf dem Falzaregopaß kommt. Seilbahn.

Über Col Lodgia (2069 m) und Tadegapaß (2153 m) nach Cortina d'Ampezzo. 7 bis 7 1/2 St. Mühsam, jedoch außerordentlich lohnend. Bez. Wege

Von St. Cassian wie bei der vorhergehenden Wanderung zum (1 1/4 St.) *Plan dal'Ega* (1742 m). Hier beginnt der Weg zum Col Lodgia. Auf dem mit 11 bez. Karrenweg im nö, von einer hohen Felswand gesperrten Talast durch Wald hinan. Nahe der Felswand wendet der Weg nach re, steigt über Schutt zu den Felsen empor und erklimmt in diesen, li wendend, die Höhe des (1 St.) *Col Lodgia* auf vulkanischen Tuffen. Von hier auf den Krummholzhängen oberhalb des Sarèbaches weiter. Rückblick auf die Marmolata. Aus dem Krummholz führt der Weg über eine Schutthalde zu fast ebenen Grasböden, dann wieder steigend auf die Höhe des (1 St.) *Tadegapasses,* zu dem die Trümmer eines großen Bergsturzes herabreichen. Westlich öffnet sich das einsame Tälchen Lavares, das hohe, selten bestiegene Felszinnen umrahmen. — Vom Paß fast eben hinaus zu den (3/4 St.) Hütten der *Alpe Groß-Fanes* (2104 m). Bei der Wegteilung unterhalb der Hütten (li über das Limojoch mit Schutzhaus nach Klein-Fanes) re weiter durch das *Fanestal,* mit 10 bez., hinab zur (2 St.) Ampezzaner Straße und nach (1 1/4 St.) *Cortina* (Näheres s. S. 250).

DAS CORVARATAL

Von Alting nach Corvara und Colfuschg. 5 bzw. 6 km Fahrstraße; Autobuslinie. Beide Orte in prächtiger Lage und Ausgang für großartige Dolomitenwanderungen; Übergänge nach Gröden und Buchenstein

Die Hauptstraße zieht von Alting sw im Corvaratal weiter. Gleich am Eingang in das Tal liegt re oberhalb der Straße der Ort *Stern*, ital. *La Villa* (1484 m), durch sein massives, weithin sichtbares Schloß auffallend. — Haltestelle der Autobusse.

Prächtiges Skigebiet, neue Seilbahn zum Piz la Villa (2077 m).

Das Schloß in Stern, von den Einheimischen Großhaus (Gran Ciasa) genannt, mit seinen auffallend hohen Ringmauern und Ecktürmchen ist sicher sehr alt, jedoch fehlen Nachrichten hierüber. In der heutigen Form wurde das Schloß 1537 durch Hans von Rubatsch erbaut, um 1600 war es im Besitz der Herren von Colz, vom 17. bis zum Beginn des 19. Jh.s in jenem der Winkler von Colz zu Rubatsch, von diesen ging es an die von Mayrhofen zu Sompunt über, wurde dann Armenhaus der Gemeinde Abtei und kam schließlich in den Besitz von Bauern.

Von *Stern* führt die Straße durch das enge, von düsteren Waldhängen umsäumte Tal, die kleine Ortschaft *Varda* (1483 m) re lassend, dann (4 km) die Gader überschreitend, auf eine langgestreckte Ebene hinaus. Hier zweigt gegen W eine Straße nach *Colfuschg* und zum Grödner Joch ab, indes die Hauptstraße zu der kaum 1 km entfernten Ortschaft *Corvara* ansteigt. Nahe der Straßengabelung führt eine Brücke über den Bach zu den Häusern von Pescosta.

Bei dieser Brücke wurde am 7. Dezember 1582 Franz Wilhelm von Prack, der Held der Enneberger, von einer Schar gedungener Wegelagerer unter Führung der Colz ermordet. Seine Leiche wurde in Corvara bestattet; die Gedenkstätte bestand noch 1843.

CORVARA (1558 m), mit der nw liegenden Ortschaft Colfuschg und mit dem bereits erwähnten Weiler Pescosta eine Gemeinde mit 950 Einw. bildend, ist ein stark besuchter Sommerfrischort und Wintersportplatz sowie eine wichtige Touristenstation. Großartig im N der mächtige Turm des Saß Songher, im SW die Sellagruppe.

Campingplatz

Corvara ist heute vor allem Wintersportzentrum allerersten Ranges mit einem perfekten Zirkus von Lifts und Sesselbahnen. Neu (1970) die Sesselbahn Campolungostraße — Punta Trieste (2050 m); 1973 vollendet eine Seilbahn Boesee — Vallonhütte, ein Zubringer Arabba — M. Cherz bzw. eine Verbindung von

Campolungo dorthin projektiert. — Diese Anlagen sind im Sommer jedoch nur teilweise in Betrieb.

Corvara wird als Coruera zum erstenmal in einer Urkunde vom Jahr 1292 genannt. Damals bestanden schon mindestens 5 Höfe, 1577 waren es deren 15. — 1347 wird eine Kapelle Sankt Katharina zu Corvara genannt. Sie wurde mehrmals vergrößert und restauriert (1452, 1501, 1864 und 1910). In dieser beachtenswert der Flügelaltar mit Predella; auf dessen Rückseite Gemälde, die Enthauptung der hl. Katharina darstellend, wahrscheinlich von einem Schüler Albrecht Dürers. Im Schiff rechts seitwärts zwei gotische Schnitzfiguren. St. Petrus und St. Paulus. Eine Restaurierung vor kurzem abgeschlossen, die den spätgotischen Charakter der wertvollen Kirche betont. — Im Ort auch die neue Pfarrkirche zum heiligen Herzen Jesu.

Von Corvara gelangt man auf einer Straße nw über die Wiesen von Plan da Corvara in den Talast, der zum Grödner Joch führt, und nach ($^1/_2$ St.)

COLFUSCHG, ital. Colfosco in Badìa (1645 m) — Prachtblick auf die gewaltigen Felsbauten der Sellagruppe.

In der Veranda des Gh. Capella sehenswerte Gemälde von Prof. Roller aus Wien, Szenen aus ladinischen Sagen darstellend, darunter ladinische Verse von Prof. Dr. J. Alton.

Colfuschg wird zum erstenmal 1153 im Neustifter Urkundenbuch genannt, wo Reinbertus von Sebene an das Kloster Neustift bei Brixen Güter in „Colphusge“ schenkt. Damals gehörte Colfuschg zur Pfarre Lajen. Die Volkssage erzählt nun, die Colfuschger seien an jedem Samstag oder Vorabend eines Festes über die Puezalpe nach Lajen oder Brixen zum Gottesdienst gegangen. Auch ihre Toten brachten sie zur Beerdigung nicht über das nahe Grödner Joch dorthin, sondern über Puez in den Friedhof der großen Erzpfarre Albeins, nachdem sie die im Winter Verstorbenen in den Felshöhlen der Gardenazza bis zur Schneeschmelze aufbewahrt hatten. — 1419 wurde auch in Colfuschg eine Kirche gebaut und 1452 geweiht. — Im Friedhof an der Kirchenmauer ein Gedenkstein für den gelehrten ladinischen Heimatforscher Dr. Johann Alton, von seinen Schülern und Freunden gewidmet.

Ausflüge und Bergwanderungen von Corvara und Colfuschg aus

Von Colfuschg auf das Grödner Joch (2125 m). $1^1/_2$ St. Sehr lohnend. Auch mit Autobus. Vom Grödner Joch schöne Wanderung zum Sellajoch oder Abstieg ins Grödner Tal

Vom Gh. Capella auf dem alten Jochweg, die Windungen der im ersten Weltkrieg gebauten Straße kürzend, in prächtiger Landschaft (li die großartigen Wandabstürze und Türme des Sellastockes, re die Felsen des Saß Tschampatsch und Tschamblo, nahe der Jochhöhe die Tschierspitzen) hinan zum Paßeinschnitt des in vulkanischen Tuffen liegenden *Grödner Joches,* ital. *Passo Gardena,* mit Gh. Cir, Hospiz, Mutschlechner.

Am 4. November 1809 war der französische Brigadier Peyri, von Buchenstein kommend, mit 1200 Mann auf dem Weg zum Grödner Joch. Die n Tallehne von Pescosta bis zum Joch hatten Schützen aus Fassa, Gröden und Enneberg besetzt. Zu diesen sandte nun Peyri einen Geistlichen mit der Proklamation Napoleons an die Tiroler, die zu beschwichtigen suchte. Peyri hatte Erfolg; die Schützen wurden uneinig und die Franzosen konnten unbehelligt das Joch überschreiten. In der Gegend des Lajener Rieds und beim Abstieg nach Waidbruck stießen sie jedoch auf die Schützenhaufen aus der Klausner Gegend, die ihnen schwere Verluste beibrachten.

Über den Abstieg nach (1 St.) Plan und den Übergang zum (2 St.) *Sellajoch* s. S. 182 und 184.

Von Corvara über den Campolungosattel (1867 m) nach Buchenstein. Nach Arabba 10 km, nach Pieve di Livinallongo 17 km Fahrstraße. Autobuslinie

(Für Wanderer, die nach Pieve in Buchenstein wollen, ist der Weg über das Incisajoch kürzer und lohnender.)

Die Straße steigt zuerst in steilen Windungen, dann mäßig durch das Wiesental des Rutortbaches über Lava und Tuffe zum Sattel. Rechts die felsigen Vorbauten des Sellastockes, li die grünen Höhen der Pralongia. Auf dem (6 km von Corvara) *Campolungosattel* (1867 m) das Albergo Boë (50 B, das ganze Jahr geöffnet). Ausblick auf die eisbedeckte Marmolata. Die Straße zieht s über *Varda (1702 m) nach* (4 km) *Arabba* hinab. Wanderer kürzen die große Straßenschleife bei Varda auf dem Weg durch das Tälchen, das gerade nach Arabba hinabzieht. Auch nach *Pieve* kürzt man um $^3/_4$ St., wenn man in *Varda* einen li abzweigenden Steig benützt, dieser trifft in *Renaz* auf die Große Dolomitenstraße. — Von *Arabba* nach *Pieve* auf der Straße 7 km.

Von Corvara auf den Col Alt (1982 m). Lohnend. Mit dem Sessellift 10 Min. Oben prächtige Aussicht. Wirtschaft. Der Sessellift geht vom Gh. Post aus

Zu Fuß erst hinauf zu den nahen Bauernhöfen von *Plazza* (1663 m), von dort n einige Min. weiter zu einem kleinen felsigen Rücken. Seine dunklen Felsen (Wengener Schiefer) enthalten schöne Versteinerungen, jedoch ist der Fundort schon ziemlich ausgebeutet. Zum Col Alt auf einem Steig, der unter dem Sessellift durchführt und sich dann dem auf der Höhe stehenden Sesselifthaus zuwendet.

Vom Colt Alt schöne Höhenwanderung zur aussichtsreichen *Pralongia* (2141 m), $1^1/_2$ St. Erst s in eine nahe Wiesenmulde hinab und jenseits den Hang hinauf, dann li auf mit Pflöcken gut bez. Steig anfangs durch ein dünnes Wäldchen, nachher durch blumige Wiesen stets auf der Kammhöhe, die bald südwärts wendet (herrliche Aussicht auf die Marmolata), zu dem schon lange sichtbaren großen *Pralongiahaus*, ital. *Rif. Pralongia,* ständig bewirtschaftet.

Abstieg nö nach St. Cassian ($1^1/_2$ St.) markiert (auch Sessellift), nach Buchenstein (S. 266) $2^1/_2$ St.

Der Pralongiakamm ist bei Petrefaktensammlern wegen der reichlichen Auswitterung von kleinen Cassianer Versteinerungen bekannt. Fundstellen von Mysidioptera Emiliae Bittner; Cardita crenata Goldfuß; Rhynchonella semiplecta Münster; Patella granulata Münster; Badioties Eryx Münster; Cidaris dorsata Bronn usw.

Von der Pralongia zum Falzaregopaß. 3 St.

Bei den letzten Heuhütten vom Rücken der Pralongia geradeaus (sö) zu einer Geröllhalde. Diese wird auf rot bez. Steig schief nach li hinauf erstiegen. Dann unterhalb der Grathöhe auf dem Steig li weiter; unter großen Felsblöcken etwas abwärts zum Grat, der bei einem alten Schützengraben überschritten wird. Von hier führt der Steig über

Gras und Geröll ein ziemliches Stück abwärts, zieht dann oberhalb des Waldes ö weiter und steigt hierauf gegen den Grat des Sett Saß und M. Castello hinan. Auf verfallenen Frontwegen weiter zum (2¼ St.) *Valparolapaß* (2192 m) mit Schutzhaus und sö über *Tra i Sassi* zum (½ St.) *Falzaregopaß* (siehe auch S. 266).

Von Colfuschg über das Tschampatschjoch (2388 m) nach Wolkenstein oder zur Geislerhütte, früher Regensburger Hütte. 4½ bzw. 5 St., bez. Steige (4, 2). Schöne Wanderung durch eine eigenartige Dolomitenlandschaft

Von der Kirche in Colfuschg ausgehend, kommt man n auf steinigem Karrenweg in das flache Tälchen *Pradat* (auch Sessellift). Über Weidehänge aufwärts, re haltend an einem Brunnentrog vorbei in den Hintergrund, wo ein blockübersäter Hang gegen N ansteigt. Der Weg führt über diesen Hang hinan zu einem Bildstöckl (mit der Jahrzahl 1730). Hier zweigt re ein Steig zum Saß Songher ab. Der Steig zum Tschampatschjoch führt über die steinige Talstufe hinauf zu dem in einem eigenartigen Geröllkessel liegenden kleinen *Tschampatsch-* oder *Tschampeïsee* (2198 m), überragt von der Wand des *Tschampeïseekofels* (li) und den Felsen Les Cucenes (re). Vom See in den Hintergrund des Kessels und in Kehren hinauf zu dem von Felsen geteilten (2 St.) *Tschampatschjoch* (2388 m) zwischen den Hochflächen Crespeina de dite und Gardenazza. Vom Joch zwei Wege nach *Wolkenstein:* li (sw) auf bez. Steig zum *Crespeinajoch* (2542 m) in Raibler Schichten, von dort durch das *Kedultal* hinab zum Ausgang des Langentales (2½ St.); oder n über das *Gardenazzaplateau,* der roten Bez. folgend, zur (1½ St.) bewirtschafteten *Puezhütte* des CAI. Nun hinab ins *Langental* und nach *Wolkenstein* (2½ St.). Schöne Wanderung auch von der Puezhütte über das *Siëllesjoch* (2514 m) zur 2¼ St.) Regensburger (Geisler-)Hütte (S. 175).

Von Colfuschg auf den Saß Songher (2667 m). 3 St. Sehr lohnende Bergtour. Bis zum Gipfel Steiganlage; nur für Geübte (der Sessellift Pradat erspart ein Stück Steigung)

Wie oben beim Weg zum *Tschampatschjoch* im Tälchen *Pradat* (Weg Nr. 4) bis zum Bildstöckl (1 St.) empor. 200 m dahinter zweigt re Weg Nr. 7 zum Saß Songher ab. Er führt zu einem nahen gelben Felsbau hinauf, unter diesem li empor, dann über Gras bis unter hohe gelbe Wände aus Hauptdolomit. Nun auf breiten Bändern nach re zu steilen Grashängen, über diese in Kehren hinauf, dann wieder unter Wänden nach re in die (1¼ St.) *Saß-Songher-Scharte.* Von dort s auf Steiglein bis unter die Gipfelfelsen empor; hier nach li und, wo die Felsen am niedrigsten sind, im Zickzack hinauf (Drahtseile) zur oberen Gipfelabdachung. Dann über Schutthang zum (¾ St.) Gipfel.

Die Aussicht vom Saß Songher umfaßt viele Dolomitengruppen; großartig zeigt sich die nahe Sella. Im N blinken einzelne Firngipfel der Zillertaler Alpen, nö die Rieserferner-Gruppe und die Hohen Tauern. Prächtiger Tiefblick in das Tal von Corvara.

DIE SELLAGRUPPE

Die südl. von Colfuschg mit gewaltigen Felsmassen aufsteigende Sellagruppe ist ein in seiner Art wohl einzig dastehender Gebirgsstock. Einer Riesenburg gleich thront sie machtvoll über den vier ladinischen Haupttälern; breite, tiefeingeschnittene Pässe scheiden die Sella von den benachbarten Berggruppen. E. v. Mojsisovics, der große Geologe, kennzeichnet in seinem Buch „Die Dolomitriffe Südtirols und Venetiens" die Sellagruppe folgend: „Mit allseits schroff abfallenden platten Felswänden erhebt sich zwischen den Quellgebieten des Grödner Baches, des Avisio, des Cordevole und der Gader als orographischer Knotenpunkt unseres westlichen Hochgebirges ein weißschimmerndes hohes Plateaugebirge auf nahezu rechteckiger Basis. Seine schönen, scharfen Konturlinien prägen sich tief in die Erinnerung des Naturfreundes ein. Eine mächtige, ungeschichtete, pfeilerförmig abklüftende Dolomitbank bildet eine ringsum vortretende Terrasse, auf welcher, gegen das Innere zurückgreifend, eine schmale Zone weicher, meist rötlicher Gesteinsarten (Raibler Schichten), einem fortlaufenden Band vergleichbar, ruht. Darüber baut sich eine zweite, höhere Steilwand auf, über welche sich einige ausgezeichnete pyramidenförmige Felsgipfel erheben. Sie besteht, gleich dem unteren Sockel, aus blendend weißem Kalkgestein, aber sie ist durchaus wohlgeschichtet (Dachsteinkalk) und von roten Tinten stark überschleiert. Der Kontrast zwischen der massigen unteren Stufe und dem tausendfach gebänderten Aufsatz ist von unvergleichlicher Wirkung. Wie unter den Menschen, so gibt es auch unter den Bergen Charaktere. Die Sellagruppe ist ein solcher." — Der untere und weniger gegliederte Teil besteht aus Schlerndolomit, die geschichteten Felsen und Türme über dem Band der Raibler Schichten sind aus Hauptdolomit gebildet. — Der scheinbar regelmäßige Aufbau dieses Felsstockes ist durch Brüche und Verschiebungen vielfach gestört, wie neuere Forschungen ergeben haben. Interessant ist in dieser Beziehung die Boëspitze, bei welcher der Hauptdolomit auf jüngere Schichten (Jura und Neokom) überschoben wurde.

Das Plateau der Sella liegt in einer Höhe von durchschnittlich 2850 m. Am Rand gegen das Mittagstal zu, nahe dem höchsten Gipfel der Gruppe (Boëspitze, 3152 m), steht die *Boëhütte*, ital. *Rif. Boë*, 1894 von der Sektion Bamberg des DÖAV erbaut. Zu dieser Hütte gelangt man von fünf Seiten auf bez. Wegen; die Steige vom Sella- und Pordoijoch aus kann jeder bergvertraute Wanderer begehen. Eine kleine Schutzhütte steht auf der ersten Terrasse am Pisciadusee, eine andere an der Pordoischarte.

Von Colfuschg oder Corvara über die Pisciaduseehütte zur Boëhütte, ital. Rif. Boë (2873 m), und auf die Boëspitze (3152 m). 5 St. Bez. Steige. Prächtige Bergfahrt für Geübte. Abwechslungsreicher Gang durch eine großartige, ungemein wilde Dolomitenlandschaft

Vom Gh. Capella in *Colfuschg* s hinab zur Brücke über den Pisciadubach. Hieher auch von *Corvara* am re Bachufer. Nun auf mit 651 bez. Steig durch Wald sw hinauf unter die Felsen des Sellastockes. Der Steig führt dort neben dem Mesdìbach über die steilen erdigen Abbrüche einer Schlucht empor, die in das Mittagstal mündet.

Auf dem Weg von Colfuschg ins Mittagstal trifft man: Soldanella alpina, Silene acaulis, Saxifraga oppositifolia, Viola biflora, Bartschia alpina, Hutschinsia alpina, Thlaspi rotundifolium, Oxytropis montana, Dryas octopetala, Globularia cordifolia, Potentilla nitida, Pinguicula vulgaris.

Das *Mittagstal* ist eines der wildesten Felsentäler in den Dolomiten. Phantastische Zacken und gewaltige Wandbauten begleiten das Tal. In diesem einzigartigen Tal über Schutt hinan zur (1½ St.) Steigteilung. (Im Mittagstal weiter, dann sehr steil über Schnee, oft Eis, gerade hinauf zur Boëhütte. Nur für Geübte!) Hier re (nw) aus dem Mittagstal hinaus; auf mit 668 bez. Steig über Felsstufen und Schutt schräg aufwärts zu Rasenplätzen und steilen Schrofen, über die der Steig (Drahtseile, an mehreren Stellen leichtes Klettern erforderlich) steil zum Pisciaduplateau der ersten Terrasse emporführt. Westlich weiter zum kleinen (1 1/2 St.) *Pisciadusee* (2564 m), ober dem die *Pisciaduseehütte* steht. Die Hütte ist im Sommer bewirtschaftet. Der Steig (jetzt 666) führt vom See s weiter. Er zieht am Osthang eines Schuttkessels (Vallon del Pisciadu) unter den Felsen über Schutt und Schrofen (Drahtseile) in das kleine Seitental *Val de Tita.* Durch dieses Tälchen sö zu einem Schneefeld hinauf und gegen re zu Schrofen (Drahtseile), über die man den Plateaurand erreicht. Nun einige Min. w weiter, dann durch kleine Rinnen und über Schutt zu den Karrenböden der Hochfläche hinab, wo von re her der aus dem Val Lasties heraufführende Steig mündet. Weiter, wie beim Anstieg vom Sellajoch beschrieben (S. 189), über den Zwischenkofel zur (1 1/4 St.) *Boëhütte*, ital. *Rif. Boë,* und von dort auf Steig zum (3/4 St.) Gipfel der Boë (Näheres siehe S. 191).

Von Corvara über den Boësee auf die Boëspitze. 6 St. Bez. Steig. Seit Erbauung der Boëseilbahn (1973) höchstens im Abstieg begangen

Auf der zum Campolungosattel emporführenden Straße bis dorthin (1/2 St.), wo sie sich nach zwei kleinen Brücken der w Talseite zuwendet. Hier steht in der Nähe eines aufgelassenen kleinen Steinbruches (Porphyrit) eine Wegtafel, die zum Boësee weist. Da von der Straße ab und re (w) schräg hinauf, dann über den Zaun zu einer Waldblöße, an deren Rand der bez. Steig beginnt. Er führt im Wald sw zu einer kleinen Wiese empor, wo er westwärts wendet. Bald nachher erreicht der Steig, den Wald verlassend, die Höhe eines begrünten Rückens mit Cassianer Schichten, zu dem von Corvara ein guter Steig, markiert mit 639, durch das Gran Val heraufführt. Auf dem Rücken (prächtiger Blick auf Pelmo und Civetta) sw gegen den Felskopf Crep de Mont hin, der li umgangen wird. Nun noch auf einem steinigen Hang empor, dann wenige Schritte vom Weg nach re, und vor uns liegt der (2½ St.) kleine *Boësee* (2266 m) in Schlerndolomit. Jetzt Seilbahnstation.

Ohne sichtbaren Zu- und Abfluß, jedoch von ganz bedeutender Tiefe, spiegelt sein düsteres Wasser die grotesken Formen der Felswände wider. Regungslos liegt der kreisrunde See in seiner Mulde. Nach uralter ladinischer Sage soll in der Tiefe des Sees ein schrecklicher Drache wohnen, der sich zur Nachtzeit erhebt, mit feurigem Schweif über die Lande fliegt und Mensch und Tier verschlingt.

„Ljor ai tut per Gherdenacia,
Per Putz, per Putia e vigni dlacia;
Sëgn oi n pu' palsè e dormi
Fe mi bèl lék dut kant dí."

Nächtens im Flug über Gardenazza ging's,
Über Puez und Peitler und alle Gletscher rings;
Nun will ich betten mich für des Tages Rast
In meines Sees lieblichem Wellenglast.

(deutsch von Br. Willram)

Sehr gut kann man den See auch vom *Campolungo-Paß* aus direkt erreichen, auf Weg Nr. 638 in 1 St. (dieser Weg wird derzeit meist benützt).

Vom See führt der Steig sw über den felsigen, karrenartig zerrissenen Plan de Saß in den großartigen Felszirkus des Vallon, den die Wände der Vallonspitze, des Neuner-, Zehner- und Boëseekofels umfassen. Aus dem Vallon nach li kommt man zur 1988 wiedererrichteten *Vallonhütte* auf dem Col de Stagn (2519 m).

Die Hütte wurde 1913 von der Sektion Bamberg unter Dach gebracht, aber nicht eingerichtet. Zur Zeit des ersten Weltkrieges war die Hütte völlig ausgeplündert worden.

Von der Hütte w in die nahe Blockmulde hinüber, wo sich die Wege teilen. Der jetzt wohl ziemlich verfallene, seinerzeit von der Sektion Lichtenfels des DÖAV erbaute Steig (leichtes Klettern erforderlich) führt gleich re (w) über einen Schutthang in einen kleinen Kessel zwischen rotgelben Felsen (P. 2725 und 2771 der AV-Karte). Aus dem Kessel leitet der Steig li (s) um die Felsen der Vallonspitze herum, klimmt dann w über steile Schrofen auf den Grat der (2 St.) *Eisseespitze* (3011 m), überschreitet diese und die nächstfolgende Erhebung, die *Cresta Strenta* (3124 m), und gewinnt schließlich über die *Jägerscharte* (3121 m) die (1/2 St.) *Boëspitze* (3152 m). — Der jetzt am meisten begangene Weg verläßt den Lichtenfelser Weg bei seinem Eintritt in den oben genannten kleinen Kessel zwischen den Punkten 2725 und 2771, führt den Wänden entlang, an ihrem Ende dann scharf re an Höhlen vorbei und durch eine steile Rinne auf die obere Terrasse. Nun erst sw ansteigend und den Eissee re lassend, dann w steiler zum Gipfel.

Von der Boëhütte zu den Gipfeln am Westrand des Sellaplateaus. Prachtvolle Höhenwanderung für Geübte über acht Gipfel mit mehr als 2900 m Höhe

Zunächst n auf bez. Steig (649) über den *Zwischenkofel* (Schwindelfreie kürzen auf dem li unterhalb durch die Wand führenden, mit Drahtseilen gesicherten *Koburger Weg*) auf das zentrale Sellaplateau, wo nach re der Weg 666 zur Pisciaduhütte abgeht.

Standort von: Papaver pyrenaicum, Petrocallis, pyrenaica, Thlaspi rotundifolium, Hutschinsia brevicaulis und alpina, Saxifraga oppositifolia und Sempervivum arachnoideum.

Dem nw über zerrissene Karrenflächen im Hauptdolomit ansteigenden bez. Steig folgend, zur (1 1/2 St.) *Gamsscharte* (2919 m). Nun vom Steig re ab und nö über leicht gangbare, gestufte Felsbänke und Schutt auf den (15—20 Min.) Gipfel der *Westlichen Mesules* (2998 m), der höchsten Erhebung im Nordteil der Sellagruppe.

Herrliche, weitreichende Rundschau auf fast alle Dolomitengruppen; besonders schön die Marmolata, die sich im S über dem Plateau erhebt; im W Ortler und Ötztaler, im N Stubaier und Zillertaler Alpen, im NO Hohe Tauern. In der Tiefe das Tal von Colfuschg und das langgestreckte Grödner Tal.

Wieder zurück zur *Gamsscharte* und vom Steig aus nahe der Gamsscharte n in kurzer Zeit auf *Piz Rotic* (2966 m) mit ähnlicher Aussicht wie von der Westlichen Mesules. Nun sw auf dem Plateaurand mit ständigem Ausblick auf den Langkofel und Tiefblick in das Grödner Tal zum *Piz Beguz* (2972 m), dann über *Piz Miara* (2965 m) und *Piz Saliera* auf den *Piz Gralba* (2974 m). Wieder dem Steig folgend, über *Piz Revis* (2940 m) schließlich auf den (2 St. von der Gamsscharte) *Piz Selva* (2974 m) am Südrand des Plateaus, von dem sich als neu hinzukommend eine herrliche Schau in das Fassatal und auf seine Berge eröffnet. Der Abstieg vom Piz Selva zum Sellajoch auf dem ehemaligen Pößnecker Felsensteig ist nur für schwindelfreie, trittsichere Geher unter guter Führung ratsam. Vom Piz Selva kehrt man am besten auf dem Plateau-Steig wieder zurück zur (1¼ St.) *Gamsscharte.* Von dort dann über das Plateau sö zur Wegteilung vor dem Zwischenkofel: re (sw) durch das *Val Lasties* hinab zum (2½ St.) *Sellajoch* (S. 189 in umgekehrter Richtung) oder über den *Zwischenkofel* wieder zur (1¼ St. von der Gamsscharte) *Boëhütte* (Rif. Boë) und s weiter über die *Pordoischarte* zum (1¾ St.) *Pordoijoch.* — Der Abstieg von der *Gamsscharte* nach N durch das schneebedeckte *Val Chadin* zur ersten Sellaterrasse und weiter durch das *Val Setus* hinab zum (1½ St.) *Grödner Joch* sei nur geübten und erfahrenen Bergsteigern angeraten.

Von der *Pisciaduseehütte* auf den *Pisciadu* (2985 m), 1½ St., für Geübte nicht schwierig, sehr dankbare Tour. Aufstieg wie S. 277 auf bez. Steig durch Vallon del Pisciadu und Val de Tita zum Sattel vor den Plateaurand und li (n) über Schrofen zum aussichtsreichen Gipfel.

WANDERUNGEN IN DEN PRAGSER DOLOMITEN

Die Berge zwischen Enneberg und Höhlensteintal, im N vom Pustertal, im S von der Linie Schluderbach — Ospitale begrenzt, bilden die Gruppe der Pragser Dolomiten, ein reizvolles Wandergebiet mit leicht zu erreichenden aussichtsreichen Hochgipfeln und schönen Übergängen. Am besten zu erreichen ist dieses Gebiet vom Pustertal her durch das Pragser Tal, das halbwegs zwischen Welsberg und Niederdorf von der Staatsstraße abzweigt. Das Pragser Tal gabelt beim Weiler In der Sag, 1/2 St. einwärts der Mündung; im sw Talast liegt Innerprags mit den Weilern Schmieden und St. Veit und dem Pragser Wildsee, im s Bad Altprags. Von letzterem bequem über die Plätzwiese nach Schluderbach und Ampezzo, von Innerprags über die Seekofelhütte, früher Egerer Hütte, und den Seekofel zur Ampezzaner Straße. — Unterkunft in Innerprags und Bad Altprags, am Pragser Wildsee, im Hotel Brückele und auf der Plätzwiese. Außer der genannten Seekofelhütte gibt es in den Pragser Dolomiten noch private Wirtschaften auf der Sennesalpe und in Fodara Vedla.

WELSBERG, ital. Monguelfo (1090 m), und NIEDERDORF, ital. Villabassa (1158 m), Stationen der Pustertalbahn, beliebte Sommerfrischorte in schöner Lage, sind die Eingangsorte für das Pragser Tal. Beide liegen in der Quarzphyllitzone. Die Orte sind 5 km voneinander entfernt und halbwegs zwischen ihnen zweigt von der Pustertaler Straße südwärts eine Straße ins Pragser Tal ab. Niederdorf ist Sitz der AVS-Sektion „Hochpustertal“. Anschrift und BRD-Meldungen an Albert Ploner (Nr. 214).

Welsberg hat alle Eigenschaften eines Luftkurortes und ist mit seinen schattigen Promenadewegen und den nahen Fichtenwäldern ein angenehmer Rastplatz. — In Welsberg bestand schon vor den Römern eine illyrische oder keltische Ansiedlung, die von den Römern ausgebaut wurde. Die Siedlung verschwand, und erst Jh.e später erstand an ihrer Stelle eine kleine mönchische Niederlassung, die um 1259 „Zell“ genannt wird. Gesichert wurde deren Bestand durch das Schloß in der Schlucht des Gsieser Baches, das, nach dem Edlen Welfo benannt, als Welfisperg schon im 12.

Jh. vorkommt. Die Herren von Welsperg mußten sich der zunehmenden Macht der Görzer Grafen unterordnen und erhielten dafür von diesen das niedere Gericht über Hochpustertal. — Die 1736 bis 1738 erbaute Kirche besitzt schöne Altarbilder von dem in Welsberg 1698 geborenen Paul Troger, der als Direktor der Kunstakademie in Wien 1762 starb. Anläßlich der 200. Wiederkehr des Todesjahres von Paul Troger wurde in Welsberg 1962 ein Gedenkstein feierlich eingeweiht, wobei auch ein Festspiel zur Aufführung gelangte. Eine Paul-Troger-Ausstellung in Innsbruck ehrte das Andenken an den großen Sohn Welsbergs. Die Kirche zu Unserer Lieben Frau am Rain östl. des Ortes wurde 1551 gebaut. — Im Ort ein Bildstock vom Ende des 15. Jh.s; dessen Bilder 1885 restauriert und ergänzt wurden. Die ursprünglichen Gemälde von Michael Pacher sind nur noch in Bruchstücken erhalten.

Die Umgebung von *Niederdorf* zeigt sanfte Wiesenberge und malerische Waldhügel, über die sö die Dolomitzacken des Haunold, Neuner- und Birkenkofels herabblicken. Im Dorf ist das ehemalige *Gerichtshaus* der Grafen von Görz sehenswert; reichgeschnitzte Balkendecke aus dem 15. Jh. im 1. Stock. Die von 1792 bis 1796 erbaute *Pfarrkirche* steht jenseits der Rienz auf einem Hügel; sie enthält schöne Altarbilder von Martin Knoller, Plafondfresken von Franz Altmutter und Holzstatuen von Nißl. Im Friedhof steht eine kleine Gruftkapelle, die zu den ältesten Bauwerken des Pustertales gehört; sie hat Fresken vom Jahr 1503. Das *Mooskirchlein* nahe dem Ort, gestiftet 1491 von der Gemahlin des letzten Görzer Grafen, Leonhard, enthält Fresken aus dem Jahr 1493 vom Meister Simon von Taisten.

Niederdorf gehört zu den ältesten Ortschaften des Pustertales. Als „Nidrindorf" kommt es schon 994 vor, und im Jahr 1225 wird es erstmals als Pfarre genannt. Die Grafen von Görz, denen durch Vertrag vom Jahr 1285 die Hoheit in diesem Teil des Pustertales zustand, hatten in Niederdorf ein Gerichtsamt, das bis 1500 bestand. In diesem Jahr kam das Gebiet zu Tirol. — Vor dem Bau der Eisenbahn war Niederdorf ein wichtiger Ort für den Durchfuhrhandel mit Venedig und nach Kärnten. Dieser Verkehr brachte Niederdorf und vielen anderen Orten an der Pustertaler Straße einen gewissen Wohlstand; das stattliche Aussehen so mancher Wirtshäuser im Pustertal ist auf jene Zeiten zurückzuführen. Der beginnende Fremdenverkehr fand Verständnis und Pflege bei der Niederdorfer Wirtin Emma Hellenstainer, die als Frau Emma mit ihrem Haus einen weitreichenden Ruf errang.

Von Niederdorf oder Welsberg zum Pragser Wildsee, ital. Lago di Braies. Autobuslinie. Zu Fuß $2^1/_4$ bzw. 3 St. Der

Pragser Wildsee ist einer der schönsten Punkte in den Dolomiten. Unterkunft im Seehotel

Die Straße zum Pragser Wildsee zweigt halbwegs zwischen Welsberg und Niederdorf von der Hauptstraße gegen S ab und teilt sich beim Weiler In der Sag (3,5 km). Fußgänger benützen den vom Bahnhof in *Niederdorf* ausgehenden Güterweg (Nr. 1), überqueren das Bahngeleise und gehen etwa 10 Min. weiter bis zu einem Zaun, wo li ein Weg ins Pragser Tal abzweigt. Auf diesem Weg in den Wald und bergan zu den Höfen von Lercha und Gräber, dann hinab nach (3/4 St.) *Hofstatt* im Pragser Tal, wo man auf die Straße trifft. Diese teilt sich gleich s des Ortes: geradeaus im Tal Altprags weiter zum Bad und zur Plätzwiese, re nach Innerprags und zum Pragser Wildsee (6,5 km). Von Hofstatt Abkürzungen re durch Wiesen nach (1/4 St.) *Schmieden.* Hier ist der Südrand der Quarzphyllitzone erreicht. Schöner Blick auf den Dürrenstein, auf Lung- und Sarlkofel mit ihren grauen Dolomitwänden. — Hierher von *Welsberg:* gleich ö vom Bahnhof über das Bahngeleise und weiterhin in ö Richtung auf Fahrweg in den lichten Wald und weiter bis nahe vor den Pragser Bach. Diesem entlang talein nach (1 3/4 St.) *Schmieden.* — Nun auf der Straße sw weiter zum (1/2 St.) ehemaligen *Bad Neuprags,* ital. *Bagni di Braies Nuovo* (1351 m), seit 1935 aufgelassen. Von hier (bald Ansicht des kühn aufstrebenden Herrsteinturmes, li) an dem Weiler *St. Veit* vorbei, der re bleibt. Im Friedhof zu St. Veit neben dem spätgotischen Pfarrkirchlein, 1383 geweiht, die Ruhestätte des bekannten Bergsteigers und Dolomitenforschers Dr. Viktor Wolf von Glanvell, der 1905 in den steirischen Bergen verunglückte und hieher überführt wurde. Auf bez. Abkürzungsweg oder auf der Straße im Wald (3/4 St.) weiter zum

PRAGSER WILDSEE, ital. Lago di Braies (1496 m) mit dem Hotel Wildsee (240 B). Daneben ein Kirchlein.

Der dunkelblaugrüne See, dessen Entstehung auf Stau durch einen Schuttkegel und einen vom Herrstein abgegangenen Bergsturz zurückzuführen ist, gewährt mit seiner ernsten Bergumrahmung einen prächtigen Anblick. Sein stimmungsvolles Bild gab schon in den vierziger Jahren des vorigen Jh.s dem Tiroler Dichter Hermann v. Gilm Anregung zu einem seiner schönsten Gedichte; in neuerer Zeit pries Br. Willram den See in tiefempfundenen Versen. Im S der wuchtige Seekofel (2810 m) mit 1300 m hoher Wand, im O der Gamezalpenkopf (2599 m) und der Herrstein (2499 m) mit Steilwänden, auf deren schmalen Bändern und Gesimsen sich spärlicher Waldwuchs findet; w vom See der Schwarzberg (2122 m), dessen Hänge dicht bewaldet sind. Den Zufluß des Sees bildet ein kleiner, von den Roßkofelwänden stürzender Bach; die größere Wassermenge erhält er jedoch unterirdisch durch den Finsterbach, der seine Quellen im Grünwaldtal hat. Der Pragser Bach verläßt den See unterirdisch und kommt erst nach 1/2 km zum Vorschein. Die größte Tiefe des Sees beträgt 35 m. Seine Umwanderung nimmt auf bequemen Wegen 1 St. in Anspruch. — Bademöglichkeit im Hochsommer.

Im Ladinischen drüben berichten Sagen von der alten Königin der Fanes, die an stillen Herbstabenden mit ihrer Tochter Dolasilla den düsteren See befährt und vergebens auf den Ruf der silbernen Trompeten harrt, die die Stunde künden, in der das Fanesreich zu neuer Herrlichkeit erstehen soll.

Der Pragser Wildsee gehörte in alten Zeiten den Brixner Bischöfen. Im Jahr 1856 verkaufte die bischöfliche Mensa den See an den Gastwirt Hellenstainer in Niederdorf; aber erst 1892 wurde an seinem Ufer eine Baracke, im Jahr darauf dann ein kleines Wirtshaus und endlich 1897 bis 1899 nach den Plänen von Arch. Otto Schmied aus Wien das heutige Hotel gebaut.

Von Niederdorf oder Welsberg nach Bad Altprags, ital. Bagni di Braies Vecchia. 1 1/2 bzw. 2 1/2 St. Straße mit Autobusverkehr (8 km). Von Altprags prächtige Wanderung über die Plätzwiese nach Schluderbach oder Touren in die Pragser Dolomiten

Wie beim Weg zum Pragser Wildsee (S. 283) nach *Hofstatt*, wo die Straße erreicht wird. Von der Straßenteilung bei den Häusern „In der Sag" (1207 m) li in das Tal Altprags und in 3/4 St. zum *Bad Altprags* (1295 m), Badgasthof (über 200 B). In der Kapelle Hochaltarbild mit dem heiligen Theobald, 1682.

Schöner Blick auf den Talhintergrund mit der gewaltigen Hohen Gaisl (Croda Rossa); vorne re der Daumkofel, li der Dürrenstein, ö Lung- und Sarlkofel.

Altprags, in einer Urkunde vom Jahr 965 „Pragas" genannt, Heilbad mit schwefelhaltiger Bitterquelle, 9 Grad Celsius, schon 1490 entdeckt, wird vorzugsweise bei Gichtleiden, Knochenkrankheiten usw. mit Erfolg gebraucht.

Bergtouren vom Pragser Wildsee aus

Auf den Kühwiesenkopf (2144 m). Sehr lohnend. Mit 20 bez. Weg. 2 St.

Vom Seehotel anfangs nw auf vielbegangenem Weg fast eben durch Wald, dann nordwärts stärker steigend zur breiten Höhe auf dem Kühwiesenkopf, auf dem einst eine Aussichtswarte stand. Herrliche Aussicht. Abstieg auf mit 35 markiertem Weg n über den Brunstriedel nach Welsberg, 2 Stunden

Über das Kreuzjoch (2283 m) nach St. Vigil in Enneberg 5½ bis 6 St. Lohnender, abwechslungsreicher Übergang S. 243 in umgekehrter Richtung

Auf Höhenwegen zur Plätzwiese. 5½—6 St. Reich an großartigen Landschaftsbildern. Für gute Berggeher

Vom Südufer des Sees sö auf mit 1 bez. Weg, erst über eine flache Schutthalde, dann durch Krummholz bergauf zum Nabigen Loch, einer felsigen Enge im Hauptdolomit, die der Weg am linksseitigen Hang umgeht. Wieder im Tälchen, Wegteilung (rechts zur Seekofelhütte, 1½ St.). Von da im Tälchen, dem Weg Nr. 4 folgend, weiter aufwärts und über einen Riegel in eine felsumrahmte Mulde hinab mit kleinem, meist trockenem Seeboden, Seebel benannt. In einem felsigen Graben steiler aufwärts zum „Kugleten Pinggel", wo ein Steig re zur Seekofelhütte abzweigt, dann durch eine grasige Mulde weiter zur nahen *Roßalmscharte* (2½ St. vom Pragser Wildsee). Nun kurzer Abstieg (¼ St.) zur Oberen Roßalmhütte. Von da noch abwärts zu einer nahen abermaligen Wegteilung (Weg 4 li hinab zum Hotel Brückele, 1¼ St.). Hier beginnt der mit 3 bez. großartige Höhenweg, der die unter den gewaltigen Wänden der Hohen Gaisl eingebetteten Karschwellen der

Gaislkare und deren Zwischenkämme durchquert. Zunächst aufwärts zu Rasenböden und diese querend (herrliche Aussicht auf die Gletscher des Tauernkammes) durch das erste Gaislkar zu steilen, erdigen Hängen, Gaislleiten genannt. Das Steiglein quert diese Hänge hart unter Felsen und biegt dann um eine sehr ausgesetzte Ecke des vom Gaisele herabziehenden Seitengrates zum Rasenboden eines weiten Kares (1½ St.), Klein-Gaisl benannt. Aus diesem Kar sö ein wenig aufwärts zu einer blockbedeckten Schulter; Prachtblick auf die Drei Zinnen und den Zwölferkofel. Nun abwärts in das großartige dritte Gaislkar, den Schlecht-Gaisl, gerade unter der blutroten, von einer Eisrinne durchzogenen Ostwand der Hohen Gaisl. Dann über die begrünten Böden der Gumpalalpe absteigend und halbrechts haltend am felsigen Hang mit Zirbenbäumen schief hinunter zu einer quellenreichen großen Mulde oberhalb eines Zirbenwaldes. In gleicher Richtung weiter bergab zu einem großen Waldboden, von dem ein ehemaliger Kriegsweg nach Brückele hinausführt. Nun nö hinüber zu der weit ausgebreiteten Plätzwiese und auf schmalem Steig sanft ansteigend zum (1½ St.) Gh. *Plätzwiese* (1993 m).

Zur Seekofelhütte, früher Egerer Hütte, ital. Rif. Biella 3 St. Mit 1 bez. Weg. Von der Hütte Besteigung des Seekofels und Abstiege zur Ampezzaner Straße oder ins Rautal

Auf dem schönen Weg neben dem See zum (½ St.) Südufer und dort li durch Wald hinüber zum sö Seewinkel, wo eine große, weiße Schutthalde in den See abfällt. Über diese Schutthalde auf markiertem Weg wenig steigend südwärts hinan und bald li im Krummholz auf gutem Weg weiter bis vor eine bewaldete Felsenenge im Hauptdolomit, Nabiges Loch benannt. Während der alte Weg, der nur mehr im Abstieg begangen wird, durch die schotterige Enge gradauf steigt, umgeht der neue Weg auf der linksseitigen Berglehne die Enge und führt dann zum alten Weg oberhalb des Nabigen Loches hinab. Hier als Wegweiser ein beschrifteter Felsblock. Nun re auf steilem Hang mit prächtigen Zirben und Lärchen in Kehren empor und s weiter zu Schutthalden unter plattigen Wänden des Jurakalks. Der Weg zieht diesen entlang, wendet bald re und führt nun steiler zu einem schmalen (2 St.) Sattel. Von hier re in ein felsumschlossenes kleines Kar, den sog. *Ofen* (Standort von Anemone Baldensis und Primula longiflora). An einer Wegabzweigung vorbei (li bez. Steig zur Plätzwiese oder zum Hotel Brückele) in dem Kar, dessen Boden große Felsblöcke bedecken, w zur *Porta sora al Forn* (2390 m) empor und jenseits kurz hinab zur (1 St.) *Seekofelhütte* (2300 m), erbaut von der Sektion Eger des DÖAV.

Die Hütte wurde im ersten Weltkrieg geplündert; die Sektion Biella des CAI richtete sie wieder zur Bewirtschaftung ein. (20 B, 20 Mar.)

Von der Seekofelhütte auf den Großen Seekofel (2810 m) 1¼ St. Für jeden einigermaßen Geübten zugänglich. Der Seekofel ist als Aussichtsberg berühmt

Von der Hütte n zur nahen Porta sora al Forn und von dort li auf ziemlich steilem Steig über den anfangs felsigen, dann grasbewachsenen Südostgrat (wo der Grat schmäler wird, Drahtseile) zur breiten Gipfelabdachung im Jurakalk. Über diese schräg li aufwärts zum höchsten Punkt.

Die Aussicht ist von unvergleichlicher Schönheit. Herrliche Dolomitenschau. Weit draußen gegen NO über den Bergen von Villgraten die Glockner- und Schobergruppe und ganz re die Kärntner Hochalmspitze. Links vom gewaltigen Großvenediger die Firnspitzen der Antholzer Berge, an die sich in langer Kette gegen W die Zillertaler, Stubaier und Ötztaler Alpen schließen. Weit hinten die Ortlergruppe und der Adamello. — Über die Wände der Nordseite 1300 m hinabschauend, die tiefgrüne Fläche des Pragser Wildsees, die einsamen Grünwald-Alpenhütten und weiterhin das Dörfchen St. Veit, „ein Blick, der wohl den Glanzpunkt der Aussicht bildet“, sagte Dr. Wolf v. Glanvell 1900.

Von der Seekofelhütte über die Alpe Stua zur Ampezzaner Straße. 3 St. Bez. Weg. Landschaftlich sehr schön

Näheres über diese Wanderung s. S. 314 in umgekehrter Richtung.

Von der Seekofelhütte über Fossesalpe und Forcella di Giralbes (2167 m) zur Forcella di Lerosa (1985 m) und durch das Gottrestal hinab zur Ampezzaner Straße. 3 St. Teilweise markiert. Lohnende, interessante Wanderung

Auf gut erkennbarem Weg südwärts über Grasböden zu einem breiten, flachen Rasensattel und jenseits sanft abwärts in eine langgestreckte grüne Mulde (3/4 St.) mit der Almhütte *Fosses* und den Seelein Lago grande und Lago piccolo, auch Lago morto genannt. In gleicher Richtung auf schmalem Steiglein weiter; im Karrengelände, mit Krummholz bewachsen, leicht steigend zur (1/2 St.) *Forcella di Giralbes* und jenseits einen Schutthang hinab zur Mündung des schuttbedeckten Tälchens Monticello. Nun auf unmarkierten Steigspuren südwärts, grüne Hänge querend, zur breiten Senke der *Forcella di Lerosa* (1 St.). Prächtige Aussicht auf das weite Gefilde von Sennes, die Berge von Fanes und Travenanzes. — Jenseits guter Weg durch das waldige Gottrestal hinab mit Prachtblick auf die Drei Zinnen zur (3/4 St.) Ampezzaner Straße, auf der man in 1/4 St. zum *Alb. Ospitale,* talauf in 1 St. nach *Schluderbach* kommt. Hier Autobushaltestelle.

Von der Seekofelhütte über die Sennesalpe zum Schutzhaus Pederü im Rautal. 2 St. Gute Wege. Von Pederü weiter nach St. Vigil oder über Fanes nach St. Cassian, auch Übergänge nach Wengen und Heiligkreuz

Südlich auf Fahrweg abwärts zu der (3/4 St.) Wegteilung bei den Hütten der Sennesalpe mit Schutzhaus. Nun re (sw) auf Fahrweg über die Hochfläche (Jurakalk) in den Wald und wie beim Aufstieg zur Alpe Fodara Vedla (s. S. 250) hinab nach (1 1/4 St.) *Pederü* (20 B). Durch das Rautal hinaus nach St. Vigil 2 1/2 St.

Von der Seekofelhütte über die Roßalm nach Bad Altprags 3 1/2 St. Bez. Weg

Wie beim Aufstieg vom Pragser Wildsee zur Seekofelhütte (S. 287) in umgekehrter Richtung beschrieben, über die

Porta sora al Forn in das Kar „Im Ofen", an dessen Ausgang eine Wegtafel steht (links zum Pragser Wildsee). Von da auf rotmarkiertem Steig re (sö) weiter zur Vereinigung mit dem vom Pragser Wildsee heraufkommenden Weg unter dem „Kugleten Pinggel". Nun aufwärts zur (1$^1/_4$ St.) *Roßalmscharte* und s hinab zur Oberen Roßhütte. Weiter abwärts zur nahen Wegteilung (re zur Plätzwiese). Links (ö) über eine hohe, waldige Steilstufe in den völlig vermurten Talgrund hinab, hier li in den Wald hinüber und neben dem Kaserbach talaus zur Straße Plätzwiese — Niederdorf, die beim (1$^1/_2$ St.) *Hotel Brückele* erreicht wird. Nach Bad Altprags weiter $^3/_4$ St.

Touren vom Bad Altprags aus

Über die Plätzwiese (1993 m) nach Schluderbach. 4 St., wird von Autos befahren, doch trotzdem prächtige Wanderung, reich an auserlesenen Dolomitenbildern

Von Bad Altprags zieht die Straße erst längst der Kameriotwiesen, übersetzt dann einen Bach und steigt nachher in lichtem Wald sanft talein (einmal Blick auf den Riesenturm des Piz Popena). Nach dem Hotel *Brückele,* ital. *Alb. Ponticello,* 21 B (1515 m), wendet das Haupttal nach SO; die Straße steigt stärker zu dem weiten Sattel der (1$^1/_4$ St.) *Plätzwiese,* ital. *Prato Piazza* (1993 m), in einer Urkunde vom Jahr 965 „Pletces" genannt, mit dem gleichnamigen einfachen Gh. an Stelle des 1955 abgebrannten Hotels.

Empfehlenswert ist von hier die Besteigung des (2$^1/_2$ St.) *Dürrensteins* (2840 m), als Aussichtsberg berühmt und auf gut bez. Weg (Blickverbindung zum Gipfel) für Geübte leicht zugänglich (siehe bei Bergtouren von Schluderbach aus, S. 297).

Das Plateau der Plätzwiese dehnt sich zwischen Hoher Gaisl (3148 m) und Dürrenstein weit aus; gegen S fällt es zur Ampezzaner Straße ab; s im Vordergrund die mächtige Gruppe des M. Cristallo, im SSO die Monti Marmarole; im NW, an der Pragser Roßkofelgruppe vorbei, die blinkenden Zillertaler Ferner.

Vom Gh. der Wiese entlang, bald unterhalb der Ruine eines österreichischen Forts bergab und sö durch das *See-*

landtal, mit Prachtblick auf die Gruppe des M. Cristallo, nach (1 1/2 St.) *Schluderbach* hinaus.

Auf den Sarlkofel (2380 m). 3 St. Bez. Weg. Sehr lohnend. Leichte Abstiege nach Niederdorf oder zum Toblacher See

Vom Badhaus li (ö) auf mit 15 bez. Weg am Rand der großen Wiese im Wald hinan. Der bald schmäler werdende Weg steigt mehrmals im Wald aufwärts, nähert sich jedoch immer wieder dem Wiesenrand, wendet schließlich nö und erreicht durch lichten Wald die (1 1/4 St.) Höhe des Überganges in das Grautal, den *Buchsen-Riedel* (1801 m). Wegtafel. Nun 2 bis 3 Min. nö abwärts zur *Putzalpe* (1740 m). Knapp vor der Hütte durch einen steinigen Graben oder li davon im Wald (Wegtafel) ö empor bis zum (1/2 St.) Wiesensattel zwischen Süßkopf (2055 m) und Sarlkofel. Prächtiger Blick ins Pustertal und auf den gegenüber aufsteigenden Haunold. Vom Sattel auf einem Steig nach re in die Mulde unter der Wand des Sarlkofels und, dem nun mit 35 bez. Steig weiterfolgend, s über rasendurchsetzte Schrofen hinauf zum (1/2 St.) *Sarlsattel* zwischen Lungkofel (re) und Sarlkofel (li). Auf gutem Steig li empor in die felsige Südflanke des Sarlkofels, dann über blumigen Rasen unter dem w Vorgipfel hinauf zum (3/4 St.) Hauptgipfel.

Nach diesem Berg ist der Sarldolomit benannt, bisher irrtümlich als Mendeldolomit bezeichnet.

Herrliche Schau auf das Pustertal, das man von Dölsach bei Lienz bis Pfalzen bei Bruneck überblickt. Auch die Aussicht auf die Dolomiten und Zentralalpen ist ungemein fesselnd.

Abstieg nach Niederdorf: Auf gleichem Weg zurück zur *Putzalpe,* dann n durch das *Grautal* hinaus zum *Bad Maistatt* und nach (2 1/2 St.) Niederdorf. — *Abstieg zum Toblacher See:* Vom *Sarlsattel* (2192 m) auf Steig s zu den Sarlwiesen auf vulkanischen Tuffen, dann ö über Grasboden und einen waldigen Rücken zur *Sarlalpe* (1722 m) hinab (in einer Urkunde vom Jahr 965 „Serla" genannt). Von dort auf Karrenweg an der s (re) Seite des steilen, waldigen Sarlgrabens hinab zum (1 3/4 St.) *Toblacher See,* der bei seinem Südende erreicht wird.

Auf den Großen Roßkofel (2554 m). 3½ St. Oberster Anstieg weglos. Der Große Roßkofel ist wegen seiner schönen Aussicht bekannt.

Vom *Bad Altprags* s auf der Straße bis zum (¾ St.) Hotel *Brückele* (1515 m). Nun nicht über den Wildbach, sondern an seinem li Ufer über zwei Schutthalden in einigen Min. zu einer Wiese vor dem Wald. Hier (Wegtafel) den Talboden nach re verlassend, auf bez. Steig in steilem Zickzack über einen felsigen Krummholzhang zum (1 St.) grünen Gufidaunboden mit der *Postmeisteralpe* (1951 m). Aussicht auf Plätzwiese, Cadinspitzen und Dürrenstein, dahinter die Gipfelkrone der Dreischusterspitze. Von der Postmeisteralpe w auf gut erkennbarem Steig erst li vom Bach, dann am rechtsseitigen Hang steil hinan, in dem nach N umbiegenden Tal nachher bequemer über Rasenböden weiter zum Sattel des ***Roßschroppen*** (2308 m), zwischen Schwalbenkofel (re) und Großem Roßkofel (li). Nun li über Rasen zum Gipfel des letzteren.

„Wir finden hier eine Aussicht ersten Ranges, die den gepriesensten Gipfeln der Dolomitenwelt in keiner Weise nachsteht" (Paul Grohmann). In der Nähe die Rasengipfel und Felsklippen der Roßalmgruppe, im N die Gipfel und Gletscher der Zentralalpen von den Stubaier Alpen bis zum Ankogel, Kärntner Berge, Lienzer Dolomiten. Im O die Sextner Dolomiten, besonders schön die Drei Zinnen; im S Piz Popena, Cristallo, Hohe Gaisl, die Gipfel des Tofanastockes; im SW Marmolata. Prächtiger Blick auf das Pustertal und ins Pragser Tal.

Vom Großen Roßkofel zum Pragser Wildsee oder zur Seekofelhütte. 3 bzw. 2½ St. Reizvoller Übergang

Vom Gipfel auf einem Steiglein s den breiten Gratrücken bergab zum *Törl* (2358 m). Von dort auf verfallenem Steig re (w) abwärts zu einem Brunnentrog am Bach und aus seinem steinigen Tälchen re auf einem der vielen Steige, die über die Rasenböden unter dem Großen Jaufen hinausführen, weiter zur Hochfläche der *Roßalm.* Auf dieser, etwas s haltend, hinaus vor die *Roßalmscharte.* Interessanter Blick westwärts in eine „wunderbar ausgerundete, sitzbankreihenähnliche Schichtenstufenmulde der Nacheiszeit", bei

Geologen bekannt unter dem Namen „Flavisches Amphitheater“. Noch vor der Roßalmscharte re hinab in eine Mulde mit Moränenhügeln, in dieser auf bez. Steig nw hinaus zum „Seebel“, einem kleinen Tümpel, und durch das Nabige Loch hinunter zum Pragser Wildsee. — Zur *Seekofelhütte,* früher Egerer Hütte, aus der Mulde n der Roßalmscharte auf mit 18 bez. Steig li über einen Hang mit Bäumen hinauf ins Kar *Im Ofen* und weiter wie beim Aufstieg vom Pragser Wildsee zur Seekofelhütte (S. 287).

VON TOBLACH IN DIE SEXTNER UND AMPEZZANER DOLOMITEN

Die Station Toblach der Pustertalbahn, auf dem höchsten Punkt des Tales (1210 m) gelegen, ist der wichtigste Eintrittspunkt in die Dolomiten von N her. Von hier führte die *Dolomitenbahn,* eine während des ersten Weltkrieges von den Österreichern in Angriff genommene Kleinbahn, die 1921 von den Italienern eröffnet und 1928 elektrifiziert wurde, mitten durch die großartigste Felsenwelt der Dolomiten nach Ampezzo und weiter nach Calalzo, wo sie Anschluß an die italienische Staatsbahn Calalzo — Belluno — Venedig nahm. Der Bahnbetrieb auf der ganzen Strecke Toblach — Calalzo ist jetzt eingestellt. Autobusdienst (Toblach — Cortina 33 km, Cortina — Calalzo 34 km).

TOBLACH, ital. Dobbiaco (1210 m), liegt auf der Wasserscheide zwischen dem Adriatischen und dem Schwarzen Meer. Neu-Toblach, ital. Dobbiaco Nuovo, erstand 1878 mit der Eröffnung des Südbahnhotels; es wurde bald eine der feinsten und besuchtesten Sommerfrischen Südtirols und ist als solche auch heute noch bekannt. Das große Dorf Alt-Toblach, 1/4 St. n (1243 m), mit Neu-Toblach durch eine Straße verbunden, besteht seit alten Zeiten. — Bergtouren von Toblach: Sarlkofel (S. 291), Neunerkofel, Hochebenkofel (S. 361). Pfannhorn usw. — Sessellift (2,2 km) auf den *Radsberg* (1606 m) (356 m Höhenunterschied, Fahrtdauer 10 Min.), hervorragender Aussichtspunkt, Dolomitenschau.

Von Toblach auf der Straße südwärts nach einer Strecke von 3 km zum *Toblacher See,* prächtiges Gewässer am Fuß großartiger Dolomitberge. Hotel und Restaurant. Gelegenheit zu Kahnfahrten.

Urkundlich kommt Toblach unter dem Namen Duplago, das man aus „duplex lacus" gleich die „zwei Seen" (Toblacher und Dürren- bzw. Misurinasee) deutet, erstmals um 827 vor. Im Jahr 1225 wird der erste Pfarrer von Toblach genannt. Der ersten Kirche aus dem 15. Jh. folgten mehrere Umbauten. Die jetzige große Pfarrkirche wurde im Jahr 1782 geweiht. Sie enthält gute Bilder von Franz Zeiller (1769) und ein schönes Grabmal für

Kaspar Herbst, Kämmerer Kaiser Maximilians, und dessen Bruder, den Schloßhauptmann zu Peutelstein, Christoph Herbst.

Eine besondere Sehenswürdigkeit Toblachs bilden die fünf bildstockähnlichen Kapellen an dem von der Kirche ö zur Staatsstraße ziehenden Weg, 1519 von den Brüdern Herbst gestiftet. Sie enthalten Darstellungen in Relief aus der Leidensgeschichte des Heilands. Das auf dem Viktoriabühel am Fuß des Haselberges stehende St.-Josefs-Kirchlein von Lerschach, ein interessanter Rundbau, bildet den Abschluß des Kreuzweges. Dieses Kirchlein wurde 1512 vermutlich von Kaiser Maximilian I. während des Krieges gegen die Republik Venedig, als ihm Ampezzo und die Feste Peutelstein zufielen, gestiftet.

Nördlich der Pfarrkirche steht die Herbstenburg, um 1500 von Kaspar Herbst erworben und umgebaut. 1511 bewohnte Kaiser Maximilian das Schloß, als er in Bad Maistatt die Kur gebrauchte. Im Dorf bestehen noch mehrere alte Ansitze, darunter der Rote Turm von 1512.

Neu-Toblach wurde im ersten Weltkrieg fast vollständig zerstört, auch Alt-Toblach erhielt einige Treffer von italienischen Geschützen, die bei Misurina standen.

Von Toblach nach Cortina d'Ampezzo

Seit 1964 ist auch die Bahn Toblach — Cortina — Calalzo eingestellt worden. Es entspricht dies einer Tendenz des ital. Verkehrsministeriums, das nunmehr fast alle Nebenbahnen wegen Unrentabilität eingestellt hat. Wir geben trotzdem im folgenden eine Beschreibung der Eisenbahnstrecke, weil sie da und dort von touristischer Bedeutung ist. Ebenso entsprechen die Haltestellen des Autobusdienstes, der die Bahn ersetzt, in den meisten Fällen den alten Bahnstationen.

Die Abzweigung der Straße ins Höhlensteintal und nach Cortina ist nahe dem Bahnhof der Pustertalbahn. Nun geht es, vorbei am Toblacher See, in ziemlicher Steigung und kurvig durch das Tal bergan. Rechts der Sarlkofel, li Neunerkofel und Birkenkofel. Nach etwa 7 km Fahrt ist die ehemalige Bahnstation *Sorgenti,* hinter der Naßwand gelegen, erreicht. Im Winkel vor dieser stand im ersten Weltkrieg ein großes Feldlager der Österreicher mit Spital; gegenüber ein gepflegter Soldatenfriedhof. Oben re der Dürrenstein mit seinen kahlen Schlerndolomitwänden, von denen das Flodigtal mit einem Wasserfall herabzieht. In der Weiterfahrt tritt der mehrkuppige, als Aussichtsberg bekannte, im ersten Weltkrieg heißumstrittene M. Piano hervor. Links die Ruinen eines Forts. Vor der ehem. Haltestelle *Landro* (10 km) wird der herrliche Talschluß sichtbar: M. Cristallino (2786 m), Piz Popena (3143 m) und M. Cristallo (3199 m), Bildungen des Hauptdolomits, treten nacheinander vor, darunter liegt in dem Val Fonda der kleine Cristallo-Gletscher. Landro war vor dem ersten Weltkrieg eine Hotelkolonie. Sämtliche Gebäude, mit Ausnahme einer kleinen Kapelle, wurden 1915 von den Österreichern gesprengt, um für ein Fort freies Schußfeld zu schaffen. Nur einige Mauerreste verraten noch ihre Lage. Gleich nach Landro werden li im Tal der Schwarzen Rienz die turmartig aufsteigenden Gestalten der Zinnen (Große und Westliche) sichtbar, ein berühmtes Schaustück der Dolomiten. Die Straße führt danach am hellgrünen Dürrensee (1410 m) entlang, in dem sich der M. Cristallo mit seinem Gletscher und dunklen Waldstaffeln spiegelt, und erreicht nach 13 km *Schluderbach* (ital. Carbonin, 1441 m), eine Hotelsiedlung in prächtiger Lage, mit Straßengabel nach Misurina und Abzw. des Sträßchens zur Plätzwiese. Ausgangspunkt für prächtige Wanderungen und Touren (siehe den folgenden Abschnitt).

Von Schluderbach wendet das Haupttal nach W; die Dolomitenstraße folgt ihm und zieht neben dem s Talhang (re die Mündung des Seelandtales, li der Rauchkofel und die Schönleitenscheide) zur ehem. Hst. *Cimabanche* (1544 Meter), deutsch *„Im Gemärk“*, höchster Punkt der Bahn und Grenze zwischen den Provinzen Bozen und Belluno. Die mächtige Hohe Gaisl, lad. Croda Rossa, beherrscht die Gegend. — Die Straße senkt sich und führt neben dem Rufreddo weiter, der hier zwei kleine Tümpel, den Weißen und den Schwarzen See, bildet. Beide sind im Sommer oft ausgetrocknet. Im ersten Weltkrieg näherten sich in dieser Gegend, der sog. Rufreddo-Stellung, die Schützengräben der Österreicher und Italiener an manchen Stellen bis auf wenige Meter. Andere Berge treten in Erscheinung: Croda d'Ancona, Col Becchei alto, Col Rosà, Punta del Forame und schließlich die prächtige Hochgestalt der Tofana, alle im ersten Weltkrieg oft genannt. An dem gegen SO hinaufziehenden Forametal vorbei, in dem der Felizonbach unter ausgedehnten Schutthalden entspringt, zur (19 km) Häusergruppe *Ospitale.* An der Straße einfaches Gh. und die uralte Wallfahrtskirche St. Blasius. Nun folgt die interessanteste Stelle dieser Strecke. Nach einem kurzen Tunnel querte die Bahn auf 26 m langer Eisenbrücke die 70 m tiefe Felizonschlucht; man sieht die Öffnungen der Artillerie- und Maschinengewehrstellungen im durchbohrten Felsen des Peutelsteins, auf dem in alten Zeiten ein starkes Schloß stand. Die Bahn ging durch einen längeren Tunnel unmittelbar ins *Ampezzotal* hinaus, während die Straße den Burgfelsen in einer großen Schleife umrundet. Nach dem (23 km) Weiler *Fiames* (Gh.), der Ausgangsstation für Touren im Travenanzes- und Fanestal ist, führt die Straße unter den bewaldeten Hängen des Pomagagnons, wo der Hauptdolomit über Raibler Schichten in Erscheinung tritt, hinab in die von prächtigen Dolomitgipfeln umkränzte grüne Talweitung von Cortina. Es folgt der durch sein Sanatorium berühmte Vorort *Codivilla* und schließlich *Cortina* selbst, ein in den letzten Jahren sprunghaft angewachsener, schöner Ort (1224 m). In der Nähe des aufgelassenen Bahnhofes unserer Ex-Dolomitenbahn steht ein Denkmal für den 1916 an der Tofana gefallenen General Cantore, vom Alpini-Oberleutnant Diano entworfen.

Standorte und Wanderziele im Gebiet nördl. von Cortina

SCHLUDERBACH, ital. Carbonin (1441 m), liegt inmitten einer großartigen Felsenwelt an der Straßenteilung. Die eine, früher Erzstraße genannt, nun eine tadellose, asphaltierte Autostraße, steigt zum Misurinasee hinauf (S. 302), die andere führt westwärts über Ospitale nach Cortina d'Ampezzo. Im Landschaftsbild von Schluderbach li über dem zwischen M. Piano und M. Cristallino sich öffnenden Popenatal die Gruppe der Cadinspitzen, re, in der Richtung der Ampezzaner Straße, die blutrot gefärbte Hohe

Gaisl, lad. Croda Rossa (3148 m), in der Mitte, das Tal beherrschend, die Gruppe des M. Cristallo.

Unterkunft in zwei Hotels

Nach Fertigstellung der Straße Toblach — Belluno (Strada d'Alemagna), 1829/30, jetzt auch Dolomitenstraße genannt, stand hier ein einfaches Fuhrmannswirtshaus, das „Al Carbonin", beim Kohlenbrenner, genannt wurde. Später (1836) zog aus dem Hof Schluderbach, der nächst Maistatt im Pustertal liegt, der Wirt Ploner herein. Das Haus wechselte nun die Bezeichnung, hieß vorerst „Beim Schluderbacher", später aber kurzweg Schluderbach.

Im ersten Weltkrieg lagen beide Hotels im Kampfgebiet und wurden schwer beschädigt.

Ausflüge und Touren von Schluderbach aus

Von Schluderbach bzw. Landro zur Dreizinnenhütte, ital. Rif. Locatelli (2438 m). 4 St. Bez. Weg. Sehr lohnende, prächtige Wanderung. Von der Dreizinnenhütte Abstieg nach Sexten oder Übergang unter den Drei Zinnen nach Misurina.

Von Schluderbach auf der Straße n zur (1/2 St.) Hst. *Landro* und hier sö auf breitem Karrenweg zum Eingang des Rienztales. Dorthin auch dem Ostufer des Dürrensees entlang. Ringsum nur Schlerndolomit. Im *Rienztal* neben dem Bach aufwärts zu einer Talweitung. An dem von S mündenden Rimbiancotal vorbei in dem engen Tal der Schwarzen Rienz bergauf zum Talhintergrund, den ein hoher, felsiger Steilhang aus Schlerndolomit abschließt. Der Weg steigt im Krummholz von re nach li über diesen Hang zum grünen *Rienzboden* empor, von dessen li Rand man in Kehren ö und n mit ständigem Ausblick auf die gewaltigen glatten Nordwände der Drei Zinnen den *Toblinger Riedel* mit der *Dreizinnenhütte* erreicht, die auf Raibler Schichten steht (vgl. auch S. 358). – Die Weltkriegssteiganlagen auf den *Toblinger Knoten* sind wieder begehbar.

Auf den Dürrenstein (2840 m). 4 St. Guter Weg bis zum Vorgipfel. Mit dem Übergang ins Pustertal leicht zu verbinden

Von Schluderbach nw auf Fahrweg durch Wald hinauf zu der weiten, stellenweise sumpfigen Plätzwiese mit dem (2 St.) 1955 abgebrannten Hotel, nun Gh. *Plätzwiese*, ital. *Prato Piazza.* Sö oberhalb der Wiese stand einst auf einem Felsvorsprung ein österreichisches Fort mit zwei Panzertürmen. Nahe im SW großartig die Hohe Gaisl (3148 m). Vom derzeitigen Gh. auf gut bez. Weg ein kurzes Stück über Grasböden ö hinan, dann n in Kehren über Matten, begrünte Schrofen und Schutt (unterwegs ein Brunnen) zum Vorgipfel, dann einige Schritte über eine Felsstufe hinab und neben dem Grat zum nahen (2 St.) Hauptgipfel mit 14 m hohem Kreuz. Fast am ganzen Aufstieg der auch den Gipfel bildende Dürrensteindolomit über Schlerndolomit.

Die Aussicht zählt zu den schönsten in den Dolomiten. In langer Reihe die Zentralalpen vom Ankogel bis zu den Zillertaler Alpen, im NW Teile der Stubaier und Ötztaler Alpen. Viele Dolomitengipfel. Prächtige Talblicke (Pustertal und Höhlensteintal).

Von der Plätzwiese auf der Straße mit Autoverkehr weiter über Hotel Brückele und Bad Altprags nach Niederdorf oder Welsberg im Pustertal (Plätzwiese — Niederdorf 13 km).

Von Schluderbach bzw. Landro über das Große Wildgrabenjoch (2296 m) nach Innichen. 7 St. Bez. Wege. Mühsamer, jedoch lohnender Übergang ins Pustertal

Von der Hst. Landro durch das *Rienztal* hinauf, an dem von S mündenden Rimbiancotal vorbei, bis nach $1^1/_4$ St. sich li der *Große Wildgraben* öffnet, durch den ein bez. Steig (Nr. 20) zum *Großen Wildgrabenjoch,* ital. *Passo Grande dei Rondoi,* zwischen Schwalbenalpenkopf (re) und Schwalbenkofel (li) hinaufführt. Großartige Aussicht. — Über den Abstieg durch den Innicher Wildgraben s. S. 362.

DER MONTE PIANO (2325 m)

Der wie eine Festung am Südausgang des Höhlensteintales hingelagerte massige Schlerndolomitblock des M. Piano (so heißt die bis 1918 österreichische Nordkuppe, M. Piana die italienische Südkuppe) wird als M. Plano schon im Jahr 788 in Herzog Tassilos Schenkungsurkunde für das Stift Innichen genannt und war zur Zeit der alten Grenzführung zwischen Österreich und Italien militärisch von großer Bedeutung. An seinem Fuß vereinigen sich die beiden Straßen, die aus dem S ins Höhlensteintal führen, das hinwieder nordwärts in gerader Linie mit dem Pustertal in Verbindung steht. Der M. Piano sperrt diese Zugänge und beherrscht gleichzeitig das ganze Tal. Auf seiner Höhe breitet sich ein in ns Richtung verlaufendes Plateau mit zwei Kuppen (2321 m und 2325 m) aus, die durch eine seichte Senke, die Forcella dei Castrati, getrennt sind. Die frühere Grenze zwischen Italien und Österreich, die heute noch zwei Grenzsteine vom Jahr 1753 bezeichnen, zog dem Rand des Plateaus entlang; zu Österreich gehörten nur der West- und Nordhang und ein schmaler Streifen auf der Hochfläche selbst.

Gleich zu Beginn des ersten Weltkrieges wurde das langgestreckte Gipfelplateau von den Italienern besetzt. Am 7. Juni 1915 in aller Frühe erstieg dann eine schwache Abteilung von Tiroler Landsturm und Standschützen den Berg von N und warf die Italiener auf die Südkuppe zurück. Der felsige Nordteil des Gipfelplateaus wurde sofort zur Verteidigung eingerichtet und die Besatzung verstärkt. Vom 5. Juli 1915 ab lagen die österreichischen Stellungen unter schwerem Artilleriefeuer. Die Italiener versuchten am Westhang des M. Piano und im Popenatal vorwärts zu kommen, wo die österreichischen Stellungen längs der Reichsgrenze verliefen, aber diese Angriffe scheiterten. Spätere Versuche, auf der Gipfelfläche vorzugehen, mißlangen ebenfalls infolge der starken Wirkung der österreichischen Geschütze. Es folgte der furchtbare Winter 1916/17, der mit seinen Lawinen und Schneestürmen unzählige Opfer forderte. Im weiteren Verlauf des Krieges lag der M. Piano zwar noch oft unter schwerem Artilleriefeuer, zu bedeutenderen Kampfhandlungen kam es jedoch selten. Ein am 22. Oktober 1917 großangelegter Angriff der Österreicher auf den M. Piana, der mit gewaltigem Artillerieaufgebot eingeleitet wurde, hatte den Zweck, die Italiener über die Vorbereitungen zum Durchbruch bei Flitsch und Tolmein zu täuschen. Der Angriff mißlang infolge Verrates; es konnten nur einige Stellungen vorübergehend genommen werden. Am 3. November 1917 nachts räumten die Italiener infolge der Ereignisse an der Isonzofront in aller Stille den Berg und zogen nach S ab.

Von Schluderbach auf den M. Piana. 3 bzw. $2^1/_2$ St. Leichte Bergtour. Berühmte Aussicht

Auf der von Kraftwagen vielbefahrenen Straße sö durch das *Val Popena bassa* hinan, bis nach etwa 1 St. die Straße s dem Seitental Popena alta zuwendet, indes die alte, kaum mehr erkennbare Straße gradaus weiterzieht. Hier auf der alten Straße etwa ½ St. hinan, bis eine Wegtafel zum M. Piana weist. Ein bez. Steig führt von da anfangs durch Wald, dann über Rasen zu dem von Misurina kommenden Sträßchen hinauf, das zum (1 St.) *M.-Piana-Haus,* ital. *Rif. Bosi,* leitet (behelfsmäßig mit Auto möglich).

Dieser eben beschriebene Weg ist, mit Autobenützung bis ins Val Popera, der kürzeste Zugang.

Durch die Gruppe der „Dolomitenfreunde" ist 1978 der alte Kriegssteig Nr. 6 von *Schluderbach* auf den *M. Piana* (2½ St.) wieder vorbildlich instandgesetzt und markiert worden. Man wendet sich von *Schluderbach* in Richtung zum bewaldeten Westabfall des Berges und steigt dann in vielen, den Felsen angepaßten Windungen an teilw. restaurierten Kriegsbauten zur *Forcella dei Castrati* hinauf; von hier nach beiden Seiten zu den zwei Kuppen. – Die „Dolomitenfreunde" haben auch einen interessanten *Rundweg* um das ganze Plateau errichtet und ein *Freilichtmuseum* eingerichtet. – Von *Landro* aus wurde im Krieg der sogenannte *Pionierweg* auf die Nordkuppe *(M. Piano)* gebahnt, der dann nach und nach verfiel und sehr gefährlich wurde. Auch ihn haben die „Dolomitenfreunde" wiederhergestellt und gesichert, so daß er von einigermaßen geübten Bergwanderern nun wieder gut begangen werden kann (Mark. Nr. 9). – Der Besuch des heißumkämpften Berges ist nunmehr wieder sehr empfehlenswert geworden, da man anhand von wiederausgeräumten Stollen und Stellungen die Geschehnisse gut rekonstruieren kann.

Die Aussicht vom *M. Piana* ist weitreichend, überaus malerisch und ausgezeichnet durch herrliche Schau auf gewaltige, kühngeformte Dolomitenberge. Auch die Firngipfel der Rieserfernergruppe und der Zillertaler Alpen sowie der Großglockner sind von einzelnen Plateaupunkten aus zu sehen.

Auf die Cristallinspitze (Punta Elfie, 2786 m), höchster Punkt des M. Cristallino. 4 bis 4½ St. Für bergtüchtige Geher nicht schwierig, lohnend

Von Schluderbach auf der nach Misurina führenden Straße etwa 1¼ St. hinan, bis sie in dem re ansteigenden Seitentälchen Popena alta nach li umbiegt. Da von der Straße re ab auf altem Kriegsweg (Nr. 222) in diesem Tälchen empor zu seiner Weitung. Hier führt re (w) ein verfallener Kriegsweg über Rasen und Schutt zu den Felsen des Cristallino hinauf. Links von einer Schlucht steigt dieser Weg (verfallene Stiegen und Brücken) in den Felsen zu einem kleinen Plateau und von dort zum nahen Gipfel, in dessen höchste Zacken Geschützkavernen eingebaut sind.

In der Aussicht prächtige Detailbilder; ganz nahe die ungeheuren Türme des Piz Popena und des M. Cristallo, ferner die Drei Zinnen und die Gipfel der Ampezzaner Dolomiten; im N einzelne Firngiebel der Hohen Tauern.

Abstieg am besten auf gleichem Weg. Aus dem Hintergrund des Val Popena alta führt ein bez. Steig über eine Scharte der Pale di Misurina zum Paß Tre Croci; interessanter Übergang.

Von Schluderbach über Misurina (1755 m) und Tre Croci (1808 m) nach Cortina. Eine der schönsten Autostrecken in den Dolomiten; schöne Fußwanderungen auf den alten Abkürzungen und Straßenstücken möglich. Zum Misurinasee 8 km, von dort nach Cortina 13,5 km

Die Straße führt zunächst sö zum (1/4 St.) *Ponte della Marogna* (1472 m), wo bis 1918 die österreichisch-italienische Grenze verlief. Nun mit beträchtlicher Steigung durch das Val Popena bassa zwischen (li) M. Piana aus Schlerndolomit und (re) Cristallino aus Hauptdolomit zur (3 km) Cas. Mosca (1590 m), einst eine Latschenölbrennerei, von der jedoch nichts mehr zu sehen ist. Hinter dieser Stelle steigt die kaum erkennbare alte Straße gradaus weiter, indes die neue über den Popenabach ins kleine Seitental Popena alta biegt und dort erst nach einer Kehre wieder ins Haupttal wendet. Beim Ponte del Paludetto kommt die alte Straße zu ihr herauf; sie kürzt bedeutend, ist jedoch nicht mehr befahrbar. Nun südwärts einer langgestreckten Moorfläche, den Paludi di Misurina, entlang zum *Alb. Col S. Angelo* (1791 m) am höchsten Straßenpunkt. Hier zweigt ein Sträßchen ab, das sich gleich wieder teilt: re zum Misurinasee, li zum M. Piana (6 km), gradaus zum Rif. Auronzo am Fuß der Drei Zinnen; neue, breit ausgebaute Autostraße, etwa 9 km, Mautgebühr.

Die Hauptstraße führt in 5 Min. in eine der schönsten Dolomitenlandschaften, zum reizvollen, hellgrünen *Misurinasee* (1755 m). In der Umgebung des Sees prächtige Spaziergänge und Bergwanderungen, wie: um den See 1 St., zur Popenahöhe 1 1/4 St., auf den Col di Varda (2201 m, Sessellift) 1 1/4 St. usw.; über Bergwanderungen s. S. 304, 305.

Im O des Misurinasees ragen die Zacken und Nadeln der Cadini, n der Rautkofel, nö die Westliche und Große Zinne, Toblinger Knoten, Dreischusterspitze, s die Gruppe der Marmarole, Antelao und bes. auffallend die Felsbastion des Sorapis.

Der See ist 925 m lang und mißt an der breitesten Stelle 325 m; mittlere Tiefe nur 3,6 m. Hier fanden 1956 die Eiswettläufe der Winterolympiade statt. — In der Schenkungsurkunde des Bayernherzogs Tassilo II. an das Stift Innichen vom Jahr 788 wird auch Maserola (Misurina) genannt.

Die Straße nach *Cortina* zweigt 25 Min. s des Misurinasees von der nach Auronzo führenden Straße re ab, überquert die alte österreichisch-italienische Grenze und führt durch Wald in Cassianer Schichten allmählich bergan. Während dieses kurzen Anstieges entwickeln sich die Berge im S großartig. Der hohe, rotgefärbte Mauerwall des Sorapis, der einen kleinen Gletscher umschließt, die Berge der Marmarole mit ihren schneebedeckten Karen, scharfen Spitzen und Türmen, die Zackengruppe der Cadini und die weiten Wälder geben ein wundervolles Bild. Nach fünf Kilometer Fahrt erreicht man die weite Paßhöhe von *Tre Croci* (1808 m) mit dem Grand-Hotel. Von hier Prachtblick auf den Cristallo (3216 m) und den Piz Popena (3152 m).

Der Paß erhielt den Namen von drei Kreuzen, die zur Erinnerung an eine hier 1709 mit ihren zwei Kindern erfrorene Ampezzanerin errichtet wurden.

Das prächtig grüne, reichbesiedelte Ampezzotal liegt nun vor uns. Neue Berge zeigen sich im W: die Gruppe der Tofanen, li davon über dem Falzaregopaß der Col di Lana und hinter dem Nuvolau die schneebedeckte Marmolata, der höchste Gipfel der Dolomiten. In unmittelbarer Nähe der M. Cristallo mit seiner kahlen, bald in Wände, bald in vereinzelte Pfeiler und Grate aufgelösten Südseite. Auf der Straße von *Tre Croci* nach *Cortina* hinunter wird die Aussicht auf die Ampezzaner Berge frei (1,5 km nach Tre Croci an der Straße die Talstation der Cristallo-Gondelbahn). An die Wände des Cristallo reiht sich nun der Pomagagnon, im SW der Nuvolau, die Zacken der Croda da Lago, der Felsengiebel des Becco di Mezzodì und der Riesenturm des Pelmo. Die Straße führt im *Bigontinatal* abwärts durch Wäldchen und Wiesen auf Cassianer Schichten zum (1 St.) Weiler *Alverà* und weiter in das Städtchen (20 Min.) *Cortina.*

Bergtouren von Misurina aus

Auf den M. Piana (2325 m). 1½ St. Sehr lohnend. Straße von Misurina, nur für kleinere und mittlere Autos befahrbar, steil und gefährlich, keine Schutzbauten, viele Kurven (vgl. auch S. 301)

Vom Nordufer des Misurinasees, ö des Alb. Bellavista, das auf einem bewaldeten Riegel aus Cassianer Schichten steht, zur nahen Straßenteilung (rechts zum Rif. Auronzo, li nach Schluderbach). Nun n auf der im ersten Weltkrieg gebauten Straße, die an den Hängen des Colle della Selva und des Colle delle Saline (Cassianer Schichten, darüber Schlerndolomit) emporsteigt, dann in weiten Kehren das kahle, von verfallenen Schützengräben durchfurchte Plateau gewinnt, zum bewirtschafteten *Rif. Bosi* und auf die Südkuppe des M. Piana, der ganz aus Schlerndolomit besteht (über Aussicht usw. s. S. 301).

Zum Rif. Auronzo, früher Longeres B. Caldart (2320 m) am Fuß der Drei Zinnen. Neue, breit ausgebaute Autostraße mit Mautgebühr. Auf Fußweg teilweise abzukürzen (re von der Straße). Von der Hütte prächtige Übergänge nach Sexten und Innichen. — Das Schutzhaus, am 17. April 1955 bis auf die Grundmauern abgebrannt, nun großer Neubau,

Auf dem Weg zur Zsigmondyhütte in den Sextener Dolomiten.
Rechts der Zwölfer.

hotelmäßig, 12 Zimmer mit Bad, 60 B, 40 Lager; großer Parkplatz

Fußwanderer benützen zunächst die Straße, passieren die re abgehende Abzweigung zur Fonda-Savio-Hütte in den Cadinspitzen und gehen so lange weiter, bis re ein alter Fahrweg abzweigt; auf ihm erreicht man in 2 St., im oberen Teil die letzten Straßenkehren abkürzend, die *Forcella Longeres* mit dem *Rif. Auronzo,* wo Raibler Schichten zutage treten.

Das abgebrannte Schutzhaus wurde 1925 von der Sektion Cadore des CAI erbaut; jetzt neuzeitliche große Wirtschaft. Im Sommer Autobusverkehr von Misurina zur Hütte. Prächtige Aussicht, herrliche Schau hinab nach Auronzo.

Durch die Cadinspitzen — prächtige Höhenwanderung durch eine einsame, wildschöne Dolomitgruppe, die den Drei Zinnen s vorgelagert ist.

Ein Stück auf der oben erwähnten Straße bis zur Tafel („Rif. Fonda Savio"), wo nach re ein Fahrweg in den Wald abzweigt. Nach 1 km Talstation einer Materialbahn. Von hier auf gutem Weg in $1^{1}/_{4}$ St. zur neuen Hütte. Von dort führt der an einigen Stellen mit Drahtseilen gesicherte „Bonacossa-Weg" in n Richtung zur Auronzohütte ($1\frac{1}{2}$ St.) oder gegen Süden (ebenfalls versicherte Steiganlage) zum Col di Varda und nach Misurina.

Vom Rif. Auronzo über den Paternsattel zur Dreizinnenhütte, ital. Rif. Locatelli, und weiter zur Zsigmondyhütte
$3^{1}/_{2}$ St. Prächtige, leichte Wanderung auf bez. Wegen. Großartige Dolomitenlandschaft. Abstieg nach Sexten-Innichen

Auf vielbegangenem Weg erst ö an einer Kapelle und dem Rif. Lavaredo vorbei, dann nö dem schuttbedeckten Fuß der Drei Zinnen entlang zum ($^{3}/_{4}$ St.) *Paternsattel*, ital. *Forcella di Lavaredo* (2450 m). Kleines Schutzhaus ohne Übernachtungsmöglichkeit. Links die Nordwand der Kleinsten Zinne; gegen N Blick auf Schwalbenkofel und Toblinger Knoten. Vom Sattel jenseits unter den Hauptdolomit-

Die Zsigmondyhütte in den Sextener Dolomiten.

felsen des Paternkofels zwei Wege hinüber zur (3/4 St.) bewirtschafteten Dreizinnenhütte (2438 m), die auf Raibler Schichten steht (Näheres S. 357). Großartige Umgebung. Von dort auf mit 1 bez. Weg sö fast horizontal über die weiten Schutthalden unter den Bödenknoten hin (Aussicht auf die wuchtige Dreischusterspitze), dann durch eine kleine felsige Mulde aufwärts zum (1 St.) *Büllelejoch* (2522 m; mit einfach bewirtschafteter Hütte); herrlicher Blick auf den gewaltigen Zwölferkofel. Ein tadelloser Weg führt durch Felsen ö fast waagrecht hinüber zum (1/4 St.) *Oberbachernjoch*, ital. *Passo del Rio di Sopra* (2528 m); Blick ins obere Bacherntal und auf den großartigen Elferkofel, ganz nahe der mächtige Zwölferkofel. Vom Joch leitet der bez. Steig ö über steinige Böden des Schlerndolomits hinab zur (1/2 St.) bewirtschafteten *Zsigmondyhütte* (25 B). Nördlich auf mit 3 bez. Weg durch das Bacherntal hinaus zum (1 1/2 St.) prächtigen *Fischleinboden* und weiter nach (1 St.) *Sexten.*

Vom Rif. Auronzo auch folgender Weg (kürzer, 3 St., aber nicht so schön) zur Zsigmondyhütte: Vor dem Paternsattel bei Mauerresten von dem oben beschriebenen Weg re ab, an dem kleinen *Lavaredosee* vorbei, dann kurz abwärts, im Bogen um die Felsen des Paßportenkopfes und nach N hinauf, bald jedoch wieder nach O. Bei dem kleinen *Lago di Cengia* (2327 m) wendet der mit 4 bez. Weg n über Schutt in eine begrünte Mulde, dann re hinauf zum *Oberbachernjoch* (2528 m), von dem er ö zur Hütte hinableitet.

Die Drei Zinnen, ital. Tre Cime di Lavaredo. Das Rif. Auronzo ist der beste Stützpunkt für die Besteigung der berühmten Drei Zinnen, einer großartigen Bildung des Hauptdolomits. Die Große Zinne (2998 m), von dem Erschließer der Dolomiten, dem österreichischen Bergsteiger Paul Grohmann, im Jahr 1869 mit den Führern Peter Salcher und Franz Innerkofler erstmals erstiegen, ist auf dem gewöhnlichen Weg für geübte Kletterer verhältnismäßig unschwierig zu erreichen. 4 St. vom Schutzhaus. Weitumfassende Rundschau. — Die *Westliche Zinne* (2973 m), von Georg Ploner mit dem berühmten Dolomitenführer Michel Innerkofler 1879 zuerst erstiegen, ist schwieriger zugänglich. Zeitaufwand gleichfalls 4 St. vom Schutzhaus. — Sehr schwierig ist die *Kleine Zinne* (2856 m). Sie galt lange als unersteiglich und widerstand den besten Kletterern früherer Zeiten, bis endlich der verwegene Felsklimmer Michel Innerkofler, nach dem später ein Turm in der Langkofelgruppe benannt wurde, 1881 mit seinem Bruder Johann auch diese bezwang. Die erste Ersteigung der Kleinen Zinne bedeutet in der Geschichte des Bergsteigens den Beginn einer neuen Zeit. Nicht nur, daß hier ein untergeordneter Gipfel bloß wegen seiner herausfordernden Gestalt erstiegen wurde, es reichte auch keine der vordem ausgeführten Klettertouren an diese heran. Die gewohnten Anschauungen über das im Fels Mögliche erfuhren dadurch eine Verschiebung, damit aber auch die Wahl der Ziele. Der Ruhm der Kleinen Zinne war bald verblaßt, kam jedoch durch einen ihrer Nebenzacken, die *Kleinste Zinne* (etwa 2700 m), bei Sportkletterern zu neuem Ruf, bis die Große Zinne mit ihrer Nordwand und die Nordwand der Westlichen Zinne an ihre Stelle traten.

Von Schluderbach übers Gemärk nach Cortina

OSPITALE, deutsch St. Blasius (1498 m), an der Ampezzaner Straße (Strada d'Alemagna), 8 km von Schluderbach, ein ehemaliges Hospiz, das im 13. Jh. gegründet wurde, lag im ersten Weltkrieg mitten im Kampfgebiet. Das zu einem Gh. ausgebaute Hospiz wurde zerstört, die auf der anderen Straßenseite liegende, 1226 geweihte Kirche schwer beschädigt. Kirche und Gh. sind neu erstanden. In der Kirche Reste alter Fresken, außen Wandgemälde aus der zweiten Hälfte des 14. und dem 15. Jh., venezianische Schule. Das an der Südwand der Kirche angebrachte Gemälde St. Christophorus bezeugt, daß wir es hier mit einem Pilgerhaus an einst wichtiger Verkehrsader zu tun haben. — Ospitale ist Ausgangspunkt für Wanderungen zur Seekofelhütte, durch das Fanestal nach St. Cassian oder St. Vigil, durch das Travenanzestal zum Falzaregopaß, über Som Forca nach Tre Croci oder Cortina usw.

Der Straßenzug auf- und abwärts von Ospitale bietet prächtige Ausblicke auf die Berge und führt mitten durch das Kampfgebiet von 1915 bis 1917. — Gegen den flachen Sattel des *Gemärks*, ital. *Cimabanche*, höchster Straßenpunkt (1529 m), hinauf, führt die Straße an der Mündung des kleinen Gottrestales, dann an den oft ausgetrockneten Tümpeln des Lago Nero und Lago Bianco (beide rechts) vorbei. Die ganze Gegend bis hoch auf die Berghänge war einst von Schützengräben durchwühlt, der Wald auf weite Strecken vernichtet.

Die österreichischen Stellungen gingen von der Croda d'Ancona quer über den Rufreddo zu der Westrippe des Foramestockes; sie sperrten den Zugang nach Schluderbach und sicherten die Verbindung aus dem Gottrestal nach dem Gemärk. Schwere Kämpfe fanden hier besonders in der Zeit vom 8. bis 11. Juni 1916 statt, als die Italiener mit starken Kräften vergeblich durchzubrechen suchten.

Großartig entfaltet sich zur Rechten der nach Schluderbach führenden Straße der Hauptdolomit der Cristallogruppe, n erscheint der rotgestreifte Wandbau der Hohen Gaisl; die Schönheit der Landschaft erreicht auf der Höhe des Gemärks ihren Glanzpunkt.

Auf der Straße von *Ospitale* abwärts, angesichts der zu gewaltigen Höhen aufsteigenden Tofana di Mezzo (3241 m) und Tofana di Dentro (3232 m), auf deren Felsgerüsten Schneefelder leuchten, gewinnt man bald Einsicht in das von SO mündende Val Grande, aus dem die Zacken des Pomagagnonzuges blicken. Man überschreitet den *Ponte d'Ancona* (1494 m), und nun beginnt sich die Straße zu senken.

Bei Kilometerstein 24 zweigt li ein Fußweg ab (La Curta oder Via del Ponte Felizon), der zur Brücke über den Felizonbach und weiter zur Ampezzaner Straße hinabführt, die dadurch um 1/2 St. gekürzt wird.

Die plattengepanzerte Ostwand des M. Vallon Bianco (2688 m), unten Hauptdolomit, oben Jurakalk, zieht beim Weiterweg den Blick auf sich. Die Straße wendet mit weit nach N ausgreifender Kehre (re oben die Ruine des im ersten Weltkrieg zerstörten Jagdschlosses St. Hubertus) um den Felsen von *Peutelstein*, ital. *Podestagno* (1508 m), und zieht dann hoch über dem Boitebach nach Cortina hinab.

Auf dem Felsen von Peutelstein stand einst ein festes Schloß. Seine Entstehung reicht ins frühe Mittelalter zurück. Zum erstenmal genannt wird das Schloß in einer Urkunde vom Jahr 1346, nach der Peutelstein als tirolisches Lehen an Degen von Villanders verpfändet wurde. Bald erzwang sich jedoch die Republik Venedig den Besitz und behauptete ihn bis 1511. Nach zweimaliger Belagerung ergab sich dieser nördlichste Punkt der Republik am 20. Oktober 1511 dem Feldherrn Maximilians I., Leonhard von Völs-Colonna, schon nach zwei Tagen. Am nächsten Tag zog der Kaiser, der in Toblach weilte, in Peutelstein ein und hielt sich da mehrere Tage auf. Mit dem Fall der Feste kam das ganze Tal Ampezzo in den Besitz Maximilians und zu Tirol. Peutelstein erhielt eine kleine Besatzung mit einem Hauptmann als Vertreter des tirolischen Landesfürsten und zum Schutz über Ampezzo. Einige Jahre nach der Einnahme Peutelsteins brach dort die Pest aus und verheerte ganz Tirol. Unter der Regierung Kaiser Josefs II. wurde die Feste aufgelassen. Sie kam mit den dazugehörenden Gütern an die Gemeinde Cortina, die sie an Bauern weiterverkaufte. Die Schloßgebäude wurden allmählich abgetragen und die letzten Reste 1866 in der Folge von Kriegsmaßnahmen gesprengt.

Der Felsen, auf dem das Schloß stand, wurde im ersten Weltkrieg von den Italienern zu einem starken Stützpunkt ausgebaut. Er ist durchbohrt, und in verschiedenen Stockwerken waren Geschütze und Maschinengewehre untergebracht, die nach allen Seiten Ausschuß hatten.

Bergwanderungen von Ospitale aus

Auf den Col di Stombi (2169 m) und Zurlon (2353 m)
3 St. Auf alten Kriegswegen leicht ersteigbar. Malerische Rundschau

Vom Gh. Ospitale hinab zum Stationsgebäude, dann über den Felizonbach und in den Wald (Wegtafel). Ein guter, rot bez. Weg führt sw in das *Val Grande.* In diesem etwa 20 Min. auf Fahrweg empor, dann li ab und auf verfallenem Weg ein kurzes Stück neben einem Bach hinan. Der Weg biegt bald nach li, zieht nordwärts den bewaldeten Hängen entlang und erklimmt dann mit vielen Kehren die Höhe eines Rückens. Von hier re hinauf zur Felskuppe des *Col di Stombi,* einst italienische Artilleriestellung. Auf interessantem Frontweg sö dem felsigen Grat entlang zum Zacken *Zurlon.* Beschränkte, jedoch malerische Aussicht auf die Berge der w Cristallogruppe; nahe w der Zug des Pomagagnon; im N die Hohe Gaisl (Croda Rossa). Schöne Talblicke. — Man befindet sich nun auf der großartigen, gesicherten Steiganlage „Ivano Dibona“, die bis zum Cristallo-

Mittelgipfel zieht (viel günstiger im Abstieg mit Benützung des Cristallo-Lifts; nur für Geübte).

Über Som Forca (2113 m) nach Tre Croci oder Cortina 2 1/2 bzw. 3 1/4 St. Guter Weg. Landschaftlich sehr schöner Übergang

Wie oben von Ospitale in das *Val Grande*. In dem auf der li Seite von Zurlon, Vecchio del Forame und Cresta Bianca, auf der anderen Seite vom Zug des Pomagagnon begrenzten Tal (alle aus Hauptdolomit) auf gutem Weg erst durch Wald, dann über Grasböden zum (2 St.) breiten Paßeinschnitt *Som Forca* im Talabschluß, wo Raibler Schichten streichen. Schöner Blick auf den Sorapisstock und die Bergumrahmung von Ampezzo. — Dieser Paß wurde schon im Jahr 1508 im Winter vom Kriegsvolk des Kaisers Maximilian I. überschritten. — Jenseits auf Fahrweg li (sö) in ein Tälchen hinab, dann zu steinigen Grasböden, über die der Weg zum (1/2 St.) Paß *Tre Croci* (1808 m) hinüberführt.

Bei der ersten Kehre auf der Südseite des Passes Som Forca zweigt re ein Steig ab, der steil abwärts führt, dann re wendet und bei Lareto die Autostraße Tre Croci — Cortina erreicht. Von Som Forca bis Cortina auf diesem Weg 1 1/4 Stunden

Som Forca ist Mittelstation des oben erwähnten Cristallino-Gondellifts von Ponte Gere zur Forcella Staunies (1220 m Höhenunterschied).

Über die Forcella di Lerosa (1985 m) zur Alpe Stua im Campo-Croce-Tal. 2 St. Interessante Wanderung

Von Ospitale entweder direkt ansteigend oder (bequemer) 2,5 km talaufwärts ab Straße beim Postenhäuschen eines Militärlagers (Wegtafel mit Nr. 8; Parkmöglichkeit) hinauf ins kleine *Gottrestal*. In diesem weiter zur (1 1/2 St.) *Forcella di Lerosa*. Jenseits des Sattels ehemals kleiner österreichischer Soldatenfriedhof. — Der s aufragende breite Felsrücken des *M. Cadin* (2363 m) aus Jurakalk ist auf altem Frontweg in 3/4 St. zugänglich. Lohnende Aussicht, prächtige Talblicke.

Vom M. Cadin senkt sich gegen O ein steiler, felsiger Rücken, den nach etwa 200 m ein großes Loch, der *„Foro dei Cadin"*, durchbricht. Nach einer Ampezzaner Sage soll dieses Loch der Teufel hinterlassen haben, als er vor den ersten Christen aus dem Tal flüchten mußte. Noch weiter ö erhebt sich in diesem Rücken die im Krieg heißumkämpfte *Croda dell'Ancona* (2142 m), zu der vom Lerosa-Sattel mehrere Kriegswege hinaufführten.

Vom Lerosa-Sattel aus wird auch die *Hohe Gaisl* oder *Croda Rossa* (3139 m) bestiegen, eine großartige, aber beschwerliche Felstour, nur für geübte Bergsteiger mit Führer.

Von der Forcella di Lerosa auf einem Karrenweg nw über Grashänge und durch Wald hinab zur (1/2 St.) *Alpe Stua* (1688 m) im Campo-Croce-Tal. Neben der Hütte einst ein großer Soldatenfriedhof; Steinbruch im roten „Marmor". Von Stua führen gute Wege über Fodara Vedla in das Rautal und nach St. Vigil (S. 250) oder n zur Seekofelhütte (S. 314); ein Fahrweg leitet s hinab nach Peutelstein an der Ampezzaner Straße.

Über die Forcella Bois (2330 m) zum Falzaregopaß (2117 Meter). 5 1/2 St. Bez. Wege (401). Einer der schönsten Dolomitenübergänge

Von Ospitale auf der Straße in 3/4 St. bis zur großen Kehre bei Peutelstein. Hier vor der Wegtafel, die zur Seekofelhütte, ital. Rif. Biella, weist, von der Straße re ab auf anfangs kaum erkennbarem Weg (verblaßte Markierung!) im Wald hinab zu einem begrünten Boden (*Pian de Loa),* wo Boite- und Travenanzesbach zusammenfließen. Hieher gelangt man von *Cortina* oder auch von *Fiames,* indem man bald hinter der Osteria di Fiames von der Straße li abbiegt und einem Fahrweg folgt, der dem Boitebach entlang talein führt. — Auf dem Pian de Loa zunächst über den Boite, der von N aus dem Campo-Croce-Tal kommt, dann li über den Travenanzesbach und nachher auf breitem Saumweg im Wald sw zum *Ponte Alto di Progoito* (1458 m), einer Brücke über die tiefe, enge Klamm, in der der Travenanzesbach schäumt (s. S. 249). Nun noch einige Min. auf dem steinigen Weg w empor zu einer Wegtafel (rechts in das Fanestal). Der Weg ins Travenanzestal führt li durch prächtigen Wald fast eben fort, an einem Tümpel vorbei, dann s auf dem *Ponte Cadoris* (1462 m) neuerlich über den Travenanzesbach, der sich ein tiefes Felsbett gegraben hat. Der Weg wird steiler und biegt bei einer Wegtafel re durch den Wald in das *Travenanzestal.* Jenseits des Baches über begrünter Höhe großartig die hohe Plattenwand des M. Vallon Bianco (2684 m), unten Hauptdolomit, oben Jurakalk. Mit geringer Steigung talein zu einer durch vortretende Felswände gebildeten Talenge. Wasser stäubt von überhängender Wand und beim Weiterweg werden li oben in den Felsen die Spuren eines kühnen Leiterweges sichtbar, der zu den österreichischen Feldwachen im Nordabfall der Tofana di Dentro hinaufführte. Unser Weg überschreitet den Bach und geht auf einen schönen Weideboden *(Pian di Travenanzes)* hinaus, dann mit Kehren über eine Talstufe, von Krummholz überzogen, hinauf zur *Kaser von Travenanzes* (1961 m), einer verfallenen Hirtenhütte, in deren Umgebung Raibler Schichten zutage treten (3½ St. von Ospitale).

Hier ist das Tal großartig; es ist ein Bild, wie man es auch in den Dolomiten nicht oft findet: die über 1200 m hohen, gebankten und von Bändern durchzogenen Wände der drei Tofanagipfel. Die Gipfelregion besteht aus verschiedenen Jurakalken, auch etwas Kreidegestein kommt da vor. Im W überaus kühn der Fanisturm, daneben die Punta Nord, der M. Cavallo und der M. Casale, alle mit zahlreichen Spuren von Wegen und Frontstellungen des ersten Weltkrieges.

Aus dem Kar zwischen den Tofanawänden stürzt der Wasserfall der *Fontana Negra.* Links davon kann man auf einem Steiglein durch das Kar, Il Masarè benannt, zur *Forcella di Fontana Negra* (2588 m) steigen, wo das *Rif. Giussani* steht. Ein bedeutend kürzender Klettersteig, der mit Eisenklammern durch die schwarze Wand re vom Wasserfall emporführte, wurde im ersten Weltkrieg ungangbar gemacht, dafür ist jetzt die Scala Menighel da.

Von der Hirtenhütte steigt unser Weg über steinige Grasböden in Raibler Schichten und auf einem blockbedeckten Hang zur obersten Stufe des Tales, wo einst die *Wolf-Glanvell-Hütte* stand. Von dem Bau sind nur noch spärliche Mauerreste zu sehen. Wir befinden uns inmitten eines ehemaligen Kampfgebietes des ersten Weltkrieges. Den Italienern war es gelungen, von der Forcella di Fontana Negra in das Kar Il Masarè abzusteigen, dort wurde ihnen aber nach schwerem Kampf der Weiterweg ins Tal von den Kaiserjägern verwehrt. — Vom Platz, wo die Wolf-Glanvell-Hütte stand, führt der Weg (rot bez.) zum Bach hinab, dann auf dessen rechter Seite unterhalb der Schutthalden, die die Tofanawand umsäumen, im Tal aufwärts.

Die großen Felsblöcke im Tal und an den Hängen waren Stützpunkte und Schlupfwinkel der Verteidiger. Auf der w Talseite, unterhalb der Lagazuoispitzen, stand das „Gasser-Depot", mitten im Blockgewirr liegen der „Gespaltene Fels", von den Italienern Sasso Misterioso genannt, weiter oben der „Dreieckige Fels" und der „Küchenfels". Links zieht eine steile Schuttrinne zur Forcella di Rozes, der Scharte zwischen Tofana di Rozes und Punta Col dei Bois, hinauf. Diese Rinne war der Zugang zu dem von den Österreichern besetzten „Schreckenstein".

Nach einstündigem Steigen (von der Kaser) ist die Höhe der *Forcella Bois* (2330 m) erreicht, die in Raibler Schichten liegt. Aussicht auf Antelao, die Cadoriner Berge, Croda da Lago und Pelmo.

Die Paßhöhe war seit 19. Juli 1915 in den Händen der Italiener, bald darauf auch die Gipfel der drei Tofanen und die sw des Passes aufragende Cima Bois (2559 m). Den kleinen, zackigen Vorbau der Tofane di Rozes, der sich ö des Passes erhebt, vor dem Krieg bei Bergsteigern als *Punta Col dei Bois* (2657 m), während des Krieges jedoch als „Schreckenstein" bekannt, hielten die Österreicher besetzt. Um diese wichtige Stellung, die einen Teil der Großen Dolomitenstraße beherrschte und sich wie ein Keil in die italienische Front schob, entspannten sich heiße Kämpfe. Die Italiener scheuten kein Mittel, um in den Besitz dieser Stellung zu kommen, und so wurde sie unterminiert; die Besatzung sollte in die Luft gesprengt werden. Tag und Nacht arbeiteten die Italiener mit drei elektrischen Bohrmaschinen. Anfang Juli waren sie mit ihren Bohrarbeiten fertig. Durch die Tofanawand war eine Tunnelreihe angelegt und unter der österreichischen Stellung eine große Sprengkammer eingebaut. Sie wurde mit 35 Tonnen Spreng-Gelatine geladen (siebenmal stärker als für die Sprengung des Col di Lana). Die Besatzung war über die Lage der Sprengkammer wohl unterrichtet, hatte aber keine Mittel zu einem Gegenunternehmen. — Am 11. Juli 1916 um 3 Uhr 20 Min. früh erfolgte die langerwartete Sprengung. Mit unheimlichem Donner und unter großem Feuerschein hob sich der südl. Teil des Berges. Der Boden zitterte wie bei einem Erdbeben, gewaltige Steinmassen wurden in die Höhe geschleudert und flogen bis auf 4 km Weite in der Luft herum; unter starker Gas- und Rauchentwicklung stürzte die Gipfelkrone der Punta Col dei Bos zusammen. Unmittelbar nach der Sprengung setzte äußerst heftiges Artilleriefeuer aus mehr als hundert italienischen Geschützen auf die ganze Stellung ein. Starke italienische Infanterieangriffe folgten; sie wurden abgewiesen. Um 6 Uhr abend desselben Tages stiegen im Schutz des Nebels feindliche Infanteriegruppen von den Tofanawänden herunter und nahmen die Besatzung dieses „Schreckensteins" unter Infanteriefeuer; 14 Tote und viele Verwundete waren zu beklagen. Doch wurde die Stellung von den Österreichern trotzdem behauptet; die erschöpfte Mannschaft fand Schutz in drei kleinen Kavernen. Durch die vielen Maschinengewehre auf der Tofana beherrschten die Italiener nun den Südrand des Sprengtrichters, der Nordrand wurde von den Österreichern noch bis zum 30. Juli gehalten. Darnach räumte man den „Schreckenstein" vollends, und es wurden neue Stellungen gehalten. — Seit 1966 kann man von S her (Weg 404) die Stellungen des Castelletto auf gesicherter Steiganlage besichtigen. Außerdem führt hier ein Klettersteig (nur für Geübte) weiter zum *Rif. Giussani* (früher Cantorehütte).

Von der Forcella Bois lohnender Abstecher zur sw aufragenden Cima Bois (2559 m). Verfallene Frontsteige führen auf der Südseite (3/4 St.) zum Gipfel; prächtige Rundsicht.

Vom Joch jenseits den roten Marken folgend bergab zu einem verfallenen Kriegssträßchen, das in Kehren abwärts führt und unterhalb der Felsen der Cima Bois westwärts wendet. Nach einem kurzen Tunnel teilt sich das Sträßchen: li hinab zur Großen Dolomitenstraße und nach (3 St.) *Cortina*. Wer zum *Falzaregopaß* will, folgt einem verfallenen Weg gegen W, von dem ein Zickzacksteig zum (1 St.) ehemaligen Hospiz nahe des Passes hinableitet. Vom Falzaregopaß mit seinen zwei Hotels Autobusverkehr nach Cortina, anderseits nach Andraz, Pieve di Livinallongo usw. Von der Großen Dolomitenstraße auch auf der Ampezzaner Seite, ö vom Alb. Menardi, auf bez. Weg südwärts zum (2 St.) Rif. Cinque Torri (S. 116; auch Sessellift).

Von der Ampezzaner Straße (Strada d'Alemagna) zur Seekofelhütte, ital. Rif. Biella, und auf den Großen Seekofel

(2810 m). 4 bzw. 5 St. Schöne, nicht anstrengende Wanderung. Übergang zum Pragser Wildsee und ins Pustertal

An einer der großartigsten Stellen der Ampezzaner Straße, bei der Wendung „La Torniche" nw von Peutelstein, öffnet sich nordwärts das Tal von Campo Croce, und hier zweigt auch der 16 km lange Fahrweg zur Seekofelhütte ab. Zu dieser Straßenwendung kommt man von *Ospitale* in 3/4 St.; von *Cortina* kommt man mit dem Autobus dorthin. Am nördlichsten Punkt der Straßenwendung zweigt ein Fahrweg ab (Wegtafel), der nordwärts mit mäßiger Steigung im engen Tälchen von Campo Croce durch Wald, zuletzt etwas steiler über Jurakalke zur Wiesenfläche der (1 1/4 St.) *Alpe Stua* (1695 m) führt. Wirtshaus; bis hierher Autoverkehr erlaubt. — Weiter talauf zur grünen Talweitung *Campo Croce* in Kreidegestein. Hier zweigt li ein Weg nach Fodara Vedla ab. Der Weg zur Seekofelhütte steigt ziemlich hoch die Lehne hinauf und zieht dann am w Hang des Val della Salate aufwärts bis zu Mulden nahe der Sennesalpe. Hier vom breiten Fahrweg, der sich w dem Rautal zuwendet, ab und auf schmälerem Weg einige Min. in der Mulde empor zu einer neuerlichen Wegabzweigung (gradaus zu der im nächsten Kessel liegenden Sennesalpe mit Schutzhaus). Nun auf gutem Weg scharf nach re (ö) an dem erdigen Hang der Siores (2333 m) hin, dann nordwärts über die buckelige, grüne Hochfläche der Fossesalpe hinan und schließlich im Bogen nach re zu der schon lange sichtbaren (2 1/2 bis 3 St.) *Seekofelhütte* (2350 m). Sommerwirtschaft (20 B, 20 Matr.)

Über die Besteigung des (1 1/4 St.) Großen Seekofels und den Abstieg zum Pragser Wildsee s. S. 331

Von der Ampezzaner Straße (Strada d'Alemagna) durch das Fanestal zur Alpe Groß-Fanes (2104 m). 4 bzw. 4 1/2 St. Bez. Weg. Lohnende Wanderung durch eines der schönsten Dolomitentäler. Übergang nach St. Cassian oder St. Vigil. (S. 270 und S. 247 in umgekehrter Richtung)

Von Groß-Fanes auf die Punta Col Becchei di Sopra (Pareispitze; 2794 m). Für berggewohnte Geher leichte, überaus lohnende Tour. Bester Ausgangspunkt das Rif. Fanes auf der Nordseite des Limojoches (S. 247).

Die schönste Bergtour von Groß-Fanes ist die Besteigung der Punta Col Becchei di Sopra, des höchsten Punktes der im N über dem Fanestal hinziehenden Bergkette. Der Aufstieg ist nicht schwierig. Vom *Limosee* s unterhalb des gleichnamigen Joches führt ein alter Kriegssteig zu den am Südhang des Bergzuges liegenden Weidemulden (Colli Becchei) hinauf, dann weiter zu den Schutthalden im W des Gipfels. Hier biegt man li ab und steigt über Schutt und kleine Felsstufen zum Grat, auf dessen Höhe man zum Gipfel kommt. Hervorragende Aussicht, die selbst jene vom Pragser Seekofel und Nuvolao übertrifft. — Südlich des Gipfels Quarzkonglomerate und Sandsteine aus der jüngeren Kreidezeit (sog. Gosau-Schichten).

Ein anderer unschwierig zugänglicher Gipfel im Gebiet der Alpe Groß-Fanes ist der *M. Casale* (2896 m) im Scheidekamm zwischen Fanes- und Travenanzestal (auf der FB-Karte nicht verzeichnet, zwischen M. Cavallo und M. Castello). Man ersteigt ihn, indem man von der Alpe einige Min. dem zum Tadega-Paß führenden Weg folgt, dann li auf einem alten Frontweg in das Vallon Bianco (ö der Cime di Campestrin) abbiegt. Am Eingang große Trümmerhalden eines Bergsturzes, die der Weg li umgeht. Unter dem turmartigen Bau des M. Castello s weiter in die Scharte n des M. Casale und von dort über einen morschen Rücken, in dessen Mitte einmal re ausweichend, zum Gipfel (2½ St. von Groß-Fanes). Großartige Aussicht.

M. Casale und M. Cavallo sind auch aus dem Travenanzestal in 2½ bis 3 St. über lange Schutthalden ohne Schwierigkeiten zugänglich. Beide Wege haben die Markierung 17 und werden als Übergang jetzt häufiger benützt, da hier die Dolomiten-Route Pustertal — Belluno (Nr. 1 in blauem Dreieck) durchführt.

Das ganze Gebiet um den Monte Vallon Bianco bzw. Castello und Cavallo ist seit wenigen Jahren durch den „Friedensweg" *(Via della pace)* sehr gut erschlossen und auch mit Stützpunkten versehen. Ausgangspunkt ist die Alpe Großfanes, die Markierung ist VB. – Die Arbeiten an diesen alten Kriegswegen haben auch die „Dolomitenfreunde" unter Oberst Prof. Schaumann geleistet.

CORTINA D'AMPEZZO UND SEINE UMGEBUNG

Cortina (1210 m), Städtchen mit 9000 Einw., der weltbekannte Wintersportplatz und Schauplatz der Olympischen Winterspiele 1956, liegt inmitten eines sanftgewellten Talbeckens am li Ufer des Boite. In der Runde lagern kleine Weiler mit schmucken Häusern, umgrünt von Wiesen und Wäldern, über denen sich kahle Dolomitenkolosse erheben. Cortina ist Standort für viele Ausflüge und Bergwanderungen und der wichtigste Verkehrsknotenpunkt in den Dolomiten. Hier kreuzen vier große Straßen: die Dolomitenstraße, die Straße von Toblach und jene von Cadore sowie die Strada di Valbona, die über Tre Croci zur Misurinastraße führt. — In Cortina Ärzte und Apotheken, Banken, Reisebüros, erstklassige Geschäfte aller Art; Wintersportanlagen, Drahtseilbahnen, Sessellifte, Eisstadion (auch im Sommer benützbar), Schwimmbad, zwei bewachte Campingplätze.

Unterkunft: In Cortina ist die Beherbergung von Reisenden ein alter Beruf, der zur Familientradition gehört und sich von den Vätern auf die Söhne vererbt. Während jedoch im Jahr 1870 drei Wirtschaften dem Verkehr genügten, sind es heute über 60 Hotels, Gasthöfe und Pensionen aller Art, die für Touristen, Sommerfrischler und Wintersportleute sorgen. Es ist hier nicht der Platz, alle diese Gaststätten namentlich anzuführen, darüber geben die Prospekte und das Fremdenverkehrsamt Cortina Auskunft.

Autobuslinien: Täglich Touristenfahrten auf der Großen Dolomitenstraße über Pordoijoch und Karerpaß (auch Sellajoch) nach Bozen, über Pordoijoch und Predazzo nach S. Martino di Castrozza und Fiera di Primiero, über den Falzaregopaß und Buchenstein nach Agordo; vom 15. Juli bis 10. September fünfmal täglich über Tre Croci zum Misurinasee, zweimal weiter nach Auronzo. Außerdem täglich Rundfahrten der Reisebüros in Cortina mit kleineren Kraftwagen.

Den Bergkranz um Ampezzo bilden folgende Gipfel: im NW und W Tofana, im SW Nuvolao, Cinque Torri und Croda da Lago, im S Becco di Mezzodì und M. Pelmo, im SSO Antelao, im SO Sorapis, im NO M. Cristallo, im N die langgestreckte

Mauer des Pomagagnon, daneben im Hintergrund Croda d'Ancona, Seekofel und Col Rosà.

In den Bergen um Ampezzo ist der Hauptdolomit mit seinen gebankten Massen herrschend, der nördl. in auffallender Form auf beiden Seiten dem Tal zu fällt. Das Ampezzotal liegt in einer Senkung, die quer zum ursprünglichen Faltenbau des Gebirges verläuft. Die Talhänge um Cortina bestehen aus Cassianer Mergeln und Wengener Tuffen, die zeitweise Schutt- und Schlammströme erzeugen. So wurde im Jahr 1434 das große Dorf Villalongo, das an der Stelle der jetzigen Häusergruppe Ronco stand, durch Abrutschungen gänzlich zerstört. Solche Vermurungen wiederholten sich später noch mehrmals. Sehr bedrohliche Bergrutsche fanden 1886 bei den nö ober Cortina am Bigontinabach liegenden Ortschaften Stoalin und Alverà statt, wobei Erdmassen auf eine Länge von mehr als 1500 m in Bewegung kamen.

Zu den Sehenswürdigkeiten von Cortina gehört vor allem die *Pfarrkirche* neben dem hohen, wuchtigen Glockenturm. Sie wurde im byzantinischen Stil um 1776 erbaut und hat Decken- und Wandgemälde von Franz Anton Zeiller aus Reutte und ein Hochaltarblatt von Giuseppe Zanchi. Auf den Seitenaltären li ein Bild von Luigi Gilarduzzi, re von Giuseppe Ghedina, beide aus Ampezzo. Auf dem Seitenaltar li ein Tabernakel von dem berühmten Bildschnitzer Andrea Brustolon aus Dont im Zoldotal (1662 bis 1732). — Sö unterhalb der Pfarrkirche die *Kirche zur Madonna della Difesa,* die der Sage nach um 1487 aus Dankbarkeit für die Hilfe der Gottesmutter bei einem feindlichen Einfall erbaut wurde. Oberhalb der Hauptstraße der Exbahnhof der Linie Cortina — Calalzo. Vor diesem steht das von Umberto Diano entworfene Denkmal für den Alpinigeneral Cantore, der 1915 auf der Tofana gefallen ist. — Auf der Piazza della Posta ein grober Dolomitblock mit dem Bronzebildnis von Deodat Dolomieu (1750—1801), nach dem das Dolomitgestein benannt wurde. Zu den Sehenswürdigkeiten Cortinas gehören auch das Olympia-Eisstadion und die Olympiaschanze im Vorort Zuel.

Im frühen Mittelalter stand (nach unsicheren Urkunden) das Tal Ampezzo, vereinigt mit der Grafschaft Cadore, eine Zeitlang unter der Herrschaft des Stiftes Innichen, das zum Bistum Freising gehörte; von diesem kam das Gebiet um das Jahr 1159 als Lehen von Freising an die Herren von Camino. 1335 starben die Herren von Camino aus. Sie waren auch Lehensträger der Patriarchen von Aquileja gewesen, und so erwarb Patriarch Bertrand das kirchlich bereits Aquileja unterstehende Gebiet auch weltlich dem Patriarchenstaat. Die Patriarchen gewährten 1354 dem Cadore ein Statut, das auch gleicherweise Ampezzo zukam. Aber 1420 ergriff die Republik Venedig Besitz von diesem Gebiet und setzte in Peutelstein einen Schloßvogt über das Tal.

Während der nahezu hundert Jahre dauernden venezianischen Herrschaft erhielt Ampezzo (1487) von der Republik für wichtige Dienste den Ehrentitel „Magnifica Communità“, den es noch heute führt. Im Verlauf des neunjährigen Krieges, den Kaiser Maximilian I. mit den Venezianern führte, besetzten 1508 die Deutschen Ampezzo, mußten es aber gleich darauf nach der verlorenen Schlacht bei Valle di Cadore wieder räumen. Der Krieg endete aber dann doch mit dem Gewinn von Ampezzo und des festen Schlosses Peutelstein. So wurde das Tal 1511 dem Land Tirol einverleibt, regierte sich jedoch selbst nach dem alten Statut von Cadore, das Kaiser Maximilian bei seiner Anwesenheit in Cortina Ende Oktober 1511 auf offenem Platz feierlich bestätigte. Ampezzo war nun Republik unter dem Schutz des Landesfürsten von Tirol, als dessen Vertreter der Schloßhauptmann von Peutelstein waltete; im Landtag war Ampezzo aber nicht vertreten. Dieser Zustand währte bis 1782, als Kaiser Josef II. im Zug seiner Reformen Ampezzo dem Kreis Pustertal anschloß. — Bei der allgemeinen Erhebung der Tiroler 1809 wurde auch in Ampezzo gekämpft. Baron Luxheim, richtig Anton Ferdinand d'Oulerich, „ein Abenteurer aus Schwaben“, besetzte gegen den Willen des Oberkommandanten Andreas Hofer Cortina mit einem 400 Mann starken Freikorps, in dem sich auch eine Anzahl Freiburger Studenten befand. Am 31. August 1809 griffen die Franzosen Cortina an; das Freikorps mußte fliehen und wurde bei Peutelstein beinahe aufgerieben, Cortina geplündert und zum Teil eingeäschert. 1810 war Bayern im Besitz Tirols; jedoch Ampezzo und Buchenstein kamen zum Departement della Piave des Königreiches Italien. 1813 war Ampezzo wieder mit Tirol und Österreich vereinigt.

Im ersten Weltkrieg gaben die Österreicher Cortina auf und verlegten die Verteidigungslinie in die Berge des Höhlensteintales. Der Ort wurde sofort nach der italienischen Kriegserklärung am 28. Mai 1915 von den Italienern besetzt und hat während des Krieges wenig gelitten. Nach dem Durchbruch am Isonzo 1917 mußten jedoch die Italiener die Dolomitenfront und damit auch Cortina räumen. 1918, nach dem Zusammenbruch Österreichs, kam Ampezzo an Italien und gehört jetzt zur Provinz Belluno; kirchlich blieb es jedoch noch bis 1964 bei der Diözese Brixen.

Ausflüge und Bergwanderungen von Cortina aus

Mit der Seilbahn auf das Belvedere (1549 m)

Die Bahn führt von Cortina sw zur Höhe des Belvedere (Schlerndolomit) an der Großen Dolomitenstraße. Talstation unten bei der Piazza Roma und dem Arlbergo San Marco. Die Schwebebahn, 1920 m lang, übersetzt den Boite und erreicht in 8 Min. die Bergstation. In der Nähe hoher Turm mit dem Ossarium von 4000 italienischen Soldaten und zwei großen Aussichtsterrassen. — 10 Min. sw an der Großen Dolomitenstraße die Hotelsiedlung Pocol.

Die Faloria-Seilbahn

Von der Piazza Venezia zum Grand-Hotel Ampezzo und re zur Talstation der Faloria-Seilbahn. Die Schwebebahn steigt in ö Richtung zur Zwischenstation *Mandres* (1478 m) und zum *Rif. Faloria* (2115 m). Länge der Bahn 2527 m, Höhenunterschied 888 m. Fahrtdauer etwa 12 Min. Stündlich eine Fahrt. Von der Bergstation mit Wirtschaft herrliche Aussicht. Die Schwebebahn ist jetzt bis zur Capanna Tondi di Faloria (2343 m) verlängert worden.

M.-Cristallo-Gondelbahn

Stehlift mit über 50 kleinen Gondeln, in jeder zwei Stehplätze. Der Lift ist ständig in Bewegung, Aus- und Einsteigen im Fahren. Talstation an der Straße Cortina — Tre Croci, etwa 1,5 km unterhalb der Paßhöhe. Bergstation mit Hütte auf der Forcella Staunies (2948 m); von hier seit 1970 der großartige, 12 km lange, gesicherte Klettersteig „Ivano Dibona" über den gesamten Nordgrat des Cristallo mit Abstieg nach Ospitale (s. auch S. 309).

Eine gigantische Seilbahn (Himmelspfeil) zur *Tofana di Mezzo* (3243 m) wurde im Sommer 1971 in Betrieb genommen.

Zum Lago Ghedina (1540 m). 1 St. Kleiner See in reizvoller Umgebung nw von Cortina

Auf den Col Druscie (1778 m). Bewaldeter Hügel am Ostfuß der Tofana mit Schutzhaus und Seilbahn. Bequem in

Die Nordwände der Drei Zinnen.

$1^3/_4$ St. Rundschau auf die Bergumrahmung Ampezzos. — Vom *Col Druscie* mit Sessellift weiter zum *Rif. Duca d'Aosta* (hierher auch schmale Fahrstraße, die ober Pocol abzweigt) und in einem dritten Abschnitt weiter mit Lift zum *Rif. Pomedes* zu Füßen der Tofana di Mezzo (gesicherter Klettersteig, der in 3 bis 4 St. zum Gipfel führt; nur für Geübte mit Führer)

Nach Tre Croci und zum Misurinasee. 2 bzw. $3^1/_4$ St. Prächtige, bequeme Wanderung. Auch Autobus

Die Straße führt am Bigontinabach nö über *Alverà* hinauf zum (2 St.) *Paß Tre Croci* (1808 m) mit Hotel. Über den Weiterweg nach Misurina und Schluderbach S. 302 in umgekehrter Richtung.

Zum Rif. Palmieri (2042 m) an der Croda da Lago. $3^1/_4$ St. Bez. Weg. Sehr lohnend. Von der Schutzhütte Verbindungsweg über Cinque-Torri-Hütte zum Falzaregopaß

Von der Piazza Roma auf der Straße durch den Park hinab zur s Boitebrücke, dann s zwischen Wiesen zum Weiler Campo di sopra und weiter zur ($^1/_2$ St.) nahen Ortschaft Campo di sotto, am Costeanabach gelegen. — In Campo di sotto wurde nach Meinung der Ampezzaner der berühmte Maler Tizian als Sohn des Gregorio Vecellio aus Pieve di Cadore und einer Bauerntochter geboren. — Von Campo di sotto über den Costeanabach, dann auf gutem Weg (mit 428 bez.) im Wald bis vor den Federabach, dort re hinan, dann s wieder in das Tal des Federabaches, wo sich ein Ausblick auf den getürmten Hauptdolomitzug der Croda da Lago öffnet, der auf Raibler Schichten steht. Der Bach wird überschritten, dann stärker ansteigend aus dem Wald zur ($2^1/_4$ St.) *Federa-Alpe* (1780 m). Kurz s aufwärts, darauf im Bogen nach re zu dem am Südufer des prächtigen Lago di Federa (2042 m) auf Raibler Schichten stehenden ($^1/_2$ St.) *Rif. Palmieri,* früher Reichenberger Hütte des DÖAV. Weg 428.

Die Hütte wird von der Sektion Ampezzo des CAI ab dem 1. Juli bis 15. September bewirtschaftet. 16 B, 4 Matr.

Der Cimone della Pala,
genannt das „Matterhorn der Dolomiten" (3185 m).

Zum Lago di Federa und rund um die Croda da Lago
Von Pocol 5 St. Herrliche Wanderung

Von Cortina nach kurzer Fahrt auf der Großen Dolomitenstraße oder von der Piazza Roma ausgehend mit der Pocol-Seilbahn zur Hotelsiedlung *Pocol.* Vom Hotel Pocol, dem letzten der Hotels, das direkt an der Straße steht, geht man auf der li abzweigenden Giaupaßstraße etwa 1½ km bis zu einer Wegtafel („Rif. Palmieri") und von dort li ab über die Costeanabach-Brücke. Nun auf Weg mit Nr. 434 hinauf zum Cason di Formin. Dann li durch herrlichen Wald auf schwach markiertem Steig bis zum Plateau Ciadenes mit Aussicht auf Cortina. Von da s am Fuß der Ostwand der Croda da Lago entlang weiter zum *Lago di Federa* (2042 m), tiefblauer See zwischen Zuntern, Felsblöcken und Almrosenbüschen, und zum nahen *Rif. Palmieri* am Südrand des Sees, 2 St. von Pocol. — Der Weiterweg führt uns am Fuß der Croda da Lago entlang s sanft steigend zur (¾ St.) breiten Senke der *Forcella da Lago* (2277 m) und jenseits, re, w haltend, kurz abwärts und re hinüber zur Malga Mondeval sopra (2155 m). Nachher kommt man auf mit 436 bez. Steig, leicht steigend, zur (¾ St.) *Forcella di Giau* (2373 m) zwischen M. Cernera li und M. Formin re; Aussicht auf den großartigen M. Pelmo im S. Abstieg nw auf markiertem Steig, anfangs etwas steil, erst über schuttbedeckten Rasen, dann, schwach li wendend und zwei kleine Bachrunsen querend, zur Giaupaßstraße, ¾ St. Ausblick auf die großartigen Westabstürze der Croda da Lago. Weiter auf der Straße hinaus nach Pocol ca. 6 km.

Vom Rif. Palmieri zum Rif. Cinque Torri. 2½ St. Bez. Weg. Sehr schöne Wanderung

Von der Hütte n bequem zu dem Sattel in Raibler Schichten, der dem felsigen Laste di Formin vorgelagert ist. Der bez. Weg führt von dort ziemlich steil hinab zum (¾ St.) Cason di Formin (1798 m). Hier auf mit 437 bez. Weg li über den Bach, dann w über einen bewaldeten

Rücken und den Costeanabach zur Giaupaßstraße. Von dort (die Giaupaßstraße wendet südwärts) auf mit 437 bez. Weg w durch Wald zu Weideböden hinauf und w weiter zum (1 3/4 St.) *Rif. Cinque Torri* (2175 m) am Fuß des seltsamen, gespaltenen Torre Grande (Näheres S. 327).

Vom Rif. Palmieri über die Forcella da Lago (2277 m) nach Caprile. 4 bis 4 1/2 St. bez. Weg. Besonders schön

Von der Schutzhütte auf gutem Weg am Fuß des Croda-da-Lago-Stockes südl. über Raibler Schichten sanft bergan zur (3/4 St.) breiten *Forcella da Lago,* über die bis 1918 die österreichisch-italienische Grenze verlief. Prachtblick auf den nahen Pelmo mit seiner großartigen Nordwand, auf die Civetta, Pala- und Marmolatagruppe, im Rückblick das Ampezzaner Talbecken, überragt von Sorapis und M. Cristallo, li von der Scharte der bizarre Turm des Becco di Mezzodì. — Von der Scharte sw abwärts zu einem grünen Boden, wo ein Bächlein seine Quellen hat. Auf der rechten Seite dieses Bächleins auf schlecht bez. Steig über die Talstufe hinab in das *Valle Mondeval* und re vom Bach hinaus zur *Unteren Mondevalalpe* (1837 m), umgeben von vulkanischen Gesteinen. Nun noch etwa 10 Min. auf Almweg talab, dann re abbiegend auf einem Waldweg w zuerst fast ebenaus, dann absteigend zu den Häusern von *Toffol* und *Marin* im *Val Fiorentina.* Auf der Straße 2 km weiter talaus nach (2 St.) *Selva di Cadore.* Hier teilen sich die Wege: Links führt eine Straße in Kehren zur Fiorentina hinab und zieht dann in einem engen Graben nach (1 1/4 St.) *Caprile* hinaus; re (dem anderen Weg vorzuziehen) auf schmaler Straße in das bis 1918 österreichische Gebiet von *Colle S. Lucia* mit dem (3/4 St.) Hauptort *Villagrande* (s. S. 118). Hier abermals Wegteilung: Rechts oben führt die Straße in Windungen durch Wald nach (1 St.) *Rucavà* (1272 m) und weiter talauf nach Andraz in Buchenstein, kürzer li abwärts über *Rovei* unmittelbar nach (3/4 St.) *Caprile* (1023 m). Ab Selva alles Straße, mit Ausnahme des eben erwähnten Abkürzungssteiges über *Rovei.*

Vom Rif. Palmieri über Forcella da Lago und Forcella Staulanza zum Rif. Coldai (Rif. Sonino) an der Civetta. 6 bis 6 1/2 St. Ein prachtvoller Zugang zu dieser Schutzhütte. Großartige Landschaftsbilder. Teil des Höhenweges Pustertal — Belluno, mark. mit 1 in blauem Dreieck

Wie bei der vorhergehenden Wanderung zur (3/4 St.) *Forcella da Lago* (2277 m). Von der Scharte unmittelbar li (sö) leicht bergan zu den Schutthalden unter dem Becco di Mezzodì. Diese oberhalb großer Blockhalden auf gutem Steig querend zur *Forcella Col Duro* (2293 m) und sö im Blockgetrümmer abwärts zur *Malga Prentera* (2073 m) unterhalb der Felswand der Rocchetta. Von hier in gleicher Richtung über Rasen in vulkanischem Gestein weiter zur (1 St.) *Forcella Rean* (1996 m) im Kamm li oben. Nun einige Min. auf dem Kamm hinan, dann am Hang re auf breitem Weg anfangs fast eben, bald aber abwärts zur (3/4 St.) *Malga Durona* (hier seit Herbst 1964 das neue große Schutzhaus „Città di Fiume"). Unvergleichlicher Blick auf den Pelmo. Auf steiniger Kriegsstraße hinab zur nahen *Malga Fiorentina* und li (s) zur Fahrstraße im obersten *Fiorentinatal* (1635 m). Nun der Straße aufwärts folgend, zur (3/4 St.) waldumsäumten *Forcella Staulanza* (1773 Meter). Zum (2 3/4 St.) *Rif. Coldai* an der Civetta: Auf der Straße etwa 10 Min. abwärts bis zur großen Kehre; hier re auf bez. Weg anfangs eben weiter zur (3/4 St.) *Casera Fontana Fredda* (1729 m), dann (abkürzend) li hinab zum Canedobach und hinauf zur nahen *Casera Vescovado.* Nun w auf Steig zu einem begrünten Rücken empor, wo man auf einen Fahrweg trifft, der sö auf die Höhe zwischen Col di Baldi (1920 m) und Roa Bianca (1958 m) führt und sich dann zur (1 St.) *Forcella d'Alleghe* (1820 m) senkt. Zum (1 St.) Rif. Coldai (Rif. Sonino) weiter wie S. 121.

Etwa 3 km s unterhalb der Forcella Staulanza, 500 m nach der Casera Palafavera, zweigt von der Straße re ein guter, leicht zu findender Fahrweg ab, der, einen felsigen Höhenrücken querend, den von der Forcella d'Alleghe ausgehenden, zum Rif. Coldai aufsteigenden Weg erreicht und bis zu dieser Einmündung am *Col Marin* auch befahren wird.

Über die Forcella di Fontana Negra (2542 m) ins Travenanzestal. Prachtvolle Wanderung in großartiger Dolomitenlandschaft

Westlich von Cortina erhebt sich der gewaltige Felsstock der Tofanen. Drei Gipfel entsteigen dem aus Hauptdolomit aufgetürmten Massiv: die gegen den Falzaregopaß vorgeschobene Tofana di Rozes (3225 m), die Tofana di Mezzo (3243 m) als höchste Erhebung und die nach N vorragende Tofana di Dentro (3237 m). Diese drei Gipfel wurden erstmals von dem Dolomitenstürmer Paul Grohmann mit Ampezzaner Führern in den sechziger Jahren des vorigen Jh.s erstiegen. Im ersten Weltkrieg wurde auf der Travenanzestalseite der Tofanen, besonders um die zwischen der Tofana di Mezzo und der Tofana di Rozes eingeschnittene Forcella di Fontana Negra, lange gekämpft.

Wie S. 320 von Cortina zum Hotel Pocol. Von dort geht bei einer Wegtafel der markierte Weg zum *Rif. Giussani* aus, der zunächst zu den Malghe Federole (1756 m) führt. Mit Auto auf der Großen Dolomitenstraße etwa 2 km weiter bis Vervei. Von dort führt eine Militärstraße hinauf über Federole bis zum Rif. Angelo Dibona (Parkplatz). Unweit davon das Rif. Pomedes, das von Cortina aus mit Sessellifts erreicht werden kann. Das Sträßchen wendet nordwärts dem Gerölltal Vallon Tofana zu, das zwischen den Ausläufern der Tofana di Rozes und der Tofana di Mezzo eingebettet ist. Vor dem großen Schuttstrom, der aus dem Vallon herabreicht, geht man auf breitem Karrenweg auf der Ostseite des Gerölltales empor, dann im Schutt selbst mit vielen Kehren weiter aufwärts, schließlich an frei stehenden Türmen aus Hauptdolomit vorbei und oberhalb dieser nach li wendend zum (2½ St. von Pocol) bewirtschafteten *Rif. Giussani* (2542 m) neben der alten der Sektion Cortina des CAI nahe der Forcella di Fontana Negra in düsterer Blockwildnis.

Die Tofanahütte der ehemaligen Sektion Cortina des DÖAV wurde im ersten Weltkrieg zerstört. Neben dieser erstand das Rif. Cantore, seit 1972 durch das große *Rif. Camillo Giussani* ersetzt. – Im Lauf der Kämpfe um die Forcella di Fontana

Negra fiel am 20. Juli 1915 der Alpinigeneral Antonio Cantore. Ein Kreuz gegenüber der Hütte bezeichnet den Ort, wo der General von einer Kugel getroffen wurde.

Von den drei Gipfeln der Tofanen ist die *Tofana di Rozes* (3225 m) oder Tofana I am leichtesten zugänglich. Man steigt von der Schutzhütte auf einem Steiglein w über die steile, von Felsstufen unterbrochene Schuttflanke zum Nordgrat und auf diesem oder auf dessen meist schneebedeckter Westseite zum Gipfel (2—2½ St.).

Großartige Rundschau auf die meisten Dolomitgipfel, unter denen Marmolata, Civetta und Pelmo besonders auffallen, auch prächtige Talblicke.

Von der *Forcella di Fontana Negra* nw auf mit 403 bez. Weg durch großes Blockwerk in dem gegen das Travenanzestal hinabziehenden Kar Il Masarè bergab.

Das Kar war 1916 von den Österreichern besetzt. Hier befand sich die Fontana-Negra-Stellung, deren Hauptstützpunkt ein mächtiger Felsblock bildete, der kaverniert und mit zwei Schußscharten versehen war. In der Nacht auf den 9. Juli 1916 gelang es den Italienern, die mit großer Übermacht von der Fontana-Negra-Scharte und der Tofana II herabrückten, das Kar nach schwerem Kampf zu erobern. Der Abstieg in das Tal blieb ihnen jedoch auch weiterhin verwehrt. Zu dieser Zeit wurde auch der Hugo-Kurze-Steig, der von der Wolf-Glanvell-Hütte neben dem Wasserfall über eine etwa 50 m hohe senkrechte Dolomitwand in das Kar hinaufführte, durch Abschlagen der Eisenstifte ungangbar gemacht und der Ausstieg durch Drahtverhaue versperrt. Heute können hier gewandte Kletterer auf der Scala Menighel ins Travenanzestal absteigen.

Im unteren Teil des Kares, das mit senkrechten Wänden ins Tal abbricht, wendet der Weg scharf nach re einer Grasterrasse zu, über die er zu einem mit Krummholz bewachsenen Band und von dort in einen Felswinkel am Fuß der Wände hinabführt. — Nach Ospitale oder Ampezzo: Vollends in das (1 St. von der Forcella di Fontana Negra) Travenanzestal hinab, dann (s. bei Wanderungen von Ospitale aus, S. 309) talaus nach (2½ St.) *Ospitale* oder (3½ St.) *Cortina*. — Vom genannten Felswinkel leitet ein guter Steig hinab zur *Travenanzes-Kaser*, von der man über die Forcella Bois (S. 314) zum Falzaregopaß oder über die Forcella Travenanzes und die Lagazuoischarte (S. 268) nach St. Cassian gelangt.

Über den Nuvolau (2575 m) nach Andraz oder Caprile. 7½ bzw. 8½ St. Bez. Wege. Sehr schöne, aussichtsreiche Wanderung. Bewirtschaftete Schutzhütten und Bergwirtshaus am Weg. Kürzer mit Seilbahn oder Autobus nach Pocol

Von Cortina w hinauf zum Weiler *Lacedel* an der Großen Dolomitenstraße, dort von der Straße re ab und auf Wiesenweg sw nach *Pocol.* Nun auf der Dolomitenstraße etwa 3½ km weiter, bis auf einer (2 St. von Cortina) großen Wiese (Pian di Cianzopè) li der mit 439 bez. Weg zum Cinque-Torri-Schutzhaus abzweigt (2,5 km talaufwärts Sessellift). Der Fußweg führt über den Rio Falzarego und s im Saresinwald zu den Weideböden von Averau empor, wo er mit dem von der Giaupaßstraße heraufkommenden Weg zusammentrifft. Nun w weiter zum (1¼ St.) *Rif. Cinque Torri* (2175 m) unter den seltsam geformten fünf Türmen.

Das Schutzhaus auf aussichtsreicher Höhe hat 10 Zimmer mit 10 B und 4 Matr. Ganzjährig bewirtschaftet.

Die *Cinque Torri* sind zerfallene Hauptdolomitreste. Der mehrfach gespaltene Hauptturm (Torre Grande, 2366 m) erhebt sich etwa 160 m über den Wiesenboden, daneben stehen kleinere Türme und Blöcke, wie der Torre Romana, Torre del Baranacio, Torre Lusy, Torre Inglese. Nördlich des Hauptturmes führt durch das Blockgewirr ein Steiglein zu den einzelnen Türmen. Die Ersteigung des Torre Grande ist schwierig und hat nur sportlichen Reiz; die übrigen Türme sind Kletterblöcke, wie man sie auch anderswo findet.

Von der Cinque-Torri-Hütte w auf breitem Weg zur steinigen Hochfläche des Passes *Portorre* hinan, wo eine Wegtafel steht (re zum Falzaregopaß). Von hier auf breitem Weg s zu einer Wegtafel vor dem Nuvolaupaß und li auf dem breiten, plattigen Gratrücken zum (1¼ St.) Gipfel des *Nuvolau* mit bewirtschaftetem Schutzhaus (ehem. Sachsendankhütte) der Sektion Cortina des CAI (30 B u. Matr.).

Großartige Aussicht: Tofana im N, Marmolata im SW, Antelao im SO; im W Rosengartengruppe, Ortler; im NW Ötztaler Berge; neben der Marmolata die Palagruppe; im NO einzelne Firngipfel der Zillertaler Alpen und Hohen Tauern (Großglockner).

Wieder zurück zur nächsten Wegteilung und li auf Steig über Felsplatten (rote Marken) mit einigen Schritten zum *Nuvolaupaß*. Jenseits auf bez. Weg sw abwärts zur ersten Kehre, wo Wegteilung. Nach *Andraz:* Rechts führt ein Weg durch Blockhalden zu Wiesenböden hinab; von dort auf rot bez. Weg über die Grasböden *da Pontin* (vulkanische Tuffe), w hinunter in den Wald und zur Großen Dolomitenstraße, die gegenüber der Ruine von Schloß Buchenstein erreicht wird. Neben der Straße auf rot bez. Abkürzungsweg nach *Cernadoi* und weiter zum (3 St.) Dorf *Andraz* (S. 112) mit zwei Gh. — Nach *Colle Santa Lucia* und *Caprile:* Von der Wegteilung sw unterhalb des Nuvolaupasses auf gutem Weg über den steinigen Hang gerade abwärts zu Alpenwiesen, von wo ein Karrenweg s weiter zur Giaupaß-Straße führt. Auf dieser talabwärts über vulkanisches Gestein zum (1½ bis 2 St.) Gh. *Insom le Crepe* (1773 m; 6 B, 5 Matr.) im Codalungatal. Von dort zieht die Straße mit starkem Gefälle s hinab nach (1 St.) *Selva di Cadore*. Nach *Colle Santa Lucia* (empfehlenswerter) folgt man einem nahe unterhalb des Gh. re über den Bach führenden Weg. Dieser zieht w fast eben durch Wald (einzelne verblaßte rote Marken); bei der Wegteilung li hinab zu den Höfen von *Posalz* und s weiter nach *Pian*, von dort auf der Straße sw nach (1½ St.) *Villagrande* (Colle Santa Lucia, 1439 m) und li von der Straße ab nach (¾ St.) *Caprile* (1023 m). Näheres über die beiden letzten Orte s. S. 118 und S. 107.

Über den Giaupaß (2236 m) nach Colle Santa Lucia und Caprile. 5½ bzw. 6¼ St. Große Wälder. Kürzester Übergang ins Cordevoletal. Landschaftlich sehr schön, doch wird die Straße seit 1968 wieder mit Autos (wenig) befahren

Von Cortina mit der Belvedere-Seilbahn oder mit Autobus (zu Fuß $1^1/_4$ St) nach *Pocol.* Dort zweigt li die Fahrstraße zum Giaupaß ab. Sie führt zunächst zum Costeanabach hinab und dann im Wald sw weiter zu den Hütten von Pezziè di Palù (1522 m). Durch prächtigen Wald zuerst sw, dann s im *Val Cernera* hinan zu freien Almböden, über denen sich im W die Felsbauten des Nuvolaustockes, im O die Felsen der Croda da Lago erheben; den Talabschluß bildet die selten besuchte Gruppe des M. Cernera. Die Straße kreuzt die *Murogna di Giau,* eine aus unbehauenen Steinen errichtete Mauer, die das ganze Tal quert und bis 1918 die österreichisch-italienische Grenze bezeichnete.

Die Murogna di Giau wurde 1752 bei einem Grenzstreit zwischen den Gemeinden S. Vito und Ampezzo von den Einwohnern der ersteren nach der Sage in einem Tag und einer Nacht erbaut, womit sie eine den Ampezzanern unmöglich scheinende Bedingung erfüllten und den strittigen Boden gewannen.

In vielen Windungen zieht die Straße (re die kleine *Capanna Gino Ravà* [2000 m], eine Hütte für Skiläufer, nur im Winter bewirtschaftet) über prächtige Matten zum (9,3 km, 2 St. von Pocol) breiten *Giaupaß* (2236 m) hinan. Ganzjährig bewirtschaftetes Schutzhaus. Die Paßstraße ist nach der Unwetterkatastrophe des Jahres 1966 im Herbst 1968 wieder instandgesetzt worden, gut mit Autos befahrbar und wird auch im Winter z. T. freigehalten (Auskunft in Pocol bzw. Selva di Cadore).

Mit wenig Gefälle zieht die Straße vom Paß durch weite Wiesen w hinab und biegt dann südwärts in das *Codalungatal.* Im obersten Teil des Tales steht neben der Straße auf einem Vorsprung das ($^3/_4$ St) Gh. *Insom le Crepe* (1773 m). Es ist der beste Ausgangspunkt für die Besteigung des aussichtsreichen M. Pòre (S. 114) und für Touren in der wenig bekannten Gruppe des M. Cernera. — Die schmale Kriegsstraße führt durch das Codalungatal weiter nach (1 St.) *Selva di Cadore* hinab; nach *Villagrande* (Colle Santa Lucia) gelangt man, gleich unter dem Gh. den Bach überschreitend, auf einem Waldweg in $1^1/_2$ St.; von dort nach *Caprile* $^3/_4$ St.

Über den Falzaregopaß (2117 m) und den Valparolapaß (2192 m) ins Abteital. $6^1/_2$ St. Lohnender und interessanter Übergang

Von Cortina auf der Großen Dolomitenstraße (am besten mit Autobus) zum *Falzaregopaß* (zu Fuß $3^1/_2$ St.). Dann, wie S. 116, auf neuer Straße über Tra i Sassi und den ($^1/_2$ St.) *Valparolapaß* nach ($2^1/_2$ St.) *St. Cassian* und ins Abteital.

Über den Falzaregopaß und Sett Saß oder Siefsattel nach Corvara. 5 St. Mühsamer, aber prächtiger Übergang

Bis zum *Falzaregopaß* Autobus. Von dort re Straße zum zerstörten Fort *Tre Sassi* und, wie S. 275, entweder hinüber zum *Valparolapaß* und auf der Nordseite des Sett Saß zum grünen Kamm der *Pralongia* mit Schutzhaus (s. S. 265) oder dorthin auf der Südseite des Sett Saß über den *Siefsattel.* Von Pralongia zum Col Alt und mit Sessellift hinab nach *Corvara* (S. 274).

Zum Sorapis-See. $3^1/_2$ St. Bez. Weg. Lohnende, reizvolle Wanderung für bergtüchtige, schwindelfreie Geher

Von Cortina auf der Straße (Autobus) nö nach *Tre Croci.* Vom Hotel auf der Straße ö etwa 150 Schritte weiter, dann re auf bez. Weg (215) über ein Bächlein und sö am bewaldeten Hang (Schlerndolomit) leicht bergaufwärts bis nahe unter die Felswände. Der Weg umgeht weiterhin die Abstürze der Alpe di Cadin durch mäßiges Auf- und Absteigen an schrofigen Hängen aus Hauptdolomit (an ausgesetzten Stellen Sicherungen) und führt schließlich hoch über dem Sorapistal vom Steilhang über den Sorapisbach zu der ($1^1/_2$ St.) im Oktober 1959 abgebrannten *Sorapishütte* der Sektion Venedig des CAI.

Die neue Vandelli-Hütte (Ex-Luzzatti- bzw. Sorapishütte) steht in einem großartigen Talschluß, nahe der Stelle, wo sich die 1895 von einer Lawine zerstörte Pfalzgauhütte des DÖAV befand. In der Nähe der kleine, malachitgrüne *Sorapis-See.* Fesselnder Blick auf die nahe, schwindelnd steile Felsgestalt des Dito di Dio.

Von hier besteigen geübte Hochtouristen mit Führer in 4 bis 5 St. die *Punta di Sorapis* (3191 m) über den Sorapis-Gletscher und steile, brüchige Felsen, deren Begehung stellenweise durch Drahtseile erleichtert ist. Leichterer Abstieg über die Forcella Grande zum Rif. San Marco des CAI und nach S. Vito an der Bahnlinie Cortina — Calalzo.

Rückweg: Auf bez. Weg nnö hinab ins *Sorapistal* und li hinüber in das (1 St.) waldreiche *Valbona,* dort auf Fahrweg nw zurück nach (1 St.) *Tre Croci* oder von der *Osteria Valbona* re zur Hauptstraße und nach (1 St.) *Misurina.*

Zur Seekofelhütte, auf den Großen Seekofel (2810 m) und zum Pragser Wildsee. 5 bzw. 7³/₄ St. Bez. Weg. Schöner Übergang ins Pustertal

Von der Ampezzaner Straße nächst Peutelstein, dahin mit Autobus oder von Fiames in ³/₄ St., s. S. 314, zur (4 St.) bewirtschafteten *Seekofelhütte,* ital. *Rif. Biella.* Von dort leicht auf den (1¹/₄ St.) *Großen Seekofel,* Jurakalk über Hauptdolomit, Aussichtsberg ersten Ranges, dann Abstieg zum (2³/₄ St.) Pragser Wildsee; weiter auf Autostraße nach Niederdorf oder Welsberg im Pustertal.

Durch das Travenanzestal zur Forcella Bois und zum Falzaregopaß. 6¹/₂ St. Bez. Weg. Eine der schönsten Wanderungen in den Dolomiten. Siehe bei Wanderungen von Ospitale aus (S. 309)

Nach Auronzo. Abkürzung auf schönem Fußweg (209) ab Tre Croci möglich

Nahe ö von *Tre Croci,* wo Wanderer die Straße verlassen, re in das *Valbona,* durch dieses hinab in das *Val Ansiei* und talabwärts nach *Auronzo* (S. 366). Von dort schöne Fahrt über den Zovopaß (1496 m) nach Padola und nordwärts über den Kreuzberg nach Sexten oder mit Autobus ins Piavetal hinab und über Calalzo nach Pieve di Cadore.

Auf den M. Cristallo (3216 m). 7 St. Ab Tre Croci (Übernachten) 5 St. Nur mit Führer, orientierungsmäßig sehr verwickelt. Besser Cristallolift bis Forcella Staunies und von dort über gesicherten Klettersteig zum Mittelgipfel (3154 m)

Von Cortina auf der Straße nach (2 St.) *Tre Croci.* Vom Paßhotel n auf einem durch Krummholz gebahnten Steig hinauf zu einem alten Kriegsfahrweg, der in das große Schuttkar zwischen den s Ausläufern des Piz Popena (re) und M. Cristallo (li) führt. Durch das Kar (Grava de Cerigeres) auf Wegspuren, die höher oben re neben den Wänden des Piz Popena emporziehen, dann über ein kurzes, mäßig steiles Schneefeld zum (3 St.) *Cristallojoch* (2812 m; bis hierher mit 221 markiert), von dem gegen N der kleine Cristallogletscher jäh zur Tiefe schießt. Großartig die Felsarchitektur des Paßeinschnittes. Vom Cristallojoch zunächst li (w) gegen die Ostwand des M. Cristallo, bald jedoch s durch eine Felsgasse etwas abwärts auf das am Anfang von einer Schneerinne unterbrochene sog. „Lange Band". Auf diesem etwa 15 Min. nach W, bis die Felsen zur Rechten sich in gestuftes Geschröfe auflösen. Hier vom Band ab und für Geübte unschwierig empor zu einer steilen Rinne, nach deren Erkletterung ein Band kurze Zeit w verfolgt wird. Steile, plattige Felsen führen dann zu der sog. „Zweiten Steilklamm", zwei aufeinanderfolgenden, wenig ausgeprägten Rissen, die in festem, gutgriffigem Gestein erklettert werden. Nun über steile Schrofen auf den Grat und diesem folgend mit leichtem Klettern auf den geräumigen (2 St.) Gipfel aus Hauptdolomit.

Die Aussicht erstreckt sich auf fast alle Hauptgipfel der Dolomiten; besonders schön das gewaltige Felsmassiv des Sorapis; die Zentralalpen von den Ötztaler und Stubaier Alpen bis zum Ankogel; Ortler li von der Tofana. Reizender Ausblick auf das Höhlensteintal mit dem Dürrensee; prächtig das Talbecken von Ampezzo. Interessant ist die nächste Umgebung: n in der Tiefe der kleine Cristallogletscher, gegenüber der Turm des Piz Popena; nw die Gipfelgrate der Cresta Bianca.

WANDERUNGEN IN DEN DOLOMITEN VON CADORE

Von Cortina bis Pieve di Cadore begleiten die Dolomitenstraße auf der einen Seite die mächtigen Dolomitstöcke Sorapis und Antelao; auf der anderen der Stock des Pelmo mit seinen Vorbergen. Der Pelmo und besonders der Antelao zeigen eine Bedeckung mit Jurakalken. Zwischen diesen großartigen Felsbergen gelangt man aus dem Boitetal ostwärts auf einsamen Jochsteigen in das Ansiei- und Piavetal, westwärts auf begangenen Wegen in das Fiorentina- und Zoldotal mit Ausgangsorten für weitere Wanderungen in den Dolomiten von Zoldo und Agordo.

Von Cortina nach Calalzo

Von Cortina nach Calalzo 35 km; in Calalzo Anschluß an die italienische Staatseisenbahn Belluno — Feltre. — Die Strecke Calalzo — Cortina wurde 1916 von den Italienern als Feldbahn angelegt und bis 1920 zur Schmalspurbahn ausgebaut. Seit 1929 elektrischer Betrieb. Auch dieses Teilstück ist nunmehr eingestellt und wurde durch Autobusdienst ersetzt (seit 1964). Die im folgenden genannten Haltestellen entsprechen jedoch fast gänzlich der Verbindung über die Straße.

Die südwärts ziehende Straße übersetzt noch im s Ortsbereich das Flüßchen Bigontina und führt im *Boitetal* abwärts zum Weiler *Zuèl* (3,5 km, 1143 m), kleiner Ort mit zwei Kirchen. Links die Wände des Sorapis (3191 m), im SO die schöne Pyramide des Antelao (3263 m), höchster der Ampezzaner Berge, im SW der wuchtige M. Pelmo. — Über die Ortschaften *Acquabona, Dogana Vecchia* (bis 1918 österreichisch-italienische Grenze) und *Chiapuzza,* dann über den Rusecco nach (12,2 km) *San Vito di Cadore* (992 m), hübscher Ort, darüber (re) Pelmo, (li) Antelao. Weiterhin über *Borca* und *Vodo* zum Ort (22 km) *Cibiana-Zoldo.* Von hier Einblick in das Cibianatal, durch das eine Straße über die Forcella Cibiana nach Forno di Zoldo führt. Außerhalb (23 km) *Venas,* einem am Stausee „Lago Pocroce“ gelegenen Dorf gegenüber dem Cibianatal, macht die Straße einen großen Bogen durch die malerische Schlucht der Vallesina und erreicht nachher den stattlichen Ort (26,8 km) *Valle di Cadore,* wo der Obstbau beginnt. Schöner Blick auf die Berge von Cadore und hinab ins Piavetal. Über *Nebbiù* nach (29,7 km) *Tai* (844 m), wo re die Straße nach Perarolo im Piavetal abzweigt. Der Schloßberg von Pieve mit der alten Festung wird sichtbar und gleich darauf der Hauptort *Pieve di Cadore* selbst; man sieht ins obere Piavetal hinab mit seinen Ortschaften und der Bahnlinie Calalzo — Belluno. Links die Felsberge der Marmarole, re draußen die schöne Pyramide der Cridola. Über *S. Alipio* und *Marmarole* erreicht die Straße nun *Calalzo* und damit den Anschluß an die Eisenbahnstrecke nach Belluno und Feltre.

Standorte und Wanderziele südlich von Cortina

SAN VITO DI CADORE (1011 m). Vielbesuchte Sommerfrische, 1954 abgebrannt, nun wiederaufgebaut. An der Strecke zwischen Calalzo und Cortina. Campingplatz. Im Rückblick die Berge im N und W von Cortina; das Tal überragen die ungeheuren Felsmassen des Antelao (3263 m) und des Pelmo (3168 m). San Vito ist Ausgangsort für die Besteigung dieser beiden Dolomitgipfel. Gesteinsfolge von unten nach oben: Tuffe, Schlerndolomit, Raibler Schichten, Hauptdolomit und Jurakalk.

Die Gemeinde San Vito besteht aus 5 Fraktionen; Vallesella ist der Hauptort. Die vergrößerte Pfarrkirche wurde 1769 geweiht. Die fünf Altäre sind aus der alten Kirche von 1524; neben dem Hauptaltar Bilder von Francesco Vacellio aus dem Jahr 1524. Nahe unterhalb der Pfarrkirche das interessante Kirchlein della Difesa, 1512 bis 1515 erbaut, nach der Sage aus Anlaß der wunderbaren Errettung vor Brandschatzung, mit der 1508 Sixt von Trautson, der Feldhauptmann Kaiser Maximilians I., San Vito bedrohte. In der Fraktion Chiapuzza steht das Kirchlein S. Floriano, die Mutterkirche des oberen Cadore, bereits in Urkunden aus dem 14. Jh. genannt. — Am 2. Mai 1730 ging über Chiapuzza eine Mure nieder, die auf eine halbe Meile den Talboden bedeckte und den Boite während 24 Stunden zu einem See staute. 34 Familien wurden hiebei von den Erdmassen begraben.

Bergtouren von San Vito aus

Zum Rif. San Marco (1823 m). 2 1/2 St. Bez. Weg. Ausgangspunkt für die Besteigung von Antelao und Sorapis. Übergänge ins Ansieital und in das Val d'Oten — Calalzo

Von der Ortsmitte zur Fraktion *Costa*, dann ö neben dem Rusecco auf bez. Weg bequem hinan zur Talgabelung. Hier biegt der Weg li ab und steigt durch Krummholz, die unter den Felsen der Becchi d'Imposponda liegende Hütte della Zoppa (1473 m) re lassend, nordwärts zu einer Wegteilung hinan (re zur Forcella Piccola). Zur Schutzhütte führt der Weg nw auf einem steinigen Krummholzhang empor.und wendet dann li einer begrünten Schulter in Raibler Schichten zu, auf der die Hütte steht. Das *Rif. San Marco*, erbaut von der Sektion Venedig des CAI, hat 32 B u. Matr. und ist von Anfang Juli bis Ende September bewirtschaftet.

Vom Rif. San Marco über die Forcella Grande (2250 m) in das Ansieital. 3 1/2 St. Bez. Weg. Prächtige Wanderung in großartiger Dolomitenlandschaft

Von der Hütte auf bez. Steig n durch eine Schlucht mit Schrofen und Schutt im Zickzack steil zur (1 1/2 St.) *Forcella Grande.* Die bizarre Gruppe der Cadinspitzen und die Drei Zinnen im N; im S die Bosconero-Gruppe, im SW Pelmo und Civetta. Von der Scharte zwischen großen Felsblöcken n abwärts (re der eigenartige, frei stehende Felsbau des Torre dei Sabbione, 2524 m) in eine blockbedeckte Mulde, umrahmt von den gewaltigen Felsmauern der Punta Tajola, Punta dei Roß, Croda Marcora, Sorapis und M. della Caccia Grande. Eine Hüttenruine, die *Baita Forcella Grande* (2082 m), bleibt li oben. Unweit der Ruine re über den Bach, dann auf dem rechtsseitigen Hang des *Valle di S. Vito* auf stellenweise verfallenem Steig bis unter die Felsen des Corno del Doge; von hier steil abwärts zum Bach, re über die Talstufe hinab und nach einem hohen

Wasserfall zum Boden des überaus großartigen Tales hinunter. Nun oberhalb des Baches auf dem von üppiger Vegetation überwucherten Steig talaus in den prächtigen Wald von S. Marco, über dem sich der kühne Felsbau des Corno del Doge (2615 m) erhebt. Hier beginnt ein breiter Weg, der zum Bach führt. Die erste Brücke li lassend, am Bach weiter zur zweiten Brücke, über diese zum Ansiei und über den Ponte degli Alberi hinauf zur (2 St.) Straße Auronzo — Misurina. Rechts zum nahen Gh. *San Marco.* Nach Misurina 9 km, nach Tre Croci durch das Valbona 2 St.

Vom Rif. San Marco auf den Antelao (3263 m). 5 St. Für Geübte mit Führer unschwierig. Prachtvolle Aussicht. Eine großartige, gesicherte Steiganlage zur Überschreitung des Antelao vom Rif. Antelao auf der Forc. Pradonego über das ganze Massiv zum Rif. Galassi ist geplant und derzeit gut markiert. Nur für Geübte

Der Antelao, der höchste Berg im Gebiet von Ampezzo und Cadore, erhebt sich als mächtige Pyramide aus Hauptdolomit und aufgelagertem Jurakalk über San Vito.

Vom Schutzhaus ö auf schmalem Steig durch Krummholz und über breite Schutthalden unter Felswänden zu dem Weg, der von S. Vito heraufkommt. Nun sö quer über eine große Schutthalde, dann re hinauf zur (1 St.) *Forcella Piccola* (2121 m), die den Antelao von den Monti Marmarole trennt. Jenseits das bewirtschaftete *Rif. Galassi* (21 B). Von der Scharte auf einem Steig nach S in das Kar, das den Nordgrat des Antelao in zwei Sporne teilt. In diesem Kar über Schutt- und Schneehänge bis unter die innersten Felsen. Dort schräg re hinauf, dann auf einem Steiglein im Schutt, später auf Bändern eben nach re und, blauen Farbflecken folgend, etwa 30 m hinauf zu einer Platte. Links über diese und das folgende Band bald auf ein höheres Band und nach etwa 150 m, vor dem Einsetzen eines glatten Wandgürtels, schräg re über leichte Schrofen und Felsstufen zur Höhe des Grates, der breit und plattig, im ganzen aber nur mäßig ansteigt. Über kleine Felsabsätze und Schneelager an den Fuß des obersten Aufbaues und, ohne das li jäh gegen das Valle d'Oten abfallende Firnfeld zu betreten, durch einen kurzen Kamin auf den Vorgipfel und über eine Scharte hinweg zum (4 St.) Hauptgipfel. Ungefähr 100 Meter unter dem Gipfel der unbew. Unterstand *„Piero Cosi all'Antelao"* (3150 m).

Die Aussicht vom Antelao ist nach S und SO unbegrenzt; man sieht die italienische Tiefebene und die Adria. Über die weite Felsenwelt der Dolomiten blinken von N her die Hohen Tauern mit Großglockner und Venediger; daran schließen die Rieserferner, Stubaier und Ötztaler Alpen. Im W folgen der Berninastock, dann Ortler- und Adamellogruppe. Weit im O sieht man den Zug der Julischen Alpen mit dem Triglav.

Von San Vito über die Forcella Piccola (2121 m) in das Valle d'Oten und nach Calalzo. 6 bis 6½ St. Bez. Weg. Prächtiger Übergang mit Einblick in die Felswildnis der Marmarolegruppe und des Antelao

Auf dem zum Rif. San Marco führenden Weg (S. 335) bis zur oberen Wegteilung, ½ St. unter dem Schutzhaus. Hier re (ö) auf bez. Steig im Zickzack durch Krummholz empor, dann unter den Wänden ö weiter und schließlich re hinauf zur (3 St. von S. Vito) *Forcella Piccola.* Jenseits das *Rif. Galassi* (21 B).

Schöner Ausblick auf die überaus wilden Felsbauten der Marmarolegruppe; ö in der Ferne die Karnischen Alpen.

„Durch die Forcella Piccola, die auch orographisch eine auffällige Scheidung bewirkt, verläuft in ungefähr westöstl. Richtung eine wichtige Störungszone, die ‚Antelao-Linie' (der Geologen). Die Felsmasse nördl. von ihr (Sorapis — Marmarole) ist hier, mit Raibler Schichten und Schlerndolomit als tiefsten Gesteinen, auf die steil gegen N neigenden Jurakalke des Antelao hinaufgeschoben." (Prof. Dr. R. von Klebelsberg)

Vom Rif. Galassi im Zickzack abwärts zum Bachbett im *Valle d'Oten.* Prachtblick auf den Antelao mit seinem großartigen, zwei Gletscher umschließenden Felszirkus. An der *Baita Forcella Piccola* vorbei, dem Bachbett folgend, zu einer kleinen Jägerhütte (1748 m), hier scharf nach re hinab auf einem begrünten Sporn mit der *Baita Pian dei Arboi* (1624 m). Weiter auf bewaldetem Hang abwärts zu einer großen Schutthalde; über diese hinab, dann nach li und an einem schönen Wasserfall (Cascata delle Pile) vorbei zum (1¼ St.) langgestreckten *Pian della Gravina,* dem Schauplatz der schönsten Dolomitensagen. Großartig umstehen die gewaltigen Wände der Bastioni und des M. Giaudierona den Alpenboden. Nun auf breiterem Weg li vom Bach durch das Otental hinaus, vorbei an zahlreichen Heustädeln, dann über den *Ponte Vedessana* (844 m) zur Kapelle *Madonna del Caravaggio* und von dort auf Fahrstraße nach (2 St.) *Calalzo.*

Über die Forcella Forada (1795 m) nach Caprile. 7 St. Bez. Weg. Von Einheimischen einst viel begangen. Sehr schöne Wanderung unter dem gewaltigen Nordabsturz des Monte Pelmo

Von *S. Vito* (Valleselle) auf einer Straße abwärts zur Brücke über den Boite und jenseits zur Ortschaft *Serdes* (1000 m) hinauf. Von der Kapelle auf breitem Weg erst s, dann sw in das *Orsolinatal.* Der gut bez. Weg führt über den Orsolinabach, erklimmt einen bewaldeten Rücken (Abkürzung durch eine Wiese) und teilt sich nachher beim *Tierabach* (links zum Rif. Venezia). Der Weg zur Forcella Forada führt re über den Bach, dann nw über einen Rücken wieder dem *Orsolinatal* zu, in dem er bald die Tal- und Weggabelung beim *Ponte tra le Acque* (1370 m) erreicht. Nun in dem li (gegen SW) ansteigenden Talast neben dem Corottobach zu einer abermaligen Wegteilung empor (re über Tabia Zoppiè zur Forcella Rean) und in gleicher Richtung neben den Felsvorbauten des M. Pelmo empor. Zum Schluß über Rasen ansteigend zu einer St.-Antonius-Kapelle mit Unterstand und gleich darauf in den (3 St.) schmalen Einschnitt der *Forcella Forada* in Raibler Schichten.

Die Forcella Forada war im Winter wegen ihrer Stürme und Lawinen berüchtigt, daher das Sprichwort: „Forada, Forada, chi no ha da far no vada" (Forada, Forada, wer dort nichts zu suchen hat, bleibt besser da).

Vom Joch auf rot bez. Weg sw über Rasen gerade abwärts. Über den nahen Schutthalden die gebänderten, fast senkrechten Nordwände des M. Pelmo und Pelmetto, zu gewaltiger Höhe steigend. Der markierte Weg führt durch Krummholz weiter zur (1/2 St.) Straße hinab, die von Selva di Cadore über die Forcella Staulanza nach Forno di Zoldo zieht. Von der Forcella Forada etwas weiter auch re auf breitem Weg zur Malga Durona mit neuem Schutzhaus *Citta di Fiume* an der Dolomitenhochroute (Nr. 1 im blauen Dreieck), dann auf alter, steiniger Kriegsstraße abwärts zur *Malga Fiorentina.* Von dort entweder auf einem schmalen Waldweg w abwärts zur Talstraße oder li auf der Kriegsstraße dorthin. — Durch das *Fiorentinatal* hinaus zur (1 St.) kleinen Ortschaft *Pescul* (1415 m).

Die gotische Kirche des Ortes ist sehenswert; sie wurde 1438 und 1733 umgebaut; an der Außenseite altes Fresko (St. Christoph); der kunstvolle Holztabernakel ist von Brustolon.

Nun zieht die Straße hoch oben am Berghang an zahlreichen Weilern vorbei, unten schäumt die Fiorentina in einer Schlucht, nach (1 St.) *Selva di Cadore* (1317 m), Hauptort des Tales. Post, Telegraph, Telephon, Arzt, Apotheke. Autoverbindungen. Blick auf die eisgeschmückte Marmolata.

In der Kirche S. Lorenzo, 1447 erneuert, ein Altarblatt von Antonio Rossi und wertvolle Freskomalereien aus dem 15. Jh.

In Selva di Cadore teilen sich die Wege. Links führt eine Straße in großen Kehren zur Fiorentina hinab und zieht dieser entlang nach (1 1/4 St.) *Caprile* hinaus; re geht eine Straße über den Codalungabach nach (3/4 St.) *Villagrande* (1453 m), Hauptort der weitzerstreuten Gemeinde Colle S. Lucia. Post, Telegraph, Telephon, Arzt. Autoanschluß. Sommerfrischort (Näheres S. 118). — Die aussichtsreiche Straße führt von Villagrande am Hang weiter nach *Rucavà,* wo sie sich mit der Straße Caprile — Andraz vereint. — Von *Villagrande* auch direkter Abstieg über *Rovei* nach (3/4 St.) *Caprile.*

Von S. Vito zum neuen Rif. Venezia (1950 m). 3 1/2 St. Bez. Weg. Für Besteiger des M. Pelmo. Abstieg nach Forno di Zoldo oder Fusine, auch Übergang zur Forcella Staulanza und zum Rif. Coldai (Sonino)

Von S. Vito (Vallesella) wie bei der Wanderung zur Forcella Forada (S. 338) bis zur Wegteilung am *Tierabach.* Vor der Brücke auf einem Karrenweg sw durch Wald ziemlich steil zur *Alpe Pian di Madier* (1478 m), dann am rechtsseitigen Berghang durch Wald hinauf in eine Talmulde und in dieser empor. Nachher re einen steinigen Hang hinauf zum wiederaufgebauten (1¼ St.) *Rif. Venezia;* hierher auch mit Auto ab *Forno di Zoldo.*

Von hier ersteigen tüchtige Hochtouristen mit Führer den *M. Pelmo* (3168 m), für sichere Kletterer eine nicht besonders schwierige, aber hochinteressante Tour. Deutlich erkennt man dabei den Gesteinsunterschied: unten die rauhen Dolomitformen, oben die prallen Wände aus Jurakalk. — Der Pelmo war der erste unter den großen Ampezzaner Bergen, der von Menschen betreten wurde. Nachdem Gemsenjäger schon lange vorher bis zu einem großen Kar vorgedrungen waren, das hoch oben an der Südseite des gewaltigen Felsbaues eingebettet ist, stieg John Ball 1857 als erster auf diesem Weg mit einem Gemsjäger zum Gipfelgrat empor, über den er dann allein die höchste Spitze erkletterte. Im Jahr 1863 erreichte Paul Grohmann mit mehreren Führern den Pelmo auf einer vom Weg Balls abweichenden Route und später wurden noch mehrere schwierige neue Anstiege gefunden; das Höchste aber leisteten 1924 Roland Rossi und F. Simon mit der Erkletterung des Gipfels über die gewaltige Nordwand.

Vom neuen Rif. Venezia nach Forno di Zoldo. 3 St.

Südlich zu dem Sattel von *Rutorto* (2019 m) hinüber und jenseits auf neuer Straße sö rund um den Col della Vizza nach (1¾ St.) *Zoppè* (1461 m) hinab. Gh.: Alto Cadore, Al Pelmo.

Die Gemeinde Zoppè besteht aus den Fraktionen Bortolot (mit Kirche und Gh.), Villa und Sagui. — Nach der Überlieferung sollen sich die Bewohner von Gogna vor den Hunnen in diese Gegend geflüchtet und einen befestigten Sitz auf dem nahen Col di Fies (1571 m) erbaut haben. In seiner Nähe sind Spuren einer alten Straße, der Strada dei Pagani (Heidenstraße), zu sehen. 1198 wurde am Pian de Forno Zoppè ein Eisenbergwerk eröffnet, das zwei Jahrhunderte lang großen Ertrag lieferte.

Zoppè ist der einzige Ort in Cadore, der ein unzweifelhaft echtes Bild des großen Malers *Tizian* besitzt. In der Kirche Santa Anna ist von ihm eine Madonna mit dem Jesuskind, umgeben von zwei Heiligen, zu sehen. Im Jahr 1806 wurde das Bild, um es vor den anrückenden Franzosen zu sichern, mehrere Monate an einem sicheren Ort versteckt; dieser war aber feucht und das Bild litt starken Schaden. Die Renovierung gelang nur mangelhaft.

Von *Zoppè* führt eine während des ersten Weltkrieges gebaute Straße durch das Maresontal nach (7 km, 1 1/4 St.) *Forno di Zoldo* (838 m) hinab. Nach dem Ort bzw. Flurnamen *Zoldo* werden Pelmo, Civetta und die südlichen Gruppen auch *Zoldiner Dolomiten* genannt.

Nach S. Vito di Cadore mit seinem weitreichenden Wandergebiet zurück und im Boitetal talabwärts über *Borca di Cadore* (942 m), beliebte Sommerfrische, weiter nach *Vodo* (901 m) mit großartigem Pelmoblick und nach *Venas* (860 m) am Stausee Lago Pocroce, vor dem ein Sträßchen abzweigt nach Cibiana und Forno di Zoldo, dann nach

VALLE DI CADORE (851 m), Sommerfrische in schöner Lage; die Gemeinde besteht aus mehreren Fraktionen, wovon das 4 km w liegende Venas die bedeutendste ist.

Valle ist eine uralte Siedlung; Funde aus prähistorischer Zeit von dieser Gegend befinden sich im Museum zu Pieve. — Die Pfarrkirche San Martino, auf vorspringendem Hügel, der gute Rundschau gewährt, wurde 1745 vollendet. Sie besitzt ein schönes Altarbild von Francesco da Milano und auf dem Seitenaltar ein solches von Antonio Lazzarini, im Chor drei Bilder von Bettio aus Belluno. — In der Sakristei der Kirche zu Venas ein schönes Bild von Francesco Vecellio.

Östlich von Valle, auf der Ebene gegen Tai, erlitt 1508 das Kriegsheer Kaiser Maximilians, das von Sixt von Trautson geführt wurde, infolge großer Sorglosigkeit eine Niederlage.

Ausflug von Valle di Cadore aus

Über die Forcella Cibiana (1528 m) nach Forno di Zoldo
5 St. 25 km Fahrstraße

Von der Ortschaft *Venas* an der ehem. Dolomitenbahn gelangt man auf einer Fahrstraße in 1 1/2 St. nach *Cibiana* (Autobus). Diese Straße zweigt w vom Stausee von der

Strada d'Alemagna ab. Die Straße steigt am Hang des *Colle dei Corvi* zur Fraktion *Masariè* und weiter nach *Cibiana* (1026 m). Gh.: Remauro und Zanella. — Weiter auf der Straße oberhalb des Ritebaches talauf durch Wald und Wiesen zur (1½ St.) *Forcella Cibiana*.

Schöner Rückblick auf das Tal von Cibiana und den mächtigen Antelao; s des Passes erhebt sich der Felsenzug der Bosconero-Gruppe mit der Croda Cuz, dem Sassolungo und der Kette der Sfornioi; der Paß selbst ist umgeben von prächtigen Matten und begrünten Höhen.

Vom Paß zieht die Straße sw durch das waldige Tal des Cervegnabaches abwärts zu der (¾ St.) ärmlichen Häusergruppe *Cornigian* (1236 m). Gegenüber am rechten Talhang Arsiera mit ehemaligem Silberbergwerk. Die Straße wendet in großem Bogen nach re zum *Cervegnabach* hinab und erreicht dann (¾ St.) das malerische alte Bergnest *Fornesighe* (1010 m). Prächtiger Tiefblick auf das Tal von Zoldo, überragt von zackigen Felshäuptern. Von Fornesighe auf der Straße (Abkürzungen) aus dem Cervegnatal hinab (im Hintergrund des Tales von Zoppè erscheint die wuchtige Felsbastion des M. Pelmo) nach *Villanova* (889 m) und s weiter nach (½ St.) *Forno di Zoldo* (838 m), Hauptort des Zoldotales. — In der Kirche schöner Altar von Andrea Brustolon. — Von Forno di Zoldo führt eine Straße im Tal des Maè hinauf nach (3 km) *Dont* (935 m), wo eine Straße über den Passo Duran nach Agordo abzweigt. — In der Kirche zu Dont schönes Denkmal für den hier geborenen Bildschnitzer Andrea Brustolon (1662—1732). Weiter im Tal Zoldo Alto über Fusine, Pianaz und Mareson zur (11 km) *Forcella Staulanza* (1773 m) und nach Colle Santa Lucia. Näheres S. 119, 323.

PIEVE DI CADORE (878 m), Städtchen in romantischer Gegend; Geburtsort des berühmten Malers Tizian Vecellio (1477—1576); Tizian-Museum mit Erinnerungsstücken im noch erhaltenen Geburtshaus.

Autobus von Tai nach (1¼—1½ St.) Auronzo über Calalzo und Gogna; auch nach (½ St.) Cortina d'Ampezzo.

Pieve ist der Hauptort von Cadore. Auf dem Schloßberg stand schon zur Zeit der Römer ein Kastell. 788 erhielt das Stift Innichen durch den Bayernherzog Tassilo II. mehrere Almen, nachher von Kaiser Otto I. größeren Besitz in Cadore; Kaiser Konrad III. erkannte dann 1140 dem Stift den ganzen Komitat Cadore zu. Schon 1160 war dieses Gebiet dann als Lehen in Händen der Herren von Camino. 1266 kam Cadore an die Grafen von Görz und von diesen im 14. Jh. an die Patriarchen von Aquileja. Das oft genannte Statut von Cadore hatte der Patriarch Nikolaus 1354 gegeben. 1420 erhoben sich die Cadoriner gegen den Patriarchen, dadurch kam Cadore zur Republik Venedig und verblieb bei ihr bis zu deren Auflösung 1797. Von 1814 bis 1866 gehörte Cadore zu Österreich.

Das Städtchen hat altvenezianisches Aussehen. Auf der Piazza Tiziano das Standbild Tizians, 1880 in Bronze ausgeführt von dem Bildhauer Antonio dal Zotto. *Tizians Geburtshaus* mit Gedenktafel steht unweit davon tiefer in einer Gasse. In der *Pfarrkirche* (1819 erneuert) in der zweiten Seitenkapelle re Bild des hl. Valentin von De Lorenzi; in der ersten Seitenkapelle li Madonna mit dem Rosenkranz und Heiligen von Cesare Vecellio; in der dritten Kapelle li hinter einem Vorhang Madonna mit Heiligen, Tizian zugeschrieben, nach Kunsthistorikern jedoch von Orazio Vecellio. Im Chor mehrere interessante Bilder, darunter ein Abendmahl von Cesare Vecellio, 1585. In der Sakristei ein Holzaltar mit Malereien aus altdeutscher Schule. — Im Schulhaus ein kleines *Museum* mit Funden aus der prähistorischen und Römerzeit, Tizians Adelsbrief von 1533, Altertümern, Gemälden, Schnitzereien aus Holz und Elfenbein (ein Christus von Brustolon), Manuskripte, Bücher usw. — Das *Munizipalgebäude* (1470—1491), nach einem Brand 1525 wiederhergestellt, enthält zwei Säle mit schönem Getäfel und den in Holz ausgeführten Bildnissen berühmter Cadoriner; außen am Turm Marmorpyramide mit dem Reliefbildnis des Patrioten Pietro Fortunato Calvi.

In der Umgebung von Pieve di Cadore ist vor allem der *Schloßberg* (M. Ricco, 958 m), auf dem das alte Kastell stand und in neuerer Zeit ein Fort erbaut wurde, besuchenswert. Herrliche Aussicht: Über Siedlungen und begrünten

Vorbergen erhebt sich im N die Gruppe der Monti Marmarole, im W über Venas die wuchtigen Felsbauten des Antelao und Pelmo. Sessellift von Pieve zum Col Contras mit prächtiger Aussicht (Gh.).

Am s Fuß des Schloßberges neben dem Lago Centro Cadore liegt das Dorf *Sottocastello* mit malerischen alten Häusern; 1,5 km w von Pieve die Ortschaft *Tai di Cadore* (848 m), Knotenpunkt der Straßen nach Perarola — Belluno, Ampezzo und Auronzo — Kreuzberg. Am Weg nach Tai die *Chiesa di Cristo* mit dem hochverehrten Crocifisso di Valcaldo und einem Altarbild von Cesare Vecellio. 2 km n von Pieve die Ortschaft *Calalzo* (878 m), nahe des schönen, langgestreckten Lago di Centro Cadore, als Sommerfrische beliebt. Die dortige Pfarrkirche besitzt ein Bild von Orazio Vecellio. — Südwestl. von Tai erhebt sich der aussichtsberühmte *M. Zucco* (1215 m), ein frei stehender Berg mit Befestigungsanlagen, in 1 St. von Tai aus auf Militärwegen zugänglich.

Bergwanderungen von Pieve di Cadore aus

Durch das Valle d'Oten zur Forcella Piccola (2121 m) und nach S. Vito di Cadore oder zum Rif. S. Marco. 7 bzw. 6 St. Bez. Wege. Sehr lohnender Übergang
S. 337 in umgekehrter Richtung

Auf den M. Pianezze (1952 m) und zum Rif. Marmarole, früher Rif. Chiggiato. 3½ bis 4 St. Bez. Weg. Lohnend; kürzer als auf dem beschriebenen Weg 261 mit Auto fast bis in den Talgrund des Otentales und von dort zu Fuß zur Hütte

Von Pieve nordwärts durch *Calalzo,* dann auf Fahrstraße nw in das großartige *Otental,* das den Antelaostock von der Gruppe der Marmarole trennt. Die Straße zieht auf der rechten Seite des Molinabaches talein. Im Hintergrund der Cimon del Froppa (2932 m). Oberhalb des (¾ St.) Kirchleins zur *Madonna del Caravaggio* gabelt sich das Otental, ein Ast, das enge *Vedessanatal,* zieht gegen NO hinan.

Vom Kirchlein noch etwa 100 m weiter bis zu der Stelle, wo sich der Vedessanabach mit dem Molinabach vereinigt. Hier über die Brücke, dann von der Straße re ab und neben dem Vedessanabach zwischen vulkanischen Tuffen auf breitem Fahrweg bis zu den (1 St.) Heuhütten von *Stua* (etwa 1125 m) empor. Von hier einem Karrenweg folgend, aus dem Vedessanatälchen li im Zickzack über steile Hänge zu den (1/2 St.) Heuhütten von *Costapiana* (1393 m) und in sanfterem Anstieg über Grashänge weiter zu einer Wegteilung. Nun re über Rasenhänge, dann durch Wald zu einem (1/2 St.) felsigen Abbruch und re davon noch etwa 100 m weiter. Dort, wo der Weg sich zu senken beginnt, folgt man einer Abzweigung zur Linken (re zur Alpe Ajeron); dieser Weg steigt noch eine kurze Strecke im Zickzack bergan, führt dann über ein Bächlein zur *Baita di Ziano* und nachher in wenigen Minuten zum (3/4 St.) *Rif. Marmarole,* früher *Giovanni Chiggiato* (1952 m), auf dem *M. Pianezze* mit Raibler Schichten auf Schlerndolomit.

An der Hütte Erinnerungstafel für Umberto Fanton aus Calalzo, der mit seiner Schwester Luisa und seinen drei Brüdern besonders in der Marmarole zahlreiche Erstbesteigungen ausführte.

Prächtige Aussicht: In der Nähe großartig der Antelao mit kleinen Gletschern, daranschließend eine Kette wilder Felsbauten, die Monti Marmarole; im SO das Gewirr von Felsgipfeln, Nadeln und Türme der Karnischen Voralpen.

DIE GRUPPE DER MARMAROLE

Zwischen den hochragenden Felsstöcken Sorapis und Antelao beginnend, zieht diese größtenteils aus Hauptdolomit aufgebaute Gruppe gegen O. Ihre zackigen Konturen bilden einen prächtigen Kranz im Landschaftsbild von Pieve di Cadore, den schon Tizian als wirkungsvollen Hintergrund zu seinen Bildern wählte. — Drei Schutzhütten dienen als Stützpunkte bei Touren in den Monti Marmarole: außer den Rif. Galassi und Marmarole auch das Rif. Tiziano (das allerdings nicht mehr bewirtschaftet und nur als Notunterkunft benützbar ist) auf der Nordseite. Höchste Erhebung der Gruppe ist die Pala di Meduce (2961 m), mühsam, aber für tüchtige Bergsteiger nicht besonders schwierig zu erreichen.

Vom Rif. Marmarole über Pian dei Buoi nach Auronzo
Leicht und lohnend

Auf bequemen Wegen in Raibler Schichten über den *Pian dei Buoi* in etwa 5 St. nach *Auronzo.* Von der Schutzhütte n zu den Heustädeln von *Pianezze* (1812 m) hinab und in gleicher Richtung, den zur Casera d'Ajeron abzweigenden Weg re lassend, weiter zur nahen nächsten Wegteilung. Nun re (n) auf Saumweg am Hang unter der Cresta d'Ajeron und unter der Mündung der Froppaschlucht über Grasböden zum Felsfuß der Croda Bianca. Dort führt ein Weg ö zur *Casera Bajon* und über Grasböden nö, die aufgelassene Befestigungszone re lassend, weiter zur *Casera delle Pecore* am Col dei Buoi und zur neuen Marmarolehütte (1800 m). Über die begrünte Hochfläche mit vulkanischen Tuffen in gleicher Richtung weiter zu den *Casoni di Valsalega* (1325 m) und von dort auf einem Almweg durch Wald hinab nach *Auronzo.*

VON INNICHEN IN DIE SEXTNER DOLOMITEN

Das *Sextental* mündet bei Innichen in das Pustertal; es ist nur kurz, etwa 3 St., greift aber mit seinen Seitentälern *Innerfeld-* und *Fischleintal* tief in die große Felsenwelt der Sextner Dolomiten, die sich zwischen dem Kreuzberg und Schluderbach — Misurina bis nach Auronzo hinunter erstrecken. Die Sextner Dolomiten sind von Eisenbahn und Straße aus rasch und leicht erreichbar. Der Besuch des Fischleinbodens, eines Prachtschaustückes der Dolomiten, sollte daher auch von jenen nicht versäumt werden, die keine weiteren Wanderungen beabsichtigen. Nicht weniger empfehlenswert ist auch ein Spaziergang in das großartige Innerfeldtal, in dem eine Straße bis kurz vor die neue Dreischusterhütte des AVS führt.

INNICHEN, ital. San Candido (1175 m), Markt mit etwa 3000 Einw., ist die erste Eisenbahnstation in dem zu Italien gehörigen Teil des Pustertales vom österreichischen Grenzort Arnbach her. Italienische Zoll- und Paßabfertigung. Schon von Innichen aus schöner Blick auf den vielzackigen Haunold, auf den Gsellknoten und die Dreischusterspitze, den höchsten Gipfel der Sextner Dolomiten (3152 m), der sich mit Dolomitwänden hoch über die bewaldeten Vorberge erhebt. Innichen ist Sitz der AVS-Sektion „Drei Zinnen“. Anschrift und BRD-Meldestelle Hotel „Weißes Rößl“, Innichen. Sessellift zur Haunoldhütte.

Am Weg vom Bahnhof in den Ort steht li die *Grabeskirche,* nach dem Muster jener zu Jerusalem im Jahr 1653 gebaut. Markteinwärts die *Franziskanerkirche* mit dem Kloster, dann die *Pfarrkirche* von 1760, neben der ein römischer Meilenstein steht. Am Ende der Marktgasse die vielgenannte romanische Stiftskirche, eine Sehenswürdigkeit ersten Ranges, vor allem seit der 1969 erfolgten Rückrestaurierung auf den rein romanischen Baubestand. Ein Friedhof, in dem beim Eingang eine kleine Wandkapelle mit gotischen Fresken (1458) und in den Arkaden die Säulen und Kapitelle, über 1000 Jahre alte Stücke der ersten Stiftskirche, beachtenswert sind, umgibt den Bau. Schon 816 stand hier eine Kirche, 1200 brannte sie zum Teil ab und erstand wieder 1284; der große, wuchtige Turm wurde 1326 aufgeführt. Über dem Südportal aus rotem Sandstein ein Relief aus dem Anfang des 13. Jh.s und ein Wandgemälde von Michael Pacher aus dem Ende des 15. Jh.s, die Bischöfe Kandidus und Korbinian mit Kaiser Otto I. in ihrer Mitte darstellend. In der Krypta die bemalte Holzfigur des heiligen Korbinian aus dem 13. Jh. und auf dem Hochaltar eine geschnitzte Kreuzigungsgruppe aus der Zeit um 1200. Die romanischen Säulen und Kapitelle im Innern sowie am Nordportal, zum Teil von der ersten Kirche stammend, sind für Kunstkenner und Altertumsforscher beachtenswert.

Das Bildstöckl zwischen Friedhof und Propsteigebäude gehört dem 15. Jh. an. Nördlich der Friedhofmauer steht auch das älteste Haus von Innichen, die frühere Stiftsschule.

Die Gründung von Innichen wird dem Bayernherzog Tassilo III. zugeschrieben, der im Jahr 769 dem Abt Atto des Klosters zu Scharnitz die Gegend, genannt Intichinga, unter der Bedingung schenkte, daß dieser dort ein Kloster baue, um die benachbarten Slawen zu bekehren. Mit der Ernennung des Abtes Atto zum Bischof kam das Benediktinerkloster unter die Herrschaft des Hochstiftes Freising. Gestützt auf diesen Innicher Besitz, hat Freising das Gebiet in weitem Umkreis erworben. 1142 wurde die Benediktinerabtei in ein weltliches Chorherrenstift umgewandelt. Während des Mittelalters war das Stift Innichen eine angesehene Bildungsstätte; es gab da eine deutsche und eine Lateinschule. Der Einfluß der Bischöfe von Freising schwand, als durch Vertrag vom Jahr 1285 die hohe und allgemeine Gerichtsbarkeit über das alte Freigebiet von Innichen dem Grafen von Görz, dem Hochstift Freising dagegen nur die niedere Gerichtsbarkeit über die sogenannte „Hofmark" Innichen zustehen sollte. Von 1549 an übte Freising das Ernennungsrecht am Stift nicht mehr aus. In der folgenden Zeit ernannten die Bischöfe von Brixen, dann der Papst und von 1678 ab der Kaiser die Pröpste des Stiftes. 1785 wurde das Stift Innichen von Kaiser Josef II. aufgehoben, jedoch schon 1798 unter Kaiser Leopold wiedererrichtet. Von 1806 bis 1814 war das Stift zum zweiten Mal suspendiert; die Wiederherstellung erfolgte 1818. Heute besteht das zur Diözese Bozen-Brixen gehörende Kollegiatsstift nur mehr aus dem Propst und einem Kooperator.

Aus der Chronik des Marktes Innichen ist hervorzuheben, daß er in den Jahren 1200, 1413 und 1454 vollständig abbrannte und 1809 von den Franzosen unter General Broussier besetzt wurde. Dieser ließ vier Bürger, die an der Erhebung unter Andreas Hofer teilgenommen hatten, erschießen. — Im ersten Weltkrieg wurde Innichen vom 19. April bis 14. August 1916 mit etwa 300 Granaten von Rimbianco-Misurina aus beschossen. Vier Personen fanden hierbei den Tod, zahlreiche Häuser wurden stark beschädigt. Auch im zweiten Weltkrieg hat Innichen gelitten. Fliegerbomben zerstörten 11 Häuser; das Franziskanerkloster mit der Kirche erhielt ebenfalls Treffer.

Von Innichen auf den Helm (2433 m). 4½ St. — Ein mit Nr. 4 markierter Weg auf den Helm beginnt am Südostende des Marktes Innichen und führt den Berghang hinauf über die „Burg" immer dem Wald entlang am Südhang des westwärts ziehenden Helmausläufers bis etwa ¼ St. unter die Helmspitze. Diese selbst ist für Touristen gesperrt, doch kann die eine Gehstunde unterhalb an der Straße liegende *Hahnspielhütte* (2150 m, Sommerwirtschaft) besucht werden. – Fast bis hierher ein neuer großer Lift ab Vierschach (vor allem für den Winter).

Von Innichen nach Sexten und Moos. 9,6 km der Kreuzbergstraße. Busverbindung

Durch Innichen gelangt man bald in den Wald am Ausgang des Sextentales. Neben dem klaren Sextenbach auf der sanft steigenden Straße zur (4 km) ehemaligen *Lanzingersäge* (1256 m), wo re eine Straße ins *Innerfeldtal* abzweigt. Auf beiden Seiten des Sextentales (besonders n) Quarzkonglomerate, aus denen früher vielbegehrte Mühlsteine gewonnen wurden. Die Straße führt dann auf der anderen Seite des Sextenbaches weiter nach (3,6 km)

SEXTEN oder St. Veit, ital. Sesto (1310 m), und (2 km) MOOS, ital. Moso (1340 m). An der Straße, die zum Kreuzbergpaß (1656 m) führt.

In Sexten und Moos hochentwickelter Fremdenverkehr im Sommer und im Winter; insges. 2300 Betten.

Sexten, in einer Urkunde vom Jahr 965 Sexta genannt, damals eine Alm, die Kaiser Otto I. dem Stift Innichen schenkte, wurde allmählich zu einem Dörfchen. — Auf der Stelle, wo sich heute die Kirche erhebt, stand im Mittelalter das Kirchlein zum hl. Nikolaus, schon 1290 urkundlich genannt. Dieses Kirchlein wurde durch einen Brand entweder zerstört oder doch so beschädigt, daß ein Neubau aufgeführt werden mußte, der dem hl. Vitus geweiht wurde. Von der Kirche hat das Dorf den Namen entlehnt. Besonders sehenswert die Fresken eines Totentanzes von Rudolf Stolz (1924) in der Friedhofskapelle.

Im ersten Weltkrieg erhielt Sexten am 27. und 31. Juli 1915 die ersten Granaten; am 1. August kostete ein einziger Schuß, der in den Speisesaal des Gh. „Zur Post" fiel, 12 Soldaten das Leben. Daraufhin mußte das Dorf von der Bevölkerung geräumt werden. Am 12. August 1915 wurde Sexten vom Kreuzberg her besonders stark beschossen; 17 Gebäude samt der Kirche waren in ein paar Stunden in einen rauchenden Trümmerhaufen verwandelt. — Heute überrascht der Ort durch seine schmucken Häuser, von denen viele mit Malereien von Bozner Künstlern geziert sind.

Im S von Sexten erheben sich über dem Fischleintal die Zackengipfel und Turmgestalten der Rotwand, des Elfer-, Zwölfer- und Einserkofels, der Dreischusterspitze und des Gsellknotens. Gegen O, am sanftgeneigten Hang des Helms im Quarzphyllit, liegen bis weit hinauf zahlreiche Bauernhöfe. Die neue Kirche steht etwas oberhalb der Straße. Im Friedhof, den Fresken der Gebrüder Stolz schmücken, das Grab des am Paternkofel gefallenen Bergführers und Standschützenhelden Sepp Innerkofler (s. Seite 358). Auch der berühmte Bergführer und erste Ersteiger der großen Sextner Berge, Michel Innerkofler (verunglückt am 20. August 1888 auf dem Cristallogletscher), wurde hier begraben.

Spaziergang und Bergwanderungen

Von Moos ins Fischleintal. 3 km, steigende Straße. 1/2 St. Überaus lohnend. Sollte nicht versäumt werden

Das Fischleintal ist eines der großartigsten Dolomitentäler. Über dem parkähnlichen Fischleinboden erheben sich ungeheure Felswände, im Hintergrund erscheinen Türme und Zacken in phantastischen Formen. — Im Fischleintal das Hotel Dolomitenhof (Besitzer Josef Innerkofler), dahinter der dazugehörige ehemalige Postgasthof. — Die Autostraße führt bis zum Dolomitenhof; von dort nun zu Fuß bis zum Talschluß (1/2 St.) mit kleiner Wirtschaft.

Auf den Helm (2433 m). 3 St. Bekannter Aussichtsberg im Quarzphyllit nö von Sexten. Vom Gipfel Prachtblick auf die Dolomiten und ins Pustertal. Über den Helm geht die österreichische Grenze

Von dem Platz vor der Sextner Pfarrkirche, wo der Gh. Goldenes Kreuz steht, ausgehend auf breitem Fahrweg kurz bergauf bis zum letzten Haus, dort re über eine kleine Brücke auf steile Wiesen hinaus und nun einem schmalen Weglein folgend, halbrechts empor. Nach einem lichten Lärchenwäldchen folgt eine längere Steinstiege, Katzenleiter genannt, worauf man zu den (1/2 St.) Höfen von *Reiden* am Mitterberg kommt. Von dort an einem hübschen Antoniuskapellchen vorbei empor zur nahen alten Festungsstraße. Auf dieser einige Min. weiter bis knapp vor das ehemalige österreichische Sperrfort *Mitterberg.* Nun auf einem li ansteigenden Fahrweg bald ein waldiges Bachtälchen querend, dann empor zu Lärchenwiesen. Bei der Wegteilung nahe einem Heustadel li weiter und nach einer Kehre hinaus auf weite Wiesen mit einer Reihe von Viehställen, *In der Eggen* benannt (1 1/2 St.). Bei den oberen Hütten beginnt der mit roten Punkten und der Ziffer 4 A bez. Helmweg. Durch lichten Wald stellenweise ziemlich steil zu einem langgestreckten Rücken oberhalb der Holzgrenze und auf seiner Höhe zum Helmgipfel (1 1/2 St.) mit der ehemaligen *Helmhütte,* nun Station der italienischen Finanzwache. Unterhalb dieser Hütte steht jetzt in der Nähe der neuen Militärstraße die *neue Helmhütte* (Hahnspielhütte) mit Verpflegung und Nächtigungsgelegenheit.

Eine neue Helmstraße zweigt vom Hauptplatz in Sexten ab und benützt die alte, ehemalige Festungsstraße bis zum aufgelassenen Sperrfort Mitterberg. Von dort führt sie nw hinauf zum Prünsterhof und mit Kehren weiter empor, bis sie am Hahnspiel in die von Innichen kommende Markierung 4 mündet.

Herrliche und weitreichende Aussicht. Im S die Sextner Dolomiten in wilder Pracht. In der Tiefe das Pustertal mit den Ortschaften Niederdorf, Toblach und Innichen, weit im NW Firngipfel der Ötztaler und Teile der Stubaier Alpen. Im N Zillertaler Alpen (Schwarzenstein, Löffler), Rieserfernergruppe, Sillianer und Deferegger Berge, dahinter die Hohen Tauern mit Großvenediger und Großglockner, im O die Lienzer Dolomiten, im SO zahlreiche Gipfel der Karnischen Alpen.

Geht man von der Helmhütte auf dem begrünten Kamm gegen SO 3/4 St. weiter, kommt man zur bewirtschafteten *Viktor-Hinterberger-Hütte* (2381 m) der ÖAV-Sektion Austria, Wien (10 B, 11 Lager), die auf österreichischem Boden steht. Übergang mit Reisepaß gestattet, jedoch nur, wenn die ital. Finanzwache eine Sondergenehmigung erteilt. Unbedingt vorher anfragen. Von dort markierter Weg nach Sillian, 2 1/2 St.

Auf den Außergsell (1985 m) oder den Innergsell (2068 m) 2 1/2 St. Lohnend. Markiert mit Nr. 12

Bei Sexten kommt von der w Talseite der Gsellgraben vom Gsellknoten herab. An der Mündung dieses Grabens Bellerophonschichten mit Gips und Rauhwacke, dann Werfner Schichten, in deren Region, etwa 600 m über Sexten, die Gsellwiesen als Fundstätten von Petrefakten bekannt sind. Darüber Muschelkalk. Auf diese Schichtreihe folgt dann an den höheren Bergen der Sextner Dolomiten Sarl- und Schlerndolomit noch als Unterbau, darüber deutlich flachgeschichteter Hauptdolomit.

Von Sexten beim Schuhmacher Lanzinger sw auf ziemlich steilem Karrenweg durch den bewaldeten Gsellgraben hinauf bis oberhalb des Ursprungs des Gsellbaches. Dort re (n) zum weiten Wiesenboden auf dem *Außergsell*, li auf den höheren *Innergsell*, beide in Werfner Schichten. — Vom *Bad Moos* an dem zerstörten ehemaligen österreichischen Fort Haideck vorbei auf ziemlich steilem Karrenweg zum (2 St.) *Innergsell.*

Durch das Fischlein- und Bacherntal zur Zsigmondyhütte, ital. Rif. Zsigmondy-Comici (2235 m). 3 1/2 St. Außerordentlich schön. Von dort Übergänge zur Dreizinnenhütte, zum Rif. Auronzo, nach Misurina oder Auronzo

Von Sexten entweder auf der Straße über Moos ins *Fischleintal* oder (angenehmer) gleich außerhalb Sextens über den

Bach, dann durch Wiesen zum (1/2 St.) Bad Moos und auf der ansteigenden Straße ins Fischleintal.

Vom Fischleinboden aus wird die *Dreischusterspitze* (3152 m), eine hochragende, zackengekrönte Berggestalt aus Hauptdolomit, erstiegen. Die erste Ersteigung dieses höchsten Gipfels der Sextner Dolomiten gelang 1869 Paul Grohmann, dem Bahnbrecher der Touristik in den Dolomiten, mit den Führern P. Salcher und Franz Innerkofler. Die Dreischusterspitze ist für geübte, ausdauernde Bergsteiger mit Führer eine zwar mühsame, aber außerordentlich lohnende Tour. Im oberen Teil mittelschwierige Kletterei. Zeitaufwand 5 bis 6 St. vom Fischleinboden.

Von der Talschlußhütte auf schlechtem Steig sö Aufstieg zur *Sentinellascharte,* 2 1/2 St. Von dort auf dem Alpiniweg zur Zsigmondyhütte, 3 bis 3 1/2 St. Nur für gute, schwindelfreie Bergsteiger. Auch im Hochsommer noch Firnfelder.

Im Fischleintal auf der Straße (1/2 St.) am Hotel Dolomitenhof vorbei, dann durch lichten Wald fast eben in den (1/2 St.) Talhintergrund (1540 m) mit dem kleinen Gh. Talschluß. Mit großartiger Wand erhebt sich von hier der Einserkofel. Noch einige Min. bis zum Straßenende, dann rauher Weg zur Wegteilung (Wegtafel re zur Dreizinnenhütte). Links auf mit 103 bez. Weg einen Krummholzhang hinauf bis nahe unter die Felsen des Einsers, dann hoch über dem Grund des Bacherntales an steiler Lehne im Schlerndolomit durch die ehemalige österreichische Frontstellung in den Talhintergrund. Prachtblick auf den Zwölferkofel, dahinter Kleiner und Kleinster Zwölfer, davor der kecke Hochleist. Schließlich im Zickzack re (w) empor zur (2 St.) *Zsigmondyhütte,* ital. *Rif. Zsigmondy-Comici,* der Sektion Padua des CAI; Wirtschaft (40 B u. 40 Lager).

In der Nähe stand vor dem ersten Weltkrieg die *Zsigmondyhütte,* im Jahr 1886 vom Österreichischen Alpenklub erbaut und nach dem in den französischen Alpen verunglückten berühmten Wiener Bergsteiger Dr. Emil Zsigmondy benannt. Sie wurde gleich bei Beginn des ersten Weltkrieges in Trümmer geschossen.

Die neue Hütte steht auf den Schafweiden der Oberbachernalpe. Talaus der grüne Helmzug, gerade gegenüber im NO die Gipfelzacken des Elferkofels (3092 m), an die re der Rücken der Hochbrunnerschneide (3061 m) schließt. Zwischen beiden liegt der wilde Felsenkessel des Äußeren Loches, dessen Grund ein großes

Schneefeld bedeckt. Es folgt die Einsenkung des Giralbajoches (2436 m), davor der unbedeutende Hochleist (2403 m), dann der gewaltige Felsbau des Zwölferkofels mit seinen Seitentürmen, dem Kleinsten und Kleinen Zwölfer, die sich wie Finger emporspreizen.

Der *Zwölferkofel* (3091 m), aus Hauptdolomit, von den Italienern *Croda dei Toni* genannt, wurde 1874 von den Sextner Bergführern Michel und Johann Innerkofler erstmals erstiegen. Die damals benützte gefährliche Eisrinne in der Südwestwand wird jetzt immer umgangen. Die Tour ist aber auch auf diesem Weg schwierig und überdies von Steinschlag gefährdet. Etwas leichter, aber gleichfalls nicht frei von Steinschlag ist der *Elferkofel,* ital. *Cima Undici* (3092 m), der zweithöchste Gipfel der Sextner Dolomiten. Auch diesen erstieg als erster der berühmte Felskletterer Michel Innerkofler, den 1888 auf dem Cristallogletscher ein trauriges Geschick ereilte.

Von der Zsigmondyhütte über Oberbachernjoch und Büllelejoch zur Dreizinnenhütte, ital. Rif. Locatelli. 2 St. Mit 101 bez. Weg, sehr schöne Wanderung

Von der Hütte steigt man w zunächst auf bez. Weg über spärlich bewachsene felsige Böden und durch Mulden zum (1 St.) *Oberbachernjoch,* ital. *Passo del Rio di Sopra* (2528 m). Hier re der Markierung folgend auf altem Frontweg fast eben zum nahen (1/4 St.) *Büllelejoch* (2522 m, einfach bewirtschaftete Hütte), in Raibler Schichten. Spuren weitverzweigter Stellungsbauten und Wege aus dem ersten Weltkrieg. Großartig in der Nähe Elfer- und Zwölferkofel, im S Marmarole und Sorapis, im W Große Zinne, Paternkofel, Schwalbenkofel, Bullköpfe, Birkenkofel, im NW der Haunold, daneben die Dreischusterspitze. Vom Büllelejoch nw in Kehren abwärts, dann oberhalb eines Seeleins li (w) auf bez. Steig fast eben über Schutt- und Blockhalden gegen die Bödenseen und oberhalb dieser etwas ansteigend zur (3/4 St.) *Dreizinnenhütte,* ital. *Rif. Locatelli* (2407 m), am Toblinger Riedel, wo die Raibler Schichten besonders hervortreten (Näheres über die Hütte und deren Umgebung s. S. 357).

Von der Zsigmondyhütte übers Oberbachernjoch (2528 m) zum Rif. Auronzo und nach Misurina. 4 1/2 St. Bez. Wege. Landschaftlich hervorragend schön

Wie oben beim Weg zur Dreizinnenhütte auf das (1 St.) *Oberbachernjoch*, ital. *Passo del Rio di Sopra*, und von dort li auf einem alten, mit 104 bez. Frontweg durch eine grüne Mulde mit Spuren von Kriegsbauten hinab zum kleinen *Lago di Cengia* (2327 m) in Raibler Schichten (rechts oben ein italienisches Kriegerdenkmal). Vom Seelein auf breitem Weg, von dem sich herrliche Blicke auf Sorapis und Marmarole eröffnen, gegen W weiter abwärts. Unterhalb der Felsen des Paßportenkopfes steigt der Weg zu einem Tümpel, dem *Laghetto di Lavaredo* (2389 m), und vereinigt sich dann nahe der Kleinen Zinne mit dem vom Paternsattel kommenden Weg. Nun sw unter den imposanten Felsbauten der Zinnen weiter, vorbei an einer Kapelle aus der Zeit des ersten Weltkrieges mit dem Rif. Lavaredo zum (1½ St.) 1955 abgebrannten und wiederaufgebauten großen *Rif. Auronzo* (2320 m) mit breiter Autostraße nach *Misurina;* dorthin auch auf Fußweg, der die Straße li abkürzt (am Fuß der Cadinspitzen entlang), in 1½ St.

Von der Zsigmondyhütte über das Giralbajoch (2463 m) nach Auronzo. 5½ St. Bez. Weg. Lohnend. Großartige, einsame Dolomitenlandschaft

Auf bez. Steig zunächst s abwärts in das Zwölferkar, dann schräg li über die Schutthalden am Fuß des Zwölferkofels hinan, den sog. Eissee li lassend, zum (1 St.) *Giralbajoch* in Raibler Schichten zwischen Kleinstem Zwölfer und M. Giralba di Sopra. Prächtige Schau auf die südlichen Sextner Dolomiten, Marmarole und Karnischen Alpen.

Auf dem Joch Taraxacum Pacheri, die orangenfarben blühende Kuhblume, in den Tiroler Alpen sehr selten, sonst in Norwegen.

Vom Joch jenseits auf mit 103 bez. Weg über Schutt und Schrofen zum obersten Boden des *Val Giralba Alta* hinab. Das bew. *Rif. Carducci* (2293 m, 20 B, 7 Matr.) des CAI re lassend, auf steinigem, altem Kriegsweg oft in jähem Zickzack über Schlerndolomit talab ins *Giralbatal*, das beim grünen *Pian delle Salere* (etwa 1350 m) erreicht wird. Das Haupttal teilt sich hier in mehrere Äste. Blick auf imposante

Felsberge: Croda di Ligonto (2794 m) im O, M. Giralba di Sotto (2883 m) und Cima Bagni (2983 m) im N. Durch das Giralbatal hinaus ins *Ansieital,* das bei den Häusern von *Giralba* (920 m) erreicht wird (vom Rif. Carducci bis hierher 2¹/₂ St.). Auf der Straße entweder talabwärts nach (1 St.) *Auronzo* oder mit Autobus hinauf nach *Misurina.*

Von der Zsigmondyhütte auf die Oberbachernspitze (2675 Meter). 1¹/₂ St. Ohne Schwierigkeit und lohnend

Wie oben auf bez. Steig zum Oberbachernjoch, von dort re (n) auf einem alten Frontweg über die felsige Hochfläche zum Fuß des Gipfelkammes und gradauf zum Kreuz auf der Spitze. Nächst dieser Barackenreste. — Von der Spitze kann man dem Grat entlang sw auf einem Stellungsweg unmittelbar zum *Büllelejoch* absteigen und die Wanderung zur *Dreizinnenhütte* fortsetzen.

Von der Zsigmondyhütte auf die Hochbrunnerschneide (3061 m). 3¹/₂ St. Für tüchtige Bergsteiger mit Führer nicht schwierig. Hervorragende Aussicht

Von der Hütte auf bez. Steig (Ziffer 101 und gelb) s einige Min. hinab ins Zwölferkar, dann sö schräg leicht aufwärts über die Schutthalden am Fuß des Zwölfers bis kurz unter das Giralbajoch (2436 m), ³/₄ St. Dann nö um den gelegentlich ausgetrockneten kleinen Eissee herum und ein Stück auf dem über den ns zum Giralbajoch ziehenden Rücken hinwegführenden Alpiniweg bis zum Eingang des nach O hinaufziehenden Kessels des Inneren Loches (die Markierung des Alpiniweges geht weiter zum Äußeren Loch und zur Sentinellascharte). Im Kar des Inneren Lochs über Schutt und Schnee bis vor die das Kar abschließende Wand und von hier aus die *linke* breite Schneerinne nach N, bis vor ihren engeren obersten Teil empor. Hier re auf deutlichen Steigspuren über gutgestufte Felsen im Zickzack zum Grat und diesem re entlang oder immer knapp unter ihm bleibend, Richtung SO, auf das breite Gipfelplateau im Hauptdolomit der *Hochbrunnerschneide,* ital. *M. Popera.*

Herrliche, weitreichende Aussicht, besonders schön die Hohen Tauern. Sextner und Ampezzaner Dolomiten, Karnische und Julische Alpen.

DREIZINNENHÜTTE UND UMGEBUNG

Von Sexten zur Dreizinnenhütte, ital. Rif. Locatelli. 3½ St. Bez. Weg. Sehr schöne Wanderung. Von der Hütte Abstieg ins Höhlensteintal oder nach Misurina

Wie beim Weg zur Zsigmondy-Comici-Hütte (S. 352) zum *Fischleinboden* und weiter zur Talgabelung: li das Bacherntal, re das Altensteintal. Der Weg führt gegen die Felsen des Einserkofels (1¾ St.) und teilt sich dort (Wegtafel; li zur Zsigmondy-Comici-Hütte). Nun re auf steinigem, mit 102 bez. Weg im dürftig bewaldeten *Altensteintal* hinan und in Kehren steiler eine Stufe hinauf. Gegenüber einer Schutthalde, die von den Wänden herabzieht, wendet der Weg zur westl. Berglehne. Ein schöner Wasserfall stürzt über die dunkelfarbigen Felsen der obersten Talstufe. Nun w den Hang empor, dann zwischen Schuttreisen hinauf und bei einem aufgelassenen Kalkofen nach li steinigen Grasböden zu. Neben dem Bödenbach im Zickzack empor zu sumpfigen Grasböden, dann sw weiter zur (1¾ St.) neuen *Dreizinnenhütte,* ital. *Rif. Locatelli* (2438 m), auf den Raibler Schichten des Toblinger Riedels. — Unfern der Hütte die Kapelle für die Toten der Berge. Dort auch Gedenktafel für den 1959 am Cerro Torre in Südamerika abgestürzten Toni Egger.

Die große Hütte (50 B und 100 Lager) wird von Sepp Reider aus Moos bewirtschaftet.

Wie ruinenhafte Riesensäulen ragen in der Nähe die berühmten *Drei Zinnen.* Sie bestehen aus flachgeschichtetem Hauptdolomit und liegen auf einem Sockel von Schlerndolomit, getrennt durch Raibler Schichten. Links von den Zinnen die hohe Pyramide des Paternkofels und weiter im SO der wuchtige Zwölferkofel, im O der Felsenzug Oberbachernspitze — Einserkofel, überragt vom Elferkofel, im SW Popena und Cristallo, M. Piana, Tofana, Dolomiten von Fanes; im W Hohe Gaisl, Rautkofel, Schwalbenkofel, Toblinger Knoten.

Der an der Grenze zwischen dem alten Tirol und dem damaligen Italien nahe der Dreizinnenhütte stehende *Paternkofel* (2744 m) wurde im ersten Weltkrieg von den Italienern besetzt. *Sepp Innerkofler,* der berühmte Bergführer und Wirt auf der Dreizinnenhütte, als Standschütze dem österreichischen Kommando zugeteilt, wurde beauftragt, den Paternkofel zu nehmen. Begleitet von drei Kameraden, kletterte Innerkofler in der Nacht vom 3. auf den 4. Juli 1915 über den Nordwestgrat gegen den Gipfel empor. Nur mehr wenige Meter von diesem entfernt, im ersten Morgengrauen, bemerkte ihn die italienische Besatzung. Sepp warf sofort drei Handgranaten, von denen aber nur eine explodierte. Nun schleuderte ein Alpini einen Felsblock gegen ihn, andere schossen. Von einer Kugel in die Stirn getroffen, fiel Sepp rücklings vom Gipfel 40 bis 50 Meter in einen Kamin der Nordostwand. Seine Begleiter konnten sich mit Mühe retten. Die Leiche Innerkoflers wurde von den Italienern geborgen und auf dem Gipfel des Paternkofels bestattet. 1917, nach dem Rückzug der Italiener aus den Dolomiten, brachte man die Leiche nach Sexten und begrub sie auf dem dortigen Friedhof.

Im weiteren Verlauf des Krieges wurde der Paternkofel von den Italienern mit einem 600 m langen Tunnel durchbrochen, der es ihnen ermöglichte, schließlich bis zum Sextenstein vorzudringen. Der Ausgang dieses Tunnels befindet sich bei einem auffallend schlanken Felszacken, der sog. Frankfurter Wurst, nahe der Dreizinnenhütte. Er ist heute für Geübte wieder begehbar (Taschenlampe!).

Unter den leichter zugänglichen Bergen in der Umgebung der Dreizinnenhütte sei die *Schusterplatte* (2957 m) genannt, für geübte Bergsteiger eine schöne, lohnende Tour (2½ St.). Vom Gipfel umfassende Schau auf die Sextner Dolomiten.

Über die Wege von der Dreizinnenhütte nach Schluderbach bzw. Landro und ins Innerfeldtal s. S. 298 und S. 360.

Von der Dreizinnenhütte über den Paternsattel (2450 m) zum Rif. Auronzo und nach Misurina. 3¼ St. Bez. Wege. Prächtige Wanderung

Von der Hütte etwas bergab gegen die große, von den Felsen des Paternkofels herabziehende Schutthalde und auf dieser südwärts zum (¾ St.) *Paternsattel,* ital. *Forcella Lavaredo,* zwischen Paßportenkopf li und Kleinster Zinne re. An einem Felsblock Erinnerungsmal für die zwei Brüder Forcher aus Sexten und Gedenktafel für den Bozner Franz Agostini, die am Preußriß der Kleinsten Zinne den Tod fanden. Ausblick auf Cadinspitzen und Marmarole im S. Jenseits führt der Weg erst ein kurzes Stück bergab, dann fast eben in großem Bogen am Sockel der Drei Zinnen hin (unter der Kleinen Zinne das Rif. Lavaredo und eine Kapelle aus der Zeit des ersten Weltkrieges) zum (1/2 St.) *Rif. Auronzo* (2320 m). Eine Straße führt von dort sw nach (1 1/2 St.) *Misurina* hinab (Näheres s. S. 304).

Von der Dreizinnenhütte über die Forcella Col di Mezzo (2287 m) nach Misurina. 4 St. Mit 5 bez. Weg. Für Geübte interessante, schöne Wanderung

Von der Hütte s hinab zur nahen Wegteilung bei einer verfallenen Kriegskaverne. Hier re abwärts zum (1/2 St.) grünen *Rienzboden,* wo man den nach Landro führenden, mit 102 bez. Weg verläßt. Nun s über grünen Boden, dann auf einem Steig kurz bergauf zur Hochfläche der *Langen Alpe.* Eindrucksvoller Blick auf die senkrechten, rotgefärbten Riesenwände der Großen und Westlichen Zinne, die jetzt Kletterer mit neuen Hilfsmitteln öfter durchsteigen. In sw Richtung auf der blockbedeckten Hochfläche weiter; bald li auf einem Steig in eine Mulde hinauf mit Kreuz, Hütte und drei kleinen Lachen in Raibler Schichten, dann s zur begrünten Höhe des Col di Mezzo. Nun li eine Schutthalde querend zur (1 1/2 St.) *Forcella Col di Mezzo* (2287 m) am Westfuß des Zinnenstockes (von der Scharte führt ein Steig sö über felsdurchsetzte Rasenböden zum [20 Min.] *Rif. Auronzo* hinüber). — Nach *Misurina* von der Scharte Col di Mezzo zunächst auf einem alten Frontweg s durch eine grüne Mulde zu verfallenen Militärbauten hinab. Von dort am Osthang der Mulde unterhalb einer Felswand hinaus, dann auf Karrenweg im Zickzack hinab zur Straße. Auf dieser an der (1 St.) *Alpe Rimbianco* (1840 m) und dem sumpfigen Antornoseelein vorbei nach (1 St.) *Misurina.*

Von der Dreizinnenhütte über den Paternsattel (2450 m) nach Auronzo. 5 St. Lohnender Übergang. Bez. Weg

Wie oben beim Übergang zum Rif. Auronzo auf den (3/4 St.) *Paternsattel* und auf dem Weg zu diesem Schutzhaus so lange weiter, bis nach der Kriegskapelle li eine Wegtafel (Nr. 104) nach Auronzo weist. Nun s zu dem Weg hinab, der aus dem Ansieital heraufkommt. Auf diesem steinigen und ziemlich verfallenen Weg aus der Zeit des ersten Weltkrieges durch das Engtal *Vallone di Lavaredo* mit vielen Kehren und mehrmals Schutthalden querend zur (2 St.) Wiese Piè della Pala (1471 m) hinab (westlich zieht das Campedelletal zur Forcella di Rimbianco, 2206 m, hinan, über die man in 3½ St. nach Misurina gelangt). Weiter auf breitem Fahrweg talabwärts zur Abzweigung des *Val d'Onge,* dann sw durch das Marzontal auf einem Fahrsträßchen hinaus zur (1 St.) Straße im *Ansieital,* auf der *Auronzo* in 1¼ St. zu erreichen ist.

DAS INNERFELDTAL UND SEINE BERGE

Von Innichen oder Sexten durchs Innerfeldtal zur Dreizinnenhütte. 5 St. Das Innerfeldtal ist eines der schönsten Dolomitentäler

Bei der ehemaligen *Lanzingersäge* im Sextental (¾ St. von Innichen, ¾ St. nw von Sexten) mündet von SW das *Innerfeldtal,* ital. *Val Campo di Dentro,* das in eine großartige Felsenwelt hinaufführt. Eine für kleinere Kraftwagen fahrbare Straße leitet durch schönen Lärchenwald und über Wiesen ins Tal. Zur Rechten der Haunold, li der Gsellknoten, über dem die Zacken der Dreischusterspitze zu gewaltiger Höhe emporragen. Stets mäßig ansteigend, erreicht man auf der Straße in 1½ St. (von der obengenannten Lanzingersäge) den Parkplatz 20 Min. vor der 1975 neu erbauten *Dreischusterhütte* des AVS (1617 m; 50 B).

Vom Schusterhaus s über ebenen Rasenboden, an der Abzweigung des Steiges zum Birkenschartl vorbei, zur (20 Min.) Wegteilung im Talschluß (rechts zum Wildgrabenjoch und zum Lückeleschartl). Nun auf dem vermurten Talboden noch einige Min. weiter, dann li über Bachgeröll gegen eine Blockhütte zu (diese war einst im Besitz des Schriftstellers G. v. Ompteda, Verfassers des Bergsteiger-Romans „Excelsior"). Unterhalb dieser Blockhütte im Geröll ein kurzes Stück s hinan, dann li zum Fuß der hohen, felsigen Steilstufe, die das Tal abschließt. Der Markierung 105 folgend durch eine begrünte Rinne zur Höhe der Stufe hinauf, dort über den Bach und weiter im Zickzack hinan, worauf sich der Weg einem klammartigen Tälchen zuwendet. Vor diesem Tälchen biegt der Weg nach re und erreicht einen kleinen Kessel. Von hier re in einer Schleife über einen Schutthang, dann li in die felsige Bachschlucht und jenseits eben weiter. Oberhalb der zwei letzten Zirbenbäume leitet der Weg im Zickzack aufwärts. Rechts wird der dreitürmige Schwabenalpenkopf (2684 m) sichtbar, dessen Gipfel im Krieg von den Österreichern besetzt war. Der bez. Weg führt an Kriegsbautenresten vorbei auf die weite, spärlich begrünte, karrenartige Fläche der *Gwengalpe* (Morgenalpe, 2330 m). Hier teilt sich der Weg (links übers Innicher Riedel ins Altensteintal, unschwierig, aber unmarkiert, in 1½ St. zur lohnenden Schusterplatte, 2957 m, oder hinunter zur Dreizinnenhütte). Nun über das im ersten Weltkrieg oft genannte *Zinnenplateau,* gegen das die Italiener vergebliche Angriffe richteten, aufwärts zu einem schmalen Einschnitt zwischen gerundeten, sandigen Köpfen. Von dort li an verfallenen Kavernen vorbei zum *Gwengalpenjoch* (2393 m), w von dem Turm des Toblinger Knotens. Eindrucksvoller Ausblick auf die Drei Zinnen. — Jenseits des Joches führt ein Steig über Schutthalden hinab, unter dem Sextenstein durch, dann zur nahen, auf dem Toblinger Riedel (2438 m) stehenden *Dreizinnenhütte,* ital. *Rif. Locatelli* (Unterkunft für 150 Personen). Näheres über die Umgebung und Übergänge von der Hütte s. S. 357.

Aus dem Innerfeldtal auf den Hochebenkofel (2905 m) und Birkenkofel (2913 m). 4 St. Prächtige, unter Führung für Geübte nicht schwierige Bergtour. Mit einem Übergang nach Schluderbach leicht zu verbinden

Wie oben beim Weg zur Schusterhütte talein zur (1/2 St.) Wegteilung im Talschluß. Nun re (sw) auf bez. Steig in dem mäßig ansteigenden *Innicher Wildgraben* zu einer (1/2 St.) abermaligen Wegteilung nahe dem Platz, wo einst die Oberhütte (1951 m) stand (südlich zum Wildgrabenjoch). Hier re auf bez. Steig in dem w, später nw hinanziehenden *Hangenalpeltal* über Grasböden zu einem Geröllhang hinauf, an dessen linker Seite der Steig zum (1/2 St.) *Lückeleschartl* (2530 m), zwischen Bullköpfen li und Hochebenkofel re, emporleitet. Von der Scharte führt ein Steiglein n zu den Felsen des Hochebenkofels. Auf breitem Band zu steinigen Grasböden, dann wird eine Schlucht gequert, worauf man durch eine breite Rinne auf ein Plateau gelangt, dessen höchste Erhebung der (1 1/4 St.) *Hochebenkofel* (2905 Meter) bildet. Prächtige Rundschau.

Schon Paul Grohmann, der erste Ersteiger des Hochebenkofels, sagt: „Ein Panorama, das ich bezaubernder, wenigstens hier in der Dolomitenwelt, kaum noch geschaut hatte." In der näheren Umgebung die Sextner Dolomiten (großartig die Drei Zinnen); im S Cristallo und Piz Popena, dann Sorapis und Antelao; im SW Hohe Gaisl, Tofana, Marmolata usw.; im N die Firngipfel der Zentralalpen vom Großglockner bis zu den Ötztaler Alpen.

Vom nördl. aufragenden Birkenkofel, der in 1/4 St. über schräge Platten für Geübte leicht ersteigbar ist, aber Schwindelfreiheit erfordert, noch schönere Aussicht. Prächtiger Tiefblick ins Höhlensteintal mit Schluderbach und dem Dürrensee.

Wer nach Schluderbach will, steigt vom *Lückeleschartl* auf bez. Steig über Geröll w zu dem kleinen *Mitteralpelsee* (2215 m) hinab. Von dort führt der Steig über eine Stufe abwärts zur verfallenen (3/4 St.) *Schäferhütte* (2079 m) und an den Hängen eines zwei Gräben trennenden Rückens steil hinunter zu einem waagrechten, von Bäumen bestandenen Kamm. Nun auf dem Steig eine Steilhalde abwärts, dann re über den Graben und unterhalb zweier Wasserfälle am Abhang des Schacherbirgls hinab zum Bergfuß an der Ausmündung des steilen Möselegrabens. An einer

Almhütte vorbei weiter zur (1½ St.) Ampezzaner Straße Toblach — Cortina (Autobusverkehr).

Aus dem Innerfeldtal über das Große Wildgrabenjoch (2296 m) nach Landro. 4 St. Schöner, abwechslungsreicher Übergang

Wie beim Weg auf den Hochebenkofel (s. S. 361) zur Wegteilung im *Innicher Wildgraben* und li (s) auf bez. Weg in engem Tälchen über magere Schafweiden und Geröll zum (2½ St.) *Großen Wildgrabenjoch* zwischen Schwabenalpenkopf (li) und Schwalbenkofel (re). Ausblick auf Cristallo, Sorapis, Antelao, Marmarole; Rückblick auf die großartige Dreischusterspitze. Jenseits durch eine mäßig geneigte Schlucht über Geröll und Gras hinab in den (½ St.) Wald und durch das *Rienztal* w hinaus zur (1 St.) Autobushaltestelle *Landro.*

WANDERUNGEN IM OST- UND SÜDTEIL DER SEXTNER DOLOMITEN

Von Sexten über den Kreuzberg (1656 m) nach Padola 4 St. Autostraße. Von Padola schöne Fahrt oder Wanderung über den *Zovopaß* nach Auronzo

Die Straße zieht zunächst talein nach (2 km) *Moos,* dort Straßenteilung (rechts ins Fischleintal). Die Kreuzbergstraße führt mit einer Kehre neben sumpfigen Wiesen sö in den ausgedehnten Wald hinauf, der bis nahe an den Kreuzbergpaß reicht.

Nach 6 km ist die breite, wiesenumsäumte Paßhöhe erreicht. Auf der Wiese w des Passes großes Gedenkkreuz für die in der Umgebung Gefallenen des ersten Weltkrieges. Der *Kreuzberg,* ital. *M. Croce di Comelico,* bildet die Wasserscheide zwischen dem Schwarzen und dem Adriatischen Meer, zwischen Drau und Piave, und die östl. Grenze der Dolomiten gegen die kristallinen Schiefer des Karnischen Kammes. Bis 1918 auch Grenze zwischen Österreich und

Italien. Gegenüber dem alten Grenzstein das Hotel Kreuzbergpaß (40 B). Großes Skigebiet, Skilift auf die Cima Collesei, Skikurse und Skiführer.

Vom Paß schöner Blick auf die Berge von S. Stefano im S (M. Brentoni, Terza Grande, Terza Piccola, M. Rinaldo); westl. Neunerkofel und Arzalpenkopf.

Vom Mai 1915 bis November 1917 verlief über die nahen Waldrücken des Seikofels und Burgstalls, die zerklüftete Felswand der fast 3000 m hohen Rotwandspitze und die kahlen Hänge des Rotecks und Eisenreichs die österreichische Front, gehalten gegen Angriffe italienischer Infanterie und kühne Unternehmungen der Alpini von den verschiedenen österreichischen Truppenverbänden und dem deutschen Alpenkorps, vor allem aber von den Standschützen der Bataillone Innsbruck I, II und Sillian.

Nach *Padola* (auf der Straße 9 km) wandert man vom Kreuzberg besser auf dem kürzeren *alten Jochweg* (6 km), der auf der Paßhöhe re abzweigt und über Wiesen und durch Wald zunächst zu den (1 St.) *Bagni di Val Grande* hinabführt. Das Schwefelwasser des Bades entspringt in Bellerophonschichten. Vom Bad auf schmaler Fahrstraße bis zur *Selvapiana-Hütte* (Sommerwirtschaft, Parkplatz) und von dort zu Fuß zur neuen, sehr geräumigen *Berti-Hütte* (1950 m) unterhalb des verfallenen *Rif. Sala.* 1 St.

Die *neue* Straße zieht vom Kreuzberg mit mehreren Windungen in das obere *Comelicotal* hinab. Nach etwa 1/2 St. gelangt man an dem kleinen, aber schönen Fall des Padolabaches vorbei zu einer Wiese, die wegen ständiger Beschießung durch die Österreicher den Namen Campo della Morte erhielt. Zur Rechten Ausblicke auf die riesigen Wände der Hochbrunnerschneide und der Cima Bagni, die kühn und schneegefurcht über die Wälder ragen. Nach weiteren 1 1/2 St. erblickt man, den Wald verlassend, nahe re unten die Ortschaft *Padola* (1216 m), die sich auf weitem Wiesenplan malerisch ausbreitet. Padola ist eine beliebte Sommerfrische. In der alten Kirche aus dem Jahr 1609 ein Altarblatt von Cesare Vecellio, in der neuen Kirche, 1862 erbaut, Bilder von D. Lorenzi und Tomaso Da Rin.

Von Sexten über die Arzalpenscharte (2296 m) zum Rif. Berti und nach Padola. 4½ bzw. 7 St. Bez. Wege. Für geübte und erfahrene Bergsteiger sehr lohnende Tour. Einblick in den wildesten Teil der Sextner Dolomiten.

Auf der Kreuzbergstraße hinan, bis etwa 1 km unterhalb der Paßhöhe re bei einer Wegtafel der bez. Steig zum Rif. Berti abzweigt. Auf diesem Steig s neben dem Weißenbach durch Wald empor zu einem mit Krummholz bewachsenen Bergsturz, in dem verfallene Schützengräben zu sehen sind. Dann auf einem Steiglein steil einen hohen Schuttrücken hinauf und, den roten Marken folgend, in einer Schleife nach re über mäßig geneigte Platten zur (3½ bis 4 St.) *Arzalpenscharte*, ital. *Forcella di Popera*, zwischen Arzalpenkopf li und Neunerkofel re; Ausblick auf die nahen bizarren Felsgestalten der Cima Popera, Guglie di Stallata, Campanili di Popera und Cima Bagni. — Von der Scharte auf verfallenem Frontweg über Rasen und Geröll s gegen das Kar der Arzalpe hinab und, li abbiegend, über den niedrigen Crestone di Popera zum (½ St.) *Rif. Berti* (früher Sala bzw. Popera, 1950 m) der Sektion Padua des CAI, im Sommer bewirtschaftet, Unterkunft für 100 Personen.

In großartiger Runde umstehen Fulmini, Cima Popera, Hochbrunnerschneide, Elferkofel, Rotwandspitze, Paternkofel und Neunerkofel das weite Kar, an dessen Wänden Schnee- und Eisfelder hängen.

Eine bez. Route führt vom Rif. Berti über die zwischen Elfer und Rotwandspitze eingeschnittene *Änderteralpenscharte*, ital. *Passo della Sentinella* (2716 m), zur Zsigmondyhütte hinüber. Der Übergang, „Strada degli Alpini“ benannt, ist nur sehr geübten Bergsteigern anzuraten. Ebenso nur für Geübte der Klettersteig „Roghel“ über das Biwak „Batt. Cadore“ zur Carduccihütte.

Nördlich von der *Sentinella* baut sich die 1915/18 heißumkämpfte *Rotwand* (2965 m) auf, die von den Österreichern gehalten wurde, während sie die *Sentinella* verloren. – Ab Rotwandhütte (Lift ab Sexten) für Geübte versicherte Steiganlage zum Gipfel; auch die ital. Frontwege werden derzeit (1979) gangbar gemacht.

Von der Schutzhütte auf bez. Weg längs des Crestone di Popera abwärts zur Talverschneidung und, li abbiegend, in zahlreichen Kehren über steile, felsdurchsetzte Hänge in das *Risenatal* hinab. Auf Fahrweg dann an der Alpe *Selvapiana* (1556 m) vorbei durch Wiesen und Wald hinaus zu den (1½ St.) *Bagni di Val Grande* (starkes Schwefelbad aus Bellerophon-Schichten) mit dem Hotel Vittoria. Von hier entweder neben der Hauptstraße oder auf Abkürzungsweg am Westufer des Baches nach (1 St.) *Padola.*

Von Padola über den Zovopaß (1496 m) nach Auronzo
3 St. 13,6 km Straße. Aussichtsreiche, schöne Fahrt

Von Padola auf der Straße südl. durch Wald und über Wiesen hinan zur Kapelle *S. Anna* (1336 m), nahe dem dunkelgrünen Seelein gleichen Namens. Den nach Danta abzweigenden Fahrweg li lassend, in gleicher Richtung mit mäßiger Steigung weiter zur Höhe des (4,5 km) *Zovopasses.* Prächtiger Blick auf die hohen Berge von Comelico und Auronzo. Der Straße weiter folgend, mit zahlreichen Kehren s in das waldreiche *Diebbatal* hinab und aus diesem zur Poststraße im Ansieital, die bei dem sehenswerten gotischen Kirchlein S. Caterina von 1553 und den (9,1 km) ersten Häusern von *Auronzo* am Lago di S. Caterina erreicht wird.

AURONZO (869 m), Städtchen, aus den Dörfern Villagrande und Villapiccola sowie mehreren Nachbarschaften, von denen Giralba die entfernteste ist, bestehend, mit insgesamt 5000 Einwohnern, ist der Hauptort des langgestreckten, aber schwachbesiedelten Ansieitales.

Autobus nach Tai (21 km, 1½ St.), im Sommer täglich 3 bis 4mal über Calalzo und Pieve; nach Cortina d'Ampezzo (37 km) zweimal täglich über Misurina.

Auronzo liegt lang hingezogen neben dem großen Staubecken des Ansieibaches in einer von bewaldeten Berghängen umfaßten anmutigen Talweitung. Im NW die Drei Zinnen und der Zwölferkofel. Die Umgebung bietet viele Spazierwege, Ausflüge und Touren. Von höheren Punkten prachtvolle Einblicke in die Sextner und Ampezzaner Dolomiten, Marmarole und die Karnischen Voralpen. Ein günstiger

Punkt zur Umschau ist der *M. Agudo* (1585 m), auf den eine Seilbahn führt. Ein Sessellift auch auf den ebenfalls aussichtsreichen Colle alto.

In der Kirche S. Lucano, in griechischem Stil erbaut, Fresken von dem Belluneser Maler Demin (1768—1859). Von demselben Maler sind auch die schönen Fresken in der zweiten Kirche, der Pfarrkirche S. Giustina.

Der Ort ist sehr alt; wahrscheinlich bestand hier schon eine römische Siedlung, wie Funde von römischen Münzen vermuten lassen. In einer Urkunde aus dem 10. Jh. rühmt Berengar II. von Ivrea bereits Auronzo wegen seiner reichen Blei- und Silberbergwerke. Heute besteht nur mehr ein kleines Bergwerk an der Croda Grigna nördl. von Auronzo.

Touren von Auronzo aus

Nördlich von Auronzo haben die *Sextner Dolomiten* ihre Grenze. Der südl. Teil dieser Gruppe entfaltet sich hier zu mächtigen Felsstöcken mit zahlreichen Zweiggraten, unwegsamen Scharten und tiefen Schluchten, die gegen das Ansieital hinabziehen, indes ihre Ostfront mit hohen Felswänden zum Padolatal (Val Comelico) abbricht. Höchster Gipfel dieses Gebietes ist die *Cima Bagni* (2983 m). Daneben sind noch Cima d'Ambata (2879 m), Croda di Ligonto (2794 m) und Punta dell'Agnello (2723 m) von Bedeutung. Die südl. Sextner Dolomiten sind eines der einsamsten Gebiete im Dolomitenhochland, noch wenig erschlossen, sehr schön und ursprünglich. Bergwanderer gelangen von Auronzo auf landschaftlich prachtvollem Weg mitten durch diese wilde Felseinsamkeit über das *Giralbajoch* (2436 m) nach Sexten

In der prächtigen, aus Hauptdolomit bestehenden Gruppe der *Marmarole,* sö von Auronzo, gleichfalls wenig besucht und abgelegen, sind Gipfelbesteigungen fast durchwegs anstrengend und schwierig. Das im Herzen der Gruppe liegende *Rif. Tiziano* kommt nur für Hochtouristen in Betracht und ist nicht bewirtschaftet. — Lohnend ist dagegen die Wanderung von Auronzo über den *Pian dei Buoi* am Südostfuß der Marmarole zum *Rif. Marmarole,* früher *Giovanni Chiggiato;* von dort Abstieg nach *Calalzo* (S. 345). Bergvertraute Wanderer können über die *Forcella Peroi* gehen und so den ö Teil der Monti Marmarole aus dem Ansieital zur obgenannten Schutzhütte überschreiten.

Von Auronzo nach Misurina. Schöne Dolomitenfahrt mit interessanten Einblicken.

Im *Ansieital* auf guter Straße über die Ortschaften *Rezio, Reane* und *Pause* aufwärts zur Talbiegung bei (4,7 km) *Giralba,* nahe der Mündung der Nebentäler Marzon und Giralba (durch das Giralbatal über das Giralbajoch nach Sexten, S. 355, durch das Marzontal zum Rif. Auronzo und zur Dreizinnenhütte, S. 360). Im Ansieital weiter durch eine schluchtartige Enge, an dem alten Galmei- und Silberbergwerk Calamina vorbei nach (12,3 km) *Stabiziane* (1098 m), Gh., Ausgangspunkt für das Rif. Tiziano in der Marmarole-Gruppe. Den hier abzweigenden, über Maraia alta nach Misurina führenden Kriegsweg re lassend, im Tal weiter zur (14,3 km) *Casa San Marco* (1121 m), Gh., wo sich in sw Richtung eines der schönsten Dolomitentäler, das Valle di San Vito, öffnet, an dessen Eingang sich der turmartige Corno del Doge (2615 m) großartig erhebt. (Durch das San-Vito-Tal auf bez. Steig über die Forcella Grande [2550 m] zum Rif. S. Marco und hinab nach S. Vito im Boitetal [5 bis 6 St.] S. 337 in umgekehrter Richtung.)

Von der *Casa S. Marco* aufwärts ist das Ansieital mit ausgedehnten Waldungen, dem Bosco S. Marco, bedeckt, den die Cadoriner seinerzeit der Republik Venedig zum Geschenk machten. Die Straße wendet nordwärts und steigt beträchtlich; M. Cristallo und Piz Popena werden sichtbar. Bei (18 km) *Federavecchia* mündet von W her das Valbona, durch das ein Fahrweg zum Paß Tre Croci hinaufführt. Die Straße zieht nun der alten Grenze entlang und vereinigt sich beim km 21,5 mit der von Misurina nach Cortina führenden Straße. In offener, prächtiger Landschaft, li die Pale di Misurina, re die Wände und Spitzen der Cadini-Gruppe, zum (24 km) berühmten *Misurinasee* (1755 m) hinauf. — Von hier nach Schluderbach, ital. Carbonin, oder über das Schutzhaus Auronzo auf der Forcella Longeres und den Paternsattel zur Dreizinnenhütte und weiter nach Sexten, besonders schöne Wanderung (S. 305).

IN DIE PALAGRUPPE

Die Palagruppe liegt zwischen den Flußgebieten des Cismone und des Cordevole. Sie ist ein Berggebiet, das durch kühnste Gipfelbauten und den größten Reichtum an phantastischer Felsgestaltung ausgezeichnet ist. Der als Muster kühnster Felsbildung oft genannte Cimone della Pala gehört zu dieser Gruppe. In der Palagruppe ist der Schlerndolomit vorherrschend; er bildet hier „die größte zusammenhängende Riffmasse von Südtirol und Venetien". Eigentümlich ist der Palagruppe das ausgedehnte Hochplateau, das sich hinter der Gipfelreihe ihres Hauptkammes in einer Höhe von 2500 bis 2600 m ausbreitet, sowie eine nicht unbeträchtliche Vergletscherung. Die Palagruppe bietet viele schwierige Hochtouren; es gibt da aber auch schöne Höhenwanderungen und leichtere Bergtouren. Bestes Standquartier ist S. Martino di Castrozza.

Zugänge zur Palagruppe: Von Bozen über den Karerpaß oder Grasleitenpaß nach Moëna, dann über den Lusiapaß und den Rollepaß nach S. Martino di Castrozza; von *Canazei* im Fassatal zum Contrinhaus und über den Cirellepaß nach Falcade oder Forno di Canale auf der Nordseite der Gruppe; von *Cortina d'Ampezzo* über Colle S. Lucia, Rif. Coldai — Rif. Vazzoler nach Listolade — Cencenighe, weiter über Forno di Canale und das Palaplateau nach S. Martino di Castrozza.

Autobus von Bozen über den Rollepaß nach S. Martino di Castrozza, ebenso von *Cortina d'Ampezzo* nach Predazzo und über den Rollepaß dorthin.

VON BOZEN NACH S. MARTINO DI CASTROZZA UND FIERA DI PRIMIERO

In *Auer*, ital. *Ora* (224 m; Autobahnausfahrt), Station der Bahnlinie Bozen — Trient. Von Auer aus (und direkt von Bozen) verkehren Autobusse an Stelle der ehemaligen Fleimstalbahn, die 1917 für Kriegszwecke erbaut und 1928/29 elektrifiziert wurde. Die Bahn verkehrt seit Jänner 1963 nicht mehr. Ihre Trasse hat — im Gegensatz zur Linie der aufgelassenen Grödner Bahn — kein touristisches Interesse.

Die Straße gewinnt von Auer zunächst den Hügel mit der Ruine von *Castelfeder* (406 m) und erreicht dann die große Ortschaft *Montan*, ital. *Montagna* (498 m), mitten

Maßstab 1 : 150.000
0 1 2 3 Km
FORNO DI CANALE
FALCADE
1178
P. Valles
V DI VALLES
C. dei Lastia
2902 Mulaz
RIF MULAZ
P. d. Mulaz
GARES
1381
M. 1807
CAMPIGAT
876
1970
P. di Rolle
COL DI PRA
Colle Alto
C. dei Balconi
Cimone della Pala
3140
Pian di Miel
M. Agner
2874
P. Rosetta
RIF ROSETTA
2578
1444
Rosetta
274
S. MARTINO
di Castrozza
Forc. di sopra
P. Pradidali
Forc. di Miel
P. di Canali
Pala di S. Martino
C. di Fradusta
2839
Croda Grande
C. di Ball
RIF PRADIDALI
2278
nach
PRIMÖR
1650
2812
Sass Maor
RIF TREVISO
PRADIDALI
GOSALDO
V. DI CANALI
2249
C. Feltraio
STRASSEN
WEGE
N
RABENSTEINER

in prächtigem Rebengelände, überragt vom stattlichen Schloß *Enn*.

Im uralten Castelfeder wurde angeblich im Jahr 100 ein Friedensvertrag zwischen Römern und Zimbern geschlossen; später nach der Volksmeinung langobardische Grenzfeste. — *Schloß Enn* war ursprünglich im Besitz der Herren gleichen Namens, die 1275 durch Meinhard II. vertrieben wurden; dann Sitz landesfürstlicher Pfleger. 1648 kam das Schloß durch Kauf an die Familie Zenobio aus Venedig, von dieser durch Erbschaft an die Grafen Zenobio-Albrizzi, die es heute noch besitzen.

An den steilen, sonnverbrannten Hängen des Cislonberges in das Hohlenbachtal einbiegend (Aussicht auf das Etschtal, den herrlichen Boden von Überetsch mit dem Kalterer See und den Zug der Mendel) erreicht die Straße die Höhe von *Kaltenbrunn*, ital. *Fontanefredde* (991 m).

Von *Kaltenbrunn* steigt die Straße im Porphyrgestein mäßig an und nach Überwindung eines Höhenunterschiedes von 890 m ist die (15 km) Paßhöhe von *S. Lugano* (1097 m) erreicht. Aussicht auf die Lagoraikette, Rückblick auf Ortler — Cevedale und Mendel.

Von Kaltenbrunn gelangt man nö nach *Radein*, ital. *Redagno* (1562 m), mit der (2½ St.) Pension Zirmerhof (70 B) in Ober-Radein, schöne aussichtsreiche Lage. Ober-Radein ist Ausgangspunkt für prächtige Wanderungen in den Eggentaler Bergen: über den Bletterbach nach (2½ St.) Weißenstein; am Kalditscher Wirtshaus vorbei zum (2 St.) Jochgrimm, von dort auf das (1 St.) Weißhorn usw. Vom Jochgrimm auch auf das aussichtsberühmte (1½ St.) Schwarzhorn, ital. Cima di Rocca (2440 m).

Von Kaltenbrunn sw auf Fahrstraße nach dem (¾ St.) deutschen Dorf *Truden*, ital. *Trodena* (1123 m), mit mehreren Gh., viel und gern besuchte Sommerfrische, und auf bez. Waldweg s empor zum (1½ St.) Gampen- und Cisasattel zwischen Gampenberg, ital. M. Camp (1754 m), und *Trudner Horn*, ital. *M. Corno* (1808 m). Letzteres ersteigt man von hier über die Hornalpe auf bez. Weg in ¾ St. Aussicht auf das Etsch-, Fleims- und Cembratal sowie auf die Fleimstaler Berge (Lagoraikette und Cima-d'Asta-Gruppe). Allgemeiner Rundblick jedoch durch Wald beschränkt. Vom genannten Sattel sö zur südlichsten deutschsprachigen Ortschaft der Provinz Bozen (1 St.), *Altrei*, ital. *Anterivo* (1206 m), mit mehreren Gh. Altrei hat eine schöne, aussichtsreiche Lage; wegen starker Besonnung besonders als Herbstaufenthalt geeignet. In der Umgebung herrliche Waldspazierwege.

Das Kirchlein zu S. Lugano ist eines der ältesten in der Gegend. Es wurde am 25. Mai 1225 vom Trienter Bischof Gerard geweiht. Das Hauptaltarbild ist von Antonio Longo aus Varena (1762 bis 1820). Es stellt den hl. Lukanus mit dem legendären Bären zu seinen Füßen dar.

Der hl. Lukanus war nach der Legende um das Jahr 420 unter Papst Cölestin I. Bischof von Säben. Er wurde von einigen seiner Diözesanen beim Papst verklagt, weil er dem Volk erlaubt hatte, während der vierzigtägigen Fastenzeit Milchspeisen zu essen. Der Heilige machte sich zu seiner Rechtfertigung auf die Reise nach Rom. Unterwegs überfiel ein Bär sein Pferd und fraß es auf. Der Bischof, der große Gewalt über wilde Tiere hatte, machte sich darauf den Bären untertan und ritt auf diesem weiter gegen Rom. Beim Papst vorgelassen hängte er zunächst seinen Mantel an einen Sonnenstrahl und widerlegte dann die Anklage. Da der Papst sah, daß er es mit einem Gerechten zu tun habe, entließ er ihn in Gnaden. Aber seine Feinde in Säben kehrten sich nicht daran und befehdeten ihn weiter. Da verließ Lukanus Säben und wanderte nach seiner früheren Diözese Belluno. Er kam über den Paß von Kaltenbrunn, wo er den Bau eines nach ihm benannten Kirchleins veranlaßte, ging ins Fleimstal, bekehrte dort die letzten Heiden und zog hierauf weiter in das Valle Serpentina bei Agordo. Dort befreite er das Tal von den Schlangen und lebte daselbst zuerst in einer Höhle, nachher an jenem Ort, wo später das Kirchlein S. Lucano erbaut wurde, als Einsiedler, bis zu seinem Tod noch manches Wunder verrichtend. Das frühere Schlangental erhielt nach dem hl. Lukanus den Namen Valle di S. Lucano.

Von S. Lugano zieht die Straße abwärts in das *Fleimstal*, ital. *Val di Fiemme,* und erreicht zwischen Bad Carano li oben und der Ortschaft Castello re unten den Hauptort des Tales (23 km).

CAVALESE (993 m), Markt in reizender Lage hoch oberhalb des Avisio auf Quarzporphyr und Grödner Sandstein. Im N erheben sich die Porphyrgipfel der Cugola (2079 m), des Schwarzhorns (2440 m) und des Cucal (1704 Meter), jenseits des Tales der zackige Porphyrzug der Lagoraikette. Im O die ersten Gipfel der Palagruppe: Cimone della Pala (3185 m), Cima di Vezzana (3195 m) und Cima di Campido (3001 m), die kühn und schneegefurcht über den weiten Wäldern des Travignolotales ragen.

Der ehemalige Bischofspalast in Cavalese, jetzt Sitz der Magnifica Communità di Fiemme, der Generalgemeinde Fleims, ist sehenswert. Er wurde 1310 umgebaut und enthält jetzt eine wichtige Sammlung von Gemälden einheimischer Maler des 17. und 18. Jh.s, außen Wandmalereien mit den Wappen der Fürstbischöfe von Trient. — Die *Pfarrkirche* auf einer parkumgebenen Höhe s der Marktstraße wurde 1134 vom Trienter Bischof Altmann geweiht. Vom ursprünglich romanischen Bau ist nichts mehr zu sehen, denn 1610 wurde die Kirche umgebaut. Mit Heiligenfiguren geschmücktes spätgotisches Hauptportal aus Marmor, im Innern schöne Bilder von Unterberger (1732—1798), Alberti und Furlanell sowie Fresken von Antonio Longo. — Im Park vor der Pfarrkirche unter uralten Lindenbäumen der *Banco della Rason,* ein steinerner Tisch mit Steinbänken im Halbrund, nach der Volksmeinung zur Langobardenzeit Thingstätte des Tales.

Ab Cavalese führt nach Süden, in die Lagoraikette, die neue Cermis-Seilbahn (2200 m).

Von Cavalese zieht die Straße am sonnigen Hang über die Ortschaften Tesero, Panchia und Ziano nach (36 km) *Predazzo.*

PREDAZZO (1018 m), Markt mit ca. 3500 Einwohnern, liegt an der Mündung des Travignolotales, aus dem das hoch aufstrebende Horn des Cimone della Pala und die schneegefurchten Dolomitriffe der Cima di Vezzana und Cima di Focobon herabsehen. In Predazzo teilt sich die Straße: li durch das Fleimstal weiter nach Moëna, dann im Fassatal nach Vigo und zum Pordoijoch; re durch das Travignolotal und über den Rolle- oder Vallespaß in die Palagruppe. Der Ort ist ein wichtiges Touristenzentrum und hat neuerdings auch für den Wintersport größte Bedeutung erlangt.

Autobus nach (29 km) San Martino di Castrozza und (44 km) Fiera di Primiero; nach (27 km) Canazei; nach (90 km) Cortina d'Ampezzo über (39 km) Pordoijoch; nach Bozen über Lavazè-Paß (53 km); nach Falcade über Vallespaß (30 km).

Die neue gotische *Pfarrkirche* von Predazzo ist beachtenswert. Für sie wurden beim Bau die verschiedenen Gesteinsarten der Gegend verwendet; so bestehen die Säulen zwischen den Schiffen aus Granit, die Altäre aus weißem Marmor, die Kanzel aus weißem und schwarzem Marmor usw.

Predazzo (lad. Pardatsch) wird in einer aus der Zeit um 1100 stammenden Urkunde erstmals als große Wiese Pradassis genannt, in deren Nähe gegen Ende desselben Jh.s bereits 12 Höfe standen. Seinen Aufschwung verdankt der Ort jedoch eingewanderten Bergknappen, die in den Bergwerken der Umgebung Beschäftigung fanden. Allein im Kupferbergwerk am M. Mulat arbeiteten um das Jahr 1520 über 1500 Mann. Dieses Bergwerk war mit Unterbrechungen und in kleinerem Maß bis zum Ende des ersten Weltkrieges in Betrieb.

Die *Umgebung von Predazzo* ist weltberühmt bei Geologen und Mineralogen. Hier ist ein *Eruptivstock* aufgeschlossen, der seit seiner Entdeckung durch Graf Giuseppe Marzari Pencati (um 1820) und Leopold v. Buch das Ziel zahlreicher Forscher aus der ganzen Welt geworden ist. Schon 1822 fand in Predazzo ein Naturforscherkongreß statt, an dem auch Alexander v. Humboldt, der große Weltreisende und Naturforscher, teilnahm. Ein Gästebuch, das mit den Namen der Kongreßteilnehmer beginnt und aus späterer Zeit Eintragungen von Forschern und Gelehrten aus allen Erdteilen enthält, wird heute in Trient verwahrt (Naturhist. Museum). Das Interesse der älteren Geologen für die Gegend von Predazzo, die L. v. Buch den „Schlüssel zur Geologie“ nennt, knüpft hauptsächlich an den Umstand, daß hier durch die Erosion des Avisio und des Travignolobaches das Innere eines alten Vulkanschlotes bloßgelegt wurde; zum ersten Mal konnte hier mit Bestimmtheit das im Sinn der Geologen jugendliche Alter von granitischen Tiefengesteinen ermittelt werden, die erst nach Bildung der Triaskalke aufgedrungen und entstanden waren. Nahe den Berührungsflächen bildeten sich prächtige Mineralien, derentwegen Predazzo nicht minder berühmt ist. In den Räumen der Volksschule des Ortes ist eine Sammlung zu sehen.

Guten Einblick in die geologischen Verhältnisse des vulkanischen Gebietes um Predazzo bieten folgende Ausflüge: zu den *Canzacoli* im SW des Ortes am Hang des Doß Capello, etwa 300 m über der Talsohle. Hier liegt Granit in einer Länge von etwa 600 m unmittelbar am Latemarkalk. Der Kalk wurde nahe der Berührung zu prächtigem, weißem Marmor, der seit Petzholdt den Namen Predazzit führt. — *Zum Ponte di Boscampo:* von Predazzo 1/2 St. auf der Straße dem Travignolobach entlang. Aufgelassenes Eisenbergwerk. Wurde schon von Humboldt, Marchesini und L. v. Buch besucht. — *M. Malgola* (1618 m), sö von

Predazzo, in 2 St. auf bequemen Wegen erreichbar. Aufschlüsse von Granit, Syenit, Melaphyr, Porphyrit; Werfner Schichten grenzen an Granit. — *M. Mulat,* nö von Predazzo. Auf der Straße im Travignolotal hinan bis zum (1 St.) Viezzenabach. Nun auf Karrenweg im *Viezzenatal* bis zu einem Marmorbruch empor, hier li zu einem (2 St.) Sattel (1981 m) in der Costa di Viezzena; Abstieg n nach (1 St.) Forno im Fleimstal. Im Viezzenatal prachtvolle Aufschlüsse: kristalline Gesteine, Sediment- und Eruptivgesteine; Nephelinsyenitporphyr in Form eines über 45 m mächtigen Ganges. Am M. Mulat (Gran Mulatto, 2151 Meter) Melaphyr mit Gangspalten von Kupferkies. Auf der Seite gegen Mezzavalle das Kupferbergwerk Bedovina, während des ersten Weltkrieges von Österreich wieder in Betrieb genommen; gegen das Viezzenatal aufgelassener Eisensteinbergbau.

Von *Predazzo* zieht die Rollepaßstraße am re Ufer des Travignolobaches talein und steigt allmählich an den Hängen des M. Mulat hinan. Der Viezzenabach wird überschritten, dann in Windungen zur Höhe von Zalune empor und ebenaus weiter nach (6 km) *Bellamonte* (1373 m) mit der Kapelle *Madonna della Neve* (erbaut 1707) und mehreren Gh., auf einer weiten, aussichtsreichen Wiesenterrasse. Nun hoch oberhalb des Travignolobaches dem unter Österreich stark befestigten Dossaccio (1836 m) entgegen. Großartige Bauten im Quarzporphyr zum Stau des Travignolobaches sind hier 1950 errichtet worden. Ein klarer See von 3 km Länge liegt nun zwischen steilen Hängen. Durch Wald weiter nach *Paneveggio* (1515 m), nur aus einem Hotel mit Zubauten, mehreren Sägewerken und Forstpersonalhäuschen bestehend. Haltestelle der Autobusse. Weitausgedehnte Wälder, die zu den schönsten im Land gehören, ziehen zu den Bergkämmen empor und reichen bis zum Fuß der Palagruppe, aus der das kühne Horn des Cimone della Pala gewaltig emporragt. — 1,5 km hinter Paneveggio zweigt eine Straße ab, die über den *Passo di Valles* (2032 m) nach Falcade führt (täglich einmal Autobus nach Falcade — Cencenighe — Agordo). Die Straße zum Rollepaß übersetzt den Travignolobach und zieht dann mit vielen Windungen durch herrlichen Hochwald empor. Mehrere alte Kriegswege zweigen von ihr ab; sie führen zu dem im S ragenden, im ersten Weltkrieg hart umkämpften Colbricon (2604 m), in dessen felsigem Nordabfall sich die Höhenstellungen der Österreicher befanden. — Endlich tritt der Baumwuchs zurück; über die Wiesenflächen der Malga Rolle erreicht die Straße den (20 km) *Rollepaß* (1970 m), wo s Quarzporphyr, n Grödner Sandstein zutage treten. Viel besuchtes Skigebiet mit zahlreichen Liftanlagen. Haltestelle aller Autobusse. Mehrere Gh. Ganz nahe erhebt sich nun der gestufte Riesenbau des Cimone della Pala (3185 m); südwärts schließt daran eine Schar kühner Felszinnen und Türme, die mit der wohlgeformten Felsgestalt der Cima della Madonna ihren Abschluß finden. Vom Rollepaß Sessellift (und schmale Straße) zur *Baita Segantini.* Einfach bewirtschaftet, Unterkunft in der darunter liegenden *Capanna Cervino.* — Die Straße senkt sich nun in das *Cismonetal* (ein Fußweg längs der Telegraphenleitung kürzt bedeutend); prächtiger Hochwald, hin und wieder von einem Wildbach durchrissen, beginnt; in Windungen hinab nach (29 km) *San Martino di Castrozza* (1444 m), einer großen Hotelkolonie am Fuß der herrlich ausgebreiteten Palagruppe. — Von hier zieht die Straße auf der re Seite des Val di Cismone durch Wald abwärts. Zur Linken erheben sich zu fabelhafter Höhe die Pala di San Martino und die senkrechten Türme der Cima di Val di Roda, der Saß Maor und die Cima della Madonna. An der Mündung des kleinen Valle del Diavolo vorbei, nach der die Straße in einer großen Schleife zum Cismone und jenseits zur kleinen Ortschaft (41 km) Siror (760 m) hinabführt. Nun schnurgerade weiter talabwärts nach (43 km) *Fiera di Primiero,* deutsch *Primör* (717 m), stattlicher Markt.

Standorte und Wanderziele im Gebiet der Palagruppe

PANEVEGGIO (1541 m), einsamer Waldplatz mit Gh. und Nebenbauten (war im ersten Weltkrieg zerstört). Von Paneveggio gelangt man über den Lusiapaß nach Moëna (S. 69), über den Vallespaß nach Falcade, über den Passo dei Zinghen zum S.-Pellegrino-Paß (S. 71) und über den Rolle- oder Colbriconpaß nach S. Martino di Castrozza.

Sehr lohnend die Besteigung der Cima di Bocche (2748 m), die sich n von Paneveggio erhebt.

Von Paneveggio über den Passo di Valles (2032 m) nach Falcade und Cencenighe. 20 bzw. 29 km Fahrstraße. Autobus im Sommer; lohnender Übergang auch zu Fuß

Die im ersten Weltkrieg gebaute und nachher verbesserte Straße zweigt 1,5 km hinter Paneveggio von der Rollepaßstraße ab und zieht, erst dem Lauf des Travignolobaches folgend, zur Mündung des Valle Venegia am Pian dei Casoni (1718 m), wo nach re ein Sträßchen abzweigt, das am Nordzug der Pala entlang zur *Baita Segantini* führt (befahrbar; auf Halbweg Abzw. zur *Mulaz-Hütte*, 2 St. Anstieg, s. S. 74). Die Paßstraße führt gerade weiter über die *Malga Valazza* (1904 m) zum Paß mit dem *Albergo Passo Valles*, 20 B, ganzjährig geöffnet, Skilift zum M. Pradazzo, der mit Kabinenlift von *Falcade* aus erreicht wird (s. S. 74). Auf dem Paß Grödner Sandstein, n davon Quarzporphyr, s Bellerophon- und Werfner Schichten.

Über den Paß verlief bis 1918 die österreichisch-italienische Grenze. Ein Grenzstein mit der Jahrzahl 1781 steht nahe der Straße. Im S die Punta di Valles (2309 m), im N der M. Pradazzo (2278 m), beide leicht zugänglich. Vom Paß Aussicht gegen O und NO auf M. Pelsa, Civetta, Pelmo, Cristallo, Tofana und Drei Zinnen.

Vom Vallespaß zieht die Straße zuerst ostwärts im grünen *Vallestal* weiter, wendet dann mit großer Kehre nordwärts in das Tal des Biois und erreicht aus diesem den (20 km) stattlichen Ort *Piè Falcade* (1298 m) (von hier über den Passo Mulaz zum Rollepaß, S. 74). Nun an (24 km) *Forno di Canale* (Ausgangspunkt für die Wanderung über das Palaplateau nach S. Martino, S. 382) vorbei nach (29 km) *Cencenighe* (773 m) im Cordevoletal. Von hier entweder weiter nach Agordo oder mit Autobus nordwärts über Alleghe und Caprile nach Buchenstein. — Von Cencenighe bzw. Listolade herrliche Wanderung am

Fuß der Civettawände entlang vom Rif. Vazzoler bis zum Rif. Sonino-Coldai (S. 122), von dort Abstieg nach Alleghe oder Colle S. Lucia.

Von Paneveggio auf die Cima di Bocche (2748 m). 4 1/2 St. Hauptgipfel im Porphyrkamm n von Paneveggio mit prachtvoller Rundsicht

Auf verfallenem Weg aus der Zeit des ersten Weltkrieges n hinauf zur *Malga di Bocche* (1947 m), dann auf alten Frontwegen weiter zum *Lago di Bocche* und steil gradauf zum Gipfel, der im ersten Weltkrieg wiederholt Schauplatz schwerer Kämpfe war.

. Großartige, weite Rundschau: die Palagruppe auf der einen Seite, auf der andern die düsteren Felsbauten der Monzoniberge und das ehemalige Kampfgebiet um die Costabella. Rosengartengruppe, Marmolatagruppe, die großen Berge von Cadore und Ampezzo bis zu den Sextner Dolomiten, Fleimser Kamm, Cima d'Asta-Gruppe. Im SW und W Adamello-, Brenta- und Ortlergruppe, im NW Gipfel der Ötztaler und Stubaier Alpen.

SAN MARTINO DI CASTROZZA (1467 m), berühmter, besonders im August stark besuchter Sommerfrischort, auch für Wanderer und Hochtouristen Standplatz ersten Ranges. Der Ort, nur aus Hotelbauten, einigen Kaufläden und einem Kirchlein bestehend, wurde im ersten Weltkrieg vollständig zusammengeschossen. Jetzt ist er wiedererstanden, größer als vorher. Hervorragendes Skigebiet, 3 große Lifts, Seilbahn zur Rosetta und auf der gegenüberliegenden (w) Seite zum *Colbricon* und zur *Tognola.*

Prachtvoll entfaltet sich über San Martino der Hauptzug der Palagruppe: im NO der Cimone della Pala (3185 m) mit 900 m hoher Wand, dann nach einer felsigen Senke die Rosetta (2742 m); zwischen dieser und den Türmen, die im Nordgrat der Cima di Ball stehen, blickt der gerundete hohe Felsdom der Pala di San Martino (2987 m) hervor. An die Felszinnen des Campanile di Val di Roda (2767 m) und der Cima di Val di Roda (2780 m) schließen sich, auf gemeinsamem Sockel stehend, der Turm des Saß Maor

(2812 m) und die Cima della Madonna (2751 m); letztere setzt mit der schön geschwungenen Schleierkante zu den waldumhegten Vorbergen nieder. Die beste Aussicht auf die vorgenannten Berge ergibt sich zweifellos von der Bergstation der Seilbahn San Martino — Tognola (2164 m; Wirtschaft, Fahrzeit 15 Min.). Die Talstation etwa 1,5 km talabwärts von San Martino, in Richtung Fiera di Primiero. Tannenbeschattete Hänge, deren Höhen in sanfte Kuppen auslaufen, schließen das Tal im W, gegen S weite Fernsicht auf die lange Kette der Vette di Feltre mit dem M. Pavione (2335 m) als höchster Erhebung.

In den Tälern und auf den Bergen der Palagruppe reiche *Flora.* Besonders ausgezeichnet ist das Cismonetal bis hinauf zum Rollepaß. Alle Dolomitenspezialitäten finden sich hier, aber auch einige Seltenheiten, so (nach Brentari) Primula tirolensis und Campanula Morettiana; zwischen S. Martino und Rollepaß einige Arten, die man sonst in den Dolomiten kaum findet: Primula longiflora, Primula minima, Senecio Cacaliaster, Corallorhiza innata, Cypripedium Calceolus, Listera cordata. Im Valle Pradidali: Päderota, Bonarota und Scrophularia Hoppe; am Passo di Ball: Eritrichium nanum und Silene acaulis; auf den Wiesen bei S. Martino Campanula barbata; im Wald bei der Malga di Val di Roda Rhodiola rosea, Calamintha alpina, Horminium pyrenaicum.

Wo sich jetzt die eleganten Hotels erheben, stand einst das Benediktinerkloster und Hospiz S. Martino di Castrozza. Das Entstehungsjahr des Klosters ist unbekannt, sicher bestand es aber bereits um das Jahr 1000; auf diese Zeit wird nämlich in einer Urkunde zurückverwiesen, die der Bischof von Feltre am 5. Juli 1294 ausstellte. Das Kloster war anfangs für ritterliche Ordensmänner, später für einfache Mönche bestimmt. Papst Martin V. ordnete um 1420 in Ausführung eines Beschlusses des Konzils zu Konstanz die Schließung aller kleineren Klöster an; darunter befand sich auch S. Martino, das in ein Priorat mit Weltgeistlichen umgewandelt wurde. Den jeweiligen Prior ernannte der Papst. 1458 erhielt Herzog Sigismund von Österreich dieses Recht, der daraufhin einen deutschen Ordensmann mit Namen Georg Hanmon zum Prior ernannte. Der Landesherr übergab 1482 sein Amt den aus dem Pustertal stammenden Herren von Welsperg, die das Tal Primör zu Lehen hatten. Im Einverständnis mit dem Bischof von Feltre und dem Papst behielten die Herren von Welsperg das Patronat über S. Martino bis ins 19. Jh.

Ausflüge und leichte Bergtouren von S. Martino aus

Die nähere Umgebung von S. Martino di Castrozza ist in musterhafter Weise durch Wegbauten und Markierungen erschlossen. Große Orientierungstafel bei der Brücke im Ort.

Über den Passo della Rosetta (2581 m) zum Rif. Rosetta und auf die Rosetta (2742 m). 3 St. Bez. Weg. Prachtvolle Bergfahrt. Die Rosetta ist als Aussichtsberg berühmt. — Sessellift von S. Martino zum Col Verde, von dort Seilbahn bis nahe unterhalb der Rosettaspitze

Oberhalb des Grandhotels zweigt von der Rollepaßstraße re bei Wegtafeln der Weg zum Rif. Rosetta ab. Zunächst auf breitem Fahrweg in 3 Min. zur Wegteilung (auf dem Fahrweg re zum Sessellift, der in 12 Min. zum Col Verde führt). Nun durch Wald auf gutem Weg empor in die Zunternregion und von da im Zickzack zur Höhe eines begrünten, felsigen Vorsprunges mit Restaurant, *Col Verde* (2096 m) benannt (1½ St.). Von hier weiter im Zickzack bis unter Felswände hinauf, dort oberhalb einer Steilstufe nach re in einen kleinen, schuttbedeckten Kessel und jenseits einen felsigen Rücken empor (Drahtseile, Geländer), dann über Schutt auf den *Passo della Rosetta* am Rand des weiten Palaplateaus (1½ St.). Von da fast eben in 5 Min. zum *Rif. Rosetta* (2553 m). Die Hütte ist vom 1. Juli bis 15. September bewirtschaftet (11 Zimmer, 30 B, 40 Matr.). — Von der Schutzhütte wie auch vom Passo di Rosetta auf gutem Steig sw über Felsboden, Schutt und Trümmer zum Gipfel der Rosetta (½ St.).

Infolge ihrer günstigen Lage bietet die Rosetta eine Rundschau, wie sie schöner kaum zu finden ist. Eindrucksvoll ist die nähere Umgebung: Cimone della Pala, Pala di San Martino und Cima di Ball; hinter letzterer Piz di Sagron und Sasso di Mur. Im NO die Hohen Tauern mit dem Großglockner, an die sich re das Heer der Dolomitengipfel von Sexten, Ampezzo, Cadore, Zoldo und Agordo schließt. Im S Vette di Feltre mit dem M. Pavione und die Vizentiner Alpen. Im W das frei stehende Granitgebirge der Cima d'Asta und hinter der Lagoraikette die Gipfel der Adamello-, Presanella- und Brentagruppe; im NW einzelne Gipfel der Ötztaler und Stubaier Alpen, vor diesen Latemar und Rosengarten. Prächtige Talschau: Umgebung von Primör und die Gegend von Bozen.

Vom Rif. Rosetta aus wird auch meistens der *Cimone della Pala* (3185 m), der zweithöchste, jedoch eindrucksvollste Gipfel der Palagruppe, bestiegen. Der Aufstieg (4 St.) ist schwierig; nur sehr tüchtigen Hochtouristen mit Führer zu empfehlen. — Etwas leichter, aber recht kompliziert, daher auch nur mit Führer, ist der Zugang zum höchsten Gipfel der Gruppe, zur *Cima di Vezzana* (3191 m), über Passo Bettega und Passo di Travignolo; 3—3½ St.

Über den Passo di Val di Roda (2567 m) zum Rif. Rosetta 3½ St. Bez. Weg. Prächtiger Aufstieg durch eine großartige Dolomitenlandschaft. Nicht so viel begangen wie der vorhergehend beschriebene Weg. Markierungen vernachlässigt

Von der Rollepaßstraße (Kehre 18) re ab und auf einem Sträßchen re (s) weiter; dieses verschmälert sich bald zu einem bequemen Fußweg. Auf diesem im Wald empor bis zur (¾ St.) zweiten Wegteilung (links zur Malga Pala). Hier re (sö) auf bez. Weg (ab hier Nr. 702) am bewaldeten Nordhang des Val di Roda hinan, dann re unter den Felsen des Figlio di Rosetta zu einer kurzen, steilen Schlucht. Der Weg steigt in dieser Schlucht im Zickzack über Geröll fast bis zur Schartenhöhe empor und führt dann durch einen kurzen Tunnel auf die höchsten Rasenhänge des Val di Roda hinaus. Nun ö weiter zu den Grasböden und Felsstufen unterhalb der Pala di San Martino und in kurzen Kehren empor zum begrünten Boden des (1¼ St.) *Col dei Becchi* (2088 m). Großartige Landschaft: im N die Wände der Rosetta und des Cusiglio, im S der turmbesetzte Nordgrat der Cima di Ball, ganz nahe der imposante, burgartige Felsbau der Pala di San Martino. — Vom Col dei Becchi steigt der Weg mit zahlreichen Kehren bis zum letzten begrünten Boden nahe den Felsen der Pala di San Martino. Hier Wegteilung (rechts nur für Schwindelfreie, zum Passo di Ball — Rif. Pradidali). Nun auf dem Weg zur Linken weiter. Dieser quert zunächst eine Schutthalde unterhalb des Palagletschers, dann fast ebenaus n durch die Felswand der Cima di Roda in ein steiles Kar und hier in bequemen Kehren über Schutt und Felsen empor zum (1½ St.) *Passo di Val di Roda* (2567 m), bei dem man das Plateau erreicht. Nun n in wenigen Min. zum *Rif. Rosetta.* Dieser Weg ist für den Abstieg sehr geeignet, wenn man mit der Seilbahn zur Rosetta gefahren ist.

Sehr lohnend und für Geübte bei sichtigem Wetter leicht ist von der Rosettahütte aus neben dem Besuch der Rosetta die Besteigung der (2 St.) Cima di Fradusta (2937 m), von der man über den Passo Pradidali zur Pradidalihütte oder über die Forcella di Sopra und den Passo di Canali zum Rif. Treviso (Canalihütte) absteigen kann. Näheres s. bei den folgenden Wanderungen.

Über die Rosettahütte (2553 m) und den Passo delle Comelle (2473 m) nach Forno di Canale. 7 St. Teilweise bez. Weg (Nr. 756). Nur bei sichtigem Wetter. Im Nebel ist das Palaplateau ein Irrgarten. Großartiger Übergang

Wie oben von S. Martino mit Seilbahn zum *Rif. Rosetta* und weiter (Nr. 756) auf breitem Karrenweg nö über das Palaplateau leicht abwärts zur (20 Min.) wenig ausgeprägten Senke des *Passo delle Comelle* (2473 m). Von hier nach li etwa 10 Min. leicht ansteigend, dann oberhalb einer Mulde abwärts zur Fortsetzung des unterbrochenen Karrenweges. Dieser endet vor dem Muldenausgang abermals, beginnt jedoch nach etwa 30 Schritten wieder und führt nun breit und gut ausgebaut sanft abwärts zur Wegteilung auf grünem Boden in der Senke zwischen den felsigen Rundbuckeln li Col Alto und re Il Marelcol (1½ St. vom Rif. Rosetta). Namen nach der AV-Karte. Von der Wegteilung (re über Campo Boaro in das Valle di S. Lucano) gradaus durch eine grüne Mulde leicht abwärts, dann halblinks in Kehren durch Zunternhänge hinab und bald nach re zur *Casera Valbona.* Weiter erst fast eben nach re, bald jedoch in steilem, waldigem Gelände bergab zum prächtigen Talboden *Pian di Garès* (1½ St.), mit schönen

Baumgruppen und im W von hohen Felswänden abgeschlossen. Von da auf Fahrweg (li oben das Dörflein *Garès*) talaus zu den Hütten von Palafachina (1250 m), dann auf Fahrstraße durch das schöne Valle di Garès nach (1½ St.) *Forno di Canale* (978 m). — Autobus nach Cencenighe, von dort über den Pellegrinopaß ins Fassa- und Fleimstal usw.

Der Name Forno erinnert an die Eisen- und Kupferbergwerke, die infolge Hochwassers des Lierabaches 1748 zugrunde gingen.

In der Kirche von Forno ein Tabernakel in Holz, dem berühmten Zoldiner Bildschnitzer Brustolon zugeschrieben, und zwei schöne Statuen von Giovanni Marchiori (1696—1772) aus dem benachbarten Caviola.

Über den Passo della Rosetta (2581 m) und den Passo delle Comelle (2473 m) nach Agordo. 9 St. Teilweise bez. Wege. Für tüchtige Bergwanderer sehr lohnend. Übernachten im Rif. Rosetta empfehlenswert, wenn nicht die Seilbahn benützt wird. Vorsicht bei Nebel, Wege 756 und 761

Von S. Martino wie oben zum (3 St.) *Rif. Rosetta* und über den *Passo delle Comelle* weiter zur (1½ St.) Wegteilung auf dem grünen Boden zwischen Col Alto (li) und Marelcol (re). Nun dem Weg re (ö) folgend, über den gerundeten, sattelähnlichen Rücken des Marelcol und felsigen Boden leicht abwärts zu den blumigen Wiesen von *Campo Boaro* (2227 m), wo schwarze vulkanische Gesteine unmittelbar an den Schlerndolomit stoßen, dann n weiter. Unterhalb des Sasso negro (2210 m) senkt sich der Weg mit Kehren zur *Malga Campigat* (1807 m), deren Hütten jenseits des Baches liegen. (Von der Alpe führt ein Weg über die Forcella Cesurette nach Garès — Forno di Canale.) Auf Karrenweg nö im Tal des Bordinabaches abwärts; ein breiter Fahrweg beginnt, von dem man nach der Talbiegung Einblick hat in das nach S ansteigende Val Angaraz mit großartiger Felsumrahmung (M. Agnèr. Croda Grande, Cima del Coro). Der Fahrweg zieht mit großer Kehre in das Val Angaraz hinab und wendet aus diesem dann über den T. Bordina zum (1½ St.) kleinen Ort *Col di Prà* (876 m) im Hintergrund des Valle di S. Lucano.

Das Valle di S. Lucano ist nach dem hl. Lukanus, zuerst Bischof von Belluno, dann (um das Jahr 420) von Säben, benannt, der hier sein Leben beschloß. Näheres s. S. 372. — Im 18. Jh. wurde der Talboden bei Col di Prà infolge Bergsturzes in einen See verwandelt, der ausbrach und große Verwüstungen anrichtete. Ein Bergsturz in der Nacht zum 3. Dezember 1908 zerstörte mehrere Häuser zwischen Col di Prà und Lagunaz.

Von *Col di Prà* auf der Fahrstraße neben dem Torrente Tegnàs durch das prächtige *Valle di S. Lucano* (li die gewaltigen Wände der Cima di Mezzavalle, re jene des M. Agnèr), an den Häusern von *Lagunaz* und *Mezzavalle*, am Kirchlein S. Lucano und den Dörfern *Forno di Valle* und *Peden* vorbei hinaus ins breite Tal des *Cordevole* mit dem großen Dorf (10 km) *Taibon* (628 m). Hier über den Cordevole und talabwärts nach *Agordo* (613 m). Näheres über diesen Ort s. S. 393.

Über den Passo di Ball (2449 m) zum Rif. Pradidali. 3½ bis 4 St. Bez. Wege. Großartiger Übergang für berggeübte Wanderer. Schwindelfreiheit erforderlich. Weniger anstrengend die Querung ab Rosettahütte (Seilbahn) auf Weg 702 bis zur Einmündung in den unten beschriebenen Weg

Von S. Martino wie beim Weg zum Passo di Val di Roda (S. 381) auf den (2½ St.) *Col dei Becchi* (2088 m), dann auf dem Zickzackweg weiter bis zur Wegteilung unter den Felsen der Pala di San Martino. Hier (Einmündung von Nr. 702) re s, nun Nr. 715, über grasdurchsetzten Felsboden und Geröll sanft ansteigend gegen den obersten Kessel des Val di Roda, dessen Grund eine steile, schneebedeckte Schlucht bildet. Großartige Felslandschaft: re der Val-di-Roda-Kamm, mit Türmen besetzt; li die gelben Wände der Pala di S. Martino, Cima Immink und Cima Pradidali. Der Oskar-Rüger-Weg führt zu einer Felswand, die steil zur schneebedeckten Schlucht abstürzt. Mitten durch diese Wand zieht der in den Fels gesprengte Weg (Drahtseile; nichts für Schwindlige) zum obersten Teil des Kessels, worauf man über Schnee und Geröll den (1¼ St.) *Passo di Ball* (2449 m) erreicht. Links die Cima Pradidali (2750 m), re der Campanile Pradidali (2791 m); im O über dem obersten Pradidalital der Felsdom der Cima di Canali (2897 m).

Der Paß wurde von Leslie Stephen, der ihn 1869 als erster Tourist betrat, nach dem englischen Bergsteiger John Ball, Verfasser des „Alpin Guide" und erster Ersteiger des M. Pelmo in den Zoldiner Dolomiten, benannt. Stephen erstieg von hier aus auch den versteckten Gipfel der Cima di sopra Ronz, den er gleichfalls nach Ball benannte. Die Cima di Ball (2890 m), wie sie nun heißt, erreicht man vom Paß durch die auf der Nordseite beginnende Schuttrinne und über leichte Felsen in 1½ St., für tüchtige Hochtouristen ein lohnender Abstecher.

Vom Passo di Ball auf bez. Steig sö über Grashänge, dann durch Blockhalden, schließlich über einen steilen Erdhang hinab zum (¼ St.) *Rif. Pradidali* (2278 m) der Sektion Treviso des CAI im karartig erweiterten Talschluß des Val Pradidali.

An Stelle der seinerzeit von der Sektion Dresden des DÖAV erbauten Pravitalehütte großer Neubau der Sektion Treviso des CAI, bewirtschaftet vom 1. Juli bis 15. September, 30 B und Matr. — Großartige Umgebung: im SW der Saß Maor, mit ungeheurer Wand ins Pradidalital niedersetzend, im W die Cima di Ball, im NW Cima Pradidali, Cima Immink und die riesige Felsbastion der Pala di San Martino; der Hütte gegenüber der prächtige Felsbau der Cima di Canali, von kleinen Türmen umgeben. — Ab hier nur für Geübte der großartige Klettersteig „Via ferrato del Velo" über den Sattel zwischen Cima di Ball und Saß Maor nach San Martino.

Abstieg durch das Val Pradidali in das Canalital, dann hinaus nach (3½ St.) *Fiera di Primiero* oder von der Malga Pradidali in das Canalital und zum (3 St.) *Rif. Treviso* (Canalihütte). Näheres s. bei Touren von Fiera di Primiero (S. 387).

Vom Rif. Pradidali über den Passo Pradidali (2658 m) zum Rif. Rosetta. 3 St. Besonders schöner Übergang. Für Geübte leicht; jedoch nur bei sichtigem Wetter anzuraten. Der Passo Pradidali ist vom steileren Passo Fradusta durch einen kleinen felsigen Rücken getrennt. Weg Nr. 708/709

Von der Schutzhütte auf bez. Steig nö in dem wilden Hochtal am kleinen *Lago di Pradidali* vorbei zu den

Schutthalden im Hintergrund. Gewaltige Felsumrahmung: Im W die Pala di San Martino mit den Torri di Pala, im S die Cima di Canali mit ihren Vorbauten: Cima Wilma, Campanile und Cima da Lago. Aus dem karähnlichen Hintergrund unterhalb der zum Passo Fradusta hinaufziehenden Schuttrinne nach li und in einer oft schneebedeckten Mulde empor zum (1½—2 St.) *Passo Pradidali* (2658 m). Von hier über Schnee und Schrofen leicht ansteigend, auf eine Holzstange zu und weiter querend auf einen Sattel in Schnee und Schutt. Von da nw (meistens Schnee) wieder zu einer Holzstange hinaus und auf kleine Felsköpfe, dort leicht abwärts zur (1 St.) Steigteilung und li zur (½ St.) *Rosettahütte.* — Abstieg nach S. Martino 2 bis 2½ St. bzw. Seilbahn, nach Forno di Canale 4 St. Näheres s. bei den vorhergehenden Wanderungen (S. 380 und S. 383).

Vom Rif. Pradidali auf die Cima di Fradusta (2937 m)
3 St. Für gute Bergsteiger empfehlenswerte Tour

Wie oben zum (1½ St.) *Passo Pradidali* (2658 m), dann re über einen Felsrücken zum (10 Min.) *Passo Fradusta* mit Wegtafel. Von dort etwa 5 Min. aufwärts, dann quer über Schutt und Schnee gegen eine Schuttinsel nahe dem ö Rand und weiter zu zwei Steinmännern. Nun durch eine kleine Mulde (alte rote Markierung) in eine flache Senke (1 St.), *Forcella di Sopra* der AV-Karte, auf Fels die Inschrift: „*Passo di Fradusta Est*". Von da über breiten Firnrücken hinauf zum (½ St.) ebenen Gipfelgrat und zum höchsten Punkt der Cima di Fradusta.

Aussicht ähnlich jener von der Rosetta, gegen SO jedoch viel weiter reichend; prächtiger Einblick in die Gestaltung der südlichen Palagruppe.

Abstiege: Entweder zurück zum Passo Pradidali und wie oben über das Hochplateau zur (2 St.) *Rosettahütte* oder von der Forcella di Sopra (Passo di Fradusta Est) auf altem, verfallenem Steig zum Passo di Canali und hinab zum (3 St.) *Rif. Treviso* (Canalihütte). S. 390.

FIERA DI PRIMIERO, deutsch Primör (717 m), der Hauptort der aus den Dörfern Fiera, Tonadico, Transacqua, Siror und Ormanico bestehenden Gemeinde Primör, liegt in einer anmutigen Talweitung im Quarzphyllit, über dem sich die hohen Felstürme der südlichen Palagruppe: Cimerlo, Cima della Madonna und Saß Maor, erheben. Fiera ist Ausgangspunkt für Wanderungen im Südteil der Palagruppe und Talstation für die Pradidali- und Canalihütte. Autobus nach Bozen, Cortina d'Ampezzo, Agordo, Feltre und Primolano. — Die Umgebung zeigt bereits südliche Vegetation; Kastanien, Maulbeer- und Nußbäume gedeihen, und auf den Feldern wird viel Mais gebaut.

In der Gegend von Primör waren einst bedeutende Bergwerke in Betrieb, so auf Eisen und Silber bei Transacqua (1585—1866), auf Silber bei Candolet und Raganall (1544 bis 1630), bei Siror, Imer und Sanktpeterstal im 16. und zu Anfang des 17. Jh.s; sie sind alle aufgelassen. Heute bilden Holzhandel und Viehzucht sowie die zahlreichen Sägewerke Einnahmsquellen dieser zur Provinz Trient gehörenden Gegend. Arzt, Apotheke, Postamt, Campingplatz. — Der Ort hat durch die Überschwemmung des Jahres 1966 schwer gelitten. — Beliebte Sommerfrische.

In der 1493 geweihten, großen gotischen *Pfarrkirche* sehr alter Hauptaltar mit Gemälde von Frigimelica aus Belluno. In der Sakristei eine große silberne Monstranz, 1512 von den Gewerken und Knappen der Bergwerke gestiftet. Gotisches Sakramentshäuschen (um 1500). Im Chor Wappen der Welsperg, darunter sechs Wappen mit den Namen der Brandis, Römer usw. An der zweiten Säule li Muttergottes-Gemälde, darunter Gebet aus der Zeit um 1500 in gotischer Minuskelschrift. Neben der Pfarrkirche steht das romanische *Kirchlein zum hl. Martin,* 1371 erbaut, und davor der Palazzo del Dazio von 1500, einst Sitz der Bergverwaltung. Beachtenswert auch das 1552 gebaute palastähnliche Haus der Grafen Welsperg, die von 1401 bis 1827 Inhaber der Herrschaft Primör waren.

Nach der Sage breitete sich einst im Tal von Primör ein großer See aus, der gegen S von einem Wall abgeschlossen war. Ein Fischotter zernagte diesen Damm, bis ein Abzugsgraben entstand und der große See ausfloß. Weiden und Wiesen gediehen da, Menschen siedelten sich an und nannten den Ort Primeja (d. i. Ursprung, erster Anbau). In das Gemeindewappen nahmen sie zur dankbaren Erinnerung einen Fischotter auf. Daß die Gegend früh besiedelt wurde, beweisen Urnenfunde aus der Zeit der Illyrer oder Etrusker bei Canale und Funde römischer Münzen aus den Jahren 305 bis 284 bei Siror. Der Langobardenkönig Alboin vereinigte um 570 Primör mit Feltre. 973 erwählte Feltre den Bischof Benedetto da Pedavena zu seinem Herrn, wodurch auch Primör bischöflich wurde. Die Bischöfe von Feltre konnten jedoch ihren Besitz nicht behaupten, ihre Grafschaft ging bald verloren. Herren von Primör wurden die Herzoge Albrecht III. und Leopold III. von Österreich. 1401 übertrug Herzog Leopold die Herrschaft Primör mit der Gerichtsbarkeit an die Herren von Welsperg, die sie bis ins 19. Jh. behielten. Unter ihrem Schutz lebten die Bewohner des Tales friedlich nach eigenem Statut. Die im 16. und 17. Jh. in hoher Blüte stehenden Bergwerke zogen auch viele Deutsche an, und so kamen fast drei Jahrhunderte des Friedens. Im Befreiungskrieg der Tiroler 1809 erhoben sich auch die Primörer unter Führung des Grafen G. Welsperg gegen die Franzosen und schlugen diese von der Landesgrenze zurück. Dabei zeichnete sich ein 19jähriges Mädchen, Josefine Negrelli de Zorzi (1790—1842), besonders aus; an der Spitze einer Kompanie feuerte sie die Schützen zum Sturm an. — Bis zum Ende des ersten Weltkrieges war Primör mit dem übrigen Tirol bei Österreich.

Von bedeutenden Männern, die Primör ihre Heimat nannten, sei der berühmte Ingenieur *Ludwig Negrelli* (1799—1858) erwähnt, der Erbauer des Suezkanals. Negrelli hatte den Plan entworfen, der dann unter Ferdinand v. Lesseps zur Ausführung kam. Negrelli leistete auch Großes als Ingenieur des österreichischen Flußregulierungs- und Straßenbauamtes. Er war Leiter der ersten Rheinregulierung, Vorstand der Kommission zur Regulierung des Po, Erbauer der Linie Wien — Olmütz und anderer Eisenbahnen in Böhmen sowie Schöpfer der lombardischen Eisenbahnen. Er starb als Generalinspektor der österr. Staatsbahnen.

Bergwanderungen von Fiera di Primiero aus

Zum Rif. Pradidali (2278 m). 5 St. Bez. Weg. Ziemlich mühsame, jedoch schöne Wanderung (Lastenseilbahn aus dem Val Pradidali zur Hütte). Vom Rif. Pradidali über den Passo Pradidali zum Rif. Rosetta oder über den Passo di Ball nach S. Martino (für bergerfahrene Geher)

Der Fahrstraße folgend, nö nach *Tonadico* (750 m), dann re· über den Canalibach und mit mehreren Kehren steil empor zum (1 St.) *Kastell Pietra* (1040 m), umgeben von großen Moränen.

Die auf einem hohen, frei stehenden Felsblock ragende Ruine, heute nicht mehr zugänglich, ist der Rest des einst sehr festen Schlosses der Herren von Welsperg, das am St.-Stephans-Tag 1675 einer Feuersbrunst zum Opfer fiel. Der Felsblock, auf dem die Ruine steht, ist Dolomit; er wurde durch einen eiszeitlichen Gletscher aus der Palagruppe herabgeführt. — Kastell Pietra soll seinen Ursprung auf Leute aus Friaul zurückführen, die sich vor den Hunnen zurückzogen. Später war das Schloß im Besitz der jeweiligen Herren von Primör (s. oben).

Von der Ruine wendet die Fahrstraße ö dem Ceredapaß zu. Wir folgen der li im *Val Canali* weiterführenden Straße, die sich bald dem Canalibach nähert und eine große Wiese erreicht, auf der, von schönen Baumgruppen umgeben, die *Villa Welsperg* (1042 m) steht, ein schmuckloser Bau aus dem vorigen Jh., nun im Besitz des Grafen Thun; derzeit Ferienheim italienischer Mittelschüler. Das Tal überragen in großartiger Runde der Saß Maor, Cima Canali, Cima Sedole und die schneebedeckte Cima di Fradusta, an die sich re vom Einschnitt des Passo di Canali der Zug der Croda Grande schließt. — Die Straße führt fast ebene neben dem Canalibach taleinwärts zum (3/4 St.) Wasserwerk für Primör an der Talgabelung. Schutzhütte „*Cant del Gal*". Nordöstlich zieht das Val Canali weiter, n steigt das Val Pradidali gegen die Türme der Palagruppe hinan. Vom Wasserwerk auf dem Fahrweg noch etwa 5 Min. weiter bis zur Wegteilung jenseits der Brücke (rechts zum Rif. Treviso). Nun li auf bez. Karrenweg zur Heuhütte Sabbionade und der Wiese entlang bis in die Nähe des Baches. Vor diesem re in den Wald und ziemlich steil hinauf zur (3/4 St.) *Malga Pradidali,* deren Hütten re oben liegen. Auf steinigem Weg im *Val Pradidali* oberhalb des Baches durch Jungwald aufwärts zum Fuß der 600 m hohen Talstufe (links ein alter Kriegsweg, der zum Belvedere [1310 m] hinausführt). Wir befinden uns nun nahe der Ostwand des

Saß Maor; senkrecht, fast überhängend steigt die gelb und grau gefärbte Wand tausend Meter empor — auch sie fand ihre Bezwinger! — Der Weg erklimmt mit vielen Kehren die unteren steilen Grashänge der Talstufe und geht dann über die von Grasbändern und Schuttrinnen unterbrochenen Felsstufen der Lastei di Pradidali im Zickzack empor. Auf der Höhe der Stufe angelangt, führt der Weg in einen weiten, von Felswänden umsäumten Kessel, in dem das (2½ St.) neue *Rif. Pradidali* (2278 m) steht. Sommerwirtschaft; 30 B, 10 Matr. — Die Pradidalihütte wird neuerdings auch auf einem Weg erreicht, der durch den Osthang des Pradidalitales führt und ein gutes Stück noch befahren werden kann. Abzweigung über Brücke bald nach Villa Welsperg li (siehe S. 386). — Über weitere Tourenmöglichkeiten von der Hütte aus siehe S. 384—386.

Zum Rif. Treviso (Canalihütte, 1650 m). 3½ St. Bez. Weg. Bequem und sehr lohnend. Von der Hütte für erfahrene Bergsteiger Übergänge zur Pradidali- und Rosettahütte, nach Col di Prà im S.-Lucano-Tal und nach Gosaldo

Wie oben beim Weg zum Rif. Pradidali zur (1¾ St.) Wegteilung im Talschluß beim Rif. *„Cant del Gal"*, wo nun re (Weg 707) abgezweigt wird. Nun dem bez. Karrenweg neben dem Canalibach folgend zur (¾ St.) *Malga Canali* (1307 m), bald re über den Bach und noch ein kurzes Stück am Ufer taleinwärts. Der Weg verläßt die Talsohle und klimmt re mit vielen Kehren empor zum (1 St.) *Rif. Treviso* des CAI (früher Canalihütte der Sektion Dresden des DÖAV), Sommerwirtschaft (25 B).

Oberhalb der Hütte drohen die Türme der Pala del Rifugio und der NO-Grat der Pala della Madonna mit dem Campanile Dresda. Über der anderen Talseite die weite Mulde der Lastei di Fradusta, umsäumt von der Cima d'Ostio, Cima Sedole, Cima delle Lede, Cima Canali, Cima Wilma, Cima di Fradusta und der hochgetürmten Cima di Lastei.

Vom Rif. Treviso über den Passo di Canali (2469 m) und die Forcella di Miel (2533 m) zum Rif. Rosetta. 4½ St. Nicht schwierig, aber mühsam; landschaftlich sehr schön.

Nur für bergtüchtige Wanderer bei sichtigem Wetter! Bei Nebeleinfall auf dem Palaplateau Orientierung kaum möglich. Undeutl. Markierung 707

Von der Hütte n auf bez. Weg etwa 10 Min. durch Wald mit reichem Blumenschmuck bergauf, dann nahe unter Felswänden über Rasen- und Schutthänge in den obersten Karwinkel des Val Canali. Da wendet der Weg li über Schrofen einer Mulde zu, durch die er die Höhe des (2 St.) *Passo di Canali* erreicht. Nun li kurz abwärts in ein von Buckeln und Mulden zerfurchtes Tälchen, dann n wieder bergauf zur (1 St.) *Forcella di Miel bassa* zwischen Pizzo di Miel li und Costone di Miel re (nahe s des Überganges mitten im Dolomit ein Porphyritgang). Wegteilung. Nun li mit wenig Steigung zur Plateauhöhe und da li auf bez. Steig weiter zu einem alten Gletscherboden unterhalb der Schneefelder der Cima di Fradusta, Riviera Manna benannt. Westlich über die Karrenflächen zum (1½ St.) *Rif. Rosetta.*

Vom Rif. Treviso über den Passo di Canali (2469 m) und die Forcella di Miel (2533 m) nach Col di Prà und Agordo. 8 St. Rot bez. mit 705. Bei sichtigem Wetter für bergtüchtige Wanderer ein leichter, landschaftlich großartiger Übergang

Von der Canalihütte wie beim Übergang zur Rosettahütte (s. oben) über den *Passo di Canali* zur (3 St.) *Forcella di Miel bassa* und jenseits (n) auf Zickzacksteig über steilen Rasen, Schrofen und Karrenflächen der Plateauabsenkung hinab zum fast ebenen Weideboden des *Pian di Miel* (1876 Meter). Von hier nö knapp unterhalb der Wände der Cima dei Balconi hin; dann führt der Steig über den *Col del Fagher* (1654 m) unter den Wänden nö weiter. Aussicht auf die überaus großartige Croda-Grande-Gruppe mit ihren gewaltigen Nordabstürzen. Der Steig zieht hoch über dem Grund des Val Angaraz an der an den Bischof dieses Namens erinnernden Grotta di S. Lucano vorbei in der bisherigen Richtung weiter zur *Casera del Piz* (1454 m). Von dort nö zum Fuß der nahen Felswand hinaus und durch

Wald bergab zur Straße, die nach (3 St.) *Col di Prà* führt. Weiter im Valle di S. Lucano (S. 384) nach Agordo.

Von Fiera di Primiero über den Passo Cereda (1378 m) nach Agordo. 32 km Fahrstraße. Mit Autobus

Die Straße führt über den Cismone nö nach *Tonadico,* dann über den Canalibach und mit Kehren steil hinauf zum *Kastell Pietra,* das 1675 einer Feuersbrunst zum Opfer fiel. Die Ruine steht auf einem gewaltigen erratischen Felsblock, umgeben von Moränenhügeln. Hier verläßt die Straße das Val dei Canali; sie zieht ostwärts über Quarzporphyr nach (8 km) *Domadoi,* worauf sie durch Wald und Wiesen den (10 km) *Passo di Cereda* erreicht; Albergo Lucian (20 B). Der Paß trennt die Palagruppe von der im S aufsteigenden Gruppe des Sasso di Mur und damit, streng genommen, die Dolomiten von den Belluneser Alpen. Weiter im O erhebt sich die schöne, zackige Kette des M. Pizzon. — Durch eine Wiesenmulde zum Ort *Mis* (1111 m) hinab, über den Misbach (bis 1918 österreichische Grenze), dann am Abhang des Col Piagher hinan, wo Quarzphyllit in Erscheinung tritt. Ausblick auf das reichbesiedelte Val Paganini im O mit den Dörfern Ren und Tiser. An den Häusern von *Masoch* (1200 m) vorbei, dann das Val di Molini querend nach (19 km) *Don* (1141 m), Hauptort der Gemeinde Gosaldo; Albergo alla Posta. Prächtiger Blick auf die zerrissenen Gipfelbauten der Gruppe des M. Pizzon im SO. Von hier führt die Straße über den Ort *Villa di S. Andrea* (1245 m) zur (23 km) *Forcella Aurine* (1299 m), einer mit Wald und Wiesen bestandenen Senke zwischen M. Luna (1748 m) und Gardellon (1447 m), Albergo Aurine (60 B). Bei der Weiterfahrt werden im NO Civetta, Moiazza und Pelmo über bewaldeten Vorbergen sichtbar. Die Straße zieht über den Weiler *Villa* nach (27 km) *Frassenè* (1083 m); hübscher Ort; stark besuchte Sommerfrische; Hotel Venezia (60 B); dann weiter zur Ortschaft *Voltago* (860 m), auf reichbebauter, aussichtsreicher Terrasse. Im W der massige Felsbau des M. Agnèr, in der Tiefe der prächtige Talkessel von Agordo. Mit Kehren hinab zur Brücke über den Cordevole, worauf man (32 km) das Städtchen *Agordo* erreicht.

AGORDO (613 m), Städtchen mit etwa 7000 Einw., der Hauptort des Cordevoletales, hat eine prächtige Lage. Das weite Talbecken, in dem Reben und Pfirsiche, Kastanien und Mais gedeihen, umrahmt ein anmutiges, begrüntes Mittelgebirge, teilweise bis hoch hinauf bewohnt, und darüber erheben sich in kühnsten Formen die Schlerndolomitfelsen des M. Agnèr und der Corda Grande (im W), der M. S. Lucano (im NW), diesem gegenüber der südlichste Teil der Civettagruppe mit dem M. Alto di Pelsa, ö die scharfen Zacken der Tamer- und Prampergruppe, im S und SO die gipfelreichen Gruppen des Monte Pizzon und Monte Schiara.

Autobusse von Agordo nach: Caprile, Falcade, Gosaldo, Pieve di Livinallongo, Cortina d'Ampezzo und rund um die Palagruppe.

Auf dem großen Hauptplatz in Agordo die doppeltürmige Archidiakonalkirche St. Peter, erbaut im 16. Jh., 1836 restauriert, nahebei der figurengeschmückte Palazzo De Manzoni, das stattliche Café Alle Miniere mit seinem Arkadenvorbau und andere ansehnliche Baulichkeiten. Auch ein alter Brunnen mit dem Löwen von S. Marco steht dort und erinnert an die Herrschaft der Republik Venedig. In der Kirche Fresken von De Min, Bilder von Giorgione u. a. Im Palazzo De Manzoni ein Saal mit Statuen aus dem 17. Jh. und Fresken von Paoletti.

Agordo liegt am östl. Ende eines inselartig auftauchenden, erzführenden Quarzphyllitzugs, der am südl. Rand des Dolomitengebietes von den Ufern des Caldonazzosees bei Pergine über Primör bis zum Cordevole reicht.

Der Ort verdankt seinen Wohlstand vor allem den umliegenden Bergwerken (Kupfer und Schwefelkies), die schon seit dem Mittelalter betrieben werden. Neben dem nördlicher liegenden Dörfchen *Taibon* ist Agordo vor allem als Ausgangspunkt in die südliche Palagruppe (M. Agnér) wichtig.

Agordo, eine Siedlung, die schon in vorrömischer Zeit bestand, wird erstmals in einer Urkunde von 923 genannt. Damals herrschten hier die Bischöfe von Belluno. Um 1190 erhoben sich die Agordiner gegen die adeligen Nachfolger der Bischöfe, die Avoscani und Sommariva, die sie mit harten Abgaben bedrückten. Nach der Herrschaft der Scaliger und Caminesen kam Agordo 1404 mit dem Cordevoletal bis hinauf nach Caprile unter die Hoheit der Republik Venedig, die dem Gebiet eine selbständige Verwaltung gewährte. 1430 und 1633 zerstörten Feuersbrünste den Ort.

1797 kam Agordo zu Österreich, 1805 zum Königreich Italien; von 1813 bis 1866 war es noch einmal österreichisch. — Im November 1917 lieferten die Italiener nahe von Agordo (bei Fucine) den nachrückenden Österreichern das letzte Gefecht im Gebiet des Cordevole.

Von Agordo über den Passo Duran (1605 m) oder die Forcella Moschesin (1961 m) nach Forno di Zoldo. 5½ bis 6½ St. Größtenteils lohnend

Von Agordo entweder auf dem alten Jochweg über Rif. Piasent und Dugon zum (3½ St.) *Passo Duran* oder auf neuerbauter Straße mit Autoverkehr über La Valle und Cugnago dorthin. Vom Paß aus (Schutzhaus) eine Straße über Chiesa nach *Dont* im Zoldotal und talab nach (2 St.) *Forno di Zoldo.* — Lohnende, schöne Bergwanderung über die Forcella Moschesin dorthin. Von Agordo ö auf der Straße nach La Valle und Conaggia, dann ö auf Karrenweg durch das *Valle dei Ponticelli* zur Malga La Foca (1300 m), dort nö zur Malga Moschesin und, die Forcella Giaon re lassend, zur (4½ St.) *Forcella Moschesin* hinauf. Jenseitig in das von prächtigen Felsgipfeln umgebene *Prampertal* hinab und nach (2 St.) *Forno di Zoldo* hinaus. — Von dort über die Forcella Cibiana nach Valle di Cadore oder talauf über die Forcella Staulanza nach Colle S. Lucia (Autostraßen); auch über die Forcella d'Alleghe nach Alleghe und Caprile.

NAMENVERZEICHNIS

W

Z

Karl Felix Wolff

Dolomitensagen

Gesamtausgabe der Sagen und Überlieferungen, Märchen und Erzählungen der ladinischen und deutschen Dolomitenbewohner. Mit zwei Exkursen Berner Klause und Gardasee.
16., unveränderte Auflage, bereits im 180. Tausend, 870 Seiten, gebunden.
„Ein wunderbares Werk! Das Herz der Dolomitentäler tut sich auf, uns hinführend zu Quell und Ursprung sagenumwobener Gestalten.“ (Die neuen Bücher, München)

Friedrich Haider

Innsbrucker Karpfen – Bozner Seligkeiten

Eine vergnügliche Lesereise durch die Orte und Gegenden Nord-, Süd- und Osttirols mit 760 Über-, Spitz-, Spott- und Necknamen von 406 Gemeinden und Örtlichkeiten.
2. Auflage, 144 Seiten mit 30 Illustrationen von Elke Staller, gebunden.
„. . . ein neues Buch, das nicht nur eine Lücke in der Tiroler Volkskunde schließt, sondern auch beste Chancen hat, seinen fixen Platz in jeder ordentlichen Tiroler ‚Hausbibliothek‘ zu erobern.“ (Tiroler Tageszeitung, Innsbruck)

Nenna von Merhart

Bauerndökter und Heiler in Tirol

120 Seiten mit 60 SW-Abbildungen, gebunden.
Ein buntes und amüsantes Sammelsurium, das Wissenswertes und Kurioses über die verschiedensten Praktiken der Krankenheilung berichtet und so auf humorvolle Art ein Stück Kulturgeschichte Gesamttirols darstellt.